14쇄

2026

저자직강
무료인강

제과
제빵

기능사 & 산업기사

필기

유튜버 빵선생의 과외교실

- 핵심요약노트
- 저자직강 ▶ 유튜브 채널 운영
- CBT체험형 기출문제&기출복원문제
- NCS 국가직무능력표준 교육과정 반영

 VIP 등업 카페 닉네임 작성란

cafe.naver.com/hassamcook

김연진 편저

원리를 알고 이해하는 제과·제빵 기능사

    제과·제빵은 남녀노소 누구나 좋아하고, 과거부터 꾸준히 사랑받고 있습니다.
    최근에는 제과·제빵을 먹는 것 뿐만 아니라, 제조하는 것에도 사람들의 관심이 부쩍 많아졌으며 학원 및 훈련기관에서 배우고자 하는 사람들, 홈베이킹 하는 사람들이 늘어났습니다. 또한, 중·고등학교 학생들의 희망 직종도 제과제빵사가 많아졌으며, 노후 대비로 창업을 준비하시는 분들도 꽤 많아졌습니다.

    제과·제빵 관련 직종에 종사하기 위해서는 자격증이 필수가 되었습니다.
    자격증을 취득하기 위해서는 필기에 먼저 합격 해야만 실기를 볼 수 있는 기회가 주어집니다. 실기는 자신이 있으나 필기가 자신이 없어서 자격증을 취득하지 못하시는 분들이 많습니다.

    막상 책을 펼치면, 무엇을 먼저 봐야 하고, 어떤 것을 외워야 하며, 시작을 어떻게 할지 몰라서 필기 공부가 많이 힘들었을 겁니다.
    이 책에서는 기출문제를 기반으로 핵심 이론을 구성하였으며, 핵심 이론의 양은 많지 않지만, 기출문제에 반드시 나오는 내용들로만 구성하였고, 기출문제를 변형하여 나오는 내용들도 간단명료하게 요약하였습니다. 또한, 더 쉽고 편하게 이해하고 암기할 수 있도록, 유튜브 무료 강의 영상도 제작되었으니 참고하시어 도움 되시길 바랍니다.

    제과·제빵 기능사는 국가고시이므로 문제와 답만 외워서는 합격하기가 상당히 어렵습니다. 반드시 원리를 알고 이해하셔야 어떠한 문제가 나와도 풀 수가 있습니다.

    분명히 열심히 했는데 필기 합격이 어려운 이유는 어설프게 이해했을 경우입니다. 시험에서는 기출문제와 기출변형문제를 제외한 생소한 문제들도 반드시 존재합니다. 그런 생소한 문제들까지 풀 수 있으려면 반드시 제대로 공부를 하셔야 합니다. '이 정도면 되겠다.'가 아닌 '이 정도면 난 자신 있어'라는 생각이 들 때까지 이해와 암기 반복하셔야 합니다.

    또 하나는 불가능하다고 생각하는 경우입니다. 처음부터 가능하지 않다고 생각하는데, 어떻게 합격할 수 있겠습니까?
    열심히 최선을 다한다면 남녀노소 구분 없이 누구나 도전할 수 있는 분야입니다.

    처음부터 잘할 수 없고, 누구나 시작이 어렵습니다. 하지만, 시작이 반입니다. 내 안의 가능성을 열고, 이 책을 통해서 차근차근 잘 준비하시길 바랍니다.

    머지않아 분명히 좋은 결과가 있으실 겁니다. 항상 응원하겠습니다.

유튜버 빵선생의 과외교실

김연진

시험정보 (Guide)

제과·제빵 기능사 시험 안내

시험 과목	필기	제과기능사 - 과자류 재료(제과이론), 제조 및 위생관리 제빵기능사 - 빵류 재료(제빵이론), 제조 및 위생관리
	실기	제과 기능사 - 제과 실무 제빵 기능사 - 제빵 실무
검정 방법	필기	객관식 4지 택일형, 60문항(60분)
	실기	작업형(2~4시간 정도)
합격 기준	필기	100점 만점에 60점 이상(시험 종료 후, 합격 여부 발표)
	실기	100점 만점에 60점 이상(1~2주 후 합격 여부 발표)
시험 응시료	필기	14,500원
	실기	제과(29,500원), 제빵(33,000원)
응시 제한	제한 없음	
유효 기간	필기 취득 후, 2년 *제과 실기 최종 합격 후에도 제빵 필기가 없으면 실기를 볼 수 없음 제과 필기→제과 실기 / 제빵 필기→제빵 실기	
준비물	수험표, 신분증	
원서접수처	큐넷 http : //www.q-net.or.kr →회원가입→사진등록→원서접수	

※ **시행 기관** : 한국산업인력공단
※ **관련 부처** : 식품의약품안전처

시험정보 (Guide)

제과·제빵 산업기사 시험 안내

시험 과목		
	필기	위생안전관리, 제과점관리, 과자류·빵류 제품 제조
	실기	빵류 제조 실무, 과자류 제조 실무

검정 방법		
	필기	객관식 4지 택일형, 60문항(과목당 20문항, 90분)
	실기	작업형(2~4시간)

합격 기준		
	필기	100점 만점에 60점 이상(시험 종료 후, 합격 여부 발표)
	실기	100점 만점에 60점 이상(1~2주 후 합격 여부 발표)

시험 응시료		
	필기	19,400원
	실기	제과(55,200원), 제빵(47,000원)

응시 제한		
	관련학과 졸업	관련학과 4년제 대졸 또는 졸업예정자 관련학과 2년제 및 3년제 전문대졸 또는 졸업예정자
	자격증 및 경력	기능사 자격증 + 실무경력 1년 동일/유사분야 자격 산업기사 이상 외국에서 동일분야 자격 취득 및 실무경력 2년 이상인 자
	입상 및 과정이수	동일/유사분야 산업기사 수준 훈련 이수 또는 이수 예정 고용노동부령이 정하는 기능경기대회 입상자

유효 기간	필기 합격 후, 응시 자격서류 제출일정에 따라 졸업증명서, 학위 취득 증명서, 학점인정 증명서, 경력증명서 등의 응시자격을 증명할 수 있는 서류의 원본을 제출해야만 합격이 확정되며, 실기시험에 응시할 수 있는 자격이 주어짐(합격 확정 후 2년)

준비물	수험표, 신분증

원서접수처	큐넷 http://www.q-net.or.kr → 로그인 → 원서접수

※**시행 기관** : 한국산업인력공단
※**관련 부처** : 식품의약품안전처

시험정보
(Guide)

이 책의 활용법!

STEP 01 핵심이론요약

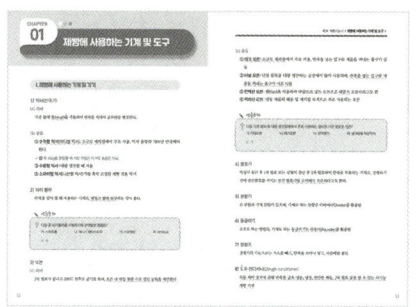

유튜버 빵선생의 합격노하우가 고스란이 담긴 합격 비법서!
원리를 제대로 이해하고 합격할 수 있도록 핵심이론만 요약!
* 중요한 내용에는 별★표와 밑줄이 팍!
* 핵심이론요약에 연습문제까지 시험대비 한번 더 철저하게!

STEP 02 CBT 체험형 기출문제

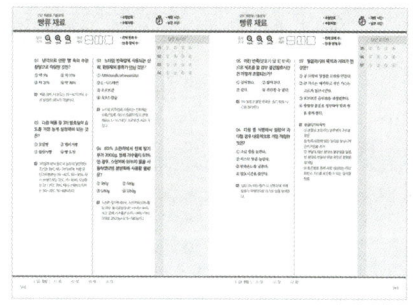

웹으로 치뤄지는 CBT형식 시험에 대비하여 미리 눈으로 익히며 풀어보는 기출문제!
각 파트별 다양한 문제를 자세한 해설과 함께 풀다보면 합격에 한걸음 더 가까이!
* http://www.q-net.or.kr/cbt/index.html(CBT 체험 주소)

STEP 03 핵심요약노트

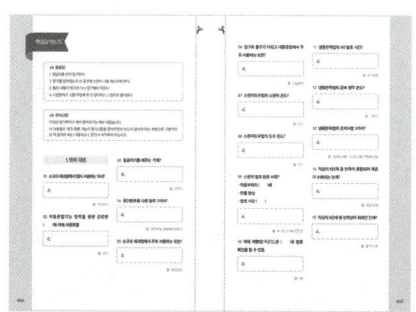

필기 시험을 준비하면서 반드시 알아야 하는 부분으로 기본적으로 반드시 숙지 필요! 시험직전에 마지막 실력점검하기!

목차
(Contents)

PART 01

빵류 재료 및 제조 11

CHAPTER 01 제빵에 사용하는 기계 및 도구 • 12
CHAPTER 02 빵의 제법 • 15
CHAPTER 03 빵의 제조 공정 및 제품 평가 • 31

PART 02

과자류 재료 및 제조 53

CHAPTER 01 제과에 사용하는 기계 및 도구 • 54
CHAPTER 02 반죽과 믹싱 • 57
CHAPTER 03 제품별 반죽법 • 72

PART 03

제과·제빵 공통 91

CHAPTER 01 기초 과학 • 92
CHAPTER 02 재료 과학 • 106
CHAPTER 03 영양학 • 143
CHAPTER 04 식품위생학 • 161
CHAPTER 05 공정관리 및 작업 환경 관리 • 191
CHAPTER 06 매장관리·베이커리 경영 • 193

PART 04
기출문제(빵류 재료 및 제조) ··· 205

PART 05
기출문제(과자류 재료 및 제조) ······································ 255

PART 06
기출문제(제과·제빵 공통) ··· 305

PART 07
합격 적중 문제 ·· 439
정답&해설 ·· 454

PART 08
핵심요약노트 ·· 465

PART 1
: 빵류 재료 및 제조

CHAPTER 01 제빵에 사용하는 기계 및 도구

I. 제빵에 사용하는 기계 및 기기

1) 믹서(반죽기)

(1) 의미

믹싱 볼에 훅(Hook)을 사용하여 반죽을 치대어 글루텐을 형성한다.

(2) 종류

① **수직형 믹서**(버티컬 믹서) : 소규모 제과점에서 주로 사용, 믹서 용량의 70%만 반죽해야 한다.
  - ✓ 예 즉 10kg을 혼합할 때 가장 적합한 믹서의 용량은 15kg

② **수평형 믹서** : 대량 생산할 때 사용

③ **스파이럴 믹서**(나선형 믹서) : S형 훅이 고정된 제빵 전용 믹서

2) 파이 롤러

반죽을 밀어 펼 때 사용하는 기계로, 냉장고 옆에 위치하는 것이 좋다.

 연습문제

❓ 다음 중 파이롤러를 사용하기에 부적합한 제품은?

가. 스위트롤   나. 데니시 페이스트리   다. 크로와상   라. 브리오슈

답 라

---

3) 오븐

(1) 의미

2차 발효가 끝나고 200℃ 전후로 굽기를 하며, 오븐 내 매입 철판 수로 생산 능력을 계산한다.

(2) 종류
  ① 데크 오븐 : 소규모 제과점에서 주로 사용, 반죽을 넣는 입구와 제품을 꺼내는 출구가 같음
  ② 터널 오븐 : 단일 품목을 대량 생산하는 공장에서 많이 사용되며, 반죽을 넣는 입구와 제품을 꺼내는 출구가 서로 다름
  ③ 컨벡션 오븐 : 팬(Fan)을 이용하여 바람으로 굽는 오븐으로 대류식 오븐이라고도 함
  ④ 적외선 오븐 : 냉동 제품의 해동 및 재가열 목적으로 주로 사용하는 오븐

> **연습문제**
>
> ❓ 다음 기계 설비 중 대량 생산업체에서 주로 사용하는 설비로 가장 알맞은 것은?
> 가. 터널오븐　　　나. 데크오븐　　　다. 전자렌지　　　라. 생크림용 탁상믹서
>
> 답 가

4) 발효기
믹싱이 끝난 후 1차 발효 또는 성형이 끝난 후 2차 발효하여 반죽을 부풀리는 기계로, 정형하기 전에 중간발효를 시키는 중간 발효기를 오버헤드 프루퍼라고도 한다.

5) 분할기
손 분할과 기계 분할이 있으며, 기계로 하는 분할은 디바이더(Divider)를 활용함

6) 둥글리기
손으로 하는 방법과, 기계로 하는 둥글리기는 라운더(Rounder)를 활용함

7) 정형기
정형기의 기능으로는 가스를 빼고, 반죽을 꼬아서 넣고, 이음매를 붙임

8) ★도우 컨디셔너(Dough conditioner)
자동 제어 장치에 의해 반죽을 급속 냉동, 냉장, 완만한 해동, 2차 발효 등을 할 수 있는 다기능 제빵 기계

II. 제빵에 사용하는 도구

1) 작업 테이블
주방의 중앙부에 위치하여야 여러 방향으로의 동선이 짧아져 작업하기 편함

2) 전자저울
용기를 올려놓고 영점을 맞추므로 정확하고 신속하게 무게를 측정할 수 있음

3) 온도계
반죽 온도를 측정

4) 스쿱
재료 계량에서 가루 재료를 퍼낼 때 사용

5) 팬
반죽을 담아 발효와 굽기를 할 때 사용하며, 팬에 넣는 작업을 팬닝이라고 함

6) 붓
달걀물을 바르거나, 덧가루를 털어 낼 때 사용되며, 이형제를 바를 때도 사용함

7) 스크래퍼
빵을 분할할 때 사용

> 📢 **제빵의 4대 필수 재료**
> 밀가루, 물, 이스트, 소금

CHAPTER 02 빵의 제법

I. 스트레이트 법(직접 반죽법, Straight dough method)

1) 정의
모든 재료를 믹서에 넣고 한 번에 믹싱을 끝내는 방법이다.

2) 공정

(1) 재료 계량

(2) 믹싱

유지를 제외한 모든 재료를 넣고 수화시켜 글루텐을 발전시키고 클린업 단계에서 유지를 첨가함. 소금을 클린업 단계에서 넣는 후염법도 있다. 반죽 온도는 27℃이며, 건포도나 옥수수, 야채 등의 믹싱은 최종 단계 이후 투입한다.

(3) 1차 발효

① 발효 온도 : 27℃
② 상대 습도 : 75~80%
③ 발효 완료점 : 처음부피의 3~3.5배 증가, 섬유결 확인, 핑거테스트(손가락 확인)를 하였을 때, 손가락 자국이 살짝 오므라드는 정도 또는 손가락 자국이 그대로 있다.
④ 발효 시 가장 먼저 발효되는 당은 포도당이다.
⑤ 펀치(punch) : 1차 발효하기 시작하여 반죽의 부피가 2~2.5배로 되었을 때 반죽에 압력을 주어 가스를 뺀다. 펀치를 하는 이유는 반죽에 산소를 공급함으로써 이스트 활동에 활력을 주고, 반죽 표면과 반죽 내부 온도를 균일하게 하며, 발효 시간을 단축시킨다.

> **연습문제**
>
> ❓ 발효 중 펀치의 효과와 거리가 먼 것은?
>
> 가. 반죽의 온도를 균일하게 한다.
> 나. 이스트의 활성을 돕는다.
> 다. 산소공급으로 반죽의 산화 숙성을 진전시킨다.
> 라. 성형을 용이하게 한다.
>
> 답 라

(4) 성형(성형의 5단계 / 넓은 의미의 성형)

① **분할**: 10~15분 이내로 신속하게 분할한다.
② **둥글리기**: 발효 중에 생긴 큰 기포를 제거하며 분할한 반죽의 표면을 매끄럽게 한다.
③ **중간발효**(벤치타임, 오버헤드프루프): 분할과 둥글리기로 상한 반죽을 쉬게 하는 시간
④ **정형**: 원하는 모양을 만들어 빵의 형태를 만든다(밀어 펴기, 말기, 봉하기가 속함).
⑤ **팬닝**: 팬에 넣는 작업이며, 봉합(이음매) 부분은 무조건 아래로 하여 팬닝한다. 팬닝 시 팬의 온도는 32℃가 적당하다.

(5) 2차 발효

① **발효 온도**: 35~43℃
② **상대 습도**: 85~90%
③ **발효 완료점**: 완제품 크기의 80%

(6) 굽기

온도와 시간은 반죽 크기에 따라 조절

(7) 냉각

구워낸 빵은 35~40℃로 식히며, 수분함량은 38%일 경우, 포장하기 적합하다.

3) 재료 사용 범위

재료	비율(%)	재료	비율(%)
강력분	100	소금	2
물	60~64	유지	3~4
이스트	2~3	설탕	4~8
개량제	1~2	탈지분유	3~5

4) 장점과 단점(스펀지 도우법과 비교)

(1) 장점
제조 공정이 단순, 노동력과 시간 절감, 제조 시설과 장비가 간단, 발효 손실 감소

(2) 단점
잘못된 공정의 수정이 불가능하며, 제품의 노화가 빠르고 제품의 결이 고르지 못함, 발효 내구성이 약함

II. 스펀지 도우법 (중종법, Sponge dough method)

1) 정의
믹싱 과정을 두 번 행하는 방법으로 처음 반죽을 스펀지(Sponge)라 하고, 나중 반죽(본 반죽)을 도우(Dough)라 한다.

2) 공정

(1) 재료 계량

(2) 스펀지 믹싱
스펀지 재료(강력분, 생이스트, 물, 개량제)를 픽업 단계까지 믹싱하며, 반죽 온도는 24℃이다.

(3) 1차 발효(스펀지 발효)

스펀지 내부의 온도 상승은 4~6℃가 적당하다.

① 발효 온도 : 24℃

② 상대 습도 : 75~80%

③ 발효 시간 : 3시간~4시간 30분

(4) 도우 믹싱(본반죽 믹싱)

1차 발효한 스펀지 반죽에 본 반죽용 재료를 넣고 최종단계까지 믹싱하며, 반죽 온도는 27℃이다.

(5) 플로어 타임

① 중종법에서 본 반죽을 끝낸 후 분할하기 전에 파괴된 글루텐층을 재결합시키기 위해 발효시키는 공정을 말한다.

② 스펀지에 사용한 밀가루의 양이 많을수록 플로어 타임은 짧아지며, 발효 시간은 10~40분이다.

스펀지	도우	플로어 타임
60%	40%	40분
70%	30%	30분
80%	20%	20분
90%	10%	10분
100%	0%	0분

③ 플로어 타임이 길어지는 경우

ㄱ. 본 반죽 온도가 낮다.

ㄴ. 스펀지에 사용한 밀가루의 양이 적다.

ㄷ. 본 반죽 시간이 길다.

ㄹ. 본 반죽 상태의 처지는 정도가 크다.

ㅁ. 사용하는 밀가루 단백질의 양과 질이 좋다.

④ 스펀지에 밀가루 사용량을 증가할 경우
ㄱ. 2차 믹싱의 반죽 시간을 단축한다.
ㄴ. 스펀지 발효 시간은 길어지고, 본 반죽 발효 시간은 짧아진다.
ㄷ. 반죽의 신장성이 좋아진다.
ㄹ. 성형 공정이 개선된다.
ㅁ. 품질이 개선된다.
ㅂ. 풍미가 증가한다.

[6] 성형(성형의 5단계 / 넓은 의미의 성형)

① **분할** : 10~15분 이내로 신속하게 분할한다.
② **둥글리기** : 발효 중에 생긴 큰 기포를 제거하며 분할한 반죽의 표면을 매끄럽게 한다.
③ **중간 발효**(벤치 타임, 오버헤드 프루프) : 분할과 둥글리기로 상한 반죽을 쉬게 하는 시간
④ **정형** : 원하는 모양을 만들어 빵의 형태를 만든다(밀어 펴기, 말기, 봉하기가 속함).
⑤ **팬닝** : 팬에 넣는 작업이며, 봉합(이음매) 부분은 무조건 아래로 하여 팬닝한다. 팬닝 시 팬의 온도는 32℃가 적당하다.

[7] 2차 발효

① **발효 온도** : 35~43℃
② **상대 습도** : 85~90%
③ **발효 완료점** : 완제품 크기의 80%

[8] 굽기

온도와 시간은 반죽 크기에 따라 조절

[9] 냉각

구워낸 빵은 35~40℃로 식히며, 수분함량은 38%일 경우, 포장하기 적합하다.

3) 재료 사용 범위

재료	스펀지 반죽 비율(100%)	본(도우) 반죽 비율(100%)
강력분	60~100	0~40
물	스펀지 밀가루의 55~60	전체 밀가루의 60~66
생이스트	1~3	-
이스트 푸드	0~2	-
소금	-	1.75~2.25
설탕	-	3~8
유지	-	2~7
탈지분유	-	2~4

4) 장점과 단점(스트레이트법과 비교)

(1) 장점

작업 공정에 대한 융통성이 있어 잘못된 공정을 수정할 기회가 있음, 풍부한 발효 향, 노화가 지연되어 저장성이 좋음, 빵의 부피가 크고 속 결이 부드러움

(2) 단점

시설과 공간이 필요하므로 경비가 증가함, 산미나 산취가 강함, 공정시간이 길어 노동력이 많이 듦, 발효 손실의 증가

III. 액체 발효법(액종법, Pre-ferment dough method)

1) 정의

① 이스트, 이스트 푸드, 물, 설탕, 분유, 맥아 등을 이용한 액종을 미리 만들어 사용하는 방법이다.

② 스펀지 도우법의 변형으로 스펀지 대신 액종을 만들어 사용하기 때문에 액종법이라고도 함

③ 중종법의 노력과 설비를 갖추지 않고서도 어느 정도의 기계 내성이 있고 노화가 느린 빵을 만드는 것이 목적이라 할 수 있다.
④ 종류로는 완충제로 탈지분유를 사용하는 액종법으로 미국 분유 협회(아드미 : ADMI)가 개발한 방법인 아드미법이 있으며, 완충제로 탄산칼슘을 넣는 액종법인 브류법도 있다.
⑤ 발효가 종료된 것을 아는 방법은 pH 측정으로만 확인할 수 있으며, pH 4.2~5.0이 최적인 상태이다.
⑥ 발효손실에 따른 생산손실을 줄일 수 있다.

2) 공정

(1) 재료 계량

(2) 액종 만들기
① 액종용 재료(물, 생이스트, 이스트푸드, 설탕, 탈지분유)를 넣고 섞은 후, 30℃에서 pH4.2~5까지 2~3시간 발효시킴
② **완충제 역할** : 염화암모늄, 분유, 탄산칼슘→발효하는 동안에 생성되는 유기산이 작용하여 산도를 조절하는 역할을 함

(3) 본 반죽 만들기
액종과 본 반죽용 재료를 넣고 믹싱, 반죽 온도는 28~32℃

(4) 플로어 타임
15분 발효

(5) ★성형(성형의 5단계 / 넓은 의미의 성형)
① **분할** : 10~15분 이내로 신속하게 분할한다.
② **둥글리기** : 발효 중에 생긴 큰 기포를 제거하며 분할한 반죽의 표면을 매끄럽게 한다.
③ **중간발효**(벤치타임, 오버헤드프루프) : 분할과 둥글리기로 상한 반죽을 쉬게 하는 시간
④ **정형** : 원하는 모양을 만들어 빵의 형태를 만든다(밀어 펴기, 말기, 봉하기가 속함).

⑤ **팬닝** : 팬에 넣는 작업이며, 봉합(이음매) 부분은 무조건 아래로 하여 팬닝한다. 팬닝 시 팬의 온도는 32℃가 적당하다.

(6) 2차 발효
① **발효 온도** : 35~43℃
② **상대 습도** : 85~90%
③ **발효 완료점** : 완제품 크기의 80%

(7) 굽기
온도와 시간은 반죽 크기에 따라 조절

(8) 냉각
구워낸 빵은 35~40℃로 식히며, 수분함량은 38%일 경우, 포장하기 적합하다.

3) 재료 사용 범위

액종		본 반죽	
재료	사용 범위(%)	재료	사용 범위(%)
물	30	물	32~34
생이스트	2~3	액종	35
이스트 푸드	0.1~0.3	밀가루	100
설탕	3~4	소금	1.5~2.5
탈지분유 혹은 탄산칼슘	0~4	설탕	2~5
-	-	유지	3~6

4) 장점과 단점
(1) 장점
많은 양의 액종을 한꺼번에 만들 수 있음, 스트레이트법의 제품보다 부드러움

(2) 단점

대형 설비의 경우 액종 탱크 및 파이프의 위생 관리에 신경 써야 함

Ⅳ. 연속식 제빵법(Continuous Dough Mixing System)

1) 정의
① 액체 발효법을 기계로 이용하여 제빵 과정이 연속적으로 이루어지는 방법
② 액체 발효법으로 발효시킨 액종과 본 반죽의 재료를 예비 혼합기에 모아서 고루 섞은 뒤, 반죽기와 분할기로 보내어 연속해서 반죽, 분할, 팬닝이 이루어지는 방법
③ 단일 품목, 대량 생산 작업장에서 사용하기에 적합함

2) 공정

(1) 재료 계량

(2) 액체 발효 탱크

액체 발효용 재료를 넣고 섞어 30℃로 조절

(3) 열 교환기

발효된 액종은 열 교환기를 통과시켜 온도를 30℃로 조절하여 예비 혼합기로 보낸다.

(4) 산화제 용액 탱크

취소산 칼슘, 인산칼슘, 이스트 푸드 등 산화제를 용해하여 예비 혼합기로 보낸다.

(5) 쇼트닝 온도 조절기

유지를 녹여 예비 혼합기로 보낸다.

(6) 밀가루 급송 장치

액체 발효에 들어간 밀가루를 뺀 나머지를 예비 혼합기로 보낸다.

(7) 예비 혼합기

액체 발효종, 산화제 용액, 쇼트닝, 밀가루를 받아 각종 재료를 고루 섞은 후 디벨로퍼로 보낸다.

(8) 디벨로퍼(반죽기)

3~4기압의 고속에서 회전하면서 글루텐을 형성시켜 분할기로 직접 보낸다. (많은 양의 산화제가 필요함)

(9) 분할기

분할기에서 분할하여 팬닝으로 이어진다.

(10) 팬닝

자동으로 팬닝된다.

(11) 2차 발효

온도 35~43℃, 습도 85~90%, 발효 시간은 40분~1시간

(12) 굽기

빵의 크기에 따라 오븐의 온도 조절한다.

(13) 냉각

구워낸 빵을 35~40℃로 식힌다.

3) 재료 사용 범위

재료	전체	액종
밀가루	100%	5~70%
물	60~70%	60~70%
이스트	2.25~3.25%	2.25~3.25%
탈지분유	1~4%	1~4%
설탕	4~10%	-
이스트 푸드	0~0.5%	0~0.5%
인산칼슘	0.1~0.5%	0.1~0.5%
취소산칼슘	50ppm 이하	50ppm 이하
영양 강화제	1정	-
유지	3~4%	-

4) 장점과 단점

(1) 장점
설비 감소, 공장면적 감소, 인력 감소, 발효손실의 감소

(2) 단점
초기 단계의 설비투자 비용이 큼, 산화제 첨가로 인하여 발효향 감소

V. 비상 스트레이트법 (비상 반죽법, Emergency dough method)

1) 정의
① 기계 고장 등 비상 상황 및 계획된 작업에 차질이 생겼을 때 사용하는 방법이다.
② 표준 반죽 시간을 늘리고 발효 속도를 촉진해 전체 공정 시간을 줄임으로써 짧은 시간 내에 제품을 만들어 내어 갑작스러운 상황에 빠르게 대처할 수 있는 방법이다.

2) 비상 반죽법의 필수 조치와 선택 조치

(1) 필수 조치

① 물(가수량) 1% 증가 : 작업성 향상

② 설탕 1% 감소 : 껍질 색 조절

③ 생이스트 1.5~2배 증가 : 발효 속도 촉진

④ 믹싱 시간 20~25% 증가 : 반죽의 신장성 증대

⑤ 반죽 온도 30℃ : 발효 속도 촉진

⑥ 1차 발효 시간 15~30분 : 공정 시간 단축

(2) 선택 조치

① 소금 1.75% 감소 : 이스트 활동 방해 요소를 줄임

② 분유 1% 감소 : 완충제 역할로 발효 지연

③ 이스트 푸드 0.5% 증가 : 이스트의 양 증가에 따른 증가

④ 식초나 젖산 0.75% 첨가 : 반죽의 pH를 낮추어 발효 촉진

3) 장점과 단점

(1) 장점

제조 시간이 짧아 노동력과 임금 절약 가능, 비상시 빠른 대처 가능

(2) 단점

이스트 냄새가 남, 부피가 고르지 않음, 저장성이 짧아 노화가 빠름

VI. 재반죽법 (Remixed Straight)

1) 정의

스트레이트법의 변형으로 스펀지법의 장점을 이용한 방법이며, 모든 재료를 넣고 물을 8% 정도 남겨 두었다가 발효 후 나머지 물을 넣고 다시 반죽하는 방법

2) 조치
① **재반죽용 물** : 8~10% 사용
② **반죽 온도** : 25.5~28℃
③ **이스트** : 2~2.5% 사용

3) 장점과 단점

(1) 장점
기계 적성 및 공정 시간의 단축, 스펀지 도우법에 비해 공정 시간이 단축, 균일한 제품으로 식감 양호, 균일한 색상

(2) 단점
구울 때 오븐 스프링이 적어 2차 발효를 충분히 해줘야 함

VII. 노타임 반죽법 (무발효 반죽법, No-time dough method)

1) 정의
오랜 시간 발효 과정을 거치지 않고 배합 후 정형하여 2차 발효를 하는 제빵법으로 발효에 의한 글루텐의 숙성을 산화제와 환원제를 사용하여 발효 시간을 단축해 제조하는 방법

2) 산화제

(1) 역할
밀가루 단백질의 S-H기를 S-S기로 변화시키며, 단백질의 구조를 강하게 함

(2) 종류
브롬산칼륨-지효성 작용, 요오드칼륨(아이오딘칼륨)-속효성 작용

3) 환원제

(1) 역할

① **L-시스테인** : S-S 결합을 절단시켜 글루텐을 약하게 하고 믹싱 시간을 25% 단축함
② **프로테아제** : 단백질 분해 효소로, 2차 발효 중 일부 작용

4) 장점과 단점

(1) 장점

제조시간 단축, 발효 손실이 적음

(2) 단점

발효를 거치지 않아 풍미 저하, 노화가 빠르고 저장성이 저하됨

VIII. 냉동 반죽법 (Frozen dough method)

1) 정의

반죽을 -40℃로 급속 냉동시킨 후 -25~-18℃에 냉동 저장하여 필요시 꺼내어 해동하여 쓸 수 있도록 반죽하는 방법

2) 특징

① 해동 시, 완만 해동, 냉장 해동을 준수한다. 가장 올바른 방법은 냉장고에서 15~16시간 냉장 해동시킨 후, 30~33℃, 상대습도 80%의 2차 발효실에서 발효시키는 것이다. 높은 온도에서 빨리할 경우 반죽의 표면에서 물이 나오는 드립(drip) 현상이 발생하는데 그 원인은 얼음결정이 반죽의 세포를 파괴 손상하고 반죽 내 수분의 빙결 분리 및 단백질의 변성이다.
② 저율 배합(바게트, 식빵 등)은 냉동 시 노화의 진행이 빠르므로 냉동 처리에 더욱더 주의해야 한다.
③ 고율 배합 제품은 비교적 완만한 냉동에도 잘 견디므로 크로와상, 단과자 등의 제품 제조에 많이 이용된다.

④ 냉동 제품의 해동 및 재가열 목적으로 적외선 오븐을 사용하기도 한다.
⑤ 냉동 저장 기간이 길수록 품질 저하가 일어나므로 선입선출을 준수함

3) 냉동 반죽 시 조치사항
① 이스트 2배 사용
② 강력분 사용
③ 노화 방지제 및 산화제 사용
④ 1차 발효는 0~20분

4) 장점과 단점

(1) 장점

휴일과 야간작업이 편함, 신선한 빵 제공, 다품종 소량 생산 가능, 계획 생산이 가능, 작업장의 설비와 면적이 줄어듦

(2) 단점

냉동 중 이스트 사멸로 가스발생력 약화 및 가스 보유력 저하, 제품의 노화가 빠름, 발효 향 저하, 반죽이 끈적거리고 퍼지기 쉬움, 많은 양의 산화제 필요

> **연습문제**
>
> ❓ 냉동 반죽법의 장점이 아닌 것은?
> 가. 소비자에게 신선한 빵을 제공할 수 있다. 나. 운동, 배달이 용이하다.
> 다. 가스 발생력이 향상된다. 라. 다품종 소량생산이 가능하다.
>
> 답 다

IX. 찰리우드법(초고속 반죽법, Chorleywood dough method)

1) 정의
영국의 찰리우드 지방에서 유래한 이름으로 초고속 반죽기를 이용하여 반죽하므로 초고속 반죽법이라고도 함

2) 특징
믹싱에서 굽기까지의 시간이 2시간 정도 걸리기 때문에 풍미와 식감 및 노화는 빠르나 흡수가 빠르고 최근에 사워종이나 묵힌 반죽을 이용하여 사용하기도 함

> **📢 사워종이란?**
> 이스트를 사용하지 않고 호밀가루나 밀가루를 대기 중에 존재하는 이스트나 유산균을 물과 반죽하여 배양한 발효종을 이용하는 제빵법

X. 오버나이트 스펀지법(Overnight sponge dough method)

1) 정의
12~24시간 정도 발효시킨 스펀지를 이용하는 방법으로 발효 손실이 가장 큼

2) 특징
적은 양의 이스트(0.25~0.75%)를 사용하여 효소의 작용이 천천히 진행되어 가스가 알맞게 생성되고 발효 시간이 길기 때문에 신장성이 좋고 발효 향이 풍부함

XI. 마스터 스펀지법(Master sponge dough)

1) 정의 및 특징
하나의 스펀지 반죽으로 2~4개의 도우(dough)를 제조하는 방법으로, 노동력 및 시간이 절약되는 방법

CHAPTER 03
빵의 제조 공정 및 제품 평가

I. 배합표 작성

1) 배합표란?

① 일명 레시피(Recipe)라고도 하며, 모든 음식을 만드는 데 필요한 재료, 재료의 비율, 무게 등을 숫자로 정확히 나타내는 표

② 대부분의 배합은 밀가루 양을 100%로 하고 나머지 재료들을 밀가루 양에 대한 비율로 계산하여 그 함량을 나타내는데 이를 베이커스 퍼센트(Baker's percent(%))라고 한다. 재료 전체의 양을 100%로 하고 각 재료가 차지하는 양을 %로 나타내는 트루 퍼센트(True percent(%))도 있다.

2) 배합량 계산법

① 분할 총 반죽 무게(g) = 분할 반죽 무게(g) × 제품 수(개)

② 총재료 무게(g) = $\dfrac{분할총반죽무게(g)}{1 - 분할손실(\%)}$

③ 밀가루 무게(g) = $\dfrac{총재료무게(g) \times 밀가루배합률(\%)}{총배합률(\%)}$

연습문제

다음 표에 나타난 배합 비율을 이용하여 빵 반죽 1802g을 만들려고 한다. 다음 재료 중 계량된 무게가 틀린 것은?

순서	재료명	비율(%)	무게(g)
1	강력분	100	1000
2	물	63	(가)
3	이스트	2	20
4	이스트푸드	0.2	(나)
5	설탕	6	(다)
6	쇼트닝	4	40
7	분유	3	(라)
8	소금	2	20
합계		180.2	1802

가. (가) 630g　　　나. (나) 2.4g　　　다. (다) 60g　　　라. (라) 30g

강력분의 비율이 100%이고 무게가 1000g인 것은 10배를 했다는 뜻이므로, 나머지 재료들도 다 10배씩 곱한다.

답 나

II. 재료 계량 및 전처리

1) 재료 계량

배합표에 의거 준비하는 작업으로 배합표에 따라 재료의 양을 정확히 계량한다. 재료 계량 시 설탕, 소금은 이스트에 직접 닿지 않도록 따로 계량한다.(삼투압으로 인한 발효 저해 현상 방지)

2) 재료의 전처리

[1] 가루 재료

설탕, 소금을 제외한 가루들은 체로 쳐서 사용(보통 제빵보다는 제과에서 주로 사용)하며, 가루 재료 체치는 이유는 재료 분산, 공기 혼입, 이물질 제거이다.

(2) 이스트

생이스트(압착효모)는 약 30℃의 물에 용해, 건조이스트(건조효모)는 40~50℃의 물에 용해해 사용

(3) 소금, 설탕

이스트가 닿지 않도록 하여 사용(삼투압으로 인한 발효 저해)

(4) 유지

차갑거나 딱딱하면 풀어서 사용하며, 보통 클린업단계에서 투입

(5) 물

실내 온도와 반죽 온도를 고려하여 물의 온도를 조절

III. 믹싱(반죽, Mixing)

1) 믹싱의 목적

반죽에 공기를 혼입하고, 모든 재료를 균일하게 분산시키고 혼합하고, 밀가루의 수화 및 글루텐을 발전시킴

2) 믹싱의 6단계

(1) 픽업 단계(Pick up stage)

재료의 혼합 및 수화가 이루어지는 단계

(2) 클린업 단계(Clean up stage)

① 글루텐이 형성되기 시작하는 단계, 유지를 투입하는 단계
② 흡수율을 높이기 위해(믹싱시간 단축) 이 단계에서 소금을 넣는 후염법을 하기도 함

(3) 발전 단계(Development stage)

반죽의 탄력성이 최대인 단계, 모양을 유지해야 하는 빵들 및 기타 가루가 들어간 대부분 빵이 이 단계에서 믹싱을 완료함

✓ 예 바게트(350g), 베이글, 호밀빵 등

(4) 최종 단계(Final stage)

반죽의 탄력성과 신장성이 최대인 단계, 대부분 빵류가 해당함

(5) 렛 다운 단계(Let down stage)

반죽의 신장성이 최대인 단계, 틀을 사용하는 빵이 해당함

✓ 예 틀을 사용하는 햄버거빵, 잉글리시 머핀 등

(6) 파괴 단계(Break down stage)

탄력성과 신장성이 상실되며, 글루텐이 파괴됨

3) 반죽의 흡수율에 영향을 주는 요인

(1) 밀가루 단백질의 질과 양, 숙성 정도

단백질 1% 증가 시, 수분 흡수율은 1.5~2% 증가(즉, 강력분 > 박력분)

(2) 반죽 온도

온도 5℃ 증가에 흡수율 3% 감소

(3) 탈지분유

1% 증가 시, 흡수율 1% 증가

(4) 물의 종류

연수는 흡수율이 낮고, 경수는 흡수율이 높음

(5) 설탕

설탕 5% 증가 시, 흡수율 1% 감소

(6) 손상 전분 함량(4.5~8%만 사용)

손상 전분 1% 증가 시, 수분 흡수율은 2% 증가

(7) 반죽 속도

고속이 저속보다 흡수율 증가

✏️ 연습문제

❓ **제빵에서 탈지분유를 1% 증가시킬 때 추가되는 물의 양으로 가장 적합한 것은?**

　가. 1%　　　　　나. 5.2%　　　　　다. 10%　　　　　라. 15.5%

　답 가

❓ **다음의 재료 중 많이 사용할 때 반죽의 흡수량이 감소하는 것은?**

　가. 활성 글루텐　　　나. 손상전분　　　다. 유화제　　　라. 설탕

　답 라

❓ **빵 반죽의 흡수에 대한 설명으로 잘못된 것은?**

　가. 반죽 온도가 높아지면 흡수율이 감소한다.
　나. 연수는 경수보다 흡수율이 증가한다.
　다. 설탕 사용량이 많아지면 흡수율이 감소한다.
　라. 손상전분이 적당량 이상이면 흡수율이 증가한다.

　답 나

---

4) 반죽 온도

(1) 의미

반죽이 완성된 직후에 나타나는 온도이며, 온도가 높고 낮음에 따라 반죽의 상태와 발효의 속도가 달라짐(반죽 온도가 높으면 발효 속도가 빨라지고, 반죽 온도가 낮으면 발효 속도가 늦어짐), 보통 온도 조절이 가장 쉬운 물을 사용하여 반죽 온도를 조절

(2) 마찰계수

반죽하는 과정에서 마찰에 의해 발생하는 열

① 스트레이트법의 마찰계수 : (반죽 결과 온도×3) - (실내온도 + 밀가루온도 + 수돗물온도)

② 스펀지법의 마찰계수 : (반죽 결과 온도×4) - (실내온도 + 밀가루온도 + 스펀지온도 + 수돗물온도)

(3) 사용할 물 온도

① 스트레이트법의 사용할 물 온도 : (희망 반죽 온도×3) - (실내온도 + 밀가루온도 + 마찰계수)

② 스펀지법의 사용할 물 온도 : (희망 반죽 온도×4) - (실내온도 + 밀가루온도 + 스펀지온도 + 마찰계수)

(4) 얼음 사용량

$$\frac{\text{물사용량} \times (\text{수돗물온도} - \text{사용수온도})}{80 + \text{수돗물온도}}$$

(80 : 섭씨일 때, 물 1g이 얼음 1g으로 되는 데 필요한 열량 계수)

IV. 1차 발효 (1st fermentation)

1) 목적

이산화탄소(CO_2)의 발생으로 팽창 작용과 효소가 작용하여 반죽을 부드럽게 하며, 발효에 의해 생성된 알코올과 유기산 등이 독특한 맛과 향을 부여함

2) 발효실의 적정 온도 및 습도

27℃, 75~80%

3) 발효에 영향을 주는 요소

(1) 이스트의 양 ★

① 이스트의 양이 많으면 가스 발생량이 많아진다.

② 설탕이 충분할 때 이스트의 양과 발효 시간은 반비례한다.

③ 변경할 이스트의 양 = $\dfrac{\text{기존이스트의양} \times \text{기존발효시간}}{\text{변경할발효시간}}$

✓ **예** 이스트 2%로 4시간 발효하여 좋은 결과를 얻었다면 발효시간을 2.5시간으로 단축하려면
$\dfrac{2 \times 4}{2.5} = \dfrac{8}{2.5} = 3.2 \therefore 3.2\%$ 사용

(2) 반죽 온도

반죽 온도가 0.5℃ 상승 시, 발효시간 15분 단축

(3) 반죽의 pH

① **이스트가 활동하기 최적 pH**: pH 4.5~5.5(최적 pH4.7)

② **지친 반죽(과발효)**: pH5.0, 정상 발효: pH5.7, 어린 반죽(발효부족): pH6.0 이상

(4) 삼투압

① 발효성 당이 5% 이상의 농도가 되면 이스트의 활성이 저해되기 시작

② 소금이 1%를 초과하면 이스트의 활성이 저해되기 시작

(5) 이스트 푸드

① 이스트의 발효를 조절하고 반죽과 빵의 품질을 개량하는 첨가물

② **암모늄염**: 이스트에 영양소 공급

③ **산화제**: 가스 포집력 개선

4) 발효 손실

(1) 원인 ★

수분 증발, 탄수화물의 발효로 CO_2 가스 발생, 반죽 온도 및 발효 온도, 소금

(2) 손실량

통상 1~2%

연습문제

❓ 분할 무게 600g짜리 식빵 100개를 만들려고 한다. 발효 손실이 1.5%, 전체 배합률이 180%일 때 밀가루의 사용량은?(단, 밀가루의 kg 미만은 올린다.)

💬 _____

📝 * 밀가루 비율(100%) : 밀가루 무게(x) = 총배합률(180%) : 총 재료 무게(60.914)
  * 완제품 무게 : 600g × 100 = 60,000g = 60kg
  * 총 재료 무게 : 완제품 무게 ÷ (1 - 발효손실) = 60kg ÷ (1 - 0.015 = 0.985) = 60.914
  ∴ 180x = 6091.4이므로 6091.4 ÷ 180 = 33.84kg 올림을 해야 하므로 34kg이 정답

답 34kg

❓ 다음 중 빵 반죽의 발효에 속하는 것은?
  가. 낙산발효　　　　　나. 부패발효　　　　　다. 알코올발효　　　　　라. 초산발효

답 다

5) 반죽 시간에 영향을 미치는 요인

① **소금** : 클린업 단계 이후 투입하면 반죽 시간을 줄일 수 있음
② **유지** : 클린업 단계 이후 투입하면 반죽 시간을 줄일 수 있음, 양이 많으면 반죽 시간이 늘어남
③ **산화제, 환원제** : 산화제는 반죽 시간을 늘리고, 환원제는 반죽 시간을 줄임
④ **설탕, 분유, 우유** : 양이 많으면 반죽 시간이 늘어남
⑤ 반죽온도

연습문제

❓ 다음 중 반죽 시간에 영향을 미치는 요인이 아닌 것은?
  가. 소금　　　　　나. 이스트　　　　　다. 유지　　　　　라. 분유

답 나

V. 성형(Make-up)

성형공정은 1차 발효를 마친 반죽을 적절한 크기로 나누고 희망하는 모양으로 만드는 과정으로 분할, 둥글리기, 중간 발효, 정형, 팬닝(성형의 5단계 또는 성형의 넓은 의미)으로 분류할 수 있다.

1) 분할(Dividing)

(1) 의미

1차 발효가 끝난 반죽을 원하는 무게로 나누는 것

(2) 기계분할

① 대량 생산 공장에서 하는 방법
② 부피에 의한 분할
③ 반죽이 분할기에 달라붙지 않도록 유동 파라핀 용액(윤활유, 0.1%)을 사용함

(3) 손분할

① 소규모 빵집에서 하는 방법
② 무게를 직접 달아 분할
③ 손분할은 오븐 스프링이 좋아 부피가 양호한 제품을 만들 수 있음
④ 15~20분 이내로 하는 것이 좋으며, 지나친 덧가루는 빵 속의 줄무늬를 만듦

2) 둥글리기(Rounding)

(1) 의미

분할에 의해 상처받은 반죽의 표피를 연결된 상태로 만드는 공정으로, 환목기(라운더, Rounder)가 사용됨

(2) 목적

① 분할로 흐트러진 글루텐의 구조를 정돈
② 반죽 표면에 엷은 표피를 형성시켜 끈적거림을 제거

③ 분할에 의한 형태의 불균일을 일정한 형태로 만들어 다음 공정인 정형을 쉽게 함

④ 중간 발효 중에 새로 생성되는 이산화탄소 가스를 보유할 수 있는 표피를 만듦

3) 중간 발효(Intermediate proofing)

(1) 의미

둥글리기가 끝난 반죽을 정형하기 전에 잠시 발효시키는 것으로 벤치 타임(Bench time)이라고도 하며, 오버 헤드 프루프(Over head proof)라고도 함

(2) 목적

① 글루텐 조직의 구조를 재정돈

② 가스 발생으로 반죽의 유연성 회복

③ 탄력성, 신장성 회복으로 밀어 펴기 과정 중 찢어지지 않도록 함

(3) 중간 발효의 조건과 방법

① 발효 온도 27~32℃, 상대 습도 75~80%, 발효 시간은 반죽의 온도와 크기에 따라 시간이 달라진다.

② 수분이 방출되지 않도록 젖은 헝겊이나 비닐로 덮어 두며, 보통 실내에서 발효를 하나, 중간 발효기(오버 헤드 프루퍼, Over head proofer)에 넣어두기도 한다.

③ 낮은 습도일 때 껍질에 줄무늬가 생기며, 높은 습도일 때 표피가 끈적거려 덧가루를 과다 사용하게 된다.

4) 정형(Moulding)

(1) 의미

일정한 모양으로 만드는 공정이며, 성형 안에 정형이 포함됨

(2) 공정

밀기, 말기, 봉하기 등이 속함

> **연습문제**
>
> ❓ 성형공정의 방법이 순서대로 옳게 나열된 것은?
>
> 　가. 반죽→중간 발효→분할→둥글리기→정형
> 　나. 분할→둥글리기→중간 발효→정형→팬닝
> 　다. 둥글리기→중간 발효→정형→팬닝→2차 발효
> 　라. 중간 발효→정형→팬닝→2차 발효→굽기
>
> 　답 나

5) 팬닝(Panning)

(1) 의미

정형이 완료된 반죽을 팬에 채우거나 나열하는 공정

(2) 팬의 온도

32℃가 적당함

(3) 팬 기름(이형유, 이형제)

① **사용 목적**: 제품이 팬에 달라붙지 않고 잘 떨어지기 위해 사용함

② **종류**: 유동 파라핀(백색 광유), 식물유, 혼합유, 정제 라드(쇼트닝)

③ **조건**

　ㄱ. 무색, 무취를 사용함

　ㄴ. 발연점이 210℃ 이상으로 높을 것

　ㄷ. 산패에 잘 견딜 것

　ㄹ. 반죽 무게의 0.1~0.2%만 사용함

④ **팬 기름 과다 시**: 제품의 밑 껍질이 두껍고 어두워진다.

(4) 팬닝 반죽의 분할량

팬의 용적÷비용적

(5) 비용적

단위 질량을 가진 물체가 차지하는 부피이며, 반죽 1g당 부푸는 부피를 말함
① ★산형 식빵 : 3.2~3.4cm³/g
② 풀만 식빵 : 3.3~4.0cm³/g

(6) 팬용적(틀용적) 구하는 공식

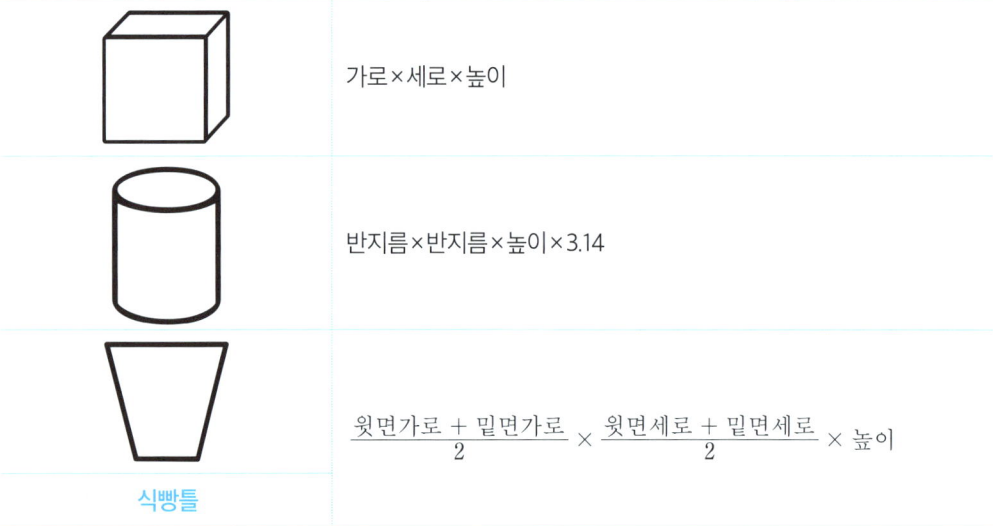

	가로×세로×높이
	반지름×반지름×높이×3.14
식빵틀	$\dfrac{윗면가로 + 밑면가로}{2} \times \dfrac{윗면세로 + 밑면세로}{2} \times 높이$

(7) 팬의 관리

절대 물로 씻으면 안 되며, 이형유를 바른 후 철판은 280℃에서 1시간 정도 굽기를 한다.

연습문제

Q. 제빵 시 팬오일로 유지를 사용할 때 다음 중 무엇이 높은 것을 선택하는 것이 좋은가?

가. 가소성   나. 크림성   다. 발연점   라. 비등점

답. 다

Q. 팬 기름칠을 다른 제품보다 더 많이 하는 제품은?

가. 베이글   나. 바게트   다. 단팥빵   라. 건포도 식빵

답. 라

VI. 2차 발효 (2nd fermentation)

1) 의미

정형 과정을 거치는 동안, 반죽은 거친 취급에 의해 상처받은 상태이므로, 이를 회복시켜 바람직한 외형과 좋은 식감의 제품을 얻기 위하여 글루텐 숙성과 팽창을 도모하는 과정이며, 발효의 최종 단계

2) 목적

가스가 빠진 반죽을 다시 부풀리며, 오븐 팽창이 잘 일어나도록 함. 바람직한 외형과 식감을 얻고, 빵의 향에 관여하는 알코올, 유기산 및 그 외의 방향성 물질을 생성함

3) 발효실의 온도와 습도

① 일반적인 조건 : 38℃, 85~90%
② 식빵, 단과자빵류 : 38~40℃, 85~90%
③ 하스 브레드류(바게트, 하드롤 등) : 32℃, 75~80%
④ 도넛류 : 32~35℃, 75%
⑤ 데니시 페이스트리(충전용 유지의 사용범위 20~40%) : 30~32℃, 75~80%

4) 2차 발효 조건

온도, 습도, 시간

5) 2차 발효 완료점

완제품의 70~80% 크기

📢 **하스 브레드(Hearth bread)란?**

철판이나 틀을 사용하지 않고 오븐의 하스에 직접 얹어 구운 빵으로 종류로는 프랑스빵(바게트), 하드롤, 비엔나빵, 아이리시빵 등 서구식 빵이 여기에 속하며, 바게트의 중량은 350g이다. 하스(hearth)는 빵, 케이크를 구울 때 밑에서부터 열을 전달하는 오븐의 구움대를 의미한다.

> **연습문제**
>
> ❓ 다음 제품 중 2차 발효실의 습도를 가장 높게 설정해야 하는 것은?
> 가. 호밀빵　　　　나. 햄버거빵　　　　다. 불란서빵　　　　라. 빵 도넛
>
> 답 나

VII. 굽기(Baking) 및 튀기기

1) 굽기 중의 변화

(1) 오븐라이즈(Oven Rise)
반죽 내부의 온도가 60℃에 이르지 않는 상태

(2) 오븐 스프링(Oven spring)
반죽 온도가 49℃에 도달하면 반죽이 급격하게 부풀어 처음 크기의 약 1/3 정도 부피가 팽창하고, 60℃가 되면, 오븐 스프링은 멈추고 전분이 호화되고, 이스트가 사멸함

(3) 단백질 변성
74℃가 넘으면 단백질이 응고되며 호화된 전분과 함께 빵의 구조를 형성

(4) 효소 작용
이스트의 효소활성이 60℃까지 계속되며, 아밀라아제는 적정 온도 범위 내에서 10℃ 상승에 따라 그 활성이 2배가 됨

(5) 향의 발달
이산화탄소는 부피의 팽창을 돕고, 79℃부터 알코올이 증발하여 특유의 향이 발생함

(6) 껍질 색의 변화

160~180℃에서 캐러멜 반응(당+열=갈색)과 마이야르 반응(당+열+아미노산=갈색)에 의해 껍질이 갈색으로 변하며, 마이야르 반응속도를 촉진하는 당의 순서는 과당>포도당>설탕이다.

2) 굽기의 원칙

① 고율 배합과 발효가 부족한 반죽은 저온에서 장시간 굽는다(오버 베이킹). 저온에서 장시간을 굽기 때문에 수분이 적고, 노화가 빠르다.
② 저율 배합과 발효가 지나친 반죽은 고온에서 단시간 굽는다(언더 베이킹). 고온에서 단시간을 굽기 때문에 수분이 많고, 설익어 가라앉는다.
③ 오븐 온도가 낮으면 2차 발효가 지나친 것과 같은 현상이 나타난다.

3) 굽기 손실

(1) 의미

빵이 오븐에서 구워지는 동안 발효 산물 중 휘발성 물질이 휘발하고 수분이 증발한 탓에 무게가 줄어드는 현상

(2) 굽기 손실에 영향을 주는 요인

배합률, 굽는 온도, 굽는 시간, 제품의 크기와 형태 등 다양함

(3) 굽기 손실 비율(%)

$$= \frac{반죽무게 - 빵무게}{반죽무게} \times 100$$

(4) 일반적인 굽기 손실

① **산형 식빵**: 11~12%
② **뚜껑 있는 식빵**(풀만식빵): 7~9%
③ **바게트**: 20~25%(굽기 손실이 가장 큰 제품)

4) 두 번 굽기를 하는 제품

브라운 앤 서브 롤

5) 이스트 도넛(빵도넛)의 튀김 온도

180~193℃

> **연습문제**
>
> ❓ 일반적으로 풀만식빵의 굽기 손실은 얼마나 되는가?
>
> 가. 약 2~3%   나. 약 4~6%   다. 약 7~9%   라. 약 11~13%
>
> 답 다
>
> ❓ 식빵 제조 시 부피를 가장 크게 하는 쇼트닝의 적정한 비율은?
>
> 가. 4~6%   나. 8~11%   다. 13~16%   라. 18~20%
>
> 답 가

VIII. 냉각 및 포장

1) 냉각 및 포장 적정 온도 및 습도

35~40℃, 38%

2) 냉각 방법

① 자연 상태로 3~4시간 냉각

② 터널식 냉각

③ 에어컨디셔너 냉각

3) 냉각 손실

식히는 동안 수분 증발로 무게가 감소하는 현상이며, 여름철보다 겨울철이 냉각 손실이 크다. 냉각 손실은 2% 정도가 적당하다. 냉각을 너무 오래 하여 온도가 낮아졌을 경우에는 노화가 일어나서 빨리 딱딱해진다.

4) 포장 용기의 조건
    ① 방수성이 있어야 할 것
    ② 통기성이 없어야 할 것
    ③ 작업성이 좋음
    ④ 값이 저렴할 것

IX. 제품별 제빵법

1) 건포도 식빵

(1) 건포도의 전처리 방법

건포도 무게의 12%가량 되는 물(27℃)과 건포도를 버무려 4시간 방치

(2) 건포도의 전처리 이유

빵 속 수분 이동 방지, 건포도의 향과 맛 증가, 수율과 저장성 증가

(3) 믹싱 시 최종단계에 넣는 이유

반죽이 얼룩지고 거칠어지는 것을 방지함

(4) 구울 때 고려할 점

윗불을 약간 약하게 함 (건포도에 함유된 당의 영향으로 색이 진하게 남)

2) 호밀빵

① 호밀 단백질은 밀가루 단백질에 비해 글루텐을 형성하는 능력이 떨어지므로 발전 단계까지 믹싱함
② **반죽 온도 : 25℃**
③ 이스트 발효보다는 사워(sour)반죽 발효에 의해 우수한 품질의 호밀빵이 됨
④ 호밀빵에 사용되는 향신료는 캐러웨이로, 독일에서는 호밀빵에 캐러웨이를 넣어 즐겨 먹었다고 함

3) 불란서빵(프랑스빵, 바게트)

① 제빵의 4대 필수 재료인 밀가루, 물, 이스트, 소금만으로도 만들 수 있으며, 모양틀을 쓰지 않고 바로 오븐의 구움대 위에 얹어서 굽는 하스브레드의 일종이며, 반죽의 탄력성을 주어 팬에서 퍼짐을 방지하기 위해 발전 단계까지 믹싱함

② 반죽 온도 : 24℃

③ 칼집을 내는 이유 : 다른 부분의 터짐을 방지하기 위함

④ 오븐에 넣기 전후에 스팀을 사용하는 이유 : 얇고 바삭거리는 껍질, 껍질의 광택, 거칠고 불규칙하게 터지는 것을 방지하기 위함

4) 데니시 페이스트리

① 퍼프 페이스트리와 유사하나 이스트와 그 외 재료(설탕, 달걀, 버터)를 더 넣어 만든 반죽

② 반죽으로 유지를 감싸는 프랑스식으로 가소성 범위가 넓은 롤인 유지(파이용 마가린, 퍼프용 마가린)를 반죽 무게의 20~40% 정도 사용함

③ 반죽 온도 : 18~22℃

④ 2차 발효의 온도(32~35℃)와 습도(70~75%)는 일반적인 빵에 비해 낮음

⑤ 롤인 유지와 접기 횟수에 따른 부피 변화

ㄱ. 롤인 유지 함량이 증가할수록 부피도 증가

ㄴ. 같은 롤인 유지 함량에서 접기 횟수가 증가할수록 부피가 증가하다가 최고점을 지나면 감소

ㄷ. 롤인 유지 함량이 적어지면서 같은 접기 횟수이면 부피는 감소

X. 제품 평가

1) 외부

부피, 껍질 색, 외형의 균형, 굽기 상태, 껍질 특성

2) 내부

조직, 기공, 속 색, 향, 맛

3) 어린 반죽과 지친 반죽으로 만든 제품의 특성

항목	어린 반죽	지친 반죽
부피	작다	커진 뒤 주저앉음
껍질 색	어두운 적갈색	밝은색
브레이크와 슈레드	아주 적다	아주 적다
구운 상태	어두운 윗부분, 옆면, 바닥	밝은 윗부분, 옆면, 바닥
외형의 균형	예리한 모서리, 유리 같은 옆면	둥근 모서리, 움푹 들어간 옆면
껍질 특성	두껍다, 질기다	두껍다, 단단하다, 부서지기 쉽다
기공	거칠고 열린 두꺼운 세포벽	거칠고 열린 얇은 세포벽
속 색	어둡다	여리다
조직	거칠다	거칠다
향	적다	강하다

✏️ 연습문제

❓ 빵의 품질평가에 있어서 외부평가 기준이 아닌 것은?

　가. 굽기의 균일함　　　나. 조직의 평가　　　다. 터짐과 광택 부족　　　라. 껍질의 성질

답 나

4) 빵의 결함 원인과 교정

식빵 밑바닥이 움푹 패이는 결점	① 2차 발효 과다 및 습도가 높음 ② 팬의 기름칠 부적당 ③ 오븐 바닥열이 강함 ④ 팬 바닥에 구멍이 없거나, 수분이 있음
연한 껍질 색	① 1차 발효 과다 ② 오븐 온도가 낮음 ③ 2차 발효실의 습도가 낮거나 발효실에서 꺼내 오븐에 넣기까지 장시간 방치 ④ 덧가루 사용 과다

진한 껍질 색	① 1차 발효 부족 ② 설탕 사용량 과다 ③ 오븐 온도가 높음 ④ 믹싱 과다
브레이크와 슈레드 부족	① 발효 부족 ② 발효 과다 ③ 2차 발효실의 습도 부족 ④ 너무 높은 오븐 온도
빵 속의 줄무늬	① 덧가루 사용 과다 ② 반죽 통에 과도한 기름칠 ③ 분할기의 기름 과다 ④ 너무 된 반죽

연습문제

불란서 빵 제조 시 스팀 주입이 많을 경우 생기는 현상은?

가. 껍질이 바삭바삭하다.   나. 껍질이 벌어진다.
다. 질긴 껍질이 된다.   라. 균열이 생긴다.

답 다

식빵 제조 시 과도한 부피의 제품이 되는 원인은?

가. 소금양의 부족   나. 오븐 온도가 높음
다. 배합수의 부족   라. 미숙성 소맥분

답 가

발효가 지나친 반죽으로 빵을 구웠을 때의 제품 특성이 아닌 것은?

가. 빵 껍질 색이 밝다.   나. 신 냄새가 있다.
다. 체적이 적다.   라. 제품의 조직이 고르다.

답 라

다음 중 식빵에서 설탕이 과다할 경우 대응책으로 가장 적합한 것은?

가. 소금양을 늘린다.   나. 이스트 양을 늘린다.
다. 반죽 온도를 낮춘다.   라. 발효 시간을 줄인다.

답 나

❓ 식빵 반죽 표피에 수포가 생긴 이유로 적합한 것은?

가. 2차 발효실 상대습도가 높았다.　　　나. 2차 발효실 상대습도가 낮았다.
다. 1차 발효실 상대습도가 높았다.　　　라. 1차 발효실 상대습도가 낮았다.

답 가

❓ 다음 중 식빵의 껍질 색이 너무 옅은 결점의 원인은?

가. 연수사용　　　나. 설탕사용 과다　　　다. 과도한 굽기　　　라. 과도한 믹싱

답 가

❓ 제빵시 적량보다 많은 분유를 사용했을 때의 결과 중 잘못된 것은?

가. 양 옆면과 바닥이 움푹 들어가는 현상이 생김
나. 껍질 색은 캐러멜화에 의하여 검어짐
다. 모서리가 예리하고 터지거나 슈레드가 적음
라. 세포벽이 두꺼우므로 황갈색을 나타냄

답 가

❓ 2차 발효가 과다할 때 일어나는 현상이 아닌 것은?

가. 옆면이 터진다.　　　나. 색상이 여리다.
다. 신 냄새가 난다.　　　라. 오븐에서 주저앉기 쉽다.

답 가

❓ 냉동 페이스트리를 구운 후 옆면이 주저앉는 원인으로 틀린 것은?

가. 토핑물이 많은 경우　　　나. 잘 구워지지 않은 경우
다. 2차 발효가 과다한 경우　　　라. 해동 온도가 2~5℃로 낮은 경우

답 라

❓ 단과자빵의 껍질에 흰 반점이 생긴 경우 그 원인에 해당하지 않는 것은?

가. 반죽 온도가 높았다.　　　나. 발효하는 동안 반죽이 식었다.
다. 숙성이 덜 된 반죽을 그대로 정형하였다.　　　라. 2차 발효 후 찬 공기를 오래 쐬었다.

답 가

PART 2

: 과자류 재료 및 제조

CHAPTER 01 제과에 사용하는 기계 및 도구

I. 제과에 사용하는 기계

1) 믹서(반죽기)

(1) 의미

믹싱 볼에 휘퍼(Whipper) 또는 비터(Beater)를 사용하여 휘퍼로는 공기를 넣어 부피를 형성하고, 비터로는 유연한 반죽을 만들 때 사용한다.

(2) 종류

① **수직형 믹서(버티컬 믹서)** : 소규모 제과점에서 주로 사용
② **에어 믹서** : 제과 전용 믹서로 공기를 넣어 믹싱하여 일정한 기포를 형성

2) 파이 롤러

반죽을 밀어 펼 때 사용하는 기계로, 파이나 페스츄리 할 때 많이 사용하며, 냉장고 옆에 위치하는 것이 좋다.

> **연습문제**
>
> ❓ 다음 중 파이롤러를 사용하지 않는 제품은?
>
> 가. 파이　　　　나. 소프트롤　　　　다. 페스츄리　　　　라. 스위트롤
>
> 답. 나

3) 오븐

(1) 의미

최종 제품을 200℃ 전후로 굽기를 하며, 오븐 내 매입 철판 수로 생산 능력을 계산한다.

(2) 종류
① **데크 오븐**: 소규모 제과점에서 주로 사용, 반죽을 넣는 입구와 제품을 꺼내는 출구가 같다.
② **터널 오븐**: 단일 품목을 대량 생산하는 공장에서 많이 사용되며, 반죽을 넣는 입구와 제품을 꺼내는 출구가 서로 다르다.
③ **컨벡션 오븐**: 팬(Fan)을 이용하여 바람으로 굽는 오븐으로 대류식 오븐이라고도 한다.

> **연습문제**
>
> ❓ 주로 소규모 제과점에서 많이 사용하는 믹서로, 거품형 케이크 및 빵 반죽이 모두 가능한 믹서는?
>   가. 수직 믹서   나. 수평 믹서   다. 스파이럴 믹서   라. 핀 믹서
>   답 가
>
> ❓ 제과용 기계 설비와 거리가 먼 것은?
>   가. 오븐   나. 라운더   다. 에어믹서   라. 데포지터
>   답 나
>
> ❓ 오븐의 생산능력은 무엇으로 계산하는가?
>   가. 소모되는 전력량   나. 오븐의 높이
>   다. 오븐의 단열 정도   라. 오븐 내 매입 철판 수
>   답 라

II. 제과에 사용하는 도구

1) 작업 테이블
주방의 중앙부에 위치하여야 여러 방향으로의 동선이 짧아져 작업하기 편함

2) 전자저울
용기를 올려놓고 영점을 맞추므로 정확하고 신속하게 무게를 측정할 수 있음

3) 온도계
반죽 온도를 측정

4) 스쿱
재료 계량에서 가루 재료를 퍼낼 때 사용

5) 팬
반죽을 담아 굽기를 할 때 사용하며, 팬에 넣는 작업을 팬닝이라고 함

6) 붓
달걀물을 바르거나, 덧가루를 털어 낼 때 사용되며, 이형제를 바를 때도 사용

7) 스패튤라
케이크를 만들 때 윗면과 옆면을 아이싱하거나 반죽을 담을 때 사용

8) 회전판(돌림판, Tun table)
케이크류를 올려놓고 아이싱할 때 사용

9) 디핑 포크
초콜릿을 만들 때 사용

10) 짤주머니(Pastry bag)
반죽, 크림을 짤 때 사용함

11) 모양 깍지
여러 가지 모양을 만드는 도구로 케이크나 쿠키를 만들 때 사용

CHAPTER 02 반죽과 믹싱

I. 팽창 형태에 따른 빵, 과자 제품의 분류

1) 화학적 팽창

주된 팽창작용이 화학 팽창제에 의존

- ✓ 예 베이킹파우더, 베이킹소다 사용하여 팽창

2) 물리적 팽창

주된 팽창작용이 믹싱 중 포집되는 공기에 의존

- ✓ 예 계란으로 공기 포집하여 팽창하는 스펀지케이크

3) 무팽창(유지에 의한 팽창)

유지가 열을 받아 유지 속에 있는 수분이 수증기로 변하면서 반죽을 밀어 올려 팽창

- ✓ 예 페이스트리, 파이

4) 복합형 팽창

두 가지 이상의 팽창 형태를 겸하는 제품

- ✓ 예 시폰케이크는 노른자를 믹싱하지 않기 때문에, 화학적＋물리적으로 팽창

II. 반죽의 믹싱법

1) 반죽형 반죽(비중 0.75~0.85)

(1) 필수재료

밀가루, 설탕, 계란, 소금, 고체 유지

(2) 반죽법

① **크림법**: 유지에 설탕을 넣고 믹싱하여 계란을 투입하는 방식, 반죽의 부피를 우선시하며, 비교적 스크래핑을 많이 해야 하는 제법

② **블랜딩법**: 유지에 가루를 넣고 피복하는 방식, 반죽의 부드러움(유연감)을 우선시하며, 21℃ 정도의 품온을 갖는 유지를 사용하여 배합함

③ **설탕물법**: 설탕 2:물 1의 비율로 액당을 제조하여 사용, 당이 골고루 퍼지기 때문에, 균일한 색상을 내며, 대량 생산에 주로 이용

④ **1단계법**: 모든 재료를 혼합 또는 믹싱, 단단계법이라고도 하며 노동력과 시간을 절약한다는 장점이 있음

2) 거품형 반죽 (비중 0.45~0.55)

(1) 필수재료

밀가루, 설탕, 계란, 소금

(2) 반죽법

① **공립법**: 전란을 믹싱

ㄱ. 찬믹싱: 일반적인 믹싱 방법, 반죽 온도 22~24℃

ㄴ. 더운믹싱: 가온법이라고도 하며 중탕으로 43℃까지 데운 뒤 믹싱하는 방법.

② **별립법**: 흰자와 노른자에 설탕을 넣고 각각 믹싱하여 혼합하는 방법

3) 시폰형 반죽

흰자는 설탕을 넣어 믹싱하여 머랭을 만들고, 노른자는 믹싱하지 않고 혼합만 하여 흰자와 노른자를 혼합하는 방법

연습문제

다음 중 반죽형 케이크의 반죽 제조법에 해당하는 것은?
가. 공립법　　　나. 별립법　　　다. 머랭법　　　라. 블렌딩법

답 라

다음 중 물리적+화학적 팽창에 의해 만들어지는 제품은?
가. 시폰케이크　　　나. 스펀지케이크　　　다. 롤케이크　　　라. 레이어케이크

답 가

III. 비중

반죽 속에 들어 있는 공기의 함량으로써, 공기가 얼마나 들어있으며, 얼마나 부풀 것인지를 측정하는 것을 비중 측정이라고 한다. 케이크 반죽의 혼합 완료 정도는 비중으로 알 수 있다.

> **Tip**
> 비중을 구하는 공식 = $\dfrac{\text{같은부피의 (순수) 반죽무게}}{\text{같은부피의 (순수) 물무게}}$ 즉, 반죽 무게 ÷ 물 무게

연습문제

비중컵 무게=40g, 비중컵+물=240g, 비중컵+반죽=160g인 경우 비중은?
가. 0.4　　　나. 0.5　　　다. 0.6　　　라. 0.7

해 $\dfrac{\text{반죽무게}}{\text{물무게}} = \dfrac{160-40}{240-40} = \dfrac{120}{200} = 120 \div 200 = 0.6$

답 다

반죽의 비중이 제품에 미치는 영향 중 관계가 가장 적은 것은?
가. 제품의 부피　　　나. 제품의 조직　　　다. 제품의 점도　　　라. 제품의 기공

답 다

1) 비중의 차이

(1) 낮은 비중

공기 함량이 많아서, 반죽이 가볍고, 부피가 크며, 기공이 거칠다.

- ✓ 예 스펀지케이크 비중은 평균 0.45이다. 숫자가 낮으므로 낮은 비중이며, 가볍다.

(2) 높은 비중

공기 함량이 적어서, 반죽이 무겁고, 부피가 작으며, 기공이 조밀하다.

- ✓ 예 파운드케이크 비중은 평균 0.8이다. 숫자가 높으므로 높은 비중이며, 무겁다.

IV. 비용적과 팬용적, 반죽분할량 구하는 공식

1) 비용적

단위 질량을 가진 물체가 차지하는 부피이며, 반죽 1g당 부푸는 부피를 뜻함

(1) 파운드 케이크

반죽 1g당 비용적은 2.40cm³/g

(2) 레이어 케이크

반죽 1g당 비용적은 2.96cm³/g

(3) 스펀지 케이크

반죽 1g당 비용적은 5.08cm³/g

2) 팬용적(틀용적) 구하는 공식

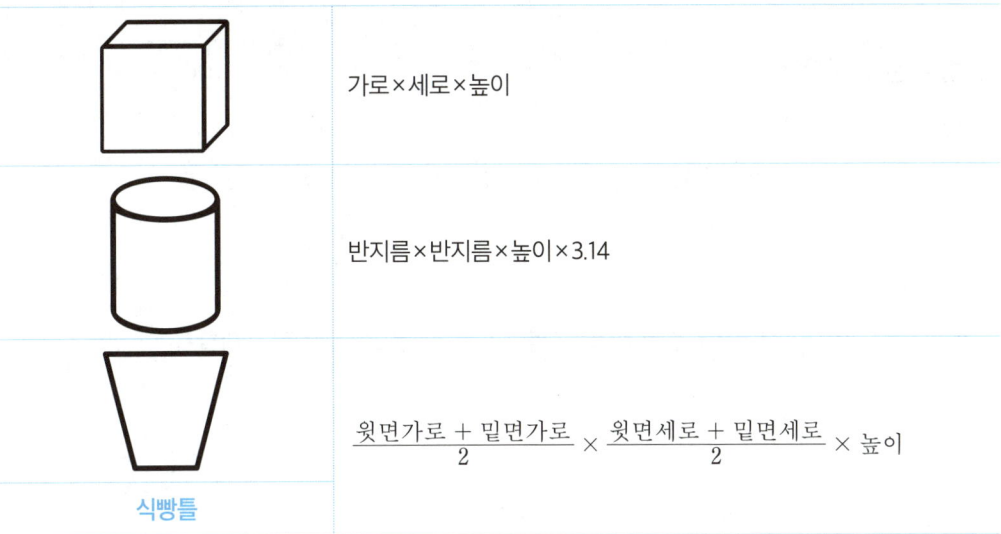

	가로×세로×높이
	반지름×반지름×높이×3.14
식빵틀	$\dfrac{\text{윗면가로}+\text{밑면가로}}{2} \times \dfrac{\text{윗면세로}+\text{밑면세로}}{2} \times \text{높이}$

3) 반죽분할량 구하는 공식 = 틀용적 ÷ 비용적

연습문제

❓ 틀의 안치수 지름이 12cm, 높이 4cm인 둥근기둥모양 틀에 케이크 반죽을 채우려고 한다. 반죽이 1g당 2.40cm³의 부피를 가진다면 이 틀에 약 몇 g의 반죽을 넣어야 알맞은가?

💬 _____

🔹 반죽분할량 = 틀용적 ÷ 비용적
  틀용적 = 반지름(6cm) × 반지름(6cm) × 높이(4cm) × 3.14 = 452.16cm³
  ∴ 틀용적(452.16) ÷ 비용적(2.40) = 188.4g

🔸 188.4g

❓ 다음 중 비용적이 가장 큰 케이크는?

  가. 스펀지케이크   나. 파운드 케이크   다. 화이트레이어케이크   라. 초콜릿케이크

🔸 가

❓ 같은 용적의 팬에 같은 무게의 반죽을 패닝하였을 경우 부피가 가장 작은 제품은?

  가. 시폰 케이크   나. 레이어 케이크   다. 파운드 케이크   라. 스펀지 케이크

🔸 다

V. 반죽 온도

1) 반죽 온도 계산

(1) 마찰계수

=(결과온도×6)-(실내온도+밀가루온도+설탕온도+유지온도+계란온도+물온도)

(2) 물온도

=(희망온도×6)-(실내온도+밀가루온도+설탕온도+유지온도+계란온도+마찰계수)

(3) 얼음사용량

$$= \frac{물사용량 \times (수돗물온도 - 사용수온도)}{80 + 수돗물온도}$$

(80 : 섭씨일 때, 물 1g이 얼음 1g으로 되는 데 필요한 열량 계수)

2) 반죽 온도 영향

(1) 높을 경우(27℃ 이상)

열린 기공, 큰 부피, 큰 공기 구멍으로 인한 거친 조직, 노화가 빠름

(2) 낮을 경우(18℃ 이하)

조밀한 기공, 작은 부피, 위 껍질이 형성된 후 팽창으로 인해 표면 터짐, 짙은 색상 및 나쁜 식감

연습문제

얼음사용량을 구하는 공식은?

가. $= \dfrac{물사용량 \div (수돗물온도 - 사용수온도)}{80 + 수돗물온도}$

나. $= \dfrac{물사용량 \times (수돗물온도 - 사용수온도)}{80 + 수돗물온도}$

다. $= \dfrac{물사용량 \times (수돗물온도 + 사용수온도)}{80 + 수돗물온도}$

라. $= \dfrac{물사용량 \times (수돗물온도 - 사용수온도)}{80 - 수돗물온도}$

답 나

반죽온도 조절을 위한 고려사항으로 적절하지 않은 것은?

가. 마찰계수를 구하기 위한 필수적인 요소는 반죽결과 온도, 원재료 온도, 작업장 온도, 사용되는 물 온도, 작업장 상대습도이다.

나. 기준되는 반죽온도보다 결과온도가 높다면 사용하는 물(배합수) 일부를 얼음으로 사용하여 희망하는 반죽온도를 맞춘다.

다. 마찰계수란 일정량의 반죽을 일정한 방법으로 믹싱할 때 반죽온도에 영향을 미치는 마찰열을 실질적인 수치로 환산한 것이다.

라. 계산된 사용수 온도가 56℃ 이상일 때는 뜨거운 물을 사용할 수 없으며, 영하로 나오더라도 절대치의 차이라는 개념에서 얼음 계산법을 적용한다.

답 가

VI. 배합표 작성

1) 배합표란?

① 일명 레시피(Recipe)라고도 하며, 모든 음식을 만드는 데 필요한 재료, 재료의 비율, 무게 등을 숫자로 정확히 나타내는 표

② 대부분의 배합은 밀가루 양을 100%로 하고 나머지 재료들을 밀가루 양에 대한 비율로 계산하여 그 함량을 나타내는데 이를 베이커스 퍼센트(Baker's %)라고 한다. 재료 전체의 양을 100%로 하고 각 재료가 차지하는 양을 %로 나타내는 트루 퍼센트(True percent(%))도 있다.

2) 고율 배합과 저율 배합(반죽형에만 해당함)

(1) 고율 배합
밀가루 ≤ 설탕, 액체량이 설탕량보다 많음

(2) 저율 배합
밀가루 ≥ 설탕, 액체량이 설탕량과 같음

구분	고율 배합	저율 배합
믹싱 중 공기 포집	많음	적음
반죽의 비중	낮음	높음
화학 팽창제 사용량	적게	많게
굽기	낮게 오래 굽기(오버 베이킹)	높게 짧게 굽기(언더 베이킹)

VII. 반죽의 산도 조절

1) pH란?

pH7인 중성을 기점으로 수치가 작아지면 산성, 수치가 커지면 알칼리성을 의미

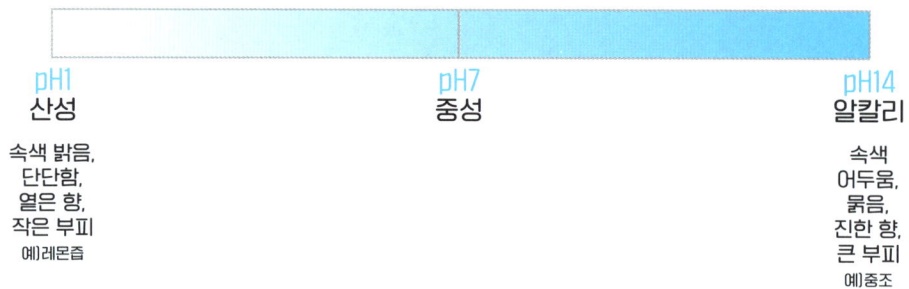

2) pH가 낮아야 하는 제품

과일케이크, 엔젤 푸드케이크가 있고 높아야 좋은 제품은 데블스 푸드 케이크와 초콜릿 케이크가 있다.

> **연습문제**
>
> ❓ 케이크 반죽의 pH가 적정 범위를 벗어나 알칼리일 경우 제품에서 나타나는 현상은?
>   가. 부피가 작다.   나. 향이 약하다.   다. 껍질색이 여리다.   라. 기공이 거칠다.
>
>   🔑 라

VIII. 굽기, 튀기기, 찌기

1) 굽기 온도가 부적당할 때

(1) 오버 베이킹
낮은 온도에서 오래 구워서 나오면 윗면이 평평하고 수분 손실이 큼

(2) 언더 베이킹
높은 온도에서 단시간에 구워 설익고 중심 부분이 갈라지고 수분이 많아 주저앉기 쉬움

> **연습문제**
>
> ❓ 언더 베이킹(Under baking)에 대한 설명으로 틀린 것은?
>   가. 높은 온도에서 짧은 시간 굽는 것이다.   나. 중앙 부분이 익지 않는 경우가 많다.
>   다. 제품이 건조되어 바삭바삭하다.   라. 수분이 빠지지 않아 껍질이 쭈글쭈글하다.
>
>   🔑 다

2) 굽기 중 일어나는 성분 변화

(1) 갈색 반응
① 캐러멜화 반응 : 당류 + 열 → 갈색
② 마이야르 반응 : 당류 + 아미노산(단백질) + 열 → 갈색

③ 제과 및 제빵에는 설탕과 밀가루 즉, 당과 아미노산이 골고루 들어 있기 때문에 캐러멜화 반응과 마이야르 반응이 동시에 일어난다. 마이야르 반응속도를 촉진하는 순서는 과당 > 포도당 > 설탕 순서이며, 이때 갈색이 나는 온도는 160~180℃이다.

3) 튀김 기름의 온도(180~193℃)가 부적당할 때
　① **튀김 기름의 온도가 높을 때** : 껍질 색이 진해지지만, 속이 익지 않는다.
　② **튀김 기름의 온도가 낮을 때** : 퍼짐이 커지고 기름 흡수가 많아진다.

4) 튀김 기름이 갖추어야 할 조건
　① 산패취가 없어야 함
　② 저장 중 안정성이 높아야 함
　③ 발연점이 높을 것
　④ 산화와 가수 분해가 잘 일어나지 않아야 함

> 📢 **튀김 기름의 4대 적**
> 온도(열), 물(수분), 공기(산소), 이물질(금속)

5) 찌기
　① 수증기를 이용하여 식품을 가열하는 방법(대류 방식)으로 수용성 성분의 손실이 적고 식품 자체의 맛이 보존되는 것이 특징이나 가열 도중 조미하기가 어려움
　② 팽창제로 주로 속효성 사용

연습문제

가압하지 않은 찜기의 내부 온도로 가장 적합한 것은?
가. 65℃ 나. 99℃ 다. 150℃ 라. 200℃

답 나

찜류 또는 찜만쥬 등에 사용하는 팽창제의 특성이 아닌 것은?
가. 팽창력이 강하다.
나. 제품의 색을 희게 한다.
다. 암모니아 냄새가 날 수 있다.
라. 중조와 산제를 이용한 팽창제이다.

답 라

찜을 이용한 제품에 사용되는 팽창제의 특성으로 알맞은 것은?
가. 지속성 나. 속효성 다. 지효성 라. 이중팽창

답 나

Ⅸ. 냉각 및 포장

1) 냉각의 정의

오븐에서 바로 꺼낸 과자류 제품의 온도는 100℃ 근처이며, 포장하기 가장 알맞은 온도는 35~40℃이며, 수분함량은 38%이다.

2) 냉각의 목적

곰팡이 및 기타 균의 피해를 방지하며, 절단, 포장에 용이하게 함

✓ 실온에서 자연 냉각 시 소요되는 시간은 3~4시간이며, 지나치게 높은 온도와 습도는 피해야 한다.

3) 포장 방법

① 함기 포장(상온 포장)
② 진공 포장
③ 밀봉 포장

4) 포장 용기 선택 시 고려 사항

① 취급이 용이할 것

② 상품의 가치를 높일 것

③ 방수성이 있고 통기성이 없을 것

④ 단가가 낮고 포장에 의하여 제품이 변형되지 않을 것

 연습문제

 제과용 포장재로 적합하지 않은 것은?

가. P.E(Poly ethylene) 나. O.P.P(Oriented Poly propylene)

다. P.P(Poly propylene) 라. 흰색의 형광 종이

답 라

X. 아이싱 및 장식

1) 아이싱이란?

설탕이 주요 재료인 피복물로 빵·과자 제품을 덮거나 피복하는 것

2) 아이싱의 종류

(1) 단순 아이싱

기본 재료(분당, 물, 물엿, 향료)를 섞고 43℃로 데워 되직한 페이스트리 상태로 만드는 것

(2) 크림 아이싱

유지에 설탕과 달걀을 넣는 크림법과 시럽(114~118℃)을 가미한 흰자를 거품 내어 유지와 섞는 방법

(3) 컴비네이션(조합형) 아이싱

단순 아이싱과 크림 형태의 아이싱을 혼합한 방법

(4) 마시멜로 아이싱

젤라틴, 흰자에 당액을 섞어 고속으로 거품을 일게 하여 많은 공기가 함유되어 있음

> **연습문제**
>
> ❓ 거품을 올린 흰자에 뜨거운 시럽을 첨가하면서 고속으로 믹싱하여 만드는 아이싱은?
> 가. 마시멜로 아이싱 나. 콤비네이션 아이싱 다. 초콜릿 아이싱 라. 로얄 아이싱
>
> 답 가

3) 아이싱의 재료

(1) 휘핑 크림(Whipping cream)

우유의 지방이나 식물성 지방을 거품 내어 크림화 한 것으로, 유지방이 40% 이상인 크림이 거품 내기에 알맞음. 서늘한 곳에서 중속으로 거품을 올리는 것이 좋으며, 냉장고에서 보관한다.

(2) 글레이즈(Glaze)

과자류 표면에 광택을 내거나 표면이 마르지 않도록 하려는 것으로, 글레이즈의 품온으로는 49℃가 적당함

(3) 퐁당(fondant)

설탕에 물을 넣고 114~118℃로 끓인 뒤 다시 유백색 상태로 재결정화한 것으로 40℃ 전후로 식혀서 사용

(4) 커스터드 크림

달걀의 농후화제를 이용하여 만든 제품으로 달걀, 설탕, 전분 등을 섞은 크림에 80℃로 끓인 우유를 넣고 풀 같은 상태(호화)로 만든 크림

(5) 가나슈 크림

초콜릿과 생크림의 비율이 1 : 1이며, 끓인 생크림에 초콜릿을 더한 크림이다.

(6) 버터 크림
유지를 크림 상태로 만든 것으로 당액 제조 시 설탕에 대한 물 사용량으로 25%가 적당하다.

(7) 머랭(Meringue)
달걀흰자와 설탕으로 거품 내어 만든 제품으로 최적 pH는 5.5~6.0이다.

① **냉제 머랭**(프렌치 머랭) : 흰자와 설탕의 비율을 1:2로 하여 실온에서 거품을 올리는 방법으로 거품 안정을 위해 소금 0.5%와 주석산 0.5%를 넣기도 한다.

② **온제 머랭** : 흰자와 설탕의 비율을 1:2로 섞어 43℃로 데운 뒤 거품을 올린다.

③ **스위스 머랭** : 흰자 1/3과 설탕의 2/3를 40℃로 가온하고 거품을 올리면서 레몬즙을 첨가한 후, 흰자와 설탕의 비율을 1:1.8로 한 냉제 머랭을 섞는 방법으로, 구웠을 때 표면에 광택이 나는 것이 특징이다.

④ **이탈리안 머랭** : 흰자를 거품 내면서 뜨겁게 끓인 설탕 시럽(114~118℃)을 조금씩 나누어 부어 만든 머랭으로, 흰자가 살균되기 때문에 구울 필요 없는 무스 제조에 많이 사용된다.

4) 아이싱의 끈적거림을 방지하는 방법
① 아이싱에 최소 액체 사용
② 43℃로 가온한 아이싱 크림을 사용
③ 설탕 시럽 첨가
④ 젤라틴, 식물 껌 안정제 사용
⑤ 전분이나 밀가루와 같은 흡수제 사용

> **연습문제**
>
> ❓ **아이싱이나 토핑에 사용하는 재료의 설명으로 틀린 것은?**
> 가. 중성 쇼트닝은 첨가하는 재료에 따라 향과 맛을 살릴 수 있다.
> 나. 분당은 아이싱 제조 시 끓이지 않고 사용할 수 있는 장점이 있다.
> 다. 생우유는 우유의 향을 살릴 수 있어 바람직하다.
> 라. 안정제는 수분을 흡수하여 끈적거림을 방지한다.
>
> 답 다
>
> ❓ **아이싱에 사용하여 수분을 흡수하므로, 아이싱이 젖거나 묻어나는 것을 방지하는 흡수제로 적당하지 않은 것은?**
> 가. 밀 전분
> 나. 옥수수전분
> 다. 설탕
> 라. 타피오카 전분
>
> 답 다

5) 장식이란?

과자류 제품의 표면에 아이싱한 상태에서 그 윗면을 여러 가지 모양으로 짜서 장식하는 짜기(Piping)와 마지팬, 머랭, 초콜릿 등의 재료를 사용하며, 장식물을 만든 후에 이것을 과자류 제품 윗면이나 옆면에 사용하여 장식하는 장식물이 포함된다.

XI. 제품 평가

1) 외부 평가

부피, 색상, 형태의 균형, 껍질의 특성

2) 내부 평가

기공, 속 색, 향, 맛

CHAPTER 03 제품별 반죽법

I. 거품형 케이크

1) 스펀지 케이크(Sponge cake)

(1) 재료

① **기본배합률**: 밀가루 100%, 계란 166%, 설탕 166%, 소금 2%

② **밀가루**: 박력분 사용

✓ 박력분이 없을 때, 중력분 88% + 전분 12%로도 사용 가능

③ **설탕**: 감미제, 달걀의 기포 안정, 노화 방지 역할, 반죽에 윤기를 줌

④ **계란**: 스펀지 케이크는 계란이 밀가루의 50% 이상이어야 한다.

✓ 예 밀가루가 100%일 때, 계란은 150% 이상이 되어야 한다는 뜻

⑤ **소금**: 전체적인 맛을 내는 데 필수이며 소량을 사용함

(2) 공정

① **믹싱**: 믹싱 시 적당한 믹싱법은 저속→중속→고속→저속이다. 믹싱 전, 재료계량 후, 가루를 체질하는 이유는 이물질 제거, 큰 덩어리 제거, 밀가루에 공기 혼입(입자 사이에 공기가 혼입되어 반죽을 더 부드럽게 함)이다.

ㄱ. 찬 믹싱: 일반적인 믹싱방법, 반죽온도 22~24℃

✓ 장점: 거품이 잘 꺼지지 않음

ㄴ. 더운 믹싱: 가온법이라고도 하며 중탕으로 43℃까지 데운 뒤 믹싱하는 방법으로 장점으로는 기포시간 단축, 균일한 색상, 계란 비린내 감소가 있다.

② **팬닝**: 틀의 50~60% 팬닝

③ **굽기**: 구운 직후, 팬에서 쏟아내야 함→수축 방지

2) 젤리 롤 케이크

(1) 젤리 롤을 말 때 표면이 터지는 이유 및 결점의 조치사항

① 설탕의 일부를 물엿으로 대치(설탕보다는 물엿이 수분이 있음)

② 덱스트린의 점착성 이용(덱스트린은 녹말이 가수분해 시 맥아당으로 분해되기까지 생성되는 중간 생성물인데, 끈적한 것이 특징)

③ 팽창이 과다한 경우→팽창제 감소(팽창이 과하다는 건, 수분보단 공기가 많이 혼입되었다는 뜻이라 말다가 잘 터짐, 거품을 많이 올리지 않거나, 팽창제를 감소시켜야 함)

④ 노른자 비율을 감소시키고 전란을 증가(노른자의 수분함량 50%, 전란의 수분함량 75%, 수분함량만을 봤을 때, 전란이 노른자보다 25% 더 많음)

연습문제

젤리 롤 케이크 반죽을 만들어 팬닝하는 방법으로 틀린 것은?

가. 넘치는 것을 방지하기 위하여 팬 종이는 팬 높이보다 2cm 정도 높게 한다.
나. 평평하게 팬닝하기 위해 고무주걱 등으로 윗부분을 마무리한다.
다. 기포가 꺼지므로 팬닝은 가능한 빨리 한다.
라. 철판에 팬닝하고 보울에 남은 반죽으로 무늬반죽을 만든다.

답 가

젤리 롤 케이크 반죽 굽기에 대한 설명으로 틀린 것은?

가. 두껍게 편 반죽은 낮은 온도에서 굽는다.
나. 구운 후 철판에서 꺼내지 않고 냉각시킨다.
다. 양이 적은 반죽은 높은 온도에서 굽는다.
라. 열이 식으면 압력을 가해 수평을 맞춘다.

답 나

3) 엔젤 푸드 케이크

(1) 재료

① **밀가루**: 박력분 사용(박력분이 없을 때, 중력분 70%+전분 30%로도 사용 가능-스펀지 케이크와는 조금 다름)

② **흰자**: 기름기 또는 노른자가 섞이지 말아야 머랭이 잘 올라옴.

③ **산작용제** : 주로 주석산 크림 사용
④ **설탕** : 머랭을 만들 때, 나누어 투입하여 안정된 머랭을 만듦
⑤ **소금** : 양은 최소로 한다.

(2) 공정

① **믹싱**

ㄱ. 산 사전 처리법 : 머랭과 함께 주석산을 넣고 만들며, 튼튼하고 탄력 있는 제품

ㄴ. 산 사후 처리법 : 밀가루와 함께 주석산을 넣고 만들며, 부드러운 제품

② **팬닝** : 틀의 60~70% 팬닝하며, 틀에 물(이형제)을 꼭 분무하여 사용함

✓ 틀에 기름칠하게 되면, 표면이 튀긴 것처럼 딱딱하게 나오며, 색이 진함

> 📢 **주석산 크림이란?**
> 포도에서 들어있는 '주석산'은 pH 수치를 낮춤(산도를 높임)으로 머랭을 더 하얗고 튼튼하게 만들어 주는 역할을 한다. 또한, 설탕공예용 당액 제조 시 설탕의 재결정을 막기 위해 첨가하기도 한다.

4) 나가사끼 카스테라

건조 방지를 목적으로 나무틀을 사용하여 굽기를 하는 제품으로 굽기 과정 시 휘젓기를 해야 한다. 그 이유는 반죽 온도를 균일하게 하고, 껍질표면을 매끄럽게 하며, 내상을 균일하게 하기 위함이다.

II. 반죽형 케이크

1) 파운드 케이크(Pound cake)

(1) 재료

① **기본배합률** : 밀가루 100%, 계란 100%, 설탕 100%, 유지 100%
② **밀가루** : 박력분 사용하나, 과일 파운드처럼 조직감이 강한 제품에는 중력분 사용
③ **설탕** : 껍질 색과 감미에 영향, 수분 보유제로서의 기능
④ **계란** : 전란은 엘로 파운드 케이크, 흰자는 화이트 파운드 케이크를 만들 때 사용

⑤ 유지 : 다량의 유지와 액체 재료의 혼합을 위해 유화성이 중요함

⑥ 건포도(생략 가능) : 첨가할 경우, 전처리함

ㄱ. 전처리 방법

(a) 건포도의 12%에 해당하는 27℃ 물을 첨가하여 4시간가량 침지

(b) 미지근한 물을 건포도가 잠길 만큼만 부어 최소 30분 정도 침지 하였다가 물을 배수하여 사용

(c) 건포도의 8%에 해당하는 알코올에 침지→뚜껑을 덮어 알콜 휘발을 막음

ㄴ. *전처리 목적

(a) 식감 개선

(b) 맛과 풍미를 향상

(c) 반죽 내에서의 반죽과 건조과일 간의 수분 이동 방지

(2) 공정

① 믹싱 : 보통 크림법으로 믹싱함

② 팬닝 : 틀의 70% 팬닝하며, 이중 팬 사용 시, 사용하는 이유는 열을 차단하기 위해서이다. 무거운 반죽이 좁고 깊은 틀에 담겨있기 때문에, 속까지 익히기가 어렵다. 겉은 타고 속은 덜 익는 경우를 막기 위해, 윗색이 나면 이중팬을 덮어 열을 차단하여 속까지 천천히 익히기를 한다.

③ 굽기

ㄱ. 굽기 시 윗면이 터지는 이유

(a) 반죽에 수분이 불충분하다(반죽이 단단하다는 뜻이다. 단단한 반죽이 열을 받으면 억지로 팽창하려 하니 당연히 윗면이 터진다).

(b) 설탕 입자가 용해되지 않고 남아 있다(설탕 입자가 팽창을 방해하므로 윗면이 터진다).

(c) 팬닝 후, 오븐에 들어갈 때까지 장시간 방치하여 껍질이 말랐다(껍질이 이미 건조되었기 때문에, 열을 받으면 터질 수밖에 없다).

(d) 오븐 온도가 높아, 껍질이 빨리 형성되었다(위와 같은 원리이다).

ㄴ. 구운 후, 뜨거울 때 노른자(+설탕) 칠을 하는 이유

(a) 보존기간 개선

(b) 광택제 효과

(c) 색 개선

(d) 맛의 개선

 연습문제

> 파운드케이크를 구울 때 윗면이 자연적으로 터지는 경우가 아닌 것은?
>
> 가. 굽기 시작 전에 증기를 분무할 때
> 나. 설탕 입자가 용해되지 않고 남아 있을 때
> 다. 반죽 내 수분이 불충분할 때
> 라. 오븐 온도가 높아 껍질 형성이 너무 빠를 때
>
> 답 가

2) 레이어 케이크(Layer cake)

(1) 레이어 케이크란?

한 층씩 올려서 쌓은 케이크라는 뜻으로 미국에서의 가장 기본이 되는 케이크

(2) 레이어 케이크의 종류 및 배합률 조정

① 옐로 레이어 케이크

ㄱ. 반죽형 케이크를 대표하는 제품

ㄴ. 달걀(전란) = 쇼트닝 × 1.1

ㄷ. 우유 = 설탕 + 25 - 전란

② 화이트 레이어 케이크

ㄱ. 전란 대신 계란 흰자를 사용하여 만든 반죽형 케이크

ㄴ. 흰자 = 전란 × 1.3 또는 쇼트닝 × 1.43

ㄷ. 우유 = 설탕 + 30 - 흰자

ㄹ. 주석산 크림 0.5%를 사용하여 흰자의 구조를 더 단단하게 함

연습문제

Q 화이트 레이어 케이크에서 설탕 130%, 유화 쇼트닝 60%를 사용한 경우 흰자 사용량은?

가. 약 60% 나. 약 66% 다. 약 78% 라. 약 86%

해 흰자 = 쇼트닝 × 1.43, 60 × 1.43 = 85.8%, 약 86%
답 라

③ 데블스 푸드 케이크

ㄱ. 옐로 레이어 케이크에 코코아를 첨가한 형태로 속색이 갈색을 띤 붉은색 계열이기 때문에 '악마의 음식'이라는 이름이 붙여짐

ㄴ. 달걀(전란) = 쇼트닝 × 1.1

ㄷ. 우유 = 설탕 + 30 + (코코아 × 1.5) − 전란

ㄹ. 천연 코코아 사용 시 7% 중조로 사용(베이킹파우더 감소)

✓ 중조는 베이킹파우더의 3배 효과를 낸다. 예를 들어 중조 8g은 베이킹 파우더 24g과 효과가 같다.

연습문제

Q 데블스 푸드 케이크(devils food cake)에서 설탕 120%, 유화쇼트닝 54%, 천연코코아 20%를 사용하였다면 물과 분유 사용량은?

가. 분유 12.6%, 물 113.4% 나. 분유 113.4%, 물 12.6%
다. 분유 108.54%, 물 12.06% 라. 분유 12.06%, 물 108.54%

해 물과 분유는 우유를 뜻한다.
우유 = 설탕(120) + 30 + (코코아(20) × 1.5) − 전란(쇼트닝(54) × 1.1) = 120 + 30 + 30 − 59.4 = 120.6
우유 속의 고형분 12%(반올림 10% 계산), 물 88%(반올림 90% 계산)를 대치하면 고형분 120 × 0.1 = 12%, 물 120 × 0.9 = 108%이다.
답 라

④ 초콜릿 케이크

ㄱ. 옐로 레이어 케이크에 초콜릿을 첨가한 제품

ㄴ. 달걀(전란) = 쇼트닝 × 1.1

ㄷ. 우유 = 설탕 + 30 + (코코아 × 1.5) − 전란

ㄹ. 초콜릿 : 코코아(5/8), 카카오 버터(3/8)

ㅁ. 유화 쇼트닝은 카카오 버터의 1/2

? 비터 초콜릿 32% 중 코코아의 함량은?

가. 12%　　　　　나. 16%　　　　　다. 20%　　　　　라. 24%

해 32×5/8(코코아 함량) = 20%

답 다

III. 퍼프 페이스트리 (Puff pastry)

1) 퍼프 페이스트리란?

반죽과 유지를 성공적으로 말아서 만든 결이 있는 제품으로 유지에 의한(증기압에 의한) 팽창에 해당한다.

2) 기본 배합률

강력분 100%, 유지 100%, 물 50%, 소금 1~3%

3) 재료

(1) 밀가루

강력분 사용(글루텐을 형성하여 동량의 유지를 지탱하고 유지가 밖으로 나오는 것을 방지하기 위함), 동량의 유지를 지탱하고 접기와 밀기, 휴지 공정을 거쳐 반죽과 유지 층을 분명히 할 수 있는 특성을 가진 것.

(2) 유지

가소성 범위가 넓은 제품(파이용 마가린, 퍼프용 마가린, 롤인 유지)

(3) 물

일반적으로 냉수 사용하여 반죽 온도는 18~22℃를 맞춘다.

(4) 소금

사용할 유지에 함유된 소금의 양을 감안하여 사용

4) 공정

(1) 반죽 제조법

① **스코틀랜드식**(반죽형) : 밀가루에 유지를 넣고 호두 크기로 다져서 물을 섞어서 반죽하는 방법

② **프랑스식**(접기형) : 반죽을 밀어편 후, 파이용 마가린을 넣어 밀고 접기를 반복하는 방법 (3절 4회)

(2) 제조 과정

① 반죽 만들기(반죽 온도 20℃)

② 반죽을 정사각형으로 밀어 편 후, 파이용 마가린을 넣어 감싸고, 밀어 편 후 접는다.

✓ 모서리가 직각이 되도록 한다.

③ 3겹 접기, 4회 밀어 펴기를 하는 과정에서 냉장고에서 30분 정도 휴지시킨다.

✓ 휴지를 시키는 목적은 재료의 수화, 글루텐 재정돈, 반죽 온도가 낮아지며 반죽과 유지의 되기를 조절하여 층을 분명히 하고 밀어 펴기 용이(정형용이), 반죽 절단 시 수축 방지가 있다.

④ 수작업인 경우, 밀대를 이용하지만, 보통 파이롤러를 많이 사용한다.

✓ 시험에 페스트리 시, 밀어 펴는 기계로 파이롤러가 자주 출제되며, 파이롤러의 적합한 위치를 묻는다면 정답은 냉장·냉동고이다.

⑤ 정형 시, 예리한 기구로 절단하며 파지(자투리) 반죽을 최소한으로 한다.

✓ 성형한 반죽을 장기간 보관 시, 냉동보관을 한다.

⑥ 굽기 전에 적정한 최종 휴지를 시킨다.

⑦ 굽기 온도는 일반적으로 200~214℃에서 굽는다.

연습문제

❓ 퍼프페이스트리 굽기 후 결점과 원인으로 틀린 것은?

가. 수축 : 밀어 펴기 과다, 너무 높은 오븐 온도
나. 수포 생성 : 단백질 함량이 높은 밀가루로 반죽
다. 충전물 흘러나옴 : 충전물량 과다, 봉합 부적절
라. 작은 부피 : 수분이 없는 경화 쇼트닝을 충전용 유지로 사용

답 나

❓ 퍼프 페이스트리(Puff pastry)의 접기 공정에 관한 설명으로 옳은 것은?

가. 접는 모서리는 직각이 되어야 한다.
나. 접기 수와 밀어 펴놓은 결의 수는 동일하다.
다. 접히는 부위가 동일하게 포개어지지 않아도 된다.
라. 구워낸 제품이 한쪽으로 터지는 경우 접기와는 무관하다.

답 가

IV. 파이

1) 파이란?

쇼트 페이스트리라고도 하며 파이 반죽에 여러 가지 충전물을 채워서 만든 제품으로 유지에 의한 팽창 또는 무팽창(수증기압의 영향을 받아 조금 팽창시킴)에 해당한다.

2) 재료

(1) 중력분

강력분 40% + 박력분 60%으로 대체가능

(2) 유지

가소성 범위가 넓은 제품(파이용 마가린, 퍼프용 마가린, 롤인 유지)

(3) 물

일반적으로 냉수를 사용하여 유지가 녹지 않도록 한다.

(4) 소금

물에 녹여 사용한다.

3) 반죽의 특성

유지의 입자크기에 따라 파이 결의 길이가 결정됨

(1) 긴 결

유지 입자가 호두알 크기로 밀가루와 혼합

(2) 중간 결

유지 입자가 강낭콩 크기로 밀가루와 혼합

(3) 가루모양

유지 입자가 미세한 상태로 밀가루와 혼합

> **연습문제**
>
> **❓ 여름철(실온 30℃)에 사과파이 껍질을 제조할 때 적당한 물의 온도는?**
> 가. 4℃ 나. 19℃ 다. 28℃ 라. 35℃
>
> 가

4) 충전물이 끓어 넘치는 이유

① 껍질에 구멍이 없다.
② 충전물의 온도가 높다.
③ 설탕 함량이 높다.
④ 오븐 온도가 낮다.

5) 반죽의 껍질이 단단하고 질긴 이유

① 강력분을 사용하였다.

② 지나친 힘을 가하여 반죽하고 밀어 폈다.

③ 자투리 반죽을 사용하였다.

6) 충전물의 농후화제(=결합제, 응고제) 사용 목적

① 충전물을 조릴 때 호화를 빠르고 진하게 함

② 충전물에 좋은 광택을 제공함

③ 과일에 있는 산의 작용을 상쇄시켜 과일의 색과 향을 유지함

④ 조린 충전물이 냉각되었을 시 적정 농도를 유지함

✓ 계란 40%를 사용하여 만든 커스터드 크림과 비슷한 되기로 만들기 위하여 계란 전량을 옥수수 전분으로 대치한다면 10% 정도가 적합하다.

V. 쿠키(Cookie)

1) 쿠키란?

조그만 단과자와 같고, 수분함량이 상대적으로 낮아 장기간 보존할 수 있는 다양한 제품이다.

2) 반죽의 특성에 따른 분류

(1) 반죽형 쿠키

① **드롭쿠키**(=소프트쿠키): 수분함량이 많음(계란양↑), 짜는 형태로 많이 사용

② **스냅쿠키**(=슈가쿠키): 드롭보다는 적은 수분(설탕양↑), 밀어펴는 형태로 많이 사용

③ **쇼트브레드쿠키**(=냉동쿠키): 보다 단단함(유지양↑), 밀어펴는 형태로 많이 사용

(2) 거품형 쿠키

① **스펀지쿠키**: 전란을 믹싱하여 만든 쿠키

✓ 예 핑거쿠키(5cm)

② **머랭쿠키**: 계란 흰자를 믹싱하여 만든 쿠키

✓ 예 마카롱

연습문제

❓ 반죽형 쿠키 중 수분을 가장 많이 함유하는 쿠키는?

가. 쇼트 브래드 쿠키　　나. 드롭쿠키　　다. 스냅 쿠키　　라. 스펀지 쿠키

답 나

❓ 다음 쿠키 반죽 중 가장 묽은 반죽은?

가. 밀어 펴서 정형한 쿠키　　나. 마카롱 쿠키
다. 판에 등사하는 쿠키　　라. 짜는 형태의 쿠키

답 다

3) 쿠키의 퍼짐에 영향을 주는 요인

(1) 과도한 퍼짐

① 알칼리성 반죽

② 묽은 반죽

③ 부족한 믹싱

④ 낮은 오븐 온도

⑤ 입자가 크거나 많은 양의 설탕 사용

(2) 퍼짐의 결핍

① 산성 반죽

② 된 반죽

③ 과도한 믹싱

④ 높은 오븐 온도

⑤ 입자가 곱거나 적은 양의 설탕 사용

✓ 설탕의 입자크기에 따라 쿠키의 퍼짐이 결정된다.

VI. 케이크 도넛(Cake doughnut)

1) 케이크 도넛이란?
화학 팽창제를 사용하여 팽창시키며 180~193℃의 기름에 넣어 튀기는 제품

2) 재료
중력분, 설탕, 달걀, 유지, 향신료(넛메그를 가장 많이 사용)

3) 제조 공정
① 공립법이며 반죽온도는 22~24℃이다.
② 정형 시, 정형기로 찍을 때 반죽 손실이 적도록 찍고, 덧가루를 얇게 사용한다. 정형 후, 튀기기 전 실온에서 약 10분간 휴지(과도한 흡유가 되지 않도록 하며, 제품 모양의 균형을 잡아주고 팽창을 도움)를 한다.
③ 튀김 시, 온도는 180~193℃가 적당하고, 기름의 적정 깊이는 12~15cm가 적당하며, 껍질 색을 더 진하게 내려고 할 때는 설탕의 일부를 포도당으로 대치하여 사용한다.

> 📢 **튀김 기름의 4대 적**
> 온도(열), 물(수분), 공기(산소), 이물질(금속)

④ 튀긴 후 그물망에 올려놓고 여분의 기름을 배출시킨다.

연습문제

❓ 도넛을 튀길 때 사용하는 기름에 대한 설명으로 틀린 것은?

가. 기름이 적으면 뒤집기가 쉽다.
나. 발연점이 높은 기름이 좋다.
다. 기름이 너무 많으면 온도를 올리는 시간이 길어진다.
라. 튀김 기름의 평균 깊이는 12~15cm 정도가 좋다.

답 가

❓ 도넛 제조 시 수분이 적을 때 나타나는 결점이 아닌 것은?

가. 팽창이 부족하다.　　　　　나. 혹이 튀어나온다.
다. 형태가 일정하지 않다.　　　라. 표면이 갈라진다.

답 나

❓ 튀김기름의 품질을 저하하는 요인으로만 나열된 것은?

가. 수분, 탄소, 질소　　　　　나. 수분, 공기, 철
다. 공기, 금속, 토코페롤　　　라. 공기, 탄소, 세사몰

답 나

4) 도넛의 주요 문제점

[1] 발한 현상

도넛에 입힌 설탕이나 글레이즈가 수분에 녹아 시럽처럼 변하는 현상으로 수분의 문제

① **포장용 도넛 수분** : 21~25%

② **조치 사항**

ㄱ. 도넛에 묻힌 설탕의 양을 증가
ㄴ. 충분히 냉각
ㄷ. 도넛의 튀기는 시간을 증가
ㄹ. 냉각 중 더 많은 환기
ㅁ. 점착력이 높은 튀김 기름을 사용

(2) 황화·회화 현상

기름이 도넛 설탕을 적시는 현상으로 기름이 신선하면 노란색(황화), 오래 사용한 기름이면 회색빛(회화)을 띤다.

① **조치 사항**: 경화제 스테아린을 튀김 기름의 3~6% 첨가하여 설탕의 녹는점을 높임으로써 기름 침투를 막는다.

(3) 도넛의 과도한 흡유 원인

① 반죽에 수분 과다
② 튀김 온도가 낮음
③ 믹싱 시간이 짧음(믹싱 부족)
④ 설탕, 유지, 팽창제의 사용량이 많음
⑤ 튀김 시간이 길다.
⑥ 글루텐의 부족

5) 도넛의 글레이즈

(1) 글레이즈란?

분당에 소량의 물을 더해 도넛 표면에 하얗게 피복하는 것

(2) 글레이즈의 품온

49℃

(3) 글레이즈가 부스러지는 현상 및 조치사항

① 도넛이 냉각되는 동안 수분이 너무 많이 빠지면 발한의 반대 현상이 생김
② 도넛 글레이즈의 설탕 막이 금이 가거나 부스러지는 현상이 발생하여, 부스러지는 현상을 제거하는 방법으로는 설탕의 일부를 포도당이나 전화당 시럽으로 대치한다.

> **연습문제**
>
> ❓ 도넛 글레이즈가 끈적이는 원인과 대응 방안으로 틀린 것은?
>
> 가. 유지 성분과 수분의 유화 평형 불안정 - 원재료 중 유화제 함량을 높임
>
> 나. 온도, 습도가 높은 환경 - 냉장 진열장 사용 또는 통풍이 잘되는 장소 선택
>
> 다. 안정제, 농후화제 부족 - 글레이즈 제조 시 첨가된 검류의 함량을 높임
>
> 라. 도넛 제조 시 지친 반죽, 2차 발효가 지나친 반죽 사용 - 표준 제조 공정 준수
>
> 답 가

VII. 슈(Choux)

1) 슈란?

갈라진 윗면이 양배추 같다고 해서 붙여진 이름으로, 물, 유지, 밀가루, 달걀을 기본 재료로 해서 만드는 제품이다. 텅 빈속에 크림을 넣으므로 슈크림이라고도 한다.

슈를 튀긴 제품이 츄러스이며, 슈 반죽으로 에클레어를 만든다.

2) 제조 공정

① 완전히 호화(전분에 물과 열을 가해 풀이되는 현상)될 때까지 저은 후, 달걀을 소량씩 넣으면서 매끈한 반죽을 만든다.

② 팬닝 시, 간격을 충분히 유지하여 짜기를 하여야 한다. 팬닝 후에는 물 분사 및 물 침지를 해줘야 굽기 중에 껍질이 너무 빨리 형성되는 것을 막을 수 있다.

③ 너무 빠른 껍질 형성을 막기 위해 처음에는 윗불을 약하게 하고, 220℃ 정도의 오븐에서 바삭한 상태로 구우며, 굽기 과정 중에 오븐 문을 열게 되면 슈가 주저앉으므로 열지 않도록 한다. 너무 빨리 오븐에서 꺼내면 찌그러지거나 주저앉기 쉽다.

④ 속에 들어가는 커스터드 크림은 계란의 농후화제를 이용하여 만든 것이 특징이다.

3) 슈 밑면이 움푹 패이는 이유
① 오븐 온도가 너무 높은 경우
② 굽기 중 수분을 너무 많이 잃는 경우
③ 팬에 기름칠이 많은 경우

연습문제

슈(Choux)에 대한 설명이 틀린 것은?
가. 팬닝 후 반죽 표면에 물을 분사하여 오븐에서 껍질이 형성되는 것을 지연시킨다.
나. 껍질반죽은 액체재료를 많이 사용하기 때문에 굽기 중 증기 발생으로 팽창한다.
다. 오븐의 열 분배가 고르지 않으면 껍질이 약하여 주저앉는다.
라. 기름칠이 적으면 껍질 밑부분이 접시모양으로 올라오거나 위와 아래가 바뀐 모양이 된다.

답 라

슈 제조 시 반죽표면을 분무 또는 침지시키는 이유가 아닌 것은?
가. 껍질을 얇게 한다.   나. 팽창을 크게 한다.
다. 기형을 방지한다.   라. 제품의 구조를 강하게 한다.

답 라

VIII. 냉과

1) 냉과란?
 냉장고에서 마무리하는 모든 과자

2) 냉과의 종류
 ① **젤리** : 안정제인 펙틴, 젤라틴(전처리 시 물의 온도 : 10~20℃), 한천 등과 과일을 갈아서 넣고 굳힌 제품
 ② **바바루아** : 커스터드에 생크림, 젤라틴을 넣는 것을 기본으로 과일 퓨레를 사용하여 맛을 보강한 제품
 ③ **무스** : 프랑스어로 '거품'을 뜻하며, 이탈리안 머랭이 베이스가 되어 냉각시킨 제품
 ④ **푸딩** : 우유와 설탕을 끓기 직전인 80~90℃까지 데운 후, 달걀을 풀어준 볼에 혼합하여 160~170℃의 중탕으로 구운 제품으로 경도의 조절은 계란에 의해 결정된다. 가열이 지나치면 기포 자국이 많이 생긴다. 푸딩의 팬닝비는 95%, 캐러멜 커스타드 푸딩 시 캐러멜 소스는 푸딩컵의 0.2cm만 붓는다.

PART 3

: 제과 · 제빵 공통

CHAPTER 01 기초 과학

I. 탄수화물(Carbohydrates)

탄수화물은 당질이라고도 하며, 탄소(C), 수소(H), 산소(O)의 세 가지 원소로 구성된 유기화합물로 표시한다. 또한, 지방, 단백질과 함께 3대 영양소를 이루고 있다.

1) 단당류

탄수화물의 기본단위, 탄수화물이 가수 분해에 의해 더 이상 분해되지 않는 가장 단순한 당

(1) 포도당(Glucose, dextrose)
① 자연계에 가장 널리 분포된 다당류의 기본적인 구성 분자
② 과일 중 포도에 많이 들어있음
③ 포유동물의 혈액 내에 0.1% 존재하며 동물 체내의 간과 근육에 글리코겐(다당류) 형태로 저장
④ 포도당의 감미도가 결정형일 때 가장 높음
⑤ 환원당
⑥ **상대적 감미도** : 75

(2) 과당(Fructose)
① 과일이나 꿀에 많이 들어 있고 용해성이 가장 좋음
② 돼지감자에 있는 이눌린을 가수분해하여 다량으로 만들 수 있음
③ 당류 중 가장 단맛이 강함
④ 환원당
⑤ **상대적 감미도** : 175

(3) 갈락토오스(Galactose)

① 포유동물의 젖에서만 존재

② 포도당과 결합하여 유당을 구성함

③ 물에 잘 녹지 않으며, 우유 중의 유당을 분해하여 얻을 수 있음

④ 환원당

⑤ **상대적 감미도** : 20~32

> 📢 **상대적 감미도란?**
> - 의미 : 설탕을 기준으로 100이라고 했을 때, 단맛을 나타내는 수치
> - 순서 : 과당(175) > 전화당(130) > 설탕(100) > 포도당(75) > 맥아당(32) > 갈락토오스(20~32) > 유당(16)

> 📢 **전화당이란?**
> 설탕을 가수분해하면 포도당과 과당으로 각각 1분자씩 분해되는데 이 현상을 전화라 하며, 이때 생기는 포도당과 과당의 혼합물을 전화당이라고 한다. 전화당은 다른 말로 트리몰린 이라고도 하며, 과당이 포함되어 있어 단맛이 강하고 흡습성이 있어 대부분 액체로 이용된다.

> ✏️ **연습문제**
>
> ❓ 다음 당류 중 감미도가 가장 낮은 것은?
>
> 가. 유당 나. 전화당 다. 맥아당 라. 포도당
>
> 답 가

2) 이당류

단당류 2분자가 화학적으로 결합한 당

(1) 설탕(자당, 서당, Sucrose)

① 사탕수수나 사탕무로부터 얻는 2당류 중 가장 중요한 자원

② 인버타아제(Invertase)라는 효소에 의해 포도당과 과당으로 분해

③ 160~180℃의 열을 가하면 캐러멜화 반응을 일으킴
④ 비환원당(당 중에서 유일한 비환원당)
⑤ **상대적 감미도**:100

(2) 맥아당(엿당, Maltose)
① 발아한 보리, 엿기름 속에 존재
② 말타아제(Maltase)라는 효소에 의해 포도당과 포도당으로 분해
③ 환원당
④ **상대적 감미도**:32

(3) 유당(젖당, Lactose)
① 포유동물의 젖 중에 자연 상태로 존재
② 락타아제(Lactase)라는 효소에 의해 포도당과 갈락토오스로 분해
③ 우유(시유)에 보통 4.8% 정도 들어 있음
④ 정장 작용을 하며 칼슘의 흡수와 이용을 도움
⑤ 이스트가 분해할 수 없는 당
⑥ 환원당
⑦ **상대적 감미도**:16

연습문제

다음 중 이당류가 아닌 것은?

가. 포도당   나. 맥아당   다. 설탕   라. 유당

답 가

---

3) 소당류
단당류 3~10개 결합한 당

4) 다당류

단당류 10개 이상 결합한 고분자 화합물

(1) 종류

전분, 섬유소(셀룰로오스), 펙틴, 이눌린, 덱스트린, 글리코겐, 한천 등

> **연습문제**
>
> ❓ **다당류에 속하는 것은?**
> 가. 이눌린　　　　나. 맥아당　　　　다. 포도당　　　　라. 설탕
>
> 답 가

(2) 전분(녹말, Starch)

① 식물계의 중요한 저장 탄수화물
② 전분의 구조

구분	아밀로오스	아밀로펙틴
결합 구조	직쇄 구조(직선 배열 α-1,4 결합)	측쇄 구조(α-1,4 결합, α-1,6 결합)
요오드 용액	청색 반응	적자색 반응
구성 비율	20%	80%(찹쌀, 찰옥수수는 100%)
노화 속도	빠름	느림
예시	가래떡	찹쌀떡

> **연습문제**
>
> ❓ **아밀로덱스트린(amylodextrin)의 요오드 반응의 색깔은?**
> 가. 청남색　　　　나. 적갈색　　　　다. 황색　　　　라. 무색
>
> 답 가

③ **전분의 호화**(젤라틴화, 덱스트린화, α화)

ㄱ. 전분은 수분 존재 하에 온도가 높아지면 팽창되어 풀이된다. 풀이되는 현상을 젤라틴화 또는 호화라고 한다.

ㄴ. 전분의 호화 온도는 종류에 따라 다르며 밀가루와 감자 전분은 56~60℃, 옥수수 전분은 80℃에서 호화되기 시작한다.

ㄷ. 호화는 수분이 많고 pH가 높을수록 빨리 일어난다.

④ **전분의 노화**(퇴화, β화)

ㄱ. 호화된 전분이 다시 생 전분 상태로 되돌아가려는 현상

ㄴ. 식품이 딱딱해지거나 거칠어지는 현상으로, 미생물과의 변질과는 관련 없음

ㄷ. 주요 원인은 수분 증발이며, 노화는 오븐에서 나오자마자 시작됨

ㄹ. 노화를 지연시키는 방법에는 냉동 저장(-18℃), 유화제 사용, 밀봉, 양질의 재료 사용, 고율 배합, 당류 첨가 등이 있음

ㅁ. 노화를 촉진시키는 온도는 냉장 온도(0~10℃)

✏️ **연습문제**

❓ **다음 중 호화(Gelatinization)에 대한 설명 중 맞는 것은?**

가. 호화는 주로 단백질과 관련된 현상이다.   나. 호화되면 소화되기 쉽고 맛이 좋아진다.

다. 호화는 냉장 온도에서 잘 일어난다.   라. 유화제를 사용하면 호화를 지연시킬 수 있다.

답 나

II. 지방(유지, 지질, Fats and Oils)

1) 지방산과 글리세린

(1) 글리세린(글리세롤, Glycerine)

① 무색, 무취, 감미를 가진 시럽과 같은 액체로 비중은 물보다 큼

② 3개의 수산기(-OH)를 가지고 있으며 물에 녹음

③ 지방의 가수 분해로 얻어짐

④ 수분보유력이 커서 식품의 보습제로 이용

⑤ 독성이 없는 극소수의 용매제 중 하나로, 케이크 제품에 1~2%를 사용

(2) 지방산(fatty acid)

지방 전체의 94~96%를 구성

① 포화 지방산

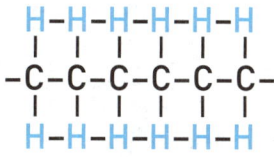

- 실온에서 고체나 반고체 상태
- 동물성 지방(예 버터)
- 단일결합으로 이루어진 지방산
- 탄소 수가 증가함에 따라 융점(녹는점)과 비점(끓는점)이 높아짐
- **대표적인 포화지방산**: 팔미트산, 스테아르산, 뷰티르산

② 불포화 지방산

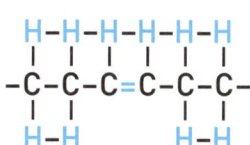

- 실온에서 액체 상태
- 식물성 지방(예 식용유)
- 이중결합으로 이루어진 지방산
- 이중결합 수가 많을수록, 탄소 수가 작을수록 융점이 낮아지고 산화되기가 쉬움
- **대표적인 불포화지방산**: 올레산(이중결합1개), 리놀레산(이중결합 2개), 리놀렌산(이중결합 3개), 아라키돈산(이중결합 4개)
- **필수 지방산**: 리놀레산, 리놀렌산, 아라키돈산

2) 지방의 화학적 반응

(1) 가수분해

① 유지는 트리글리세리드 형태에서 가수분해되면 모노, 디글리세리드와 같은 중간 산물을 생성하고 마지막에는 지방산과 글리세린이 된다.

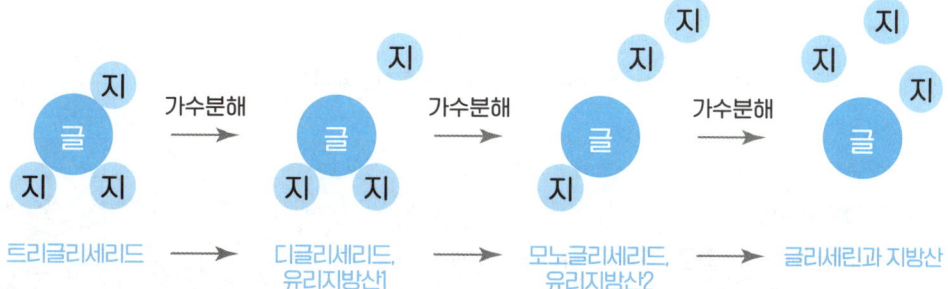

② 유리지방산 함량이 높아지면 튀김기름은 거품이 많아지고 발연점이 낮아진다.

연습문제

글리세롤 1분자와 지방산 1분자가 결합한 것은?

가. 트리글리세라이드(triglyceride)
나. 디글리세라이드(diglyceride)
다. 모노글리세라이드(monoglyceride)
라. 펜토스(pentose)

답 다

유리지방산이란?
유지를 구성하고 있는 트리글리세리드가 분해되어 생성된 지방산으로 산패에 의하여 생성된다.

발연점이란?
기름을 비등점(끓는점) 이상으로 가열을 계속하면 일정 온도에서 푸른 연기가 나기 시작하는데 그 온도점을 말한다.

산패란?
유지를 공기 중에 오래 두었을 때 산화되어 불쾌한 냄새와 맛이 나는 현상이다. 즉, 산화가 진행되면 산패가 된다.

(2) 산화
① 유지가 대기 중의 산소와 반응하여 과산화물질을 형성
② 대기 중에서 산화하여 산패되는 것을 자가산화(Autoxidation)라고 함
③ <u>산화에 영향을 주는 요인</u> : 산소(공기), 물(수분), 온도(열), 금속(구리,철), 불포화도, 이물질

산가란?
유지 1g 중에 함유된 유리 지방산을 중화하는 데 필요한 수산화칼륨의 밀리그램(mg) 수

과산화물가란?
유지 중에 존재하는 과산화물의 양을 나타내는 값

3) 지방의 안정화

(1) 항산화제
① 산화적 연쇄반응을 방해하여 산화 속도를 억제하고 안정 효과를 갖게 하는 물질
② **항산화제 종류**: 비타민E(토코페롤), 프로필 갈레이트(PG), BHA, BHT, NDGA 등
③ 단독으로는 효과가 없지만, 항산화제와 같이 사용하면 항산화 효과를 증가시키는 항산화제의 보완제로는 비타민C, 구연산, 주석산, 인산 등이 있음

(2) 수소 첨가
① 지방산의 이중결합에 수소를 촉매적으로 부가시켜 불포화도를 감소
② **대표적인 예**: 마가린(식물성 유지에 수소를 첨가하여 실온에서 고체 상태 가능)

(3) 요오드가 (Iodine Value, 아이오딘값)
① 유지의 불포화도를 나타내는 지표로써 100g의 유지에 흡수되는 요오드의 그램(g) 수를 나타내는 것
② 요오드가에 따른 식물성 기름의 분류

구분	특징	종류
건성유	요오드가 130 이상, 건조성이 강한 기름	아마인유, 들깨기름, 해바라기기름 등
반건성유	요오드가 100~130 이하, 공기 속에 방치하면 서서히 산화하며 점성도 증가	채종유, 참기름, 면실유, 미강유 등
불건성유	요오드가 100 이하, 공기 중에 방치해도 굳어지지 않는 기름	올리브유, 피마자기름, 땅콩기름 등

III. 단백질 (Proteins)

탄소(C), 수소(H), 산소(O) 외에 12~19%의 질소(N)로 구성되는데, 이 질소가 단백질이 특성을 규정짓는다. 일반 식품은 질소를 정량하여 **단백계수 6.25**를 곱한 것을 단백질 함량으로 보며 밀의 경우는 5.7을 곱하여 밀단백질로 본다.

1) 아미노산
① 단백질의 기본 단위로 아미노 그룹(-NH$_2$)과 카복실 그룹(-COOH)을 함유하는 유기산
② 아미노산은 종류에 따라 등전점이 다름
③ **분류**: 중성 아미노산, 산성 아미노산, 염기성 아미노산, 함황 아미노산(황을 함유한 아미노산으로 시스틴(Cys), 시스테인(CySH), 메티오닌이 속함)

2) 필수 아미노산
아미노산 중 체내에서 합성이 되지 않아 반드시 음식을 통해 섭취해야 하는 아미노산으로 종류로는 리신(lysine), 류신(leucine), 메티오닌(methionine), 트립토판(tryptophan), 트레오닌(threonine), 이솔루신(isoleucine), 발린(valine), 페닐알라닌(phenylalarnine)으로 성인 8종으로 분류되며, 유아 및 회복기 환자인 경우 히스티딘(histidine)을 추가한 9종으로 분류됨

> **아미노산의 성질에 대한 설명 중 옳은 것은?**
> 가. 모든 아미노산은 선광성을 갖는다.
> 나. 아미노산은 융점이 낮아서 액상이 많다.
> 다. 아미노산은 종류에 따라 등전점이 다르다.
> 라. 천연단백질을 구성하는 아미노산은 주로 D형이다.
>
> 답 다

3) 단백질의 분류
(1) 단순 단백질
가수 분해에 의해 아미노산만이 생성되는 단백질

알부민	물이나 묽은 염류 용액에 녹으며, 열과 강한 알코올에 응고됨(흰자, 혈청, 우유)
글로불린	물에는 잘 녹지 않고, 묽은 염류 용액에는 녹으며, 열에 응고됨(달걀, 혈청, 대마씨, 완두)
글루테닌(글루텔린)	중성 용매에는 불용성, 묽은 산이나 알칼리에는 가용성이며 열에 응고(밀, 곡식의 낟알)

*글리아딘	물에 불용성, 묽은 산이나 알칼리에는 녹음, 강한 알코올에 용해(밀, 옥수수, 보리 등 곡식의 낟알)
알부노이드	모든 중성 용매에 불용성
히스톤	물이나 묽은 산에 녹으며 암모니아에 의해 침전되고 열에 응고되지 않음. 동물의 세포에만 존재, 핵단백질, 헤모글로빈을 만듦

> **연습문제**
>
> ❓ 단순 단백질인 알부민에 대한 설명으로 옳은 것은?
>
> 가. 물이나 묽은 염류 용액에 녹고 열에 의해 응고된다.
> 나. 물에는 불용성이나 묽은 염류 용액에 가용성이고 열에 의해 응고된다.
> 다. 중성 용매에는 불용성이나 묽은 산, 염기에는 가용성이다.
> 라. 곡식의 낟알에만 존재하며 밀의 글루테닌이 대표적이다.
>
> 답 가

(2) 복합 단백질

단순 단백질에 다른 물질이 결합하여 있는 단백질

핵 단백질	단백질 + 핵산, RNA, DNA와 결합, 동식물의 세포에 존재
당 단백질	단백질 + 탄수화물, 동물의 점액성 분비물(뮤신, 뮤코이드)
인 단백질	단백질 + 인, 우유의 카세인, 노른자의 오보비테린이 대표적
색소 단백질	헤모글로빈, 엽록소 등이 있음

(3) 유도 단백질

효소나 산, 알칼리, 열 등 적절한 작용제에 의한 부분적인 분해로 얻어지는 제1차, 제2차 분해 산물

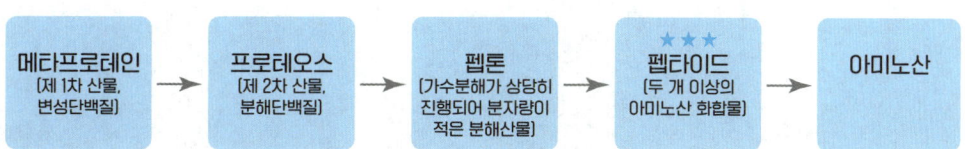

4) 밀가루 단백질(제과제빵 제품의 부피를 결정하는 중요한 품질 지표)

밀가루와 물이 반죽으로 혼합될 때 응집성, 신장성, 탄력성, 점성, 유동성을 가진 글루텐(Gluten)이란 물질이 생성됨

(1) 글루텐 형성의 주요 단백질
① **글루테닌**: 탄력성을 갖게 하는 단백질로 20% 차지
② **글리아딘**: 신장성(점성)을 갖게 하는 단백질로 36%를 차지

(2) 그 외 밀가루 단백질
① **알부민, 글로불린**: 수용성이나 세척되지 않고 글루텐에 남아있으며 7% 차지
② **메소닌**: 묽은 초산에 용해되며 17% 차지

(3) 글루텐과 단백질 관계
① 밀가루와 물을 반죽할 때, 탄력성과 신장성을 가진 글루텐이 생성(젖은 글루텐)
② 젖은 글루텐 함량(%) = 젖은 글루텐 중량/밀가루 중량 × 100
③ 건조 글루텐 함량(%) = 젖은 글루텐(%) ÷ 3 = 밀가루 단백질(%)

연습문제

❓ 밀가루 50g에서 18g의 젖은 글루텐을 얻었다면 이 밀가루의 단백질 함량은?

📝 _____

해 ① 젖은 글루텐(%) = 18/50 × 100 = 36%
    ② 건조 글루텐(%) = 36% ÷ 3 = 12%
    ∴ 이 밀가루에는 약 12%의 단백질이 들어 있다.

답 12%

IV. 효소(Enzymes)

단백질이 주성분인 생물학적 유기 화학 반응의 촉매이며, 영양소는 아니지만 생체의 분해와 합성에 중요한 역할을 하며 온도, pH, 수분 등의 영향을 받는다.
물질에 물을 첨가하여 가수 분해 반응을 촉매하는 효소가 가수 분해 효소이다.

1) 효소의 분류(작용 기질에 따른 분류)

(1) 탄수화물 분해 효소(다당류)
① **아밀라아제** : 전분 또는 간의 글리코겐을 가용성 전분이나 덱스트린으로 전환하는 액화 작용과 맥아당으로 전환하는 당화작용, 디아스타제라고도 하며 침에 있는 효소를 프티알린이라 한다.
② **셀룰라아제** : 섬유소를 용해, 분해
③ **이눌라아제** : 돼지감자 등의 이눌린을 과당으로 분해

(2) 탄수화물 분해 효소 - 이당류
① **인버타아제** : 설탕을 포도당과 과당으로 분해
② **말타아제** : 맥아당을 포도당과 포도당으로 분해
③ **락타아제** : 유당을 포도당과 갈락토오스로 분해, 제빵용 이스트에는 없음

(3) 탄수화물 분해 효소 - 산화 효소, 단당류 분해 효소
① **찌마아제(치마아제)** : 포도당, 과당과 같은 단당류를 알코올과 이산화탄소로 분해하여 발효시키며 제빵용 이스트에 들어 있어 발효에 관여함

(4) 단백질 분해 효소
① **프로테아제**
단백질을 펩톤, 폴리펩티드, 아미노산으로 전환하는 효소이며, 밀가루, 발아 중의 곡식, 곰팡이류 등에 존재함
ㄱ. **펩신** : 위액에 존재
ㄴ. **트립신** : 췌액에 존재

ㄷ. 레닌 : 단백질을 응고시키며 송아지 등 반추 동물의 위액에 많이 존재

ㄹ. 펩티다아제 : 펩티드를 분해하여 아미노산으로 전환하는 효소

(5) 지방 분해 효소

① 리파아제

지방을 글리세롤과 지방산으로 전환하며 이스트, 밀가루, 장액 등에 존재

ㄱ. 스테압신 : 췌장에 존재

2) 효소의 성질

(1) 선택성

어느 특정한 기질만 작용하는 능력

(2) 온도의 영향

① 효소는 일종의 단백질인 이유로 열에 의해 변성되기도 하고 파괴되기도 함

② 온도가 낮으면 촉매 반응속도가 0이 됨

③ 적정 온도 범위 내에서 온도 10℃ 상승에 따라 효소 활성은 약 2배 증가

(3) pH의 영향

같은 효소라도 그 작용 기질에 따라 적정 pH도 달라짐(제빵용 아밀라아제는 pH 4.6~4.8에서 최대로 활성화됨)

연습문제

다음 중 효소와 온도에 대한 설명으로 틀린 것은?

가. 효소는 일종의 단백질이기 때문에 열에 의해 변성된다.

나. 최적온도 수준이 지나도 반응 속도는 증가한다.

다. 적정 온도 범위에서 온도가 낮아질수록 반응속도는 낮아진다.

라. 적정 온도 범위 내에서 온도 10℃ 상승에 따라 효소 활성은 약 2배로 증가한다.

답 나

3) 아밀라아제 분해 효소 과정

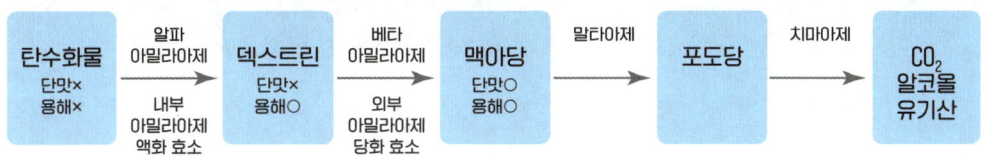

> ✏️ 연습문제
>
> ❓ β-아밀라아제의 설명으로 틀린 것은?
>
> 가. 전분이나 덱스트린을 맥아당으로 만든다.
> 나. 아밀로오스의 말단에서 시작하여 포도당 2분자씩 끊어가면서 분해한다.
> 다. 전분의 구조가 아밀로펙틴인 경우 약 52%까지만 가수분해한다.
> 라. 액화 효소 또는 내부 아밀라아제라고도 한다.
>
> 답 라

CHAPTER 02 재료 과학

I. 밀가루(Wheat flour)

1) 밀의 구조
   ① **내배유** : 밀가루가 되는 부위로 80~85% 차지
   ② **껍질** : 14% 차지하며, 회분을 함유하고 있음
   ③ **배아(씨눈)** : 2~3% 차지하며, 싹이 되는 부분, 지방이 들어 있어 밀가루의 저장성을 떨어트리므로 제분 과정에서 배아를 분리함

2) 제분
   내배유 부분으로부터 가능한 한 껍질 부위와 배아 부위를 분리하고, 내배유 부위의 전분이 손상되지 않게 가능한 한 최대로 고운 밀가루의 수율을 높이는 것이다.

[1] 제분율(제분수율)
   ① 밀을 제분하여 밀가루를 만들 때 밀에 대한 밀가루의 양을 %로 표시한다.
   ② 제분율이 높으면 껍질 부위가 많이 들어가 회분 함량이 많아지고, 입자가 거칠며, 색깔이 어둡다.
   ③ 제분 과정 중에 밀가루의 수분과 탄수화물은 증가하며, 회분은 밀가루로 제분되면 1.8%에서 0.4~0.45%로 감소한다.

[2] 제분 공정
   마쇄→체질→정선 과정이 연속적으로 이루어진다.

연습문제

밀 제분 공정 중 정선기에 온 밀가루를 다시 마쇄하여 작은 입자로 만드는 공정은?
가. 조쇄공정(break roll)   나. 분쇄공정(reduct roll)
다. 정선공정(milling separator)   라. 조질공정(tempering)

답 나

밀가루의 등급은 무엇을 기준으로 하는가?
가. 회분   나. 단백질   다. 유지방   라. 탄수화물

답 가

3) 밀가루의 분류

구분	밀의 경도	형태	단백질 함량(%)	회분 함량(%)	용도
강력분	경질맥 (경질소맥, 경질춘맥)	초자질 (입자굵음)	11.5~13%	0.4% 이상	제빵
중력분	반경질맥	반초자질	9~11%	0.4%	국수, 파스타, 제과 (쿠키, 도넛 등)
박력분	연질맥 (연질소맥, 연질동맥)	분상질 (입자고움)	7~9%	0.4% 이하	제과 (쿠키, 케이크 등)

4) 밀가루의 성분

(1) 탄수화물(65~78%)

① 밀의 탄수화물 중 전분이 70% 차지
② 손상 전분 입자는 α-아밀라아제가 작용하기 쉬워서 발효가 진행되는 동안 가스 생산을 지원해 주는 발효성 탄수화물을 생성하고, 흡수율을 높이고 굽기 과정 중에 적성 수준의 덱스트린을 형성하므로 <u>손상전분의 권장량은 4.5~8%</u>이다.

(2) 단백질(6~15%)

① 제빵에 있어 단백질 함량은 중요한 품질 지표이며, 제빵 적성은 단백질의 양과 질에 의해 좌우됨

② 밀가루와 물이 반죽으로 혼합될 때 응집성, 신장성, 탄력성, 점성, 유동성을 가진 글루텐(Gluten)이란 물질이 생성됨

③ 글루텐 형성의 주요 단백질

ㄱ. 글루테닌 : 탄력성을 갖게 하는 단백질로 20% 차지

ㄴ. 글리아딘 : 신장성(점성)을 갖게 하는 단백질로 36%를 차지

④ 그 외 밀가루 단백질

ㄱ. 알부민, 글로불린 : 수용성이나 세척되지 않고 글루텐에 남아있으며 7% 차지

ㄴ. 메소닌 : 묽은 초산에 용해되며 17% 차지

(3) 회분(1% 이하)

① 유기질이 회화 된 뒤에 남은 무기질 또는 불연성 잔류물(즉, 태웠을 때 남는 재)

② 밀가루의 등급 기준이 되며, 제분율이 동일할 때는 경질소맥의 회분이 연질소맥의 회분보다 많음

(4) 수분(13~14%)

5) 밀가루 첨가제

(1) 표백

밀가루의 황색 색소를 제거하는 것

(2) 숙성

-SH 그룹을 산화시켜 제빵 적성을 좋게 하는 것

(3) 밀가루의 색을 지배하는 요소

① 입자 크기 : 입자가 작을수록 밝은색이며 크기는 표백에 영향을 받지 않음

② **껍질 입자** : 껍질 입자가 많을수록 즉, 회분이 많을수록 어두운색이 되며, 껍질의 색소 물질은 일반 표백제에 의해 영향받지 않음
③ 내배유에 천연상태로 존재하는 카로틴 색소 물질은 표백제에 의해 탈색됨
④ 콩이나 옥수수로부터 얻는 리폭시다아제를 반죽에 첨가하면 발효기간에 색소 물질을 파괴하는 성질이 있어 실용화되고 있음

(4) 밀가루 개선제

브롬산칼륨, 비타민C와 같이 두드러진 표백작용이 없이 숙성제로 사용하는 물질

(5) 밀가루의 저장

포장한 밀가루는 23~27℃의 밝고 공기가 잘 통하는 저장실에서 약 2~3개월 숙성시키면 호흡 기간이 끝나 제빵 적성이 좋아짐

6) 반죽에서의 밀가루의 흡수율

① 밀가루 단백질 1% 증가 시, 수분 흡수율은 1.5~2% 증가하며, 박력분보다 강력분이 흡수율이 높다.
② 손상 전분(4.5~8%) 1% 증가 시, 수분 흡수율은 2% 증가한다.

II. 기타 가루(Miscellaneous Flour)

영양학적으로는 우수하나 글루텐을 형성하는 능력이 떨어져, 100% 사용하기는 어려우며, 최대 20~30%만 사용한다.

1) 호밀 가루(Rye flour)

① 글루텐 형성 단백질인 글루테닌과 글리아딘은 호밀에는 전 단백질의 25.72%인데 비하여 밀의 경우는 90%나 되는 차이가 있어, 글루텐 형성 능력이 떨어진다.
② 펜토산 함량이 높아 반죽을 끈적이게 하고 글루텐의 탄력성을 약화한다.

③ 제빵 적성을 해치는 껌류는 유산과 초산 등 유기산에 의하여 영향력이 감소하므로 일반 이스트 발효보다는 사워(sour)반죽 발효에 의해 우수한 품질의 호밀빵이 된다.

> **TIP**
> 호밀빵에 사용되는 향신료는 캐러웨이로, 독일에서는 호밀빵에 캐러웨이를 넣어 즐겨 먹었다고 한다.

2) 대두분(Soybean flour)
① 대두(콩)가루로 밀가루에 부족한 각종 아미노산을 함유하고 있어 밀가루의 영양소를 보강하기 위해 사용된다.
② 필수 아미노산인 리신의 함량이 높아 밀가루의 보강제로 사용된다.
③ 케이크 도넛에 대두분을 사용하면 껍질 구조 강화, 흡수율 감소, 껍질 색 개선, 식감 개선 효과를 얻을 수 있다.

3) 활성 밀 글루텐(Vital wheat gluten)
① 밀가루에서 단백질(글루텐)을 추출하여 만든 연한 황갈색의 미세한 분말
② 기타 가루를 사용하는 빵을 만들 때, 글루텐의 함량을 높이고자 사용한다.
③ 반죽을 물로 씻어 전분을 제거한 덩어리가 젖은 글루텐이며, 일정한 조건으로 건조하여 수분을 6% 이하로 하고, 밀가루 형태로 분말화 한 것을 건조 글루텐 또는 활성 글루텐이라 한다.
④ 반죽의 믹싱 내구성을 개선하며, 제품의 부피 증가 및 저장성을 개선한다.

4) 감자가루
구황식량, 향료제, 노화지연제, 이스트 영양제로 사용된다.

5) 땅콩가루
단백질과 필수 아미노산의 함량이 높아 영양 강화식품의 중요한 자원이다.

6) 옥수수가루
① 메옥수수(왁시콘): 찰진 성분이 없어 제과용에 적합하다.

② **찰옥수수**(알파콘) : 찰진 성분이 있어 제빵용에 적합하다.
③ 옥수수가루는 글루텐 형성 능력이 매우 작아 밀가루와 섞어서 사용하며, 같은 부피의 빵을 만들기 위해서는 분할량을 증가해야 함
④ 옥수수 단백질인 제인(Zein)이 많고 리신과 트립토판이 결핍된 불완전 단백질이지만 일반 곡류에 부족한 트레오닌과 함황 아미노산인 메티오닌이 많아 혼식하면 좋음

> **연습문제**
>
> ❓ 옥수수가루를 이용하여 스펀지케이크를 만들 때 가장 좋은 제품의 부피를 얻을 수 있는 것은?
> 가. 메옥수수가루 나. 찰옥수수가루
> 다. 메옥수수가루를 호화시킨 것 라. 찰옥수수가루를 호화시킨 것
>
> 답 가
>
> ❓ 흰쥐의 사료에 제인(zein)을 쓰면 체중이 감소한다. 어떤 아미노산을 첨가하면 체중저하를 방지할 수 있는가?
> 가. 발린(valine) 나. 트립토판(tryptophan)
> 다. 글루타민산(glutamic acid) 라. 알라닌(alanine)
>
> 답 나

7) 보리가루

주단백질인 호르데인은 글루텐 형성 능력이 작아서 같은 부피의 빵을 만들기 위해서는 분할 무게를 증가시켜야 함

III. 감미제 (Sweetening agents)

1) 설탕 (자당, 서당, Sucrose)

사탕수수와 사탕무의 즙액을 농축하고 결정화시켜 원심 분리하면 원당과 제1 당밀이 되는데, 이 원당으로 만드는 당이 설탕이다.

(1) 정제당

원당 결정 입자에 붙어 있는 당밀 및 기타 불순물을 제거하여 순수한 자당을 얻는데 입상형 당과 분당으로 나눌 수 있다.

① **입상형 당** : 입자가 아주 미세한 제품부터 큰 제품까지 용도별로 제조
② **분당**(가루 설탕, Sugar powder) : 거친 설탕 입자를 마쇄하여 고운 눈금을 가진 체를 통과시켜 얻으며, 덩어리가 생기는 것을 방지하기 위해(고형방지제 역할) 3%의 전분을 혼합하여 만든 당

2) 액당

① 액당은 정제된 설탕 또는 전화당이 물에 녹아 있는 용액 상태의 당
② 대량 생산하는 공장에서 많이 사용함
③ **액당의 당도** : 설탕물에 녹아 있는 설탕의 무게를 %로 표시한 수치

$$당도(\%) = \frac{설탕(용질)의 무게}{설탕(용질)의 무게 + 물(용매)의 무게} \times 100$$

연습문제

❓ 물 100g에 설탕 25g을 녹이면 당도는?

가. 20% 나. 30% 다. 40% 라. 50%

해 당도 $= \dfrac{25}{100 + 25} \times 100 = 20\%$

답 가

---

3) 전분당

전분을 가수분해하여 얻는 당을 가리키며, 포도당, 물엿, 이성화당 등이 있다.

(1) 포도당(Glucose)

① 탄수화물의 기본단위이며 무수 포도당과 함수 포도당이 있는데 제과에서 사용하는 포도당은 함수 포도당(일반 포도당)이다.
② 이스트의 영양원이며 설탕보다 색이 더 진하게 난다.

(2) 물엿(Corn syrup)
① 전분을 산 또는 효소로 가수 분해하여 만든 제품으로, 물이 혼합된 상태의 끈끈한 액체
② 설탕에 비해 감미도는 낮지만, 보습성이 뛰어나 제품의 조직을 부드럽게 할 목적으로 쓰임

(3) 이성화당
① 전분을 효소나 산에 의해 가수분해시켜 얻은 포도당액을 효소나 알칼리 처리로 포도당과 과당으로 만들어 놓은 당이다.
② 공업적으로는 전분당을 효소 처리하여 과당 함량을 많게 하여 제조한다.
③ 원료는 주로 옥수수에서 생산하며, 용도는 음료에 많이 이용된다.

> **연습문제**
>
> ❓ 다음 중 전분당이 아닌 것은?
>
> 가. 물엿   나. 설탕   다. 포도당   라. 이성화당
>
> 답 나

4) 전화당
① 설탕을 가수분해하면 포도당과 과당으로 각각 1분자씩 분해되는데 이 현상을 전화라 하며, 이때 생기는 포도당과 과당의 혼합물을 전화당이라고 한다.
② 전화당은 다른 말로 트리몰린 이라고도 하며, 과당이 포함되어 있어 단맛이 강하고 흡습성이 있어 대부분 액체로 이용된다.

5) 맥아와 맥아시럽
① **맥아**: 발아시킨 보리의 낱알로, 발아 정도의 싹의 길이로 판단한다.
② **맥아 시럽**: 맥아분에 물을 넣고 가온하여 탄수화물 분해 효소, 단백질 분해 효소, 맥아당, 가용성 단백질, 광물질, 기타 맥아 물질을 추출한 액체이다.
③ **맥아 제품 사용 이유**: 이스트의 발효를 도우며 가스 생산을 증가하고, 제품 내부의 수분 함량을 증가시키며, 특유의 향 및 껍질 색을 개선한다.

6) 당밀
① 사탕수수 정제 공정의 1차 산물이거나 부산물로서 그 특유의 향 때문에 제과, 제빵 제품에도 사용되고 있다.
② 제과에서 많이 쓰이는 럼주는 당밀을 발효시킨 술이다.

7) 유당(Lactose)
① 우유에 들어있는 탄수화물로, 설탕에 비하여 감미도(16)와 용해도가 낮고 결정화가 빠르다.
② 환원당으로 단백질이 아미노산 존재하에 갈변반응을 일으켜 껍질 색을 진하게 하며, 제빵용 이스트에 의해 발효되지 않으므로 잔류당으로 남는다.
③ 시판 우유 속에는 평균 4.8%를 함유하고 있다.

8) 기타 감미제
① **아스파탐**: 아스파트산과 페닐알라닌의 아미노산 2종류가 결합하여 이루어진 감미료로 감미도는 설탕의 200배이며, 주로 가열 조리가 필요하지 않은 껌이나 청량음료에 사용된다.
② **올리고당**: 단당류 2~10개로 구성된 소당류로, 감미도는 설탕의 30% 정도이며, 장내 비피더스균의 증식 인자로 알려져 있다.
③ **캐러멜색소**: 설탕을 가열하여 캐러멜화한 색소 물질이다.
④ **꿀**: 감미, 수분보유력이 높고 향이 우수하다.
⑤ **사카린**: 안식향산계열의 인공 감미료이다.

연습문제

❓ 흰색의 결정성 분말이며 냄새는 없고, 일반적으로 단맛이 설탕의 200배 정도 되는 아미노산계 식품 감미료는?

가. 에틸렌글리콜   나. 아스파탐   다. 페릴라틴   라. 사이클라메이트

답 나

9) 감미제의 기능

기본적으로 단맛을 내는 것은 동일하나 제빵에서와 제과에서의 기능에는 차이가 있다.

(1) 제빵에서의 기능
① 발효가 진행되는 동안 이스트에 발효성 탄수화물을 공급한다.
② 이스트에 의해 소비되고 남은 당은 마이야르 반응과 캐러멜화 반응을 일으켜 껍질 색을 개선한다.
③ 속결, 기공을 부드럽게 하고, 수분 보유력이 있어 노화를 지연시키며 저장성이 증가한다.

(2) 제과에서의 기능
① 밀가루 단백질을 부드럽게 하는 연화 효과가 있다.
② 마이야르 반응과 캐러멜화 반응을 일으켜 껍질 색을 진하게 한다.
③ 수분 보유제로, 보습 효과가 있어 노화를 지연시킨다.

10) 갈색 반응
① **캐러멜화 반응** : 당류 + 열 → 갈색
② **마이야르 반응** : 당류 + 아미노산(단백질) + 열 → 갈색
③ 제과 및 제빵에는 설탕과 밀가루 즉, 당과 아미노산이 골고루 들어 있기 때문에 캐러멜화 반응과 마이야르 반응이 동시에 일어난다. 이때 갈색이 나는 온도는 160~180℃이다.

IV. 유지(Fat and Oil)

1) 유지의 종류

(1) 버터(Butter)
① 우유 지방 80%, 수분함량 16%
② 융점(녹는점)이 낮고, 가소성의 범위가 좁으며 향과 풍미는 디아세틸, 유산에 의한 것이다.

(2) 마가린(Margarine, 버터의 대용품)
① 식물성 지방 80%, 수분함량 16%
② 유중수적형 제품으로 가소성, 유화성, 크림성이 좋으나 버터의 풍미에는 미치지 못한다.

(3) 라드(Lard)
① 돼지 지방 100%
② 풍미가 좋고 가소성 범위가 넓으나, 크림성과 산화 안정성이 낮다.

(4) 쇼트닝(Shortening, 라드의 대용품)
① 동·식물성 지방 100%
② 향료 및 소금 성분이 없고, 색과 풍미가 없다.
③ 6~8%의 유화제를 첨가하여 만든 유화쇼트닝도 있다.

(5) 튀김기름(Frying fat)
① 튀김기름이 튀겨지는 동안 구조 형성에 필요한 열을 잘 전달해 튀김물의 구조를 형성할 수 있어야 하며, 튀김 중이나 포장 뒤에도 불쾌한 냄새가 나지 말아야 한다.
② 흡수된 지방은 제품이 냉각되는 동안 충분히 응결되어야 하며, 산패에 대한 안정성, 저항성이 크고 산가가 낮아야 한다.
③ 튀김 온도는 180~193℃가 일반적이며, 기름의 가수 분해와 산소에 의한 산패가 빨리 일어난다.
④ **튀김 기름의 4대 적**: 온도(열), 물(수분), 공기(산소), 이물질(금속)
⑤ 유리지방산 함량이 높아지면 발연점은 낮아지고, 적정 함량은 0.5%이며, 0.5% 수준이 되는 기간을 품질 기간이라 하는데, 이 기간을 줄이기 위해 흡수된 만큼의 새 기름을 보충한다.

2) 제과·제빵 제품에서 유지의 기능 및 특징
(1) 제과에서의 기능 및 특징
① **크림성**(크림가): 유지가 믹싱 중 공기를 포집하여 크림이 되는 성질

② **가소성**: 높은 온도에서 쉽게 무르지 않으며, 낮은 온도에서 쉽게 단단해지지 않는 성질로, 상온에서도 고체 모양을 유지하여 자유롭게 정형할 수 있다. 가소성의 특징을 이용하여 만든 대표적인 제품에는 페이스트리와 파이가 있다.
③ **쇼트닝성**(쇼트닝가): 부드러움과 바삭함을 주는 성질로 버터나 쇼트닝이 많이 가지고 있다.
④ **안정성**(저장성): 유지를 산화시키거나 분해하는 성질에 대하여 저항하는 성질로, 안정성의 특징을 이용하여 만든 대표적인 제품에는 유통 기간이 긴 쿠키가 속한다.
⑤ **유화성**(유화가): 유지가 물을 흡수하여 보유하는 성질과 물과 기름을 잘 섞게 하는 성질로, 유화성의 특징을 이용하여 만든 대표적인 제품에는 파운드케이크가 있다.
⑥ 유지 특유의 향과 맛을 내며, 밀가루 단백질에 대한 연화 작용을 한다.

(2) 제빵에서의 기능 및 특징
① 껍질을 얇고 부드럽게 하며 가스 보유력을 증대시켜 빵의 부피를 증가한다.
② 제품의 수분 보유력을 향상하여, 노화를 지연시키며, 저장성을 증가시킨다.
③ 밀가루 단백질에 대하여 연화 작용을 하며, 반죽의 흡수율을 감소한다.
④ 유지 특유의 향과 맛을 낸다.
⑤ 영양가를 높여 반죽의 신장성을 좋게 하고, 속 결을 개선한다.

V. 계면 활성제 (유화제, Surface active agent)

1) 정의
물 중의 기름을 분산시키고 또 분산된 입자가 응집하지 않도록 안정화하는 작용

2) 화학적 구조
① **친수성 그룹**: 유기산 등 극성기를 가지고 있어 물과 같은 극성물질에 강한 친화력
② **친유성 그룹**: 지방산 등 비극성기를 가지고 있어 유지에 쉽게 용해되거나 분산
③ **친수성 - 친유성 균형**(Hydrophile - Lipophile Balance): 계면활성제에 대한 친수성단의 크기와 강도의 비로 HLB 수치가 9 이하면 친유성으로 기름에 용해되고, 11 이상이면 친수성으로 물에 용해된다.

3) 유화의 종류

① **수중유적형**(O/W, Oil in Water) : 물속에 기름이 분산된 형태로 우유, 마요네즈, 아이스크림이 속한다.
② **유중수적형**(W/O, Water in Oil) : 기름에 물이 분산된 형태로 버터, 마가린이 속한다.

4) 주요 계면활성제

레시틴(노른자), 모노-디 글리세리드(유지가 가수분해될 때의 중간산물), SSL 등

> **연습문제**
>
> ❓ **유화제에 대한 설명으로 틀린 것은?**
> 가. 계면활성제라고도 한다.
> 나. 친유성기와 친수성기를 각 50%씩 갖고 있어 물과 기름의 분리를 막아준다.
> 다. 레시틴, 모노글리세라이드, 난황 등이 유화제로 쓰인다.
> 라. 빵에서는 글루텐과 전분 사이로 이동하는 자유수의 분포를 조절하여 노화를 방지한다.
>
> 답 나

VI. 우유와 유제품 (Milk and Milk products)

1) 우유의 구성

수분 88%, 고형분 12%로 구성

(1) 유지방

① 우유를 교반하면 비중의 차이로 지방의 입자가 뭉쳐 크림이 형성되며, 이때 크림은 버터의 원료로 사용된다.
② 유지방에는 황색 색소 물질인 카로틴을 비롯한 식물 색소 물질, 인지질인 레시틴, 세파린, 콜레스테롤, 지용성 비타민A·D·E 등이 함유되어 있다.

(2) 유단백질

① 우유의 주된 단백질인 카세인은 단백질의 약 80% 정도를 차지하며, 열에는 응고하지 않으나 산과 효소 레닌에 의해 응유되어 치즈와 요구르트를 만들 수 있다.

② 카세인을 뺀 나머지 단백질을 유장 단백질이라 하며, 락토알부민과 락토글로불린이 각각 0.5%씩 함유되어 있다. 이 락토알부민과 락토글로불린은 산에 의해 응고되지 않고 열에 의해 변성되어 응고한다.

> **다음 중 우유의 단백질이 아닌 것은?**
> 가. 락토오스　　　나. 카세인　　　다. 락토글로불린　　　라. 락토알부민
>
> 답 가

(3) 유당(Lactose)

① 우유의 주된 당으로 평균 4.8% 함유되어 있으며, 동물의 젖에만 존재한다.

② 제빵용 이스트에 의해 발효되지 않는다.

(4) 무기질

우유의 회분함량은 0.6~0.9%로 전체의 약 1/4을 차지하는 칼슘과 인은 영양학적으로 중요한 역할을 하며, 칼슘과 인은 2 : 1 비율로 구성되어 있다.

(5) 효소와 비타민

① 리파아제, 아밀라아제, 락타아제 등이 있다.

② 비타민A, 리보플라빈, 티아민은 풍부한 편이지만, 비타민D, E는 결핍되어 있다.

③ 비타민C는 불안정하여 가열 살균 공정 중에 파괴되어 거의 존재하지 않는다.

2) 우유의 물리적 성질

① **비중** : 평균 1.030으로 물보다 무겁다.

② **어는점** : 평균 -0.55℃

③ 끓는점 : 100.17℃
④ pH : 6.6

> **연습문제**
>
> ❓ 비중이 1.04인 우유에 비중이 1.00인 물을 1:1 부피로 혼합하였을 때 물을 섞은 우유의 비중은?
> 가. 2.04   나. 1.02   다. 1.04   라. 0.04
> 답 나

3) 유제품

(1) 시유

음용하기 위해 가공된 액상 우유로, 원유를 받아 여과 및 청정과정을 거친 후 표준화, 균질화, 살균 또는 멸균, 포장, 냉장하는 것이다.

① **보통 우유** : 우유에 아무것도 넣지 않고 살균, 냉각 뒤에 포장한 것
② **탈지 우유** : 우유에서 지방을 제거한 것
③ **가공 우유** : 우유에 탈지분유나 비타민 등을 강화한 것
④ **음용 우유** : 우유에 과즙, 커피, 초콜릿 등을 혼합하여 맛을 낸 것

(2) 농축 우유(연유)

우유 중의 수분을 증발시키고 고형질 함량을 높인 우유

① **무가당 연유** : 우유 그대로 농축한 것
② **가당 연유** : 우유에 40% 이상의 설탕을 첨가하여 농축한 것으로 보존성이 좋음

(3) 크림

우유에서 유지방을 분리하여 농축해서 만든 것

① **생크림** : 유지방 함량이 18% 이상인 크림
② **커피용·조리용 크림** : 유지방 함량이 10%~18%가 적당
③ **휘핑용 크림** : 유지방 함량이 36% 이상이 적당

연습문제

아이스크림 제조에서 오버런(over-run)이란?
가. 교반에 의해 크림의 체적이 몇 % 증가하는가를 나타낸 수치
나. 생크림 안에 들어 있는 유지방이 응집해서 완전히 액체로부터 분리된 것
다. 살균 등의 가열조작에 의해 불안정하게 된 유지의 결정을 적용으로 해서 안정화한 숙성 조작
라. 생유 안에 들어 있는 큰 지방구를 미세하게 해서 안정화하는 공정

답 가

(4) 분유

우유를 분무, 건조해 분말한 것으로 제빵에서는 완충제의 역할을 하여 발효 내구성을 향상 시키킨다. 또한 밀가루 단백질을 강화하여 믹싱 내구성도 증대시키며 분유가 1% 증가하면 수분 흡수율도 1% 증가한다.

① **전지 분유** : 우유 그대로 건조한 것
② **탈지 분유** : 우유 속의 지방을 제거하여 원유 그대로 건조한 것으로 탈지분유 구성 중 50%는 유당이 차지한다.
③ **혼합 분유** : 전지분유나 탈지분유에 쌀가루, 유청 분말, 밀가루 코코아 가공품 등의 식품 이나 식품첨가물을 25% 섞어 분말화 한 것

연습문제

분유의 용해도에 영향을 주는 요소로 볼 수 없는 것은?
가. 건조 방법　　나. 저장기간　　다. 원유의 신선도　　라. 단백질 함량

답 라

(5) 유장 제품

① 우유에서 유지방, 카세인 등이 응유 되어 분리되고 남은 부분으로 여기에는 우유의 수용성 비타민과 무기질, 비카세인 계열 단백질과 대부분의 유당이 함유되어 있다.
② 유장에 탈지분유, 밀가루, 대두분 등을 혼합하여 탈지분유의 흡수력, 기능 등을 유사하게 만든 대용 분유도 유통되고 있다.

(6) 치즈

우유의 단백질에 효소 레닌을 넣어 카세인을 응고시켜 만든 제품

① 연질 치즈 : 숙성시키지 않거나 숙성 기간이 짧은 치즈

- ✓ **예** 크림치즈, 카망베르 치즈 등

② 반경질 치즈 : 수개월간 숙성시킨 치즈

- ✓ **예** 스틸톤

③ 경질 치즈 : 수개월 또는 1년 이상 숙성시킨 치즈

- ✓ **예** 체다, 고다, 에담, 그뤼에르 등

4) 제빵에서의 우유의 기능

① 영양 기능을 향상하며 단맛을 낸다.

② 글루텐을 강화하여 반죽의 내구성을 높이고 오버 믹싱의 위험을 감소한다.

③ 유당이 껍질 색을 개선한다.

④ 속결을 부드럽게 한다.

⑤ 향과 풍미를 개선한다.

VII. 달걀 (Egg)

1) 달걀의 구성

(1) 껍데기 (10% 구성)

껍데기의 까슬한 부분이 탄산칼슘으로 구성되어 있다.

(2) 흰자 (60% 구성)

① 수분 88%, 고형분 12%로 구성되어 있다.

② pH 8.5~9.0으로 알칼리성을 띠며 기포성과 열 응고성이 있다.

③ 오브알부민, 콘알부민, 라이소자임, 오보뮤코이드, 아비딘 등의 단백질을 함유하고 있으며, 오브알부민은 흰자의 54%를 차지하는 단백질로 필수 아미노산이 고루 함유되어 있고, 콘알부민은 13% 차지하며 철과의 결합 능력이 강해서 미생물이 이용하지 못하는 항세균 물질에 해당한다.

(3) 노른자(30% 구성)
① 수분 50%, 고형분 50%로 구성되어 있다.
② 고형질의 약 70%가 지방으로 구성되어 있으며, 인지질의 79%를 차지하는 레시틴에는 천연유화 성분이 들어 있다.

(4) 전란
① 껍데기를 제외한 흰자와 노른자를 통틀어 전란이라고 한다.
② 수분 75%, 고형분 25%로 구성되어 있다.

연습문제

전란 1000g 대신 밀가루와 물을 사용한다면?

전란에는 수분 75%, 고형분 25%가 존재한다. 수분 75%를 물로 대체하면 750g이 되고, 고형분 25%를 밀가루로 대체한다면 250g이 된다.
따라서, 물은 750g, 밀가루는 250g이 된다.

답 물은 750g, 밀가루는 250g

전란 1000g이 필요하다면 껍데기를 포함하여 60g짜리 계란이 몇 개 필요한가?

60g 속에 있는 전란의 함량부터 구해야 한다. 전량은 흰자 60%, 노른자 30%로 즉, 껍데기 10%를 제외한 90%가 전란이므로 60g×0.9=54g이 전란이 된다.
1000g이 필요하므로 1000g÷54g=18.52(개)이다. 0.52g도 필요한 부분이므로 무조건 올림처리 한다.
따라서 19개가 필요하다.

답 19개

흰자 1000g이 필요하다면 껍질을 포함하여 60g짜리 계란이 몇 개 필요한가?

60g 속에 있는 흰자의 함량부터 구해야 한다. 흰자의 함량은 60%이므로, 60g×0.6=36g이 흰자가 된다.
1000g이 필요하므로 1000g÷36g=27.78(개)이다. 0.78g도 필요한 부분이므로 무조건 올림처리 한다.
따라서 28개가 필요하다.

답 28개

2) 달걀의 기능
① 색깔 개선 및 영양성
② **기포성**(팽창 기능) : 흰자의 단백질에 의해 거품이 일어나는 성질
③ **결합제 역할** : 단백질이 열에 의해 응고되어 농후화제의 역할
④ **쇼트닝 효과**(유화성) : 노른자의 인지질인 레시틴이 유화제로 작용

3) 신선한 달걀의 특징
① 껍데기가 거칠고 윤기가 없음
② 밝은 불에 비췄을 때 속이 밝으며 노른자가 구형인 것(등불검사)
③ 6~10% 소금물에 담갔을 때 가로로 가라앉는 것(비중 1.08)
④ 기실이 없을 것
⑤ 노른자의 높이가 높으며 신선한 달걀의 난황계수는 0.36~0.44

$$난황계수 = \frac{높이}{직경(지름)}$$

4) 소화가 잘되는 달걀 순서

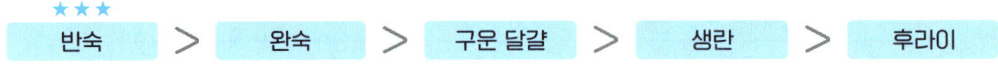

반숙 > 완숙 > 구운 달걀 > 생란 > 후라이

5) 달걀 제품
(1) 생달걀
① 껍데기와 내막은 구멍이 많고 반투막으로 되어 있어 살모넬라와 같은 박테리아에 쉽게 오염되므로 저장과 보관에 유의해야 한다.
② 60~62℃에서 3분 30초 이상 가열 살균하여 살모넬라 식중독균의 오염을 방지해야 한다.
③ 영양이 우수하나 저장 면적이 크고 취급이 어렵다.
④ 반숙 달걀이 소화가 제일 잘 된다.

(2) 냉동 달걀

① 달걀을 세척·살균하여 껍데기를 분리하고 용도에 따라 전란, 노른자, 흰자, 강화란으로 만든다.

② -23~26℃로 급속 냉동하고, -18~-21℃에 저장한다.

(3) 분말 달걀

① 주로 분무 건조와 냉동 건조를 이용하여 분말을 만든다.

② 저장성이 좋고, 운반이 편리하며 위생적인 장점이 있지만, 기포성 및 유화성이 저하되고 가공 시간이 필요하다는 단점이 있다.

> **연습문제**
>
> ❓ 다음은 분말계란과 생란을 사용할 때의 장단점이 옳은 것은?
> 가. 생란은 취급이 용이하고, 영양가 파괴가 적다.
> 나. 생란이 영양은 우수하나 분말계란보다 공기 포집력이 떨어진다.
> 다. 분말계란이 생란보다 저장 면적이 커진다.
> 라. 분말계란은 취급이 용이하나 생란에 비해 공기 포집력이 떨어진다.
>
> 답 라

VIII. 이스트 (효모, Yeast)

1) 생물학적 특성

① 곰팡이류에 속하나 균사가 없고 광합성 작용과 운동성이 없는 단세포 식물

② **학명**: *Saccharomyces cerevisiae*

③ 빵, 맥주 등을 만들 때 사용되는 미생물

2) 생식 및 증식
① **출아법**: 무성생식으로 이스트의 가장 보편적인 증식 방법이며, 성숙한 이스트 세포의 핵이 2개로 분리되면서 유전자도 분리 → 어미세포의 핵과 세포질이 출아된 세포로 이동하여 새로운 딸세포를 형성(정상 조건으로 2시간 소요)

② **포자 형성**: 주위의 조건이 무성 생식에 부적합할 때의 증식 방법

③ **유성 생식**: 목적에 맞게 서로 대응이 되는 세포를 교잡시키는 잡종 교배

3) 구성 성분 및 효소
(1) 구성 성분
① 생이스트는 수분이 70%, 고형분(단백질, 탄수화물, 지방 등)이 30%로 구성되어 있으며, 압착 효모라고도 한다.

② 배양액의 최적 온도는 28~32℃, pH는 4.5~5

(2) 효소
① **이스트에 들어 있는 효소**: 인버타아제, 말타아제, 프로테아제, 리파아제, 치마아제

② **이스트에 들어 있지 않은 효소**: 락타아제, 아밀라아제(극소량 들어있어 함유되어 있지 않다고도 표현함)

4) 이스트의 번식 조건
(1) 온도
① 0~10℃: 활동 정지

② 20~30℃: 서서히 증식

③ 28~32℃: 적당히 활발

④ 38℃: 가장 활발함

⑤ 50℃: 서서히 사멸하기 시작

⑥ 60~69℃: 세포가 사멸하며 포자까지도 사멸함

(2) 영양분
당, 질소, 무기질

(3) 공기
호기성으로 산소가 필요함

(4) 최적 pH
4.5~5

5) 이스트의 종류

구분	생이스트(압착효모)	드라이이스트(활성건조효모)
수분(%)	70	10
고형분(%)	30	90
용해 물 온도	20~30℃	41~43℃
용해 시간	믹싱 5분 전	믹싱 20분 전
보관	냉장 보관	실온 보관
사용비율	2	1(생이스트의 50%만 사용)

IX. 물(Water)

1) 물의 경도

(1) 물의 경도

칼슘염과 마그네슘염이 얼마나 녹아 있는지를 나타내는 것으로 그 양을 탄산칼슘으로 환산하여 ppm(1/1,000,000 = 백만분의 일) 단위로 표시한다.

> **연습문제**
>
> **100ppm을 %로 올바르게 나타낸 것은?**
>
> 가. 0.1% 나. 0.01% 다. 0.001% 라. 0.0001%
>
> 해 ppm의 단위는 1/1,000,000이므로 100/1,000,000×100 = 0.01%이다.
> 답 나

(2) 경도에 따른 분류

경수(센물) (180ppm 이상) 예 바닷물, 광천수 등	경수로 제빵 반죽을 할 경우 반죽이 단단해지고 발효가 지연된다. 그러므로 조치사항이 필요하다. 1) 물 증가 2) 이스트 증가 3) 소금 감소 4) 맥아 첨가 ***일시적 경수**: 가열에 의해 탄산염이 침전되어 연수로 되는 물 ***영구적 경수**: 가열에 의해서 경도가 변하지 않는 물
***아경수** (120~180ppm)	제과·제빵에 가장 적합한 물
아연수 (60~120ppm)	-
연수(단물) (60ppm 이하) 예 빗물, 증류수 등	연수로 제빵 반죽을 할 경우 반죽이 질어지고 발효가 과해진다. 그러므로 조치사항이 필요하다. 당을 첨가할 때, 설탕보다 포도당을 증가하는 것이 반죽이 덜 질어진다. 1) 물 감소 2) 이스트 감소 3) 소금 증가 4) 이스트 푸드 첨가

> **연습문제**
>
> ❓ 일시적 경수에 대한 설명으로 맞는 것은?
> 가. 가열시 탄산염으로 되어 침전된다.   나. 끓여도 경도가 제거되지 않는다.
> 다. 황산염에 기인한다.   라. 제빵에 사용하기에 가장 좋다.
>
> 답 가

2) 제빵에서의 물의 기능

① 용매로서 당, 소금, 밀가루, 수용성 성분 등을 용해시켜 이스트 발효에 도움을 준다.
② 반죽 온도 및 농도를 조절한다.
③ 밀가루 단백질은 물을 흡수하여 글루텐을 형성한다.
④ 효소 활성화에 도움을 준다.

3) 자유수와 결합수

식품 중의 수분은 자유수(유리수)와 결합수의 형태로 존재하며, 자유수와 결합수의 평형은 온도, 용질의 종류, 용질의 양 등에 영향을 받는다.

(1) 자유수

당류, 염류, 수용성 단백질 등에 용매로서 작용하는 일반적인 보통의 물이다. 효소나 미생물이 이용할 수 있고, 화학 반응에 관여하며 전해질의 이동을 가능하게 하는 물이다. 또한 0℃에서 얼고 100℃에서 끓는다.

(2) 결합수

식품 중의 탄수화물이나 단백질과 수소 결합에 의하여 밀접하게 결합하여 있는 물이다. 용질에 대한 용매로 작용하지 않으며, 일반적인 물처럼 어는점에서 얼지 않고, 자유수에 비해 쉽게 증발하지 않는다. 또한 미생물의 번식에 관여하지 않는다.

X. 이스트 푸드(Yeast food)

수질을 개선하기 위해 사용하던 것이나, 현재는 이스트의 발효를 촉진하고 빵 반죽의 질을 개선하기 위한 제빵 개량제로 사용한다.

1) 기능

주 기능은 산화제, 반죽 조절제, 물 조절제이며, 제2의 기능이 이스트의 영양인 질소를 공급하는 것이다. 반죽에 첨가 시 밀가루 중량의 0.1~0.2%를 사용한다.

(1) 이스트의 영양 공급

질소, 인산, 칼륨의 3대 영양소가 있어야 하는 이스트는 이스트에 부족한 질소 제공을 위해 암모늄염의 형태로 사용된다.

(2) 물 조절제

물의 경도를 적절하게 조절하며 칼슘염은 이스트 푸드의 성분 중 물의 경도를 높여주는 물 조절제 역할을 한다.

(3) 반죽 조절제

① **산화제**: 산화를 일으키는 물질로 반죽에서 글루텐의 탄력성을 높이며, 브롬산칼륨, 아스코르브산(비타민C), 요오드칼륨, 아조디카본아미드(ADA) 등이 있다.

② **환원제**: 산화제와 반대 효과를 내며, 산화제가 S-S 결합의 형성을 촉진하는 데 반해, 환원제는 이 과정을 방해하여 글루텐을 연화시킨다. 시스테인, 글루타치온 등이 있다.

> **연습문제**
>
> ❓ 산화제를 사용하면 두 개의 -SH기가 S-S 결합으로 바뀌게 된다. 이 같은 반응이 일어나는 것은 어느 것에 의한 것인가?
>
> 가. 밀가루의 단백질   나. 밀가루의 전분   다. 고구마 전분   라. 감자 전분
>
> 답 가

XI. 소금(Salt)

1) 화학명
염화나트륨(NaCl)으로 염소와 나트륨이 대표적인 원소이다.

2) 제빵에서의 소금의 역할
① 감미를 조절하고, 재료들의 맛을 향상해 풍미를 준다.
② 글루텐을 강화해 반죽을 단단하게 한다.
③ 이스트의 발효를 억제함으로써 발효 속도를 조절하여 작업 속도를 조절한다.
④ 흡수율이 감소하며, 반죽시간이 길어진다.
⑤ 삼투압 작용으로 잡균의 번식을 억제하여 방부 효과를 낸다.
⑥ 캐러멜화 온도를 낮추기 때문에 같은 온도에서 같은 시간 제품을 구웠을 경우 제품의 껍질 색이 진해진다.

XII. 팽창제(Expansion agent)

1) 팽창제의 종류
   ① **천연 팽창제**(생물학적 팽창제) : 주로 빵에 사용되며 종류로는 이스트가 속한다.
   ② **화학 팽창제** : 주로 제과에 사용되며 종류로는 베이킹 파우더, 베이킹 소다 등이 속한다.

2) 화학 팽창제의 종류

(1) 베이킹 파우더(Baking powder)
   ① **구성** : 베이킹 소다(탄산수소나트륨, 중조) + 산 작용제 + 분산제(전분)
   ② **원리** : $2NaHCO_3$(탄산수소나트륨) → CO_2(이산화탄소) + H_2O(물) + Na_2CO_3(탄산나트륨)

✏️ 연습문제

❓ 다음에서 탄산수소나트륨(중조)이 반응에 의해 발생하는 물질이 아닌 것은?
   가. CO_2 나. H_2O 다. C_2H_5OH 라. Na_2CO_3

답 다

❓ 베이킹파우더의 산-반응물질(acid-reacting material)이 아닌 것은?
   가. 주석산과 주석산염   나. 인산과 인산염
   다. 알루미늄 물질   라. 중탄산과 중탄산염

답 라

(2) 베이킹 소다(Baking soda, 중조, 탄산수소나트륨)
   ① 단독으로 소량 사용하거나 베이킹파우더 형태로 사용한다.
   ② 과하게 사용할 경우, 소다 맛, 비누 맛, 쓴맛이 나고 누렇게 변화시킨다.
   ③ 알칼리성에 속하므로 색깔을 진하게 만든다.

(3) 암모늄염
   ① 물의 존재 하 단독 작용하며, 쿠키 등의 퍼짐에 도움을 준다.
   ② 밀가루 단백질을 부드럽게 하는 효과가 있다.

③ 굽기 중 분해되어 잔류물이 남지 않는다.

(4) 주석산 칼륨
① 산도를 높이며 속색이 밝아진다.
② 캐러멜화 온도를 높인다.

3) 중화가(N.V)
산에 대한 중조의 비율로 유효 이산화탄소 가스를 발생시키고 중성이 되는 양을 조절할 수 있다.

연습문제

Q. 10kg의 베이킹파우더에 28%의 전분이 들어있고 중화가가 80이라면 중조의 함량은?

해 중조 = 전분을 뺀 나머지 $\times \dfrac{중화가}{100 + 중화가}$

① 베이킹 파우더 = 중조 + 전분(28%) + 산작용제
② 전분무게 = 10kg × 0.28 = 2.8kg
③ 7.2kg × $\dfrac{80}{100 + 80}$ = 3.2 ∴ 중조의 함량은 3.2kg이 된다.

답 3.2kg

XIII. 안정제(Stabilizers)

1) 목적
① 젤리, 무스 등의 제조에 사용
② 흡수제로 노화 지연 효과
③ 아이싱의 끈적거림과 부서짐을 방지
④ 파이 충전물의 농후화제로 사용
⑤ 크림 토핑의 거품 안정

✏️ **연습문제**

❓ 커스터드 크림의 농후화제로 알맞지 않은 것은?

　가. 버터　　　　　나. 박력분　　　　　다. 전분　　　　　라. 계란

　답 가

2) 종류

① **한천**: 우뭇가사리로부터 추출하여 양갱을 만들며, 끓는 물에 용해된다.
② **젤라틴**: 동물의 껍질과 연골 속에서 콜라겐을 정제한 것으로 가루 젤라틴과 판 젤라틴으로 나뉘며 판 젤라틴은 찬물에 불려, 35℃ 이상 끓는 물에 용해가 되며, 무스나 젤리를 만든다.
③ **펙틴**
　ㄱ. 과일과 식물의 조직 속에서 존재하는 다당류의 일종으로 설탕 농도가 50% 이상이고, 산성(pH2.8-4)일 때 잼이나 젤리를 만들 수 있으며, 고온에서 용해된다.
　ㄴ. 과실이 익어감에 따라 프로토펙틴 가수분해효소에 의해 수용성 펙틴이 생성된다.
④ **씨엠씨**(CMC): 셀룰로오스로부터 만든 제품으로 찬물에 용해된다.
⑤ **로커스트빈검**(검류): 유화제, 안정제, 점착제 등으로 사용되고, 낮은 온도에서 높은 점성을 나타내는 친수성 물질이다.
⑥ 알긴산, 트래거캔스 등

✏️ **연습문제**

❓ 젤리를 제조하는데 당분 60~65%, 펙틴 1.0~1.5%일 때 가장 적합한 PH는?

　가. pH1.0　　　　나. pH3.2　　　　다. pH7.8　　　　라. pH10.0

　답 나

❓ 젤리를 제조하는데 적합하지 않은 성분은?

　가. 유기산류　　　나. 염류　　　　　다. 당분류　　　　라. 펙틴류

　답 나

XIV. 향료와 향신료 (Flavors and Spices)

1) 향료

후각 신경을 자극하여 특유의 방향을 느끼게 함으로써 식욕을 증진하는 첨가물로 품질, 규격 및 사용법을 준수해야 한다.

(1) 성분에 따른 분류

① **천연 향료**: 자연에서 채취한 후 추출, 정제, 농축, 분리 과정을 거쳐 얻는 향료로 꿀, 당밀, 코코아, 초콜릿, 분말 과일 등이 있다.

② **합성 향료**: 석유 및 석탄류에 포함된 방향성 유기물질로부터 합성하여 만든다. 즉, 천연 향에 들어있는 향 물질을 합성하여 만든 것이다.

③ **인조 향료**(조합 향료): 천연향료와 합성향료를 조합하여 양자 간의 문제점을 보완하여 만든 것이다.

④ **수용성 향료**: 지용성 향료보다 고농도의 제품을 만들기 어렵다.

⑤ **지용성 향료**: 굽기 과정에 향이 날아가지 않아 내열성이 좋다.

연습문제

Q 식품향료에 관한 설명 중 틀린 것은?

가. 수용성향료(essence)는 내열성이 약하다.
나. 유성향료(essential oil)는 내열성이 강하다.
다. 유화향료(emulsified flavor)는 내열성이 좋지 않다.
라. 분말향료(powdered flavor)는 향료의 휘발 및 변질을 방지하기 쉽다.

답 다

---

2) 향신료

후각 신경을 자극할 뿐 아니라 첨가함으로써 식품의 향미와 맛을 냄

(1) 종류

① **계피**(Cinnamon) : 나무껍질로 만든 향신료로 케이크, 쿠키, 크림 등 과자류와 빵류에 많이 사용된다.
② **넛메그**(Nutmeg) : 1개의 종자에서 넛메그와 메이스를 얻을 수 있으며, 넛메그의 종자를 싸고 있는 빨간 껍질을 말린 향신료는 메이스가 된다. 넛메그는 단맛의 향기가 있고, 기름 냄새를 제거하는데 탁월하여 튀김제품(도넛)에 많이 사용된다.
③ **오레가노**(Oregano) : 잎을 건조한 향신료로 피자나 파스타에 많이 사용된다.
④ **월계수 잎**(Bay leaf) : 생잎을 그대로 건조하여 양식 요리의 육수에 많이 사용된다.
⑤ **후추**(Pepper) : 과실을 건조한 향신료로 가장 활용도가 높다.
⑥ **바닐라**(Vanilla) : 바닐라 빈을 발효시켜 짙은 갈색으로 변하면 바닐린 결정이 생겨 바닐라 특유의 향을 가지게 되며 아이스크림에 많이 사용된다.
⑦ **캐러웨이**(Caraway) : 씨를 통째로 갈아 만든 것으로 상큼한 향기와 부드러운 단맛과 쓴맛을 가지며 스프, 샐러드 등에 사용된다.
⑧ **올스파이스**(Allspice) : 올스파이스나무의 열매를 익기 전에 말린 것으로 자메이카 후추라고도 하며 카레, 파이 등에 사용된다.
⑨ **생강**(Ginger) : 열대성 다년초의 다육질 뿌리로, 매운맛과 특유의 방향을 가지고 있다.

> **연습문제**
>
> ❓ 육두구과의 상록활엽교목에 맺히는 종자를 말리면 넛메그가 된다. 이 넛메그의 종자를 싸고 있는 빨간 껍질을 말린 향신료는?
>
> 가. 생강   나. 클로브   다. 메이스   라. 시너먼
>
> 답 다

XV. 견과와 주류

1) 견과

단단하고 굳은 껍데기와 깍정이에 1개의 종자만이 싸여 있는 나무 열매의 총칭이다.

① **아몬드(Almond)** : 제과에서 많이 사용하며, 아몬드 페이스트와 마지팬의 중요한 원료이다. 설탕과 아몬드를 1:1 비율로 갈아 만든 페이스트 반죽을 마지팬이라 하며, 꽃이나 동물 등의 모양을 만들 수 있다.

② **헤이즐넛(Hazelnut)** : 개암나무 열매라고도 하며, 지방이 60% 이상 함유되어 있다. 향긋한 풍미가 난다.

③ **호두(Walnut)** : 단백질이 풍부하고 영양가가 높은 지방이 많아 칼로리가 높은 견과류로 산화되기가 쉽다.

④ **피칸(Pecan)** : 호두나무과에 속하는 열매로 호두와 비슷하지만, 호두보다 더 고소하고 달다.

⑤ **피스타치오(Pistachio)** : 그린 아몬드라고도 하며 풍미가 좋고 아이스크림에 많이 사용된다.

⑥ **마카다미아(Macadamia)** : 견과류 중에서도 지방이 많아 고소하고 식감이 좋으며 모양이 둥글어서 살짝 볶아 먹거나 토핑 재료로 쓰인다.

⑦ **땅콩(Peanut)** : 제과·제빵에 많이 사용되는 견과류로 한자로는 낙화생이라고도 함

⑧ **캐슈너트(Cashew nut)** : 견과류 중 가장 당도가 높고 씹는 맛이 부드럽다.

2) 주류

① **양조주** : 과실 또는 곡류를 발효시켜 만든 술로, 효모를 작용시켜 발효하여 만든 술로 청주, 맥주, 포도주, 막걸리 등이 속한다.

② **증류주** : 양조주를 만들고 증류하여 주정이나 그 밖의 휘발성 방향 물질을 채취한 것으로 증류 횟수에 따라 수분이 걸러져 주정 함량이 높아진다. 위스키, 브랜디, 럼, 보드카, 소주 등이 속한다.

③ **혼성주** : 양조주나 증류주에 식물의 꽃, 잎, 뿌리, 과일, 껍질을 담가 식물의 향과 맛, 색깔을 침출시키고 다시 당, 색소를 가하여 만든 술로 알코올 함량 및 고형분 함량이 모두 높고 리큐르가 속하며, 매실주도 혼성주의 일종이다.

④ **브랜디** : 과실을 주정원료로 하여 만든 증류주의 총칭이다.

⑤ **럼주** : 당밀을 원료로 한 증류주이다.

연습문제

술에 대한 설명으로 틀린 것은?
가. 달걀 비린내, 생크림의 비린 맛 등을 완화해 풍미를 좋게 한다.
나. 양조주란 곡물이나 과실을 원료로 하여 효모로 발효시킨 것이다.
다. 증류주란 발효시킨 양조주를 증류한 것이다.
라. 혼성주란 증류주를 기본으로 하여 정제당을 넣고 과실 등의 추출물로 향미를 낸 것으로 대부분 알코올 농도가 낮다.

답 라

3) 리큐르(Liqueur)

① **오렌지 리큐르** : 오렌지를 이용해서 만든 리큐르로 큐라소, 트리플 섹, 그랑 마르니에, 쿠엥트로가 속한다.
② **체리 리큐르** : 체리를 이용해서 만든 리큐르로 마라스키노와 키르슈가 속한다.
③ **칼루아** : 커피, 데킬라, 설탕으로 만든 술로, 색상은 갈색이며 커피 향이 필요한 제품에 사용된다.

연습문제

다음 중 오렌지를 이용하여 만든 리큐르가 아닌 것은?
가. 그랑 마르니에   나. 트리플 섹   다. 마라스키노   라. 큐라소

답 다

XVI. 초콜릿(Chocolate)

1) 초콜릿 원료

① **카카오 매스**(비터 초콜릿)

ㄱ. 원료인 카카오 빈에서 발효 및 건조하고 구워서 카카오 콩에서 껍질을 분리하고 갈아서 만든 상태가 카카오 매스(카카오 페이스트, 비터초콜릿) 이다.

ㄴ. 다른 성분이 포함되어 있지 않아 카카오 빈 특유의 쓴맛이 그대로 살아있다.

② **코코아**(카카오) : 카카오 매스에서 페이스트를 만들어 낸 후, 카카오 버터를 제외한 카카오 덩어리가 카카오(코코아) 이다. 비터 초콜릿 속 카카오의 함량은 5/8이다.

③ **코코아버터**(카카오버터)

ㄱ. 카카오 매스에서 분리된 지방으로서, 초콜릿의 풍미를 결정하는 가장 중요한 원료이다. 비터 초콜릿 속 카카오버터의 함량은 3/8이다.

ㄴ. 카카오 버터 결정화 순서는 $\gamma - \alpha - \beta' - \beta$(감마형 - 알파형 - 베타프라임 - 베타형)이다.

④ 설탕, 우유, 유화제, 향 등

연습문제

❓ 비터 초콜릿 32% 중 코코아의 함량은?

_____

해 32×5/8(코코아 함량) = 20%

답 20%

❓ 초콜릿의 맛을 크게 좌우하는 가장 중요한 요인은?

가. 카카오버터　　　나. 카카오단백질　　　다. 코팅기술　　　라. 코코아껍질

답 가

---

2) 초콜릿의 종류

① **다크 초콜릿** : 카카오 매스 + 설탕, 카카오 버터, 레시틴, 향

② **밀크 초콜릿** : 다크 초콜릿 + 분유

③ **화이트 초콜릿** : 카카오 버터 + 설탕, 분유, 레시틴, 향 등

④ **커버추어 초콜릿** : 천연 카카오 버터가 주성분이기 때문에 반드시 템퍼링을 거쳐야 초콜릿 특유의 광택이 나며 블룸이 없는 초콜릿을 얻을 수 있다.

⑤ **가나슈용 초콜릿**: 카카오 매스에서 카카오 버터를 넣지 않고 설탕을 더함으로써, 유지 함량이 적어 생크림같이 지방과 수분이 분리될 위험이 있는 재료와도 잘 어울리나 커버추어처럼 코팅용으로 이용하기에는 부적합하다.

⑥ **코팅용 초콜릿**: 카카오 매스에서 카카오 버터를 제거한 다음 카카오 버터 대신 식물성 유지와 설탕을 넣어 쉽게 만든 것으로, 템퍼링 작업 없이도 손쉽게 사용할 수 있어 코팅용으로 사용된다. 융점(녹는점)이 겨울에는 낮고, 여름에는 높은 것이 좋다.

⑦ **코코아 분말**: 카카오 매스에서 카카오 버터를 2/3정도 추출한 후, 그 나머지를 분말로 만든 것으로, 알칼리 처리하지 않은 천연 코코아와 알칼리 처리한 더치 코코아로 나눠진다.

3) 템퍼링(Tempering)

초콜릿의 온도를 조절하는 작업

(1) 목적

① 초콜릿에 들어 있는 카카오 버터를 안정적으로 만들어 초콜릿 전체가 안정된 상태로 굳을 수 있도록 한다.
② 초콜릿의 광택을 나게 한다.
③ 입안에서의 용해성을 좋게 한다.
④ 블룸(Bloom)현상을 막아 준다.

(2) 방법

① 수냉법, 대리석법, 접종법 등이 있다.
② 50℃ 정도로 용해한 후, 다시 28℃ 정도로 냉각시키고, 30~32℃로 다시 온도를 맞춰준다.
③ 초콜릿의 원산지, 종류에 따라 온도는 조금씩 차이가 있다.
④ **다크 초콜릿**: 1차 온도 50℃ → 중간 온도 28℃ → 최종 온도 30~32℃
⑤ **화이트 초콜릿**: 1차 온도 45℃ → 중간 온도 26℃ → 최종 온도 28~30℃(카카오버터는 온도에 민감하므로 다크 초콜릿보다 온도가 낮다는 것을 알 수 있다.)

(3) 초콜릿 제품 생산 시 필요한 도구

디핑 포크(Dipping forks)

4) 블룸(Bloom)현상
① **지방 블룸**(Fat bloom) : 버터가 원인, 직사광선에 노출된 곳이나 온도가 높은 곳에서 보관하였을 경우, 지방이 분리되었다가 다시 굳으면서 얼룩지는 현상
② **설탕 블룸**(Sugar bloom) : 설탕이 원인, 습도가 높은 장소에서 오랫동안 방치되었을 때, 공기 중의 수분이 표면에 부착한 뒤 그 수분이 증발해 버려 어떤 물질이 결정형태로 남아 흰색이 나타남(하얀 가루가 묻은 것처럼 보이는 현상)

> **연습문제**
>
> ❓ 다음과 같은 조건에서 나타나는 현상과 그와 관련한 물질을 바르게 연결한 것은?
>
> 초콜릿의 보관 방법이 적절치 않아 공기 중의 수분이 표면에 부착한 뒤 그 수분이 증발해 버려 어떤 물질이 결정형태로 남아 흰색이 나타났다.
>
> 가. 팻브룸(fat bloom) - 카카오매스 나. 팻브룸(fat bloom) - 글리세린
> 다. 슈가브룸(sugar bloom) - 카카오버터 라. 슈가브룸(sugar bloom) - 설탕
>
> 답 라

5) 초콜릿의 적정보관 온도 및 습도

15~18℃, 50% 이하

XVII. 물리·화학적 시험

1) 반죽의 물리적 시험
① **믹소그래프**(Mixograph) : 글루텐 발달 정도를 기록한다.

② **패리노그래프**(Farinograph) : 밀가루의 흡수율, 믹싱 시간, 믹싱 내구성을 측정하며, 곡선이 500B.U에 도달하는 시간을 측정한다. 밀가루의 등급이 낮을수록 흡수율은 증가하나 반죽시간과 안정도는 감소한다.

③ **익스텐소그래프**(Extensograph) : 반죽의 신장성과 신장에 대한 저항성을 측정하는 기계

④ **레-오그래프**(Rhe-o-graph) : 밀가루 흡수율 계산에 적격이며 반죽이 기계적 발달을 할 때 일어나는 변화를 도표에 그래프로 나타낼 수 있는 기록형 믹서이다.

⑤ **아밀로그래프**(Amylograph) : 전분의 점도를 측정하는 그래프로 밀가루의 호화 정도를 알 수 있으며, 제빵용 밀가루의 곡선 높이는 400~600B.U가 적당하다.

⑥ **믹사트론**(Mixatron) : 새로운 밀가루에 대한 정확한 흡수와 혼합시간을 신속히 측정한다.

⑦ **맥미카엘 점도계** : 박력분의 제과적성을 판단하는 기계이다.

연습문제

밀가루 반죽의 물성측정 실험기기가 아닌 것은?

가. 믹소그래프   나. 아밀로그래프
다. 패리노그래프   라. 가스크로마토그래프

답 라

밀가루의 물성을 전문적으로 시험하는 기기로 이루어진 것은?

가. 패리노그래프, 가스크로마토그래피, 익스텐소그래프
나. 패리노그래프, 아밀로그래프, 파이브로미터
다. 패리노그래프, 아밀로그래프, 익스텐소그래프
라. 아밀로그래프, 익스텐소그래프, 펑츄어 테스터

답 다

믹서 내에서 일어나는 물리적 성질을 파동 곡선 기록기로 기록하여 밀가루의 흡수율, 믹싱 시간, 믹싱 내구성 등을 측정하는 기계는?

가. 패리노 그래프   나. 익스텐소그래프
다. 아밀로그래프   라. 분광분석기

답 가

2) 성분 특성 시험

① **밀가루 색상** : 페카시험(Pekar Test)을 통해 색상을 판별한다.

② **수분** : 밀가루의 수분은 10~14%가 적당하다.

③ **회분** : 회화법을 통해 550~600℃의 오븐에서 시료가 회백색의 재로 변할 때까지 가열하고 이 잔류물을 계량하여 %로 표시한다.

④ **조단백질** : 켈달법으로 질소를 정량하여 반죽 속에 들어 있는 단백질의 함량을 구한다.

⑤ **팽윤시험** : 유산을 밀가루-물 현탁액에 넣고 침강된 부분의 높이를 측정한다(침강시험).

⑥ **가스 생산 측정** : 밀가루에 물과 이스트를 넣고 반죽한 후 발생하는 가스를 기압계로 측정한다.

CHAPTER 03 영양학

I. 영양과 영양소

1) 영양
식품이 인체 내에서 섭취된 후 소화 흡수되어 식품 중의 성분이 분해 또는 합성되어 우리 몸에서 이용되는 과정 즉 상태를 말한다.

2) 영양소
식품에서 흡수된 성분 중 인체에 에너지, 성장, 유지, 보수 및 다양한 생리기능 등 생명 유지에 이용되는 성분을 말한다.

3) 열량 영양소
체내에서 에너지를 생산하는 영양소로 탄수화물, 단백질, 지방이 있다.

4) 구성 영양소
체구성과 성장, 유지, 보수 및 조직 재생에 이용되는 영양소로 단백질, 무기질이 있다.

5) 조절 영양소
생리적 조절 기능에 관여하는 영양소로 무기질, 비타민이 있다.

II. 열량 영양소의 칼로리 및 하루 섭취 권장량

구분	탄수화물	단백질	지방
1g당 칼로리(kcal)	4	4	9
1일 섭취 권장량(%)(에너지 적정 비율)	55~70	7~20	15~20

1) 식품의 열량 계산 공식

(탄수화물의 양 + 단백질의 양) × 4 + (지방의 양 × 9)

> **연습문제**
>
> **1일 2000kcal를 섭취해야 하는 성인의 탄수화물 적정 섭취량은 몇 g인가?**
>
> 가. 1100-1400g 나. 850-1050g 다. 500-355g 라. 275-350g
>
> 해 2000kcal 중 탄수화물은 55~70%이므로 평균인 60%로 계산을 한다면 2000×0.6=1200kcal이다.
> 즉, 2000kcal 중 1200~1400kcal는 탄수화물을 섭취해야 한다. 그런데 보기에는 칼로리가 아닌 그램(g)으로 표시가 되어 있다. 그러므로 1200kcal를 그램(g)으로 바꾼다면 탄수화물은 1g당 4kcal이므로 1200÷4=300g이 된다.
> ∴ 탄수화물 적정 섭취량은 275-350g이다.
>
> 답 라

III. 탄수화물(당질)

1) 탄수화물의 기능

① **에너지 공급** : 소화 흡수율이 98%로 거의 체내에 이용
② **혈당 유지** : 혈당량(0.1%)과 중추 신경을 유지하고 변비 방지, 혈당을 조절하는 호르몬으로는 인슐린(Insulin)이 있다.
③ **케톤증 예방** : 혈액과 조직에 케톤체가 다량 축적되는 케톤증을 예방함
④ **단백질 절약작용** : 탄수화물 부족 시 지방이나 단백질을 에너지원으로 이용
⑤ **정장 작용** : 섬유질 섭취 시 장운동을 활발하게 하여 변비 예방

> **연습문제**
>
> **혈당을 조절하는 호르몬이 아닌 것은?**
>
> 가. 인슐린(insulin) 나. 아드레날린(adrenalin)
> 다. 안드로겐(androgen) 라. 글루카곤(glucagon)
>
> 답 다

2) 탄수화물의 분류

분류		설명
단당류 (당1개)	포도당 (Glucose)	포유동물의 혈액 내에 0.1% 존재하며 동물 체내의 간과 근육에 글리코겐(다당류) 형태로 저장된다. 열량원으로 이용되며 체내 당대사의 중심 물질이다. 전분을 가수 분해하여 생성된다.
	과당 (Fructose)	과일이나 꿀에 많이 들어 있고 용해성이 가장 좋다. 당류 중 단맛이 가장 강하며, 포도당을 섭취하지 말아야 하는 당뇨병 환자의 감미료로 사용된다. 돼지감자에 있는 이눌린을 가수분해하여 다량으로 만들 수 있다.
	갈락토오스 (Galactose)	포유동물의 젖에서만 존재하고, 포도당과 결합하여 유당을 구성한다. 물에 잘 녹지 않으며, 우유 중의 유당을 분해하여 얻을 수 있다. 뇌 신경 조직의 성분이 되므로 유아에게 특히 필요하다.
이당류 (당2개)	설탕(자당)	비환원당으로 감미도의 기준이 되며 상대적 감미도는 100이다. 160~180℃의 열을 가하면 캐러멜화 반응을 일으킨다. 인버타아제(Invertase)라는 효소에 의해 포도당+과당으로 분해
	맥아당(엿당)	발아한 보리, 엿기름 속에 존재하며, 쉽게 발효하지 않아 위 점막을 자극하지 않기 때문에 소화기계통 환자나 어린이에게 좋다. 전분이 가수 분해할 때 생기는 중간 생성물이다. 말타아제(Maltase)라는 효소에 의해 포도당과 포도당으로 분해
	유당(젖당)	포유동물의 젖 중에 자연 상태로 존재하며, 대장 내 유산균을 자라게 하여 정장 작용을 하며 칼슘의 흡수와 이용을 돕는다. 락타아제(Lactase)라는 효소에 의해 포도당과 갈락토오스로 분해
소당류 (당3~10개)	올리고당	감미도가 설탕의 20~30%로 낮으며 청량감이 있다. 설탕에 비해 항충치성이 있으며 청량감이 있다. 또한 장내 비피더스균의 증식을 인자한다.
다당류 (당10개이상)	전분	포도당 여러 개가 결합한 식물성 다당류로 아밀로오스 20%, 아밀로펙틴 80%로 구성되어 있으며, 찹쌀과 찰옥수수는 아밀로펙틴이 100%이다. 물을 흡수해 팽창하고 열을 가해 60℃ 전후가 되면 호화되어 가용성 전분이 된다.
	글리코겐	동물성 전분이라고도 하며, 포도당 여러 개가 결합하여 동물의 간이나 근육에 글리코겐 형태로 저장된다. 쉽게 포도당으로 변해 에너지원으로 쓰인다.
	섬유소 (셀룰로오스)	식물 세포막의 주성분으로 소화 효소에 의해 가수 분해되지 않으며 장의 연동 작용을 자극하여 배설 작용을 촉진한다.
	한천	우뭇가사리를 조려 녹인 후 동결·해동·건조 시킨 것으로 젤라틴보다 응고력이 10배 뛰어나다.
	펙틴	사과, 딸기, 복숭아 등 식물계에 널리 분포되어 있으며 산과 설탕을 넣고 졸여 잼과 젤리를 만드는 데 안정제로 사용된다.

3) 탄수화물의 특징

① 에너지원으로서 1g당 4kcal의 열량을 낸다.
② 체내에서 소화되면 최종적으로 소장에서 단당류로 흡수된다.
③ 탄수화물을 과잉 섭취 시 비만, 당뇨병, 동맥 경화증 등을 유발할 수 있다.
④ 곡류, 감자류, 과일, 채소 등 식물성 식품이 주요 공급원이며, 우유, 난류, 어패류 등의 동물성 식품 등에 의해서도 공급된다.
⑤ 탄수화물 흡수 속도는 갈락토오스(110)→포도당(100)→과당(43) 순서이다.

4) 탄수화물의 소화 및 흡수

(1) 탄수화물의 소화

① **입에서의 소화** : 타액 속에 함유된 프티알린(Ptyalin)이라는 효소에 의해 다당류인 글리코겐과 전분이 입에서의 기계적 소화와 함께 소화가 일어남
② **위에서의 소화** : 분해효소가 없어 거의 일어나지 않음
③ **소장에서의 소화** : 소장에서 최종적인 소화가 일어나며 전분인 단당류로 분해됨

(2) 탄수화물의 흡수

① 단당류가 소장 점막 세포를 통과하여 체내로 들어가는 과정을 말함
② 단당류로 소화되면 십이지장 및 공장 상부에서 모세혈관→문맥→간으로 운반

(3) 탄수화물의 대사

당질 대사 결로는 해당(Glycolysis), TCA-cycle, 글리코겐 합성, 글리코겐 분해, 당신생을 통해 이루어짐

> 📢 **유당불내증이란?**
> 체내에 유당을 분해하는 효소 락타아제가 결여되어 우유 중 유당을 소화하지 못하는 증상으로 복부 경련 및 설사, 메스꺼움을 동반한다. 유당불내증이 있는 사람에게는 우유나 크림소스 보다는 발효된 요구르트가 더 좋다.

연습문제

유당불내증의 원인은?
가. 대사 과정 중 비타민 B군의 부족
나. 변질한 유당의 섭취
다. 우유 섭취 향의 절대적인 부족
라. 소화액 중 락타아제의 결여

답 라

다음의 인체 모식도에서 탄수화물의 소화가 시작되는 곳은?

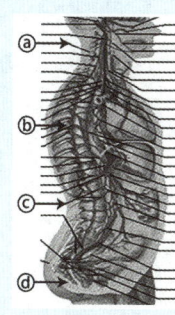

가. ⓐ   나. ⓑ   다. ⓒ   라. ⓓ

답 가

IV. 단백질

1) 단백질의 기능

① **에너지 공급**: 소화 흡수율은 92%

② **체액 중성 유지**: 체내 삼투압 조절로 체내 수분 평형 유지 및 체액 pH를 유지

③ **체조직 구성과 보수**: 피부, 손톱, 모발, 뇌, 근육 등 인체 조직 구성

④ **효소·호르몬·항체 형성과 면역 작용 관여**: 효소의 주성분이며 티록신, 아드레날린 생성 및 항체를 형성하여 면역 기능을 강화함, 질병에 대한 저항력을 지닌 항체를 만드는데 꼭 필수

⑤ **정장 작용**: 섬유질 섭취 시 장운동을 활발하게 하여 변비 예방

> 📢 **단백질의 효율(PER) 이란?**
> 단백질의 질을 측정하는 것이다.

✏️ 연습문제

❓ **체내에서 단백질의 역할이 아닌 것은?**
가. 항체 형성   나. 체조직의 구성
다. 지용성 비타민 운반   라. 호르몬 형성

답 다

2) 단백질의 분류

(1) 화학적 분류

★ 단순 단백질	**알부민** : 흰자, 혈청, 우유 **글로불린** : 달걀, 혈청, 대마씨, 완두 **글루테닌** : 밀, 곡식의 낟알 **글리아딘** : 밀, 옥수수, 보리 등 곡식의 낟알
복합 단백질	**핵단백질** : 단백질 + 핵산, RNA, DNA와 결합, 동식물의 세포에 존재 **당단백질** : 단백질 + 탄수화물, 동물의 점액성 분비물(뮤신, 뮤코이드) **인단백질** : 단백질 + 인, 우유의 카세인, 노른자의 오보비테린이 대표적 **색소 단백질** : 헤모글로빈, 엽록소 등이 있음
유도 단백질	효소나 산, 알칼리, 열 등 적절한 작용제에 의한 부분적인 분해로 얻어지는 제1차, 제2차 분해 산물

✏️ 연습문제

❓ **다음 지단백질(lipoprotein) 중 중성지질의 양이 가장 많은 것은?**
가. 초저밀도 지단백질(VLDL)   나. 고밀도 지단백질(HDL)
다. 저밀도 지단백질(LDL)   라. 카일로마이크론(chylomicron)

답 라

(2) 영양학적 분류(단백질에 함유된 아미노산의 종류와 양에 따른 분류)

완전 단백질	필수 아미노산을 골고루 갖추어 생명 유지, 성장 발육에 필요하며 우유의 카세인, 흰자의 알부민, 달걀의 오브알부민 등이 속한다.
부분적 완전 단백질	필수 아미노산 중 몇 개가 부족하여 생명 유지는 할 수 있으나 성장 발육은 하지 못한다. 밀의 글리아딘, 보리의 호르데인, 쌀의 오리제닌 등이 속한다.
불완전 단백질	필수 아미노산 함량이 거의 없어 성장 지연 및 발육이 어려우며, 뼈의 젤라틴, 옥수수의 제인이 속한다. 반드시 필수 아미노산이 들어있는 식품과 함께 섭취해야 한다(상호 보충 작용). 예 옥수수와 콩, 쌀과 콩, 빵과 우유, 옥수수와 우유 등

> **제한아미노산이란?**
> 필수 아미노산 중 상대적으로 요구량에 비해 함량이 적어 결핍되기 쉬운 아미노산들을 뜻한다. 제일 많이 결핍되기 쉬운 아미노산을 제1 제한아미노산, 두 번째로 결핍되는 아미노산을 제2 제한아미노산이라 한다. 제1 제한아미노산에는 라이신과 트립토판이 있으며, 제2 제한아미노산에는 트레오닌이 있다.

연습문제

밀의 제 1제한아미노산은 무엇인가?
가. 메티오닌(methionine) 나. 라이신(lysine)
다. 발린(valine) 라. 루신(leucine)

답 나

다음 중 2가지 식품을 섞어서 음식을 만들 때 단백질의 상호보조 효력이 가장 큰 것은?
가. 밀가루와 현미가루 나. 쌀과 보리
다. 시리얼과 우유 라. 밀가루와 건포도

답 다

3) 필수 아미노산

(1) 정의 및 종류

아미노산 중 체내에서 합성이 되지 않아 반드시 음식을 통해 섭취해야 하는 아미노산으로 종류로는 리신(lysine), 류신(leucine), 메티오닌(methionine), 트립토판(tryptophan), 트레오닌(threonine), 이솔루신(isoleucine), 발린(valine), 페닐알라닌(phenylalarnine)은 성인이 꼭 필요한 8종 아미노산에 구분하고, 히스티딘(histidine)은 어린이나 환자에게 필요한 9종류로 구분한다.

연습문제

Q. 트립토판 360mg은 체내에서 니아신 몇 mg으로 전환되는가?

가. 0.6mg   나. 6mg   다. 36mg   라. 60mg

답 나

4) 단백질의 소화 및 흡수

① 위 속에 있는 효소 펩신은 단백질 분자를 큰 폴리펩티드로 분해하고, 췌액에 존재하는 효소 트립신은 아미노산으로 분해되어 흡수되지만, 일부분은 분해 되지 않은 채 소변으로 배설된다.

② 흡수된 아미노산은 단백질 합성 보수 위에 연소하여 열량을 공급하며, 당질과 지방으로 전환되어 몸에 저장되기도 한다.

연습문제

Q. 단백질의 소화, 흡수에 대한 설명으로 틀린 것은?

가. 단백질은 위에서 소화되기 시작한다.
나. 펩신은 육류 속 단백질 일부를 폴리펩티드로 만든다.
다. 십이지장에서 췌장에서 분비된 트립신에 의해 더 작게 분해된다.
라. 소장에서 단백질이 아주 분해되지는 않는다.

답 라

Q. 단백질의 소화효소 중 췌장에서 분비되고, 아르기닌(arginine) 등 염기성 아미노산의 COOH기에서 만들어진 펩타이드(peptide) 결합을 분해하는 효소는?

가. 트립신(trypsin)   나. 펩신(pepsin)
다. 아미노펩티다아제(aminopeptidase)   라. 카르복시펩티다아제(carboxypeptidase)

답 가

Q. 다음 중 체중 1kg당 단백질 권장량이 가장 많은 대상으로 옳은 것은?

가. 1~2세 유아   나. 9~11세 여자
다. 15~19세 남자   라. 65세 이상 노인

답 가

5) 단백질의 영양 평가 방법

(1) 생물가(Biological Value, BV)
① 단백질의 체내 이용 정도를 평가하는 방법으로, 생물가가 높을수록 체내 이용률이 높음
② 생물가(%) = 체내에 보유된 질소량/체내에 흡수된 질소량 × 100
③ 우유(90), 달걀(87), 돼지고기(79), 쇠고기(76), 생선(75), 대두(75), 밀가루(52)

(2) 단백가(Protein Score, PS)
① 필수 아미노산 비율이 이상적인 표준 단백질을 가정하여 이를 100으로 잡고 다른 단백질의 영양가를 비교하는 방법으로, 단백가가 클수록 영양가가 큼
② 단백가(%) = 식품 중 제1 제한 아미노산 함량/표준 단백질 중 아미노산 함량 × 100
③ 달걀(100), 쇠고기(83), 우유(78), 대두(73), 쌀(72), 밀가루(47), 옥수수(42)
④ 단백가 함량은 달걀이 높지만, 대두는 수분 함유량이 적기 때문에 상대적으로 다른 식품보다 단백질 함량이 많다.

V. 지방

1) 지방의 기능
① **에너지 공급**: 소화 흡수율은 95%로 체온을 조절
② **지용성 비타민의 흡수 촉진**: 비타민 A·D·E·K의 흡수를 촉진
③ **내장 기관 보호**: 외부의 충격으로부터 장기를 보호함
④ **필수 지방산 공급**: 건강 유지 및 성장 촉진, 콜레스테롤 향을 낮춤
⑤ **체온 유지**: 체온 발산을 막고 변비를 예방

2) 지방의 분류

(1) 화학적 분류

단순 지질	글리세롤과 지방산만으로 단순히 에스테르 결합한 지질로 유지류(쇼트닝, 마가린 등), 왁스(알코올과 지방의 결합체)가 속한다.
복합 지질	• 단순 지질에 인산, 당질 등 다른 성분이 결합한 지질 • 신경조직의 주요 물질인 당지질은 세레브로시드이다.
유도 지질	• 콜레스테롤 : 동물성 스테롤이며, 뇌신경 조직에 들어 있고, 담즙산(지방을 유화시키는 작용), 성 호르몬, 부신피질 호르몬 등의 주성분이다. 담즙산, 스테로이드 호르몬의 전구체로 다량 섭취 시 고혈압, 동맥 경화의 원인이 되며 자외선에 의해 비타민 D_3로 전환된다. • 에르고스테롤 : 식물성 스테롤이며, 효모, 버섯에 많이 들어 있으며, 콜레스테롤에 비해 융점이 낮다. 자외선에 의해 비타민 D_2로 전환된다(프로 비타민D).

연습문제

콜레스테롤에 관한 설명 중 잘못된 것은?

가. 담즙의 성분이다.　　　　　　　　나. 비타민 D_3의 전구체가 된다.

다. 탄수화물 중 다당류에 속한다.　　라. 다량 섭취 시 동맥경화의 원인물질이 된다.

답 다

(2) 포화도에 따른 분류

포화 지방산	탄소와 탄소 사이의 결합이 단일결합으로 이루어진 지방산, 탄소의 수가 많을수록 융점이 높아진다.
불포화 지방산	탄소와 탄소 사이의 결합이 이중결합으로 이루어진 지방산으로 이중결합수가 증가할수록, 융점이 낮아진다.

3) 필수 지방산

(1) 정의 및 종류

정상적인 건강 유지를 위해 꼭 필요한 지방산으로 체내에서 합성되지 않아 식사로 공급해야 하는 지방산이다. 성장 촉진 및 혈액 내 콜레스테롤양을 낮추며 종류에는 리놀레산, 리놀렌산, 아라키돈산이 있다. 결핍 시 피부염, 성장 지연, 시각 기능 장애, 생식 장애가 있다.

연습문제

❓ 리놀렌산(linolenic acid)의 급원 식품으로 가장 적합한 것은?
　가. 라드　　　　나. 들기름　　　　다. 면실유　　　　라. 해바라기씨유
　답 나

❓ 리놀레산 결핍 시 발생할 수 있는 장애가 아닌 것은?
　가. 성장지연　　나. 시각 기능 장애　　다. 생식장애　　라. 호흡장애
　답 라

❓ 다음 중 필수지방산의 결핍으로 인해 발생할 수 있는 것은?
　가. 신경통　　　나. 결막염　　　　다. 안질　　　　라. 피부염
　답 라

4) 지방의 소화 및 흡수

① 지방의 연소와 합성이 이루어지는 장기는 간이지만, 위에서 소량의 리파아제와 혼합되고, 지질 소화의 대부분은 소장에서 이루어진다.

② 지방 분해 효소인 리파아제는 췌장에서 효소 스테압신이 작용하여 글리세린과 지방산으로 분해가 되고, 위에서는 담즙에 의해 충분히 유화된 후 소장으로 보내져 대부분 흡수된다.

연습문제

❓ 지질의 대사산물이 아닌 것은?
　가. 물　　　　나. 수소　　　　다. 이산화탄소　　　　라. 에너지
　답 나

VI. 무기질

1) 무기질의 기능
  ① 효소 반응의 활성화
  ② 신경과 흥분 전달, 근육의 이완 및 수축의 기능
  ③ 수분과 산, 염기의 평형 조절
  ④ 체액의 성분으로 pH와 삼투압의 조절에 관여
  ⑤ 체조직의 형성 및 새로운 조직의 합성

2) 무기질의 분류
  ① **다량 원소 무기질** : 1일 100mg 이상 섭취 필요함, 칼슘, 인, 황, 칼륨, 나트륨, 염소, 마그네슘
  ② **미량 원소 무기질** : 철, 요오드, 구리, 불소, 아연, 코발트, 망간

3) 무기질의 종류 및 결핍증

종류	결핍증	기능	급원 식품
칼슘 (Ca)	구루병, 골다공증, 골연화증	골격 구성, 근육의 수축 및 이완 작용, 혈액 응고 작용	멸치, 우유, 유제품, 달걀 등
인 (P)	-	골격 구성, 세포의 구성요소	어패류, 난황, 콩류 등
철 (Fe)	빈혈	헤모글로빈 생성, 산소 운반, 적혈구 형성	달걀, 육류, 우유, 치즈 등
요오드 (I)	갑상선종	갑상선 호르몬(티록신) 합성	다시마, 미역, 어패류 등
구리 (Cu)	악성 빈혈	철의 흡수와 운반을 도움	해산물, 견과류, 콩류 등
불소 (F)	충치	치아 건강에 관여	고등어, 연어 등
코발트 (Co)	적혈구 장애, 악성빈혈	비타민 B_{12}의 주성분	고기, 콩, 간 등

아연 (Zn)	당뇨병, 빈혈, 피부염	인슐린 합성에 관여	굴, 청어, 간, 달걀, 치즈 등
염소 (Cl)	소화 불량, 식욕 부진	위액의 주요 성분	소금, 우유, 달걀, 육류 등
황 (S)	손톱, 발톱, 머리카락 성장 지연	체구성 성분, 머리카락 및 손톱	달걀, 육류, 치즈, 우유, 견과류 등
마그네슘 (Mg)	근육 신경 떨림, 경련	신경 자극 전달, 근육의 수축 및 이완 작용, 체액의 알칼리 유지	곡류, 채소, 견과류 등

연습문제

❓ 무기질의 기능이 아닌 것은?

가. 우리 몸의 경조직 구성성분이다.　　나. 열량을 내는 열량 급원이다.
다. 효소의 기능을 촉진한다.　　　　　라. 세포의 삼투압 평형유지 작용한다.

답 나

❓ 일부 야채류의 어떤 물질이 칼슘의 흡수를 방해하는가?

가. 옥살산(oxalic acid)　　　　　　　나. 초산(acetic acid)
다. 구연산(citric acid)　　　　　　　라. 말산(malic acid)

답 가

❓ 철분대사에 관한 설명으로 옳은 것은?

가. 수용성이기 때문에 체내에 저장되지 않는다.
나. 철분은 Fe^{++}보다 Fe^{+++}이 흡수가 잘 된다.
다. 흡수된 철분은 간에서 헤모글로빈을 만든다.
라. 체내에서 사용된 철은 되풀이하여 사용된다.

답 라

❓ 칼슘의 흡수에 관계하는 호르몬은 무엇인가?

가. 갑상선 호르몬　　　　　　　　　나. 부갑상선 호르몬
다. 부신호르몬　　　　　　　　　　　라. 성호르몬

답 나

> **시금치에 들어 있으며 칼슘의 흡수를 방해하는 유기산?**
> 가. 초산　　　　나. 호박산　　　　다. 수산　　　　라. 구연산
>
> 답 다

> **칼슘 흡수를 방해하는 인자는?**
> 가. 위액　　　　나. 유당　　　　다. 비타민C　　　　라. 옥살산
>
> 답 라

> **뼈를 구성하는 무기질 중 그 비율이 가장 중요한 것은?**
> 가. P:Cu　　　　나. Fe:Mg　　　　다. Ca:P　　　　라. K:Mg
>
> 답 다

VII. 비타민

1) 비타민의 기능
① 생리 작용을 조절하고 성장 유지에 꼭 필요함
② 탄수화물, 지방, 단백질 대사의 보조 효소 역할
③ 신체 기능을 조절
④ 부족하면 영양 장애를 일으킴

2) 비타민의 분류

구분	지용성 비타민	수용성 비타민
종류	비타민 A, D, E, K	비타민 B군, C 등
용매	기름과 유기 용매에 용해	물에 용해
결핍	서서히 나타남	신속히 나타남
공급	매일 공급할 필요 없음	매일 공급해야 함
과잉 섭취 시	체내에 저장	소변으로 배출
전구체	존재함	없음

> **📢 전구체란?**
> 어떤 물질대사나 화학 반응 등에서 최종적으로 얻을 수 있는 특정 물질이 되기 전 단계의 물질이다(펩신의 전구체-펩시노겐, 비타민A 전구체-베타카로틴, 비타민D_2 전구체-에르고스테롤, 비타민D_3 전구체-콜레스테롤).

3) 비타민의 종류 및 결핍증
(1) 수용성 비타민의 종류 및 결핍증

종류	결핍증	기능	급원 식품
★ 비타민B_1 (티아민)	각기병	당질 대사에 중요	쌀겨, 간 등
★ 비타민B_2 (리보플라빈)	구순구각염, 설염	발육 촉진	우유, 치즈 등
비타민B_3 (나이아신)	펠라그라	당질, 지질, 단백질 대사의 중요한 역할	간, 육류 콩 등
비타민B_6 (피리독신)	피부병	단백질 대사에 중요	육류, 배아 등
★ 비타민B_9 (엽산)	빈혈	헤모글로빈 및 적혈구 세포 생성	간, 달걀 등
비타민B_{12} (시아노코발라민)	악성 빈혈	적혈구 생성에 관여	간, 내장, 난황 등
★ 비타민C (아스코르빈산)	괴혈병	세포의 산화 및 환원 작용 조절	시금치, 무청, 딸기 등
비타민P	-	혈관 강화 작용	귤, 레몬 등

> **연습문제**
>
> ❓ 당질의 대사과정에 필요한 비타민으로서 쌀을 주식으로 하는 우리나라 사람에게 더욱 중요한 것은?
> 가. 비타민 A 나. 비타민 B_1 다. 비타민 B_{12} 라. 비타민 D
>
> 답 나
>
> ❓ 다음 중 모세혈관의 삼투성을 조절하여 혈관강화작용을 하는 비타민은?
> 가. 비타민 A 나. 비타민 D 다. 비타민 E 라. 비타민 P
>
> 답 라

(2) 지용성 비타민의 종류 및 결핍증

종류	결핍증	기능	급원 식품
비타민 A	야맹증	시력에 관여	간, 당근, 난황 등
비타민 D	구루병, 골다공증	칼슘과 인의 흡수력 증강	어유, 간유, 난황 등
비타민 E	불임증	항산화제	식물성 기름, 난황, 우유 등
비타민 K	혈액 응고 지연	혈액 응고 작용	간유, 난황, 녹색채소 등

VIII. 물

1) 물의 기능

① 체중의 55~65%를 차지하며 체내 수분의 20% 상실 시 생명 위험 초래
② 영양소와 노폐물의 운반
③ 대사 과정에서의 촉매 작용
④ 체온의 조절 및 신체 보호 작용
⑤ 모든 분비액의 성분

2) 수분의 필요량을 증가시키는 요인
① 장기간의 구토, 설사, 발열
② 수술, 출혈, 화상
③ 알코올 또는 카페인의 섭취

3) 인체의 수분 소요량에 영향을 주는 요인
기온, 활동력, 염분의 섭취량

IX. 소화와 흡수

1) 소화 효소
가수 분해 효소로서 동물의 소화관 내에서 음식물을 소화하는 효소이며, 기질 특이성을 가지고 열에 약하고 효소마다 최적 활성을 보이는 pH에 차이가 있다.

2) 소화 효소의 종류
① 탄수화물 가수 분해 효소 : 아밀라아제(총칭), 인버타아제, 말타아제 등
② 단백질 가수 분해 효소 : 프로테아제(총칭), 트립신, 펩신 등
③ 지방 가수 분해 효소 : 리파아제(총칭), 스테압신

3) 인체 내에서의 소화 작용

입에서의 소화	타액의 프티알린이 녹말을 당으로 분해하며, 아밀라아제는 전분을 덱스트린과 맥아당으로 분해한다.
위에서의 소화	리파아제는 지방이 소화되기 쉽게 유화하며, 위액에 있는 펩신은 단백질을 펩톤과 프로테오스로 분해하고, 레닌은 유즙을 응고시켜 펩신을 작용하기 쉽게 돕는다.
췌장에서의 소화	췌액의 아밀라아제에 의해 전분이 맥아당으로 분해가 되고, 지방은 담즙에 의해 유화, 췌액의 스테압신에 의해 지방산과 글리세롤로 분해가 된다. 트립신은 단백질의 프로테오스를 폴리펩티드로 분해하며 일부는 아미노산으로 분해한다.
소장에서의 소화	슈크라아제(인버타아제), 말타아제, 락타아제가 작용한다.
대장에서의 소화	소화 효소는 분비되지 않지만, 장내 세균에 의해 섬유소가 분해되며 대부분의 물이 흡수된다.

연습문제

소화기관에 대한 설명 중 틀린 것은?
가. 위는 강알칼리의 위액을 분비한다.
나. 이자(췌장)는 당 대사호르몬의 내분비선이다.
다. 소장은 영양분을 소화·흡수한다.
라. 대장은 수분을 흡수하는 역할을 한다.

답 가

4) 에너지 대사

(1) 기초 대사량

사람의 생명을 유지하는데 필요한 최소한의 대사량이며 육체나 정신적으로 아무 일도 하지 않고 정지한 상태에서 무의식적인 생리 작용만 할 때 소요되는 에너지양을 지칭한다. 성인의 표준 1일 기초 대사량은 1200~1400kcal이며, 체표면적 및 근육량 등에 비례하고 나이에 반비례하며, 성별 등 여러 요인에 영향을 받아 개인차가 크다.

(2) 에너지 대사율

생물체가 행한 작업 강도를 알 수 있는 기준으로, 노동 대사량을 기초 대사량으로 나눈 값이다.

CHAPTER 04 식품위생학

I. 식품 관계 법규

1) 식품위생법의 정의
의약품으로 취급하는 것 이외의 모든 음식물을 말하며 식품뿐 아니라 식품 첨가물, 기구 또는 용기, 포장을 대상으로 하는 음식에 관한 모든 위생

2) 식품위생법의 목적
① 식품으로 인한 위생상의 위해 방지
② 식품영양의 질적 향상 도모
③ 국민보건 증진에 이바지

3) 영업허가를 받아야 할 업종

(1) 식품첨가물 제조업, 식품 조사처리업
식품의약품안전처장의 허가를 받아야 함

(2) 단란주점, 유흥주점 영업
특별자치도지사 또는 시장·군수·구청장의 허가를 받아야 함

연습문제

Q. 식품첨가물의 규격과 사용기준은 누가 지정하는가?
가. 식품의약품안전처장
나. 국립보건원장
다. 시, 도 보건연구소장
라. 시, 군 보건소장

답 가

Q. 식품위생법에서 식품 등의 공전은 누가 작성, 보급하는가?
가. 보건복지부장관
나. 식품의약품안전처장
다. 국립보건원장
라. 시, 도지사

답 나

Q. 위해요소중점관리기준(HACCP)을 식품별로 정하여 고시하는 자는?
가. 보건복지부장관
나. 식품의약품안전처장
다. 시장, 군수, 또는 구청장
라. 환경부장관

답 나

Q. 식품 위생 수준 및 자질 향상을 위하여 조리사 및 영양사에게 교육받을 것을 명할 수 있는 자는?
가. 고용노동부 장관
나. 보건복지부 장관
다. 식품의약품안전처장
라. 특별자치도지사, 시장, 군수

답 다

Q. 조리사의 면허를 받으려는 자는 조리사 면허증 발급 신청서를 누구에게 제출하여야 하는가?
가. 고용노동부 장관
나. 보건복지부 장관
다. 식품의약품안전처장
라. 특별자치도지사, 시장, 군수

답 라

Q. 식품첨가물을 수입할 경우 누구에게 신고해야 하는가?
가. 서울특별시장 및 도지사
나. 관할 검역소장
다. 식품의약품안전처장
라. 시장·도지사

답 다

4) 식품접객업에 해당하는 곳

휴게음식점, 일반음식점, 단란주점, 유흥주점, 위탁급식, 제과점

> **연습문제**
>
> ❓ 다음 중 식품접객업에 해당하지 않은 것은?
>   가. 식품냉동 냉장업   나. 유흥주점영업
>   다. 위탁급식영업   라. 일반음식점영업
>
>   답 가

5) 영업에 종사하지 못하는 질병(식품위생법 시행규칙 제50조)

① **소화기계 감염병** : 콜레라, 장티푸스, 파라티푸스, 세균성 이질, 장출혈성대장균감염증, A형 간염 등(타인에게 위해를 끼칠 우려가 있는 질병이 있다고 인정된 자)
② 결핵(비감염성인 경우는 제외)
③ 피부병, 기타 화농성 질환
④ B형 간염 환자(비감염성인 경우는 제외)
⑤ 후천성면역결핍증(AIDS)

II. 식품 미생물

1) 미생물의 특성

대부분 단세포 또는 균사로 이루어지며 맨눈으로 식별이 불가능할 정도의 작은 생물을 지칭한다. 때에 따라 식품의 제조 및 가공에 이용되기도 하나 식중독과 전염병의 원인이 되기도 한다.

2) 미생물의 종류

(1) 세균(Bacteria)

구균, 간균, 나선균으로 형태에 따라 분류가 되며, 이분법으로 증식함

(2) 곰팡이(Mold)

균류 중 실 모양의 균사를 형성하며, 식품의 제조와 변질에 관여한다. 건조식품이 온도가 높은 곳에 노출되었거나, 산성에 보관 되었거나, 일정한 건조도에 달하여 세균의 증식이 저지되었을 때 곰팡이가 발생한다.

① **누룩곰팡이**(Aspergillus) 속 : 된장, 간장의 제조에 이용
② **푸른곰팡이**(Penicillium) 속 : 버터, 통조림, 야채 과실 등의 변패
③ **거미줄곰팡이**(Rhizopus) 속 : 빵 곰팡이의 원인
④ **솜털곰팡이**(Mucor) 속 : 전분의 당화, 치즈의 숙성 등에 이용되나 과실 등의 변패를 일으키기도 함

(3) 효모류(Yeast)

출아법으로 증식하며 통성 혐기성 미생물로 제빵, 주류에 많이 활용된다.

(4) 바이러스(Virus)

미생물 중 가장 작으며 살아있는 세포에만 증식한다. 일본뇌염, 인플루엔자 등이 속한다.

(5) 리케치아(Rickettsia)

리케차라고도 하며 세균과 바이러스의 중간 형태이다.

연습문제

Q. 세균, 곰팡이, 효모, 바이러스의 일반적 성질에 대한 설명 중 옳은 것은?

가. 세균은 주로 출아법으로 그 수를 늘리며 술 제조에 많이 사용한다.
나. 효모는 주로 분열법으로 그 수를 늘리며 식품 부패에 가장 많이 관여하는 미생물이다.
다. 곰팡이는 주로 포자에 의하여 그 수를 늘리며 빵, 밥 등의 부패에 많이 관여하는 미생물이다.
라. 바이러스는 주로 출아법으로 그 수를 늘리며 효모와 유사하게 식품의 부패에 관여하는 미생물이다.

답 다

3) 미생물의 크기

곰팡이 > 효모 > 세균 > 리케치아 > 바이러스

4) 미생물의 번식에 영향을 주는 요인
① **영양소**: 탄소원, 질소원, 무기염류, 생육소
② **온도**: 미생물의 종류에 따라 발육, 번식할 수 있는 온도가 다르다. 저온균(0~25℃), 중온균(15~55℃), 고온균(40~70℃)로 나뉘어진다.
③ **산소**: 산소가 없어야 증식되는 혐기성균, 산소가 있어야 증식되는 호기성균, 산소가 있어도 없어도 증식할 수 있는 통성 혐기성균, 산소가 없어야만 증식되는 편성 혐기성균으로 나뉜다.
④ **수분**
  ㄱ. 일정한 온도에서 식품이 나타내는 수증기압에 대한 그 온도에서 순수한 물의 최대 수증기압의 비를 수분활성도(Aw)라고 하며, 일반 식품에서의 수분활성도는 1보다 작은 수치가 된다. 수분활성도가 높을수록 미생물의 발육이 더욱 용이해지며, 수분이 60~65%일 때, 미생물이 가장 촉진하며, 13% 이하일 때 증식이 억제된다.
  ㄴ. 세균(0.95), 효모(0.87), 곰팡이(0.80) 이하일 때 증식이 저지된다.
  ㄷ. $Aw = \dfrac{\text{식품 수분의 수증기압}}{\text{순수한 물의 수증기압}}$

⑤ **최적 pH(수소이온농도)**: 효모 및 곰팡이는 pH4~6(산성)일 때, 활발하며 세균은 pH6.5~7.5(중성, 알칼리성)일 때 활발하다.

III. 식품의 변질

1) 변질의 종류
① **부패**: 단백질 식품이 혐기성 미생물에 의해 분해되어 저분자의 물질로 변화하는 현상으로 부패 세균에는 어위니아균, 슈도모나스균, 고초균이 있다.

② **변패** : 단백질 이외의 탄수화물 등이 미생물의 분해 작용에 의해 변질하는 것
③ **산패** : 지방의 산화 등에 의해 악취나 변색이 일어나는 현상으로 유지 산패도를 측정하는 방법에는 과산화물가, 카르보닐가, 관능검사가 있다.
④ **발효** : 식품에 미생물이 번식하여 식품의 성질이 변화를 일으키는 현상으로, 주로 혐기성 상태에서 유기물질이 인체에 유익하여 식용 가능한 경우를 말함

✓ 예 빵, 술, 된장 등

연습문제

과일과 채소의 부패에 관여하는 대표적인 미생물군은?
가. 젖산균　　　나. 사상균　　　다. 저온균　　　라. 수중세균

답 나

식품의 부패초기에 나타나는 현상으로 가장 알맞은 것은?
가. 아민, 암모니아 생성　　　나. 알콜, 에스테르 냄새
다. 광택소실, 변색, 퇴색　　　라. 산패, 자극취

답 다

제과·제빵에서 효모에 의한 발효란?
가. 주로 혐기성 상태에서 유기물질이 인체에 이로운 물질로 변하는 것
나. 주로 호기성 상태에서 유기물질이 인체에 해로운 물질로 변하는 것
다. 주로 호기성 상태에서 유지가 산화되는 것
라. 혐기성 상태에서 유지가 환원되는 것

답 가

2) 변질에 영향을 주는 요소

온도, 수분, 습도, 산소, 열, pH

> **연습문제**
>
> ❓ 식품의 변질에 관여하는 요인이 아닌 것은?
> 가. pH　　　　나. 압력　　　　다. 수분　　　　라. 산소
>
> 탭 나

3) 부패 방지법

(1) 물리적 처리에 의한 방법

① **건조법** : 식품의 수분을 감소시켜 세균의 발육 저지 및 사멸하여 식품을 보전하는 방법으로 일반적으로 수분 15% 이하에서는 미생물이 번식하지 못한다. 종류에는 일광건조법, 고온건조법, 열풍건조법, 배건법, 냉동건조, 분무건조, 감압건조가 있다.

② **냉장·냉동법** : 미생물은 일반적으로 10℃ 이하에서 번식이 억제되고 -5℃ 이하에서는 거의 번식하지 못한다. 움저장(10℃, 감자, 고구마 등), 냉장(0~10℃), 냉동(-40~-20)에서 저장하는 방법이 있다.

③ **가열 살균법**

ㄱ. 저온 장시간 살균법(LTLT) : 60~65℃에서 30분간 가열하며 주로 우유의 살균에 많이 이용

ㄴ. 고온 단시간 살균법(HTST) : 70~75℃에서 15초간 가열

ㄷ. 고온 살균법 : 95~120℃에서 30분~1시간 가열

ㄹ. 초고온 순간 살균법(UHT) : 130~140℃에서 2초간 가열

④ **자외선 살균법**(무가열 살균법) : 일광 또는 자외선을 이용하여 살균하며 집단 급식 시설이나 식품 공장의 실내 공기 소독, 조리대의 소독 등 작업 공간의 살균에 적합하다.

⑤ **고압 증기 멸균법** : 고압 증기 멸균 솥을 이용해 121℃에서 15~20분간 살균하며 멸균 효과가 좋아 미생물뿐 아니라 아포까지 죽일 수 있다. 통조림 살균에 주로 이용된다.

(2) 화학적 처리에 의한 방법

① **염장법** : 소금에 절여 삼투압을 이용하여 탈수 건조해 저장하는 방법으로 김치나 젓갈에 이용되는 방법이다.

② **당장법** : 50% 이상의 설탕물에 담가 삼투압을 이용하여 부패 세균의 생육을 억제하는 방법이다.

③ **초절임법**: 식초산이나 구연산, 젖산을 이용하여 저장하는 방법이다.
④ **가스저장법(CA 저장법)**: 탄산가스나 질소가스 속에 넣어 보관하며 호흡작용을 억제함으로써 호기성 부패 세균의 번식을 저지한다. 변형공기포장법이라고도 한다.
⑤ **훈연법**: 활엽수의 연기 중에 알데히드나 페놀같은 살균물질을 육질에 연기와 함께 침투시켜 저장하는 방법으로 소시지, 햄 등이 있다.

4) 부패의 화학적 판정 시 이용되는 지표 물질
  휘발성 염기질소

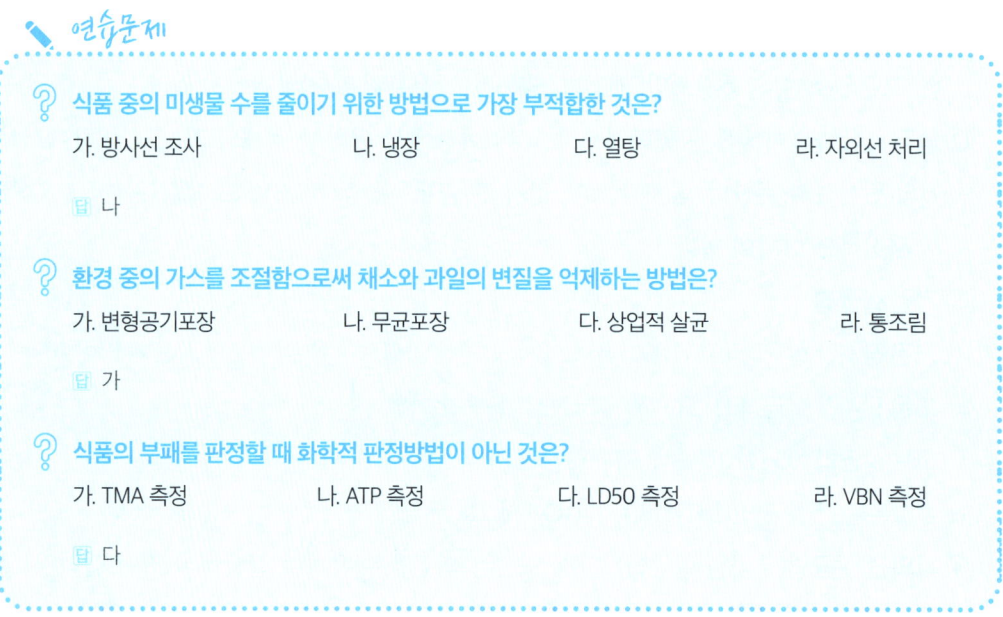

연습문제

❓ 식품 중의 미생물 수를 줄이기 위한 방법으로 가장 부적합한 것은?
  가. 방사선 조사   나. 냉장   다. 열탕   라. 자외선 처리
  답 나

❓ 환경 중의 가스를 조절함으로써 채소와 과일의 변질을 억제하는 방법은?
  가. 변형공기포장   나. 무균포장   다. 상업적 살균   라. 통조림
  답 가

❓ 식품의 부패를 판정할 때 화학적 판정방법이 아닌 것은?
  가. TMA 측정   나. ATP 측정   다. LD50 측정   라. VBN 측정
  답 다

IV. 소독과 살균

1) 정의
  ① **소독**: 병원균을 대상으로 죽이거나 약화해 감염을 없애는 것이며 포자(세포)는 죽이지 못한다.
  ② **살균**: 미생물에 물리·화학적 자극을 주어 이를 단시간 내에 사멸시키는 방법으로 멸균(완전한 무균상태)상태까지도 만들 수 있다.

③ **방부**: 미생물의 증식을 정지시켜 한시적으로 부패나 발효를 방지하는 방법이다.

2) 소독제의 구비 조건
① 미량으로도 살균력이 있을 것
② 용해성이 높고 안정성이 있을 것
③ 사용법이 간단할 것
④ 값이 저렴할 것

3) 소독 및 살균 약품

구분	사용 농도	특징
승홍	0.1% 수용액	수은화합물로 살균력이 강해서 금속 부식성이 강함
과산화수소	3% 수용액	상처 소독, 구내 세정
알코올	70% 수용액	손 소독, 금속, 유리기구
크레졸	1~3% 수용액	석탄산의 2배 효과로 쓰레기장, 하수구장에 이용
역성비누	원액을 200~400배 희석하여 용기 및 기구 소독은 1%, 손 소독은 5~10%	종업원의 손 소독, 식기, 행주 등
석탄산(페놀)	3~5% 수용액	살균력 표시의 기준이 되는 표준시약, 의료, 기구 등
포름알데히드	30~40% 수용액	오물, 과학실 소독
염소(Cl_2)	잔류 염료는 0.1~0.2ppm	음료수, 수영장, 수돗물 소독

연습문제

에틸알코올의 수용액은 몇 %인가?
가. 30%   나. 40%   다. 60%   라. 70%

답 라

V. 감염병

1) 감염병 발생의 조건
   ① **감염원**(병원소): 환자, 보균자, 병원체 보유 동물, 토양 등 병원체가 생존 및 증식을 지속하여 인간에게 전파될 수 있는 상태로 저장되는 곳
   ② **감염경로**(환경): 병원소로부터 병원체의 탈출, 전파, 새로운 숙주의 침입
   ③ **숙주의 감수성**(면역에 대한 저항성): 감수성이 높을수록 면역성이 낮아 질병 발생 쉬움

   연습문제

   ❓ 전염병의 병원소가 아닌 것은?
   　가. 감염된 가축　　나. 오염된 음식물　　다. 건강보균자　　라. 토양
   　답 나

   ❓ 전염병의 발생 요인이 아닌 것은?
   　가. 전염경로　　나. 전염원　　다. 숙주 감수성　　라. 계절
   　답 라

   ❓ 질병 발생의 3대 요소가 아닌 것은?
   　가. 병원소　　나. 환경　　다. 숙주　　라. 항생제
   　답 라

2) 병원체에 따른 감염병
   ① **세균성 감염병**: 장티푸스, 파라티푸스, 세균성 이질, 콜레라, 디프테리아, 장출혈성 대장균 감염증, 비브리오 패혈증, 탄저, 성홍열, 결핵 등
   ② **바이러스성 감염병**: 소아마비(급성 회백수염, 폴리오), 감염성 설사증, 유행성 간염, 인플루엔자, 홍역, 일본뇌염, 광견병 등
   ③ **리케치아성 감염병**: 발진티푸스, 쯔쯔가무시병, Q열 등

> **연습문제**
>
> ❓ **다음 경구전염병 중 원인균이 세균이 아닌 것은?**
> 가. 이질　　　나. 폴리오　　　다. 장티푸스　　　라. 콜레라
> 답 나
>
> ❓ **바이러스(Virus)에 의해 일어나는 질병은?**
> 가. 유행성 간염　　　나. 브루셀라병　　　다. 발진티푸스　　　라. 탄저병
> 답 가
>
> ❓ **장티푸스 질환을 가장 올바르게 설명한 것은?**
> 가. 급성 전신성 열성질환　　　나. 급성 이완성 마비질환
> 다. 급성 간염　　　라. 만성 간염 질환
> 답 가
>
> ❓ **다음 전염병 중 잠복기가 가장 짧은 것은?**
> 가. 후천성 면역결핍증　　　나. 광견병　　　다. 콜레라　　　라. 매독
> 답 다

3) 법정 감염병

개정 전, 제1군~제5군 감염병 및 지정감염병 총 80종이 제1급~제4급 감염병 총 86종으로 개정되었으며, 신고 경로는 의사, 치과의사, 한의사, 의료기관의 장, 부대장, 병원체 확인기관의 장 등→관할 보건소장(제1급 감염병의 경우 신고서 제출 전 구두·전화로 보건소장 또는 질병관리본부장에게 신고)이다.

① **제1급 감염병**: 생물테러감염병 또는 치명률이 높거나 집단 발생의 우려가 커서 발생 또는 유행 즉시 신고하고 음압 격리가 필요한 감염병으로 디프테리아, 페스트, 탄저, 야토병, 신종감염병증후군, 신종인플루엔자, 에볼라바이러스병, 마버그열, 라싸열 등 등이 속한다.

② **제2급 감염병**: 전파 가능성을 고려하여 발생 또는 유행 시 24시간 이내에 신고하고 격리가 필요한 감염병으로 장티푸스, 파라티푸스, 세균성 이질, 콜레라, 결핵, A형간염, 폴리오, 백일해, 성홍열, 수두, 풍진, 홍역 등이 속한다.

③ **제3급 감염병**: 발생 또는 유행 시 24시간 이내에 신고하고 발생을 계속 감시할 필요가 있는 감염병으로 B형간염, 말라리아, 비브리오패혈증, 파상풍, 발진티푸스, 발진열, 일본뇌염 등이 속한다.
④ **제4급 감염병**: 제1급~3급 감염병 외에 유행 여부를 조사하기 위해 표본 감시 활동이 필요한 감염병으로 인플루엔자, 회충증, 편충증, 요충증, 임질, 수족구병 등이 속한다.

4) 경구 감염병(소화기계 감염병)

(1) 정의
병원체가 입으로 침입하여 감염을 일으키는 소화기계통 감염병을 말하며, 미량으로도 감염은 잘 되며 2차 감염이 되는 경우가 많다.

(2) 감염 경로에 따른 분류
① **호흡기계**: 디프테리아, 폐렴, 백일해, 결핵, 성홍열 등
② **소화기계**: 장티푸스, 파라티푸스, 세균성 이질, 콜레라 등

연습문제

❓ **다음 중 소화기계 전염병은?**

　가. 세균성 이질　　　나. 디프테리아　　　다. 홍역　　　라. 인플루엔자

　📝 가

❓ **콜레라에 관한 사항으로 잘못된 것은?**

　가. 어패류 등의 식품, 물을 매개로 전염되며 사망의 원인은 대부분 탈수증이다.
　나. 증상은 쌀뜨물 같은 변을 하루에 10~30회 배설하고 구토한다.
　다. 항구와 공항에서의 철저한 검역이 필요하다.
　라. 완치할 수 있는 항생제는 없다.

　📝 라

❓ **경구전염병의 예방대책에 대한 설명으로 틀린 것은?**

　가. 건강 유지와 저항력의 향상에 노력한다.
　나. 의식 전환 운동, 계몽 활동. 위생교육 등을 정기적으로 실시한다.
　다. 오염이 의심되는 식품은 폐기한다.
　라. 모든 예방접종은 1회만 실시한다.

　📝 라

(3) 병원체에 따른 경구 감염병

　① **세균**: 장티푸스, 파라티푸스, 세균성 이질, 콜레라, 디프테리아
　② **바이러스**: 소아마비(급성 회백수염 또는 폴리오), A형 간염, 천열, 노로 바이러스

(4) 예방 대책

감염원 및 오염을 소독하고 보균자의 식품 취급을 금지하며 주위 환경을 철저히 해야 한다. 해충이나 곤충으로부터 감염 경로를 차단한다.

(5) 질병을 매개하는 동물과 해충

　① **파리, 바퀴벌레**: 장티푸스, 파라티푸스, 세균성 이질, 콜레라
　② **벼룩**: 페스트, 재귀열
　③ **모기**: 일본뇌염, 말라리아

④ **쥐**: 페스트(흑사병), 발진티푸스, 쯔쯔가무시병, Q열, 렙토스피라증, 신증후군출혈열
⑤ **진드기**: 유행성 출혈열, 쯔쯔가무시병
⑥ **이**: 발진티푸스, 재귀열

연습문제

쥐를 매개체로 전염되는 질병이 아닌 것은?

가. 페스트   나. 렙토스피라증   다. 돈단독증   라. 쯔쯔가무시병

답 다

노로바이러스 식중독에 대한 설명으로 틀린 것은?

가. 완치되면 바이러스를 방출하지 않으므로 임상증상이 나타나지 않으면 바로 일상생활로 복귀한다.
나. 주요증상은 설사, 복통, 구토 등이다.
다. 양성 환자의 분변으로 오염된 물로 씻은 채소류에 의해 발생할 수 있다.
라. 바이러스는 물리/화학적으로 안정하며 일반 환경에서 생존이 가능하다.

답 가

5) 인·축공통감염병(인수공통감염병, 인수공통전염병)

(1) 정의

사람과 척수동물 사이에서 동일한 병원체로 발병하는 질병이나 감염 상태

(2) 종류

① **탄저**: 원인균은 바실러스안트라시스로 수육을 조리하지 않고 섭취할 때 발생하는 전염병이다(소, 말, 양 등).
② **결핵**: 병에 걸린 소의 젖의 유제품에 의해 사람에게 경구 감염되며 BCG 예방 접종을 통해 예방한다(소, 산양 등).
③ **브루셀라증**(파상열): 소에게는 유산, 사람에게는 열성 질환을 일으킨다(소, 돼지, 산양, 개 닭 등).
④ **돈단독**: 급성 패혈증이 특징이다(돼지).
⑤ **살모넬라증**: 패혈증 및 식중독으로 나타난다(쥐, 양, 개, 닭 등).

⑥ **야토병** : 산토끼 사이에서 유행한다.
⑦ **리스테리아증** : 병원체는 리스테리아균으로, 감염 동물과 접촉하거나 오염된 식육, 유제품 등을 섭취하여 감염(소, 닭, 양, 염소 등)
⑧ **Q열** : 병원체는 리케치아 발열과 함께 호흡기 증상이 나타난다(쥐, 소, 양 등).

연습문제

인수공통전염병 중 직접 우유에 의해 사람에게 감염되는 것은?

가. 탄저 나. 결핵 다. 야토병 라. 구제역

답 나

투베르쿨린(tuberculin) 반응검사 및 X선 촬영으로 감염 여부를 조기에 알 수 있는 인축공통전염병은?

가. 결핵 나. 탄저 다. 야토병 라. 돈단독

답 가

인수공통전염병으로만 짝지어진 것은?

가. 콜레라, 장티푸스 나. 탄저, 리스테리아증
다. 결핵, 유행성 간염 라. 홍역, 브루셀라증

답 나

인수공통전염병의 예방조치로 바람직하지 않은 것은?

가. 우유의 멸균처리를 철저히 한다.
나. 이환된 동물의 고기는 익혀서 먹는다.
다. 가축의 예방접종을 한다.
라. 외국으로부터 유입되는 가축은 항구나 공항 등에서 검역을 철저히 한다.

답 나

다음 중 냉장 온도에서도 증식할 수 있어 육류, 가금류 외에도 열처리하지 않은 우유나 아이스크림, 채소 등을 통해서도 식중독을 일으키며 태아나 임신부에 치명적인 식중독 세균은?

가. 캠필로박터균(Campylobacter jejuni) 나. 바실러스균(Bacilluscereus)
다. 리스테리아균(Listeria monocytogenes) 라. 비브리오 패혈증균(Vibrio vulnificus)

답 다

6) 기생충

(1) 채소류를 통하여 매개되는 기생충
① **회충**: 채소를 통해 감염되는 대표적인 기생충으로 감염률이 높으며 감염되면 우리 몸의 소장에서 서식한다.
② **구충**(십이지장충): 주로 피부를 통한 경피감염을 한다.
③ **편충**: 감염은 회충과 비슷하나, 감염되면 우리 몸의 맹장에서 서식한다.
④ **요충**: 산란장소가 항문 주위로 손가락, 침구류 등을 통해 감염되기 쉽다.

(2) 육류를 통하여 감염되는 기생충
① **유구조충**(갈고리촌충): 돼지고기 생식
② **무구조충**(민촌충): 소고기 생식

(3) 어패류를 통하여 감염되는 기생충
① **간디스토마**: 제1중간 숙주(왜 우렁이) → 제2중간 숙주(민물고기(담수어))
② **폐디스토마**: 제1중간 숙주(다슬기) → 제2중간 숙주(민물 게, 가재)

VI. 식중독

1) 자연 독에 의한 식중독
① **복어**: 테트로도톡신
② **섭조개**: 삭시톡신
③ **모시조개**: 베네루핀
④ **감자**: 솔라닌
⑤ **독버섯**: 무스카린
⑥ **면실유**(목화씨): 고시폴
⑦ **독미나리**: 시큐톡신
⑧ **청매**: 아미그달린

연습문제

❓ 감자의 독성분이 가장 많이 들어 있는 것은?
　가. 감자즙　　　　나. 노란부분　　　　다. 겉껍질　　　　라. 싹튼부분

　답 라

❓ 우리나라 식중독 월별 발생 상황 중 환자의 수가 92% 이상을 차지하는 계절은?
　가. 1~2월　　　　나. 3~4월　　　　다. 5~9월　　　　라. 10~12월

　답 다

❓ 탄수화물이 많이 든 식품을 고온에서 가열하거나 튀길 때 생성되는 발암성 물질은?
　가. 니트로사민(nitrosamine)　　　　나. 다이옥신(dioxins)
　다. 벤조피렌(benzopyrene)　　　　라. 아크릴 아마이드(acrylamide)

　답 라

❓ 식중독균 등 미생물의 성장을 조절하기 위해 사용하는 저장 방법과 그 예의 연결이 틀린 것은?
　가. 산소 제거 - 진공포장 햄　　　　나. pH 조절 - 오이피클
　다. 온도 조절 - 냉동 생선　　　　라. 수분활성도 저하 - 상온 보관 우유

　답 라

2) 곰팡이 독(진균독)

① **아플라톡신** : 쌀에 곰팡이가 침입하여 독소 생성 및 누렇게 변하는 현상(황변미)
② **에르고톡신** : 맥각균이 보리, 밀에 기생하여 독소 생성

> ✏️ **연습문제**
>
> ❓ **다음 중 곰팡이 독과 관계가 없는 것은?**
>
> 가. 파툴린(patulin) 나. 아플라톡신(aflatoxin)
> 다. 시트리닌(citrinin) 라. 고시폴(gossypol)
>
> 답 라
>
> ❓ **마이코톡신(mycotoxin)의 설명으로 틀린 것은?**
>
> 가. 진균독이라고 한다. 나. 탄수화물이 풍부한 곡류에서 많이 발생한다.
> 다. 원인 식품의 세균이 분비하는 독성분이다. 라. 중독의 발생은 계절과 관계가 깊다.
>
> 답 다

3) 세균에 의한 식중독

(1) 감염형 식중독 ★

식품 중에 증식한 세균을 먹고 발병

구분	원인 식품	감염 경로	생육 최적 온도	잠복기 및 증상
살모넬라균	육류, 우유, 난류 등	쥐, 파리, 바퀴벌레 등	37℃, 60℃에서 20분 가열하면 사멸	10~24시간, 발열 및 구토, 복통 등
장염 비브리오균	어패류 및 가공품	어패류 생식	30~37℃, 10℃ 이하에서 생육 정지	평균 12시간, 급성위장염
병원성 대장균	육류 및 가공품	분변 오염의 지표 *미국에서 햄버거에 의한 집단 식중독 사건이 있었으며 (O-157), 인체 내에 베로톡신이라는 독소를 생성하였음	37℃, 그람음성무아포균, 통성혐기성	12~72시간, 설사, 복통, 두통, 치사율은 거의 없음
여시니아균	육류, 소독하지 않은 물	익히지 않은 음식	냉장온도, 진공포장	설사 및 구토, 복통

✏️ 연습문제

❓ 대장균 O-157이 내는 독성물질은?

　가. 베로톡신　　　　　　　　　나. 테트로도톡신
　다. 삭시톡신　　　　　　　　　라. 베네루핀

　답 가

❓ 여름철에 세균성 식중독이 많이 발생하는데 이에 미치는 영향이 가장 큰 것은?

　가. 세균의 생육 Aw　　　　　　나. 세균의 생육 pH
　다. 세균의 생육 영양원　　　　　라. 세균의 생육 온도

　답 라

❓ 대장균에 대한 설명으로 틀린 것은?

　가. 유당을 분해한다.　　　　　　나. 그램(Gram) 양성이다.
　다. 호기성 또는 통성 혐기성이다.　라. 무아포 간균이다.

　답 나

❓ 살모넬라균으로 인한 식중독의 잠복기와 증상으로 옳은 것은?

　가. 오염식품 섭취 10~24시간 후 발열(38~40℃)이 나타나며 1주일 이내 회복이 된다.
　나. 오염식품 섭취 10~20시간 후 오한과 혈액이 섞인 설사가 나타나며 이질로 의심되기도 한다.
　다. 오염식품 섭취 10~30시간 후 점액성 대변을 배설하고 신경증상을 보여 곧 사망한다.
　라. 오염식품 섭취 8~20시간 후 복통이 있고 훌씨 A, F형의 독소에 의한 발병이 특징이다.

　답 가

⭐ (2) 독소형 식중독

원인균의 증식 과정에서 생성된 독소를 먹어서 발병

구분	원인 독소	원인 식품	특징	잠복기 및 증상
포도상구균	엔테로톡신	우유 및 유제품, 도시락, 떡 등	내열성이 있어 열에 쉽게 파괴되지 않으며, 화농성 질환을 앓는 조리자가 조리한 식품에서 발생한다. 잠복기가 가장 짧다.	짧게는 30분~5시간, 구토, 복통, 설사 등
보툴리누스균	뉴로톡신	통조림, 햄, 소시지 등	아포는 열에 강하나 독소인 뉴로톡신은 열에 약하며, 식중독 중 치사율이 가장 높음	평균 18~36시간, 신경 마비, 시력 장애, 동공 확대 등

연습문제

화농성 질병이 있는 사람이 만든 제품을 먹고 식중독을 일으켰다면 가장 관계 깊은 원인균은?
가. 장염 비브리오균   나. 살모넬라균
다. 보툴리누스균   라. 포도상구균

답 라

클로스트리디움 보툴리늄 식중독과 관련 있는 것은?
가. 화농성 질환의 대표균   나. 저온살균 처리 및 신속한 섭취로 예방
다. 내열성 포자 형성   라. 감염형 식중독

답 다

알레르기성식중독의 원인이 될 수 있는 가능성이 가장 높은 식품은?
가. 오징어   나. 꽁치   다. 갈치   라. 광어

답 나

보툴리누스 식중독에서 나타날 수 있는 주요 증상 및 증후가 아닌 것은?
가. 구토 및 설사   나. 호흡곤란   다. 출혈   라. 사망

답 다

4) 화학물질에 의한 식중독

(1) 유해금속으로 문제가 되는 것

납, 주석, 수은, 카드뮴, 구리, 아연, 비소이며, 그중에서 수은은 미나마타병의 원인 물질이고, 카드뮴은 이타이이타이병의 원인 물질이 된다.

> **연습문제**
>
> ❓ 적혈구의 혈색소 감소, 체중감소 및 신장장애, 칼슘대사 이상과 호흡장애를 유발하는 유해성 금속 물질은?
>
>   가. 구리(Cu)   나. 아연(Zn)   다. 카드뮴(Cd)   라. 납(Pb)
>
>   답 라
>
> ❓ 제품의 포장 용기에 의한 화학적 식중독에 대한 주의를 특히 필요로 하는 것과 가장 거리가 먼 것은?
>
>   가. 형광 염료를 사용한 종이 제품   나. 착색된 셀로판 제품
>   다. 페놀수지 제품   라. 알루미늄박 제품
>
>   답 라

(2) 사용 금지된 유해 첨가물

① **표백제** : 롱가리트(Rongalite)

② **감미료** : 사이클라메이트(Cyclamate), 둘신(Dulcin)(허용감미료 : 사카린나트륨, 아스파탐, 스테비오시드)

③ **보존료** : 붕산, 불소화합물, 포르말린, 승홍

④ **착색료** : 아우라민, 로다민B

> **연습문제**
>
> ❓ 유해한 합성 착색료는?
>
>   가. 수용성 안나토   나. 베타 카로틴   다. 이산화티타늄   라. 아우라민
>
>   답 라

5) 유기 화합물

(1) 메틸알코올

시신경 장애, 실명

(2) 벤조피렌
담배 연기, 배기가스, 타르 등에 들어 있는 발암물질

(3) 니트로사민
발색제인 질산염이 환원 효소에 의해 아질산염이 되고, 아질산염은 위 속의 산성 pH 하에서 식품 성분들과 쉽게 반응하여 발암 물질인 니트로사민을 생성함

(4) 다이옥신
폐기물들의 소각, 폐기물 무단 투기 때 많이 발생하며, 독성이 강하고 잔류성이 강함

(5) 아크릴아마이드
탄수화물이 많이 든 감자를 고온에서 가열하거나 튀길 때 생성되는 발암 물질

6) 알러지성 식중독(부패성 식중독)

(1) 정의
세균 오염에 의한 부패 산물이 원인이 되어 일어나는 식중독으로 그 증상이 알러지 상태일 때를 뜻함(세균 증식 및 독소의 원인이 아님)

(2) 원인
부패 산물인 히스타민(Histamine)에 의해 발생함

(3) 원인 식품
꽁치, 고등어, 참치 등 붉은색 어류나 그 가공품 등

(4) 증상
전신에 홍조 및 두드러기 현상

7) 식중독 발생 시의 대책

① 식중독이 의심되면 즉시 진단받는다.
② 의사는 환자의 식중독이 확인되면 즉시 행정 기관인 관할 보건소장에 보고한다.
③ 행정 기관은 상부 행정 기관에 보고하며, 원인 식품을 수거하여 검사 기관에 보낸다.
④ 원인 식품과 감염 경로를 파악하여 국민에게 주지시킨다.
⑤ 예방 대책을 수립한다.

> **연습문제**
>
> **❓ 식중독 발생 시의 조치사항 중 잘못된 것은?**
> 가. 환자의 상태를 메모한다.
> 나. 보건소에 신고한다.
> 다. 식중독 의심이 있는 환자는 의사의 진단을 받게 한다.
> 라. 먹던 음식물은 전부 버린다.
>
> 답 라

8) 경구전염병과 식중독의 비교

① **식중독** : 잠복기가 짧다. 면역이 안 된다. 2차 감염이 없다. 다량의 균으로 발생한다. 사전 예방할 수 있다.
② **경구 전염병** : 잠복기가 길다. 면역된다. 2차 감염이 있다. 미량의 균으로 발생한다.

> **연습문제**
>
> **❓ 소화기계 전염병과 비교한 세균성 식중독의 특징에 해당하는 것은?**
> 가. 미량의 병원균으로도 발병한다.   나. 2차 오염이 가능하다.
> 다. 면역성이 나타나지 않는다.   라. 잠복기간이 비교적 길다.
>
> 답 다

Ⅶ. 식품첨가물

1) 정의
식품첨가물위원회에서는 식품첨가물을 '식품을 제조·가공 또는 보존하면서 식품에 첨가, 혼합, 침윤 등의 방법으로 사용되는 물질'이라고 정의하였다. 식품첨가물 공정상 표준온도는 20℃이다.

2) 식품첨가물의 1일 섭취 허용량(ADI)
사람이 일생에 걸쳐서 섭취했을 때 아무런 장애 없이 섭취할 수 있는 화학 물질의 1일 섭취량

3) 종류 및 용도

구분	종류·용도·특징
보존료(방부제)	프로피온산칼슘·프로피온산나트륨 - 빵, 과자 안식향산 - 간장, 청량음료 등 소르빈산(소르브산) - 어육 연제품, 고추장, 팥앙금 등 *보존료의 구비조건 - 무미, 무취, 무색으로 식품과 화학반응을 하지 않아야 함. - 독성이 없거나 적어야 함 - 산·알칼리에 안전해야 함 - 식품의 변질 미생물에 대한 저지 효과가 커야 함 - 사용하기 쉬워야 함
살균제	표백분, 차아염소산나트륨
항산화제(산화방지제)	BHT, BHA, 비타민E(토코페롤), 프로필갈레이트 등
표백제	과산화수소, 차아황산나트륨, 아황산나트륨
밀가루 개량제	브롬산칼륨, 과산화벤조일, 이산화염소, 과황산암모늄
호료(증점제)	카세인, 젤라틴 등 - 식품의 점착성 증가
착색료	식용색소, 캐러멜색소 등
강화제	비타민류, 아미노산류, 무기염류
유화제(계면 활성제)	글리세린, 레시틴, 모노-디글리세리드, 에스에스엘(SSL)
소포제	규소수지(실리콘수지) - 거품 제거 및 방지
이형제	유동 파라핀 - 제품을 틀에서 쉽게 분리

구분	종류·용도·특징
감미료	사카린나트륨, 아스파탐, 스테비오사이드 등
팽창제	명반, 소명반, 탄산소수암모늄 등
발색제	아질산나트륨, 질산나트륨
조미료	L-글루타민산나트륨, 호박산 등
피막제	초산비닐수지, 몰포린지방산염 - 과일 및 채소류 신선도 장기 유지

연습문제

Q 과자, 비스킷, 카스텔라 등을 부풀게 하기 위한 팽창제로 사용되는 식품첨가물이 아닌 것은?

가. 탄산수소나트륨 나. 탄산암모늄
다. 산성 피로인산나트륨 라. 안식향산

답 라

Q 식용유의 산화 방지에 사용되는 것은?

가. 비타민 E   나. 비타민 A   다. 니코틴산   라. 비타민 K

답 가

Q 다음 중 허용되어 있지 않은 감미료는?

가. 에틸렌글리콜   나. 사카린나트륨   다. 아스파탐   라. 스테비오시드

답 가

Q 백색의 결정으로 열량에 잘 녹고 감미도는 설탕의 250배로 청량음료수, 과자류, 절임류 등에 사용되었으나 만성중독인 혈액독을 일으켜 우리나라에서는 1966년 11월부터 사용이 금지된 인공 감미료는?

가. 둘신 나. 사이클라메이트
다. 에틸렌글리콜 라. 파라-니트로-오르토-톨루이딘

답 가

Q 다음 식품첨가물 중 유화제가 아닌 것은?

가. 에틸렌옥사이드(ethylene oxide) 나. 폴리소르베이트 20(polysorbate 20)
다. 대두인지질(soybean phospholipids) 라. 자당 지방산에스테르(sucrose fatty acid ester)

답 가

❓ 보존료의 조건으로 가장 적당하지 못한 것은?

가. 독성이 없거나 장기적으로 사용해도 인체에 해를 주지 않아야 한다.
나. 무미, 무취로 식품에 변화를 주지 않아야 한다.
다. 사용 방법이 용이하고 값이 싸야 한다.
라. 단기간만 강력한 효력을 나타내야 한다.

답 라

❓ 미생물에 의한 부패나 변질을 방지하고 화학적인 변화를 억제하며 보존성을 높이고 영양가 및 신선도를 유지하는 목적으로 첨가하는 것은?

가. 감미료　　　　나. 보존료　　　　다. 산미료　　　　라. 조미료

답 나

❓ 다음 중 주로 영양강화제 용도로 사용되는 식품첨가물이 아닌 것은?

가. 헴철　　　　나. 트레오닌　　　　다. 이노시톨　　　　라. 호박산

답 라

4) 식품첨가물의 안전성 시험

아급성 독성 시험법, 만성 독성 시험법, 급성 독성 시험법

> 📢 **LD_{50} 측정이란?**
> 독성 정도를 측정하는 반수치사량, 값이 적을수록 '독성이 크다'를 의미

VIII. HACCP(Hazard Analysis Critical Control Point, 해썹)

1) 정의

'해썹' 또는 '위해 요소 중점 관리 기준'이라 하며, 위해 요소 분석이란 '어떤 위해를 예측하여 그 위해 요인을 사전에 파악하는 것'을 의미하고, 중요 관리점이란 '반드시 필수적으로 관리하여야 할 항목'이란 뜻을 내포한다. 즉, HACCP는 위해 방지를 위한 사전 예방적 식품 안전 관리 체계를 말한다.

2) HACCP 준비 5단계

① 제1단계 : HACCP팀 구성
② 제2단계 : 제품 설명서 작성
③ 제3단계 : 제품의 사용 용도 파악
④ 제4단계 : 공정 흐름도, 평면도 작성
⑤ 제5단계 : 공정 흐름도, 평면도의 작업, 현장과의 일치 여부 확인

3) HACCP 7원칙 설정 및 구성 요소

① 원칙 1 : 위해 요소 분석과 위해 평가
② 원칙 2 : CCP(중요 관리점) 결정
③ 원칙 3 : CCP에 대한 한계 기준 설정
④ 원칙 4 : CCP 모니터링 방법 설정
⑤ 원칙 5 : 개선 조치 설정
⑥ 원칙 6 : 검증 방법 수립
⑦ 원칙 7 : 기록 유지 및 문서 유지

> **연습문제**
>
> 다음 중 HACCP 적용의 7가지 원칙에 해당하지 않는 것은?
> 가. 위해요소 분석 나. HACCP 팀구성 다. 한계기준설정 라. 기록유지 및 문서관리
>
> 답 나

4) HACCP의 구성 요소

① **HACCP PLAN**(HACCP 관리 계획) : 전 생산 공정에 대해 직접적이고 치명적인 위해 요소 분석, 집중 관리가 필요한 중요 관리점 결정, 한계 기준 설정, 모니터링 방법 설정, 개선 조치 설정, 검증 방법, 설정, 기록 유지 및 문서 관리 등에 관한 관리 계획
② **SSOP**(표준 위생 관리 기준) : 일반적인 위생 관리 운영 기준, 영업자 관리, 종업원 관리, 보관 및 운송 관리, 검사 관리, 회소 관리 등의 운영 절차

③ GMP(우수 제조 기준): 위생적인 식품 생산을 위한 시설, 설비 요건 및 기준, 건물 위치, 시설·설비 구조, 재질 요건 등에 관한 기준

연습문제

HACCP에 대한 설명 중 틀린 것은?
가. 식품위생의 수준을 향상할 수 있다. 나. 원료부터 유통의 전 과정에 대한 관리이다.
다. 종합적인 위생관리체계이다. 라. 사후 처리의 완벽을 추구한다.

답 라

HACCP 구성 요소 중 일반적인 위생 관리 운영 기준, 영업자 관리, 종업원 관리, 보관 및 운송 관리, 검사 관리, 회수 관리 등의 운영 절차는?
가. HACCP PLAN 나. SSOP
다. GMP 라. HACCP

답 나

IX. 위생관리

1) 개인 위생 관리

(1) 개인 위생 복장 점검

① 머리는 깔끔하게 묶고 머리카락이 보이지 않도록 모자를 착용하며, 화장실을 이용할 때는 모자를 착용하지 않는다.
② 목걸이, 귀걸이 등 장신구 착용을 금하며 마스크는 코까지 덮는다.
③ 작업복은 흰색이나 옅은 색상의 면 소재가 좋으며, 매일 세척 후 건조하여 착용하고 작업복을 입고 작업장을 나가지 않는다.
④ 앞치마는 세척 및 소독 후 건조하여 착용하고 화장실을 이용할 때는 착용하지 않는다.
⑤ 일회용 장갑은 손을 씻을 때마다 교체하며, 올바른 손 씻기 후 식자재를 취급한다.
⑥ 작업화는 미끄러지지 않는 안전화가 좋으며, 외부용 신발과 구분하여 착용한다.

(2) 개인위생 관리 방법

'식품위생분야종사자의 건강진단규칙'에 따라 매년 1회의 건강 검진을 받아야 한다.

> **연습문제**
>
> ❓ 식품 또는 식품첨가물을 채취, 제조, 가공, 조리, 저장, 운반 또는 판매하는 직접종사자들이 정기 건강 진단받아야 하는 주기는?
>
> 가. 1회/월   나. 1회/3개월   다. 1회/6개월   라. 1회/년
>
> 답 라

2) 교차 오염 방지

① 교차 오염이란 오염된 물질과의 접촉으로 인해 비오염 물질이 오염되는 것이다.

② 칼과 도마 등의 조리 기구나 용기, 앞치마, 고무장갑 등은 원료나 조리 과정에서의 교차 오염을 방지하기 위하여 식재료 특성 또는 구역별로 구분하여(식자재 및 비식자재 구분) 사용하며 수시로 세척 및 소독하여야 한다.

③ 식품 취급 등의 작업은 바닥으로부터 60cm 이상의 높이에서 실시하여 바닥으로부터의 오염을 방지하고, 작업 흐름을 일정한 방향으로 배치한다.

④ 조리가 완료된 식품과 세척 및 소독된 배식 기구 및 용기 등의 위생관리를 실시한다.

⑤ 용도에 따라 도마를 다르게 사용한다.

> **연습문제**
>
> ❓ 식품취급에서 교차오염을 예방하기 위한 행위 중 옳지 않은 것은?
>
> 가. 칼, 도마를 식품별로 구분하여 사용한다.
> 나. 고무장갑을 일관성 있게 하루에 하나씩 사용한다.
> 다. 조리 전의 육류와 채소류는 접촉되지 않도록 구분한다.
> 라. 위생복을 식품용과 청소용으로 구분하여 사용한다.
>
> 답 나
>
> ❓ 식품취급에서 교차오염을 예방하기 위한 행위 중 옳은 것은?
>
> 가. 작업장은 최소한의 면적을 확보함
> 나. 냉수 전용 수세 설비를 갖춤
> 다. 작업 흐름을 일정한 방향으로 배치함
> 라. 불결 작업과 청결 작업이 교차하도록 함
>
> 답 다

3) 설비 위생 관리

① 창문의 면적은 벽 면적의 70%정도이며, 바닥 면적의 20~30%로 한다.
② 제과·제빵 작업 시 마무리 작업의 조도가 제일 밝아야 하며, 이때 표준 조도는 500Lux이다.
③ 주방의 환기는 대형의 1개를 설치하는 것보다 소형의 것을 여러 개 설치하는 것이 좋다.
④ 방충망은 2개월에 1회 이상 물이나 먼지를 제거한다.
⑤ 제과·제빵 공정의 방충·방서용 금속망은 30mesh가 적당하다.
⑥ 모든 물품은 바닥 15cm, 벽 15cm 떨어진 곳에서 보관한다.

4) 조리사의 직무

① 집단급식소에서의 식단에 따른 조리 업무
② 구매 식품의 검수 지원
③ 급식 설비 및 기구의 위생, 안전 실무

CHAPTER 05
공정 관리 및 작업 환경 관리

I. 공정 관리

1) 정의

제조 공정 관리에 필요한 제품 설명서와 공정 흐름도를 작성하고 위해 요소 분석을 통해 중요 관리점을 결정하며, 결정된 중요 관리점에 대한 세부적인 관리 계획을 수립하여 공정을 관리하는 것

2) 제빵 제조공정의 4대 중요 관리 항목

시간관리, 온도관리, 습도관리, 공정관리

3) 공정별 위해 요소 파악 및 예방(중요 관리지점(CCP, Critical Control Point) 절차

① **가열 전 제조공정** : 재료의 입고 및 보관, 계량, 배합, 성형
② **가열 후 제조공정** : 가열, 냉각, 충전물 주입 및 내포장
③ **내포장 후 제조공정** : 금속 이물 검출, 외포장, 보관 및 출고

II. 작업 환경 관리

1) 작업 환경 위생 지침서

작업장의 위생 관리 현황을 파악하고 관리하기 위해 작성하는 서식으로 업장별 및 구획별 작업장 위생에 대한 세부 내역을 기록하는 것

2) 작업장 관리

① **작업대** : 70% 알코올 또는 차아염소산나트륨으로 살균, 스테인리스스틸로 설비하는 것이 좋음

② **냉장·냉동고**: 냉동고는 -18℃, 냉장고는 5℃ 이하의 적정 온도를 유지해야 하며, 온도계는 냉장고의 외부에 설치하나, 센서는 냉장고의 가장 따뜻한 부분에 설치함
③ **진열대**: 쇼케이스는 10℃ 이하의 온도를 유지해야 함
④ **제빙기**: 필터는 주기적으로 청소하며, 입구와 외관은 행주로 1일 1회 청소
⑤ **도마**: 세척 도마는 자연 건조하는 것이 좋으며, 2~3일에 한 번은 햇볕에 소독할 것
⑥ **철판**: 물로 씻으면 코팅이 벗겨지므로, 이형유를 바른 후 280℃에서 1시간 정도 굽기
⑦ **저울**: 이동 시 아래 부분을 들어야 하며 떨어트리지 않을 것
⑧ **건물 외부**: 오염원과 해충이 유입되지 않도록 설계, 건설, 유지 및 관리되어야 하며 배수가 잘 되도록 해야 함
⑨ **자재 반입문·출입문**: 입실 시 손 소독 실시 및 발바닥 소독기 사용

3) 공장 시설의 배치
① 작업용 바닥 면적은 그 장소를 이용하는 사람들의 수에 따라 달라짐
② 판매 장소의 면적 : 공장의 면적 = 2 : 1 비율로 구성되는 것이 바람직함
③ 공장의 면적은 주방 설비의 설치 면적과 기술자의 작업을 위한 공간 면적으로 이루어지며 공장의 모든 업무가 효과적으로 진행되기 위해 주방의 위치와 규모에 대한 설계가 기본임

연습문제

원가 관리 개념에서 식품을 저장하고자 할 때 저장 온도로 적절하지 않은 것은?
① 상온 식품은 15~20℃에서 저장한다.
② 보냉 식품은 10~15℃에서 저장한다.
③ 냉장 식품은 5℃ 전후에서 저장한다.
④ 냉동 식품은 -40℃ 이하로 저장한다.

답 ④

CHAPTER 06 매장관리 · 베이커리 경영

I. 인력 관리하기

1) 베이커리 인적 자원 관리의 개념

베이커리 인적 자원 관리는 제과점에서 필요로 하는 인력의 조달과 유지, 활용, 개발에 관한 계획적이고 조직적인 관리 활동이다.

2) 베이커리 인적 자원 관리의 목적
① 조직의 목적과 베이커리 종업원의 욕구를 통합하여 극대화
② 베이커리 기업의 목표인 생산성 목표와 베이커리 기업 조직의 유지를 목표로 조직의 인력을 관리
③ 경영활동에 필요한 유능한 인재를 확보하고 육성 개발하여 이들에 대한 공정한 보상과 유지 활동

3) 베이커리 인적 자원 관리의 종류
① **기능적 인적 자원 관리** : 노동력 관리, 근로 조건 관리, 인간관계 관리, 노사 관계 관리
② **과정적 인적 자원 관리** : 인사 계획, 인사 조직, 인사 평가

4) 베이커리 인력 계획의 과정

인력 수요 예측 → 인력 공급 방안 수립 → 인력 공급 방안 시행 → 인력 계획 평가

5) 임금의 구성 요소
① **외적 요소** : 동종 업계 임금률, 생계비, 정부 영향, 단체 교섭
② **내적 요소** : 직무의 가치, 종업원의 상대적 가치, 고용주의 임금 지불 능력

II. 판매 관리하기

1) 마케팅의 의의

　　기업이나 조직이 제품, 서비스, 아이디어를 창출하고 가격을 결정하며, 고객에게 필요한 정보를 제공하여 소비자가 구매하기까지의 개인 및 조직체의 목표를 달성시키는 교환 활동의 총체

2) 마케팅의 SWOT 분석

　　4P(상품, 가격, 유통, 촉진)나 4C(고객, 비용, 편의, 의사소통) 등의 환경 분석을 통한 강점(S), 약점(W), 기회(O), 위협(T) 요인을 찾아내는 방법
　　① **4P**: Product(제품), Price(가격), Place(유통 경로), Promotion(판매 촉진)
　　② **4C**: Customer value(고객 가치), Costs to the customer(구매 비용), Convenience(고객 편의성), Communication(고객과의 소통)

3) SWOT 분석의 전략 수립 단계
　　① 외부 환경의 기회 및 위협 요소 파악
　　② 내부 환경의 강점과 약점 요소 파악
　　③ SWOT 요소 분석
　　④ 중점 전략 수립 - 실현 방안 모색
　　⑤ SWOT 분석 요소를 합한 전략

4) 원가 관리

　　① **개념**: 일반 제품의 경우 원자재비, 노무비, 제조 경비와 영업 활동 중에 소요된 일반 관리비와 판매비가 포함되나 제과·제빵의 원가는 지역별, 계절별, 판매 개수에 따라 차이가 있으며 제조 장비의 기능과 생산 능력, 점포 관리자의 관리 능력, 서비스의 능력 등에 의해 많이 차이가 있음. 이론 원가에 표준 손실을 더한 것이 표준 원가이며 표준 원가에 실제 손실을 더한 것이 실적 원가라함. 즉, 원가 관리란 표준 원가와 실적 원가와의 차이를 줄이는 작업을 말함

이론 원가	표준 손실	
표준 원가		실제 손실
실적 원가		

III. 고객 관리하기

1) 고객 만족

고객의 욕구와 기대에 최대한 부응하여 그 결과로서 상품과 서비스의 재구입이 이루어지고 고객의 신뢰감이 연속적으로 이어지는 상태

2) 고객 만족의 3요소

(1) 하드웨어적 요소

제과점의 상품, 기업 이미지와 브랜드 파워, 인테리어 시설, 주차 시설, 편의 시설 등 외적으로 보이는 요소가 속함

(2) 소프트웨어적 요소

상품과 서비스, 서비스 절차, 접객 시설, 예약, 업무 처리, 고객 관리 시스템, 사전 사후 관리 등에 필요한 절차, 규칙, 관련 문서 등 보이지 않는 무형의 요소가 속함

(3) 휴먼웨어적 요소

제과점의 직원이 가지고 있는 서비스 마인드와 접객 태도, 행동 매너, 문화, 능력, 권한 등의 인적 자원을 말함

IV. 생산 관리

1) 생산 관리의 개요
사람, 재료, 자금의 3요소를 유효적절하게 사용하여 양질의 물건을 적은 비용으로 필요한 양만큼 정해진 시기에 만들어 내는 관리 또는 경영을 말함

2) 기업 활동의 구성요소(7M)
① **1차 관리** : 사람(Man), 재료(Material), 자금(Money)
② **2차 관리** : 방법(Method), 시간(Minute), 기계(Machine), 시장(Market)

3) 생산 관리의 기능

(1) 품질 보증 기능
① **품질** : 제품 고유 특성의 집합이 고객의 요구 사항을 충족시키는 정도
② **품질 보증** : 품질 요구 사항이 충족될 것이라는 신뢰를 제공하는 데 중점을 둔 품질 경영의 한 부분

(2) 적시 적량 기능
시장의 수요 경향을 헤아리거나 고객의 요구에 바탕을 두고 생산량을 계획하며 요구 기일까지 생산하는 기능

(3) 원가 조절 기능
제품을 기획하는 데서부터 제품 개발, 생산 준비, 조달, 생산까지 제품 개발에 드는 비용을 어떤 계획된 원가에 맞추는 기능(기획과 개발 단계에서 대부분의 원가가 결정됨.)

4) 생산 계획
수요 예측에 따라 생산의 여러 활동을 계획하는 것으로 생산해야 할 상품의 종류, 수량, 품질, 생산 시기, 실행 예산 등을 과학적으로 계획하는 일

(1) 생산 계획의 분류
　① **생산량 계획**
　② **인원 계획**: 평균적인 결근율, 기계의 능력 등을 감안하여 인원 계획을 세움
　③ **설비 계획**: 기계화와 설비 보전과 기계와 기계 사이의 생산 능력의 균형을 맞추는 작업을 계획
　④ **제품 계획**: 신제품, 제품 구성비, 개발 계획을 세우는 것으로, 제품의 가격, 가격의 차별화, 생산성, 계절 지수, 포장 방식, 소비자의 경향 등을 고려해 제품 계획을 세움
　⑤ **합리화 계획**: 생산성 향상, 원가 절감 등 사업장의 사업 계획에 맞추어 계획을 세움
　⑥ **교육 훈련 계획**: 관리 감독자 교육과 작업 능력 향상 훈련을 계획

(2) 실행 예산 계획
　제조 원가를 계획

(3) 계획 목표
　노동 생산성, 가치 생산성, 노동 분배율, 1인당 이익을 세움

5) 생산 가치의 분석

(1) 원가의 개념
　제조·판매·서비스를 제공하기 위해 소비되는 비용을 말하며, 제품 생산에서 소비한 경제적 가치를 의미함. 원가의 종류에는 재료비, 노무비, 경비가 속함

(2) 원가의 구성 요소(원가의 3요소)
　① **직접 원가**: 직접 재료비 + 직접 노무비 + 직접 경비
　② **제조 원가**: 직접 원가 + 제조 간접비(보통 제품의 원가라고 함)
　③ **총원가**: 제조 원가 + 판매비 + 일반 관리비

(3) 판매 가격
　총원가 + 이익

(4) 1인당 생산 가치

생산 가치 ÷ 인원수

(5) 노동 분배율

$$\frac{인건비}{생산가치 (부가가치)} \times 100$$

(6) 생산 가치율

$$\frac{생산가치}{생산액} \times 100$$

6) 재고 관리

식재료의 제조 과정에 있는 것과 판매 이전에 있는 보관 중인 것을 말하며, 상품 구성과 판매에 지장을 초래하지 않는 범위 내에서 재고 수준을 결정하고, 재고상의 비용이 최소가 되도록 계획하고 통제하는 경영 기능을 의미

(1) 재고 관리의 목적

유동 자산 가치 파악과 재고품 상태의 파악, 식재료의 원가 비용과 미실현 비용의 파악, 재고 회전율의 파악, 신규 주문 대비를 위해 필요함. 이 밖에 고객을 위한 서비스가 재고 비용과 균형이 이루어지도록 적정한 재고 유지하는 것

(2) 재고 관리의 필요 조건

재고 비용을 최소화하면서 고객의 수요와 고객 서비스를 만족시키고 생산 과정에 필요한 원료의 재고 부족이 발생하지 않도록 사전 통제를 하는 것

(3) 재고 관리 방법

① 일정한 양을 정하여 두고 재고량이 감소하면 구매를 하여 항상 일정한 최대 재고와 최저 재고 내에서 재고량을 준비하도록 관리하는 방법
② 최대 최소의 재고 대신 평균 사용량의 비율을 기준으로 하여 관리하는 방법

③ 수요량 납입 기간 등 결정 요소가 확정되었을 때 주문량이나 그 시기를 결정하는 방법

(4) 재고 관리 비용
① **재고 주문 비용**(Setup cost) : 식재료를 보충 구매하는 데 소요되는 비용으로, 청구비, 수송비, 검사비 등이 포함되며 고정비의 성격을 띠고 있고 주문량의 크기와는 무관한 비용
② **재고 유지 비용**(hold cost) : 재고 보유 과정에서 발생하는 비용으로, 보관비, 세금, 보험료 등이 포함되며 주문 비용이 고정비의 성격인 반면, 변동비의 성격을 띠고 있는 것
③ **재고 부족 비용**(Shortage cost) : 충분한 식재료를 보유하지 못함으로써 발생하는 비용, 식재료 부족으로 인한 생산 기회나 판매 상실, 생산 중단 등으로 업소에서 입게 되는 비용
④ **폐기로 인한 비용** : 유통 기한이 지난 재료의 폐기, 열화 재료의 폐기 등을 말함

(5) 재고 관리 시 점검 사항
① 물품을 종류별, 규격별로 정연하게 보관하고 있는가?
② 물품의 상태는 양호한가?
③ 물품별 입·출고 카드는 준비되어 있는가?
④ 입·출고 카드는 현행에 맞게 기록되어 있는가?
⑤ 정기적인 재고 조사를 실시 하고 있는가?
⑥ 실제 재고 조사 실시 결과 이상이 없는가?
⑦ 적정 재고의 산출 근거는 타당한가?
⑧ 유통 기한은 확인하였는가?
⑨ 알레르기 원료, 유기농 원료 등은 구분되는가?
⑩ 보관 온도는 적정한가?

(6) 재고 관리 방법
① **정량 주문 방식** : 원재료의 재료량이 줄어들면 일정량을 주문하는 방식
② **ABC 분석** : 자재의 품목별 사용금액을 기준으로 하여 자재를 분류하고 그 중요도에 따라 적절한 관리 방식을 도입하여 자재의 관리 효율을 높이는 방안

V. 마케팅 관리

1) 판매와 마케팅의 차이

구분	판매	마케팅
목적	판매하는 것	소비자의 만족 추구
이익 관점	기업이 구하고자 하는 것	기업 노력 결과
소비자에 대한 인식	판매 대상	만족시켜야 하는 대상
기업 관점	1개 부서	기업의 중심 부서
거래 관계	판매와 동시에 관계 종료	소비자 만족과 지속적인 관계
영업 활동	교환 활동	창조적 활동
상품	주어지는 것	창출하는 것

2) 환경 분석

효과적인 마케팅 활동을 하기 위해서는 자기 회사를 둘러싼 외부 환경과 내부 환경을 잘 분석하고 이에 대처하는 전략이 필요

(1) 외부 환경

인구 통계적 환경, 경제적 환경, 자연적 환경, 기술적 환경, 정치적·법률적 환경, 사회 문화적 환경, 경쟁사 환경

(2) 내부 환경

자기 회사가 가지고 있는 성과 수준, 강점과 약점, 업체가 가지고 있는 제약 조건을 분석하는 것이며, 자기 회사 분석의 목표는 강점은 이용하고 약점은 수정·보완하여 대응 전략을 찾아내는 것

3) 시장 세분화

시장을 고객의 특성이나 욕구, 구매력, 지리적 위치, 태도, 습관 등 어떤 기준에 따라 고객을 나누는 것으로 광범위한 고객을 특정한 범위를 정해 자기 회사에 유리한 특성으로 접목시킬 수 있도록 하기 위한 작업

VI. 매출손익 관리

1) 손익 계산서의 개념
일정 기간의 경영 성과를 나타내는 표

2) 손익 계산서의 기본 요소
수익, 비용, 순이익

(1) 비용
기업 일정 기간 수익을 발생하기 위하여 지출한 비용
① **매출 원가** = 기초 재고액 + 당기 매입액 – 기말 재고액
② **판매비와 일반 관리비** : 판매비는 판매 활동에 따른 비용으로 관련 직원의 급여, 광고비, 판매 수수료 등이 있고, 일반 관리비는 기업의 관리와 유지에 따른 비용으로 일반적인 급여, 보험료, 감가상각비, 교통비, 임차료 등 다양함
③ **영업 외 비용** : 기업의 주요 영업 활동에 직접 관련되지 않은 부수적 활동에 따라 발생하는 거래로 나타나는 비용
④ **특별 손실** : 자산 처분 손실, 재해 손실같이 불규칙적·비반복적으로 발생하는 손실
⑤ **세금** : 개인 사업자가 영업 활동 결과 얻어진 소득을 바탕으로 내는 사업 소득세와 법인이 내는 법인세가 있음
⑥ **부가 가치세** : 물품이나 용역이 생산, 제공, 유통되는 모든 단계에서 매출 금액 전액에 대하여 과세하지 않고 기업이 부가하는 가치 즉, 마진에 대해서만 과세하는 세금

(2) 수익
① **매출액** : 상품 등의 판매 또는 용역의 제공으로 실현된 금액
② **영업 외 수익** : 기업의 주요 영업 활동과 관련 없이 발생하는 수익
③ **특별 이익** : 고정 자산 처분 이익 등과 같이 불규칙적이고 비반복적으로 발생하는 이익

3) 손익 분기점(Break-Even Point)

(1) 매출액에 의한 손익분기점을 구하는 방법

손익분기점(매출액) = 고정비 ÷ 판매 가격 - (변동비 ÷ 매출액)

(2) 판매수량에 의한 손익분기점을 구하는 방법

손익분기점(판매수량) = 고정비 ÷ [1 - (변동비 ÷ 판매 가격)]

연습문제

노무비를 절감하는 방법으로 바람직하지 않은 것은?
가. 표준화　　나. 단순화　　다. 설비 휴무　　라. 공정시간 단축

답 다

1인당 생산가치는 생산가치를 무엇으로 나누어 계산하는가?
가. 인원수　　나. 시간　　다. 임금　　라. 원재료비

답 가

제과/제빵공장에서 생산관리 시 매일 점검할 사항이 아닌 것은?
가. 제품당 평균 단가　　나. 설비 가동률　　다. 원재료율　　라. 출근율

답 가

다음 중 제품의 가치에 속하지 않는 것은?
가. 교환가치　　나. 귀중가치　　다. 사용가치　　라. 재고가치

답 라

다음 중 제과 생산관리에서 제1차 관리 3대 요소가 아닌 것은?
가. 사람(Man)　　나. 재료(Material)　　다. 방법(Method)　　라. 자금(Money)

답 다

다음 중 생산관리의 목표는?
가. 재고, 출고, 판매의 관리　　나. 재고, 납기, 출고의 관리
다. 납기, 재고, 품질의 관리　　라. 납기, 원가, 품질의 관리

답 라

❓ 빵·과자 배합표의 자료 활용법으로 적당하지 않은 것은?

가. 빵의 생산기준 자료　　　　　　나. 재료 사용량 파악 자료
다. 원가 산출　　　　　　　　　　라. 국가별 빵의 종류 파악 자료

📖 라

❓ 어느 제과점의 지난 달 생산실적이 다음과 같은 경우 노동분배율은?(외부가치 600만원, 생산가치 3000만원, 인건비 1500만원, 총인원 10명)

가. 50%　　　나. 45%　　　다. 55%　　　라. 60%

해 노동분배율 = $\dfrac{\text{인건비}}{\text{생산가치 (부가가치)}} \times 100$ 이므로 $\dfrac{1500}{3000} \times 100 = 50\%$ 이다.

📖 가

❓ 생산부서의 지난달 원가 관련 자료가 아래와 같을 때 생산 가치율은 얼마인가?

- 근로자 : 100명
- 생산가치 : 300000000원
- 외부가치 : 700000000원
- 생산액 : 1000000000원
- 인건비 : 170000000원
- 감가상각비 : 20000000원

가. 25%　　　나. 30%　　　다. 35%　　　라. 40%

해 생산 가치율 = $\dfrac{\text{생산가치}}{\text{생산액}} \times 100$ 이므로 $\dfrac{300000000}{1000000000} \times 100 = 30\%$ 이다.

📖 나

❓ 원가의 구성에서 직접원가에 해당하지 않는 것은?

가. 직접재료비　　　　　　　　　나. 직접노무비
다. 직접경비　　　　　　　　　　라. 직접판매비

📖 라

❓ 제빵 공장에서 5인이 8시간 동안 옥수수식빵 500개, 바게트 550개를 만들었다. 개당 제품의 노무비는 얼마인가?(단, 시간당 노무비는 4000원이다.)

가. 132원　　　　　　　　　　　나. 142원
다. 152원　　　　　　　　　　　라. 162원

해 1인 시간당 생산량을 구하면 500개 + 550개 = 1050개
1050 ÷ 5명 ÷ 8시간 = 26.25개이고, 제품의 개당 노무비는 4,000 ÷ 26.25 = 152.38원이 된다.

📖 다

PART 4

: 기출문제
(빵류 재료 및 제조)

빵류 재료 및 제조

01 냉각으로 인한 빵 속의 수분 함량으로 적당한 것은?

① 약 5%   ② 약 15%
③ 약 25% ④ 약 38%

해 제품 냉각 시 온도는 35~40℃이며, 수분 함량은 38%가 적절하다.

02 다음 제품 중 2차 발효실의 습도를 가장 높게 설정해야 하는 것은?

① 호밀빵   ② 햄버거빵
③ 불란서빵 ④ 빵 도넛

해 2차 발효실 온도와 습도의 일반적인 조건은 38℃, 85~90%이며, 식빵 및 단과자빵류는 38~40℃, 85~90%, 하스브레드류는 32℃, 75~80%, 도넛류는 32~35℃, 75%, 데니시 페이스트리는 30~32℃, 75~80%이다.

03 노타임 반죽법에 사용되는 산화, 환원제의 종류가 아닌 것은?

① ADA(azodicarbonamide)
② L-시스테인
③ 소르브산
④ 요오드칼슘

해 노타임 반죽법에 사용되는 산화제는 브롬산칼륨, 요오드칼륨, ADA가 있고, 환원제로는 L-시스테인, 글루타치온, 소르브산 등이 있다.

04 80% 스펀지에서 전체 밀가루가 2000g, 전체 가수율이 63%인 경우, 스펀지에 55%의 물을 사용하였다면 본 반죽에 사용할 물량은?

① 380g   ② 760g
③ 1140g ④ 1260g

해 스펀지 밀가루 80%, 스펀지의 55% 물일 경우, 물 사용량은 80×0.55=44%이고, 전체 가수율은 63%-44%=19%이므로 2000g×0.19=380g이다.

빵류 재료 및 제조

05 어린 반죽(발효가 덜 된 반죽)으로 제조할 경우 중간 발효 시간은 어떻게 조절되는가?

① 길어진다. ② 짧아진다.
③ 같다. ④ 판단할 수 없다.

해 1차 발효가 짧은 반죽은, 중간 발효 시간을 늘려준다.

06 다음 중 식빵에서 설탕이 과다할 경우 대응책으로 가장 적합한 것은?

① 소금양을 늘린다.
② 이스트 양을 늘린다.
③ 반죽 온도를 낮춘다.
④ 발효 시간을 줄인다.

해 설탕 5% 이상 증가 시, 삼투압에 의해 발효가 저해되므로 이스트 양을 늘려준다.

07 둥글리기의 목적과 거리가 먼 것은?

① 공 모양의 일정한 모양을 만든다.
② 큰 가스는 제거하고 작은 가스는 고르게 분산시킨다.
③ 흐트러진 글루텐을 재정렬한다.
④ 방향성 물질을 생성하여 맛과 향을 좋게 한다.

해 둥글리기의 목적
① 분할로 흐트러진 글루텐의 구조를 정돈
② 반죽 표면에 엷은 표피를 형성시켜 끈적거림을 제거
③ 분할에 의한 형태의 불균일을 일정한 형태로 만들어 다음 공정인 정형을 쉽게 함
④ 중간 발효 중에 새로 생성되는 이산화탄소 가스를 보유할 수 있는 표피를 만듦

정답 05 ① 06 ② 07 ④

빵류 재료 및 제조

08 냉동반죽의 해동을 높은 온도에서 빨리할 경우 반죽의 표면에서 물이 나오는 드립(drip)현상이 발생하는데 그 원인이 <u>아닌</u> 것은?

① 얼음결정이 반죽의 세포를 파괴 손상
② 반죽 내 수분의 빙결분리
③ 단백질의 변성
④ 급속냉동

해 냉동반죽을 급속 냉동하게 되면, 표면에 물이 생기지 않는다.

09 제빵에 있어 일반적으로 껍질을 부드럽게 하는 재료는?

① 소금　　② 밀가루
③ 마가린　④ 이스트푸드

해 제빵에서의 버터와 마가린은 제품의 껍질을 부드럽게 해준다.

10 빵 반죽의 이스트 발효 시 주로 생성되는 물질은?

① 물+이산화탄소
② 알코올+이산화탄소
③ 알코올+물
④ 알코올+글루텐

해 빵 반죽 발효 시 이산화탄소는 가스를 발생하고, 알코올은 특유의 향을 낸다.

11 직접반죽법에 의한 발효 시 가장 먼저 발효되는 당은?

① 맥아당(maltose)
② 포도당(glucose)
③ 과당(fructose)
④ 갈락토오스(galactose)

해 발효 시 가장 먼저 발효되는 당은 포도당이다.

정답 08 ④ 09 ③ 10 ② 11 ②

빵류 재료 및 제조

12 다음 중 발효 시간을 연장시켜야하는 경우는?

① 식빵 반죽온도가 27℃이다.
② 발효실 온도가 24℃이다.
③ 이스트푸드가 충분하다.
④ 1차 발효실 상대 습도가 80%이다.

해 **1차 발효실의 적정 온도 및 습도** : 27℃, 75~80%

13 제빵 시 굽기 단계에서 일어나는 반응에 대한 설명으로 <u>틀린</u> 것은?

① 반죽 온도가 60℃로 오르기까지 효소의 작용이 활발해지고 휘발성 물질이 증가한다.
② 글루텐은 90℃부터 굳기 시작하여 빵이 다 구워질 때까지 천천히 계속된다.
③ 반죽 온도가 60℃에 가까워지면 이스트가 죽기 시작한다. 그와 함께 전분이 호화하기 시작한다.
④ 표피 부분이 160℃를 넘어서면 당과 아미노산이 마이야르 반응을 일으켜 멜라노이드를 만들고, 당의 캐러멜화 반응이 일어나고 전분이 덱스트린으로 분해된다.

해 글루텐은 74℃부터 굳기 시작하며, 호화된 전분과 함께 빵의 구조를 형성한다.

14 냉동반죽의 장점이 <u>아닌</u> 것은?

① 노동력 절약
② 작업 효율의 극대화
③ 설비와 공간의 절약
④ 이스트푸드의 절감

해 냉동 반죽의 장점으로는 휴일과 야간 작업이 편함, 신선한 빵 제공, 다품종 소량 생산 가능, 계획 생산이 가능, 작업장의 설비와 면적이 줄어듦이 있다. 또한, 이스트 푸드 같은 산화제를 사용함으로써 보존기간을 늘린다.

15 3% 이스트를 사용하여 4시간 발효시켜 좋은 결과를 얻는다고 가정할 때 발효 시간을 3시간으로 줄이려 한다. 이때 필요한 이스트 양은?(단, 다른 조건은 같다고 본다.)

① 3.5%   ② 4%
③ 4.5%   ④ 5%

해 3% 이스트가 4시간을 발효시킬 수 있으면 1시간당 3÷4=0.75%, 즉, 1시간에 0.75%의 이스트가 필요하므로 3%+0.75%=3.75%이며, 3.75%를 반올림하면 4%이다.

정답 12 ② 13 ② 14 ④ 15 ②

빵류 재료 및 제조

16 식빵의 온도를 28℃까지 냉각한 후 포장할 때 식빵에 미치는 영향은?

① 노화가 일어나서 빨리 딱딱해진다.
② 빵에 곰팡이가 쉽게 발생한다.
③ 빵의 모양이 찌그러지기 쉽다.
④ 식빵을 슬라이스하기 어렵다.

해 냉각을 너무 오래 한 식빵은 노화가 많이 일어나서 빨리 딱딱해진다.

17 빵 속에 줄무늬가 생기는 원인으로 옳은 것은?

① 덧가루 사용이 과다한 경우
② 반죽 개량제의 사용이 과다한 경우
③ 밀가루를 체로 치지 않은 경우
④ 너무 되거나 진 반죽인 경우

해 덧가루를 과다 사용할 경우 빵 속에 줄무늬가 생긴다.

18 하나의 스펀지 반죽으로 2~4개의 도우(dough)를 제조하는 방법으로 노동력, 시간이 절약되는 방법은?

① 가당 스펀지법
② 오버나잇 스펀지법
③ 마스터 스펀지법
④ 비상 스펀지법

해 하나의 스펀지 반죽으로 2~4개의 도우(dough)를 제조하는 방법은 마스터 스펀지법이다.

19 반죽이 팬 또는 용기에 가득 차는 성질과 관련된 것은?

① 흐름성   ② 가소성
③ 탄성   ④ 점탄성

해 반죽이 팬 또는 용기에 가득 차는 성질을 흐름성이라고 한다.

정답 16 ①   17 ①   18 ③   19 ①

빵류 재료 및 제조

20 다음 중 냉동 반죽을 저장할 때의 적정 온도로 옳은 것은?

① -1~-5℃ 정도
② -6~-10℃ 정도
③ -18~-24℃ 정도
④ -40℃~-45℃ 정도

해 냉동 반죽은 -40℃의 급속 냉동으로 동결하며, 저장 시 온도는 -18℃이다.

21 다음 재료 중 식빵 제조 시 반죽 온도에 가장 큰 영향을 주는 것은?

① 설탕
② 밀가루
③ 소금
④ 반죽 개량제

해 식빵 제조 시 반죽 온도에 가장 큰 영향을 주는 요인은 물이지만, 보기에는 물이 없으므로 제일 많이 차지하는 밀가루가 해당한다.

22 빵 표피의 갈변반응을 설명한 것 중 옳은 것은?

① 이스트가 사멸해서 생긴다.
② 마가린으로부터 생긴다.
③ 아미노산과 당으로부터 생긴다.
④ 굽기 온도 때문에 지방이 산패되어 생긴다.

해 160~180℃에서 캐러멜 반응(당+열=갈색)과 마이야르 반응(당+열+아미노산=갈색)에 의해 껍질이 갈색으로 변한다.

23 제빵용으로 주로 사용되는 도구는?

① 모양깍지
② 돌림판(회전판)
③ 짤주머니
④ 스크래퍼

해 모양깍지, 돌림판, 짤주머니는 제과에 주로 사용되는 도구들이다.

정답 20 ③ 21 ② 22 ③ 23 ④

빵류 재료 및 제조

24 빵 제품의 껍질 색이 연한 원인 설명으로 거리가 먼 것은?

① 1차 발효 과다
② 낮은 오븐 온도
③ 덧가루 사용 과다
④ 고율 배합

해 연한 껍질 색의 원인
① 1차 발효 과다
② 오븐 온도가 낮음
③ 2차 발효실의 습도가 낮거나 발효실에서 꺼내 오븐에 넣기까지 장시간 방치
④ 덧가루 사용 과다

25 둥글리기(Rounding) 공정에 대한 설명으로 틀린 것은?

① 덧가루, 분할기 기름을 최대로 사용한다.
② 손 분할, 기계 분할이 있다.
③ 분할기의 종류는 제품에 적합한 기종을 선택한다.
④ 둥글리기 과정 중 큰 기포는 제거되고 반죽 온도가 균일화된다.

해 둥글리기 공정 시 덧가루 및 분할기 기름은 최소로 사용하는 것이 적절하다.

26 오랜 시간 발효 과정을 거치지 않고 혼합 후 정형하여 2차 발효하는 제빵 법은?

① 재반죽법   ② 스트레이트법
③ 노타임법   ④ 스펀지법

해 노타임법은 오랜 시간 발효 과정을 거치지 않고 배합 후 정형하여 2차 발효하는 제빵 법으로 발효에 의한 글루텐의 숙성을 산화제와 환원제를 사용하여 발효 시간을 단축해 제조하는 방법이다.

27 발효가 지나친 반죽으로 빵을 구웠을 때의 제품 특성이 아닌 것은?

① 빵 껍질 색이 밝다.
② 신 냄새가 있다.
③ 체적이 적다.
④ 제품의 조직이 고르다.

해 과발효된 반죽은 빵 껍질 색이 연하며, 이스트가 많이 분해하여 신 냄새가 있다. 체적이라고 함은 부피를 뜻하는데, 발효가 지나친 반죽은 오븐에서 커졌다가 다시 주저앉기 때문에 체적이 적다. 또한, 기공이 큼직큼직하며 고르지 못하다.

정답 24 ④   25 ①   26 ③   27 ④

CBT 체험형 기출문제

빵류 재료 및 제조

· 수험번호:
· 수험자명:

 · 제한 시간:
· 남은 시간:

글자 크기 100% 150% 200% 화면 배치

· 전체 문제 수:
· 안 푼 문제 수:

답안 표기란

28	① ② ③ ④
29	① ② ③ ④
30	① ② ③ ④
31	① ② ③ ④
32	① ② ③ ④

28 다음 중 굽기 과정에서 일어나는 변화로 <u>틀린</u> 것은?

① 글루텐이 응고된다.
② 반죽의 온도가 90℃일 때 효소의 활성이 증가한다.
③ 오븐 팽창이 일어난다.
④ 향이 생성된다.

해 이스트의 효소활성이 60℃까지 계속되며, 아밀라아제는 적정 온도 범위 내에서 10℃ 상승에 따라 그 활성이 2배가 된다.

29 제빵의 일반적인 스펀지 반죽 방법에서 가장 적당한 스펀지 온도는?

① 12~15도   ② 18~20도
③ 23~25도   ④ 29~32도

해 스펀지 도우법의 스펀지 온도는 24℃이며, 도우의 온도는 27℃이다.

30 비용적 단위로 옳은 것은?

① cm³/g   ② cm²/g
③ cm³/ml   ④ cm²/ml

해 비용적 단위는 cm³/g(1g당 세제곱센티미터)이다.

31 연속식 제빵법에 관한 설명으로 <u>틀린</u> 것은?

① 액체 발효법을 이용하여 연속적으로 제품을 생산한다.
② 발효 손실 감소, 인력 감소 등의 이점이 있다.
③ 3~4기압의 디벨로퍼로 반죽을 제조하기 때문에 많은 양의 산화제가 필요하다.
④ 자동화 시설을 갖추기 위해 설비 공간의 면적이 많이 소요된다.

해 자동화 시설을 갖췄으므로 설비 및 공장면적, 인력이 감소 된다.

32 다음 제빵 공정 중 시간보다 상태로 판단하는 것이 좋은 공정은?

① 포장   ② 분할
③ 2차 발효   ④ 성형

해 2차 발효는 습도와 온도, 반죽의 상태에 따라 시간보다는 상태를 판단하여 굽기를 진행하는 것이 좋다.

정답 28 ② 29 ③ 30 ① 31 ④ 32 ③

빵류 재료 및 제조

33 중간 발효에 대한 설명으로 틀린 것은?

① 중간 발효는 온도 32℃ 이내, 상대습도 75% 전후에서 실시한다.
② 반죽의 온도, 크기에 따라 시간이 달라진다.
③ 반죽의 상처 회복과 성형을 용이하게 하기 위함이다.
④ 상대습도가 낮으면 덧가루 사용량이 증가한다.

해 중간 발효 시 습도가 높을수록 끈적거림이 많아 덧가루 사용량이 증가한다.

34 제빵공정 중 패닝 시 틀(팬)의 온도로 가장 적합한 것은?

① 20℃   ② 32℃
③ 55℃   ④ 70℃

해 패닝 시 팬의 온도는 32℃가 적절하다.

35 완제품 중량이 400g인 빵 200개를 만들고자 한다. 발효 손실이 2%이고 굽기 및 냉각 손실이 12%라고 할 때 밀가루 중량은?(총 배합률은 180%이며, 소수점 이하는 반올림 한다)

① 51,536g   ② 54,725g
③ 61,320g   ④ 61,940g

해 완제품 무게 = 400 × 200 = 80,000g
· 총 반죽 무게 = 완제품 무게 ÷ (1 − 손실)
= 80,000 ÷ (1 − 2%) ÷ (1 − 12%)
(2%와 12%는 100으로 나눈다)
= 80,000 ÷ (1 − 0.02) ÷ (1 − 0.12)
= 80,000 ÷ 0.98 ÷ 0.88 = 92,764.37g
· 밀가루 무게(g)
$$\frac{\text{총 재료무게} \times \text{밀가루배합률}}{\text{총배합률}}$$
$$\frac{92,764.37(g) \times 100(\%)}{180\%}$$
= 51,535.76g

36 다음 중 반죽 10kg을 혼합할 때 가장 적합한 믹서의 용량은?

① 8kg   ② 10kg
③ 15kg   ④ 30kg

해 믹서는 믹서 용량의 70%에 해당하는 반죽만 사용하는 것이 알맞다. 믹서 15kg의 70%는 약 10kg이다.

빵류 재료 및 제조

37 제빵 냉각법 중 적합하지 않은 것은?

① 급속냉각
② 자연냉각
③ 터널식 냉각
④ 에어콘디션식 냉각

해 냉동 반죽법을 사용하지 않는 한, 급속냉동이 아닌 자연냉각, 터널식 냉각, 에어콘디션식 냉각이 좋다.

38 냉동반죽에 사용되는 재료와 제품의 특성에 대한 설명 중 틀린 것은?

① 일반 제품보다 산화제 사용량을 증가시킨다.
② 저율배합인 프랑스빵이 가장 유리하다.
③ 유화제를 사용하는 것이 좋다.
④ 밀가루는 단백질의 함량과 질이 좋은 것을 사용한다.

해 저율배합은 계란, 설탕, 유지 함량이 적어 수분을 보유할 수 있는 능력이 떨어진다. 그러므로 저율 배합보다는 고율 배합이 더 적합하다.

39 일반적으로 작은 규모의 제과점에서 사용하는 믹서는?

① 수직형 믹서   ② 수평형 믹서
③ 초고속 믹서   ④ 커터 믹서

해 소규모 제과점에 적합한 믹서는 수직형 믹서로 버티컬 믹서라고도 한다.

40 갓 구워낸 빵을 식혀 상온으로 낮추는 냉각에 관한 설명으로 틀린 것은?

① 빵 속의 온도를 35~40℃로 낮추는 것이다.
② 곰팡이 및 기타 균의 피해를 막는다.
③ 절단, 포장을 용이하게 한다.
④ 수분함량을 25%로 낮추는 것이다.

해 제품 냉각 시 온도는 35~40℃이며, 수분 함량은 38%가 적절하다.

정답 37 ① 38 ② 39 ① 40 ④

빵류 재료 및 제조

41 식빵 제조 시 과도한 부피의 제품이 되는 원인은?

① 소금양의 부족
② 오븐 온도가 높음
③ 배합수의 부족
④ 미숙성 소맥분

> 해 소금의 역할은 맛을 조절하는 것도 있지만, 반죽을 단단하게 해주는 역할도 한다. 소금양이 부족하면, 그만큼 반죽이 단단하지 못하여 과도한 부피의 원인이 될 수 있다.

42 냉동빵에서 반죽의 온도를 낮추는 가장 주된 이유는?

① 수분 사용량이 많아서
② 밀가루의 단백질 함량이 낮아서
③ 이스트 활동을 억제하기 위해서
④ 이스트 사용량이 감소해서

> 해 이스트가 제일 활발한 온도는 28~32℃이며, 20℃부터 서서히 증식한다. 더 낮은 온도에서는 이스트가 증식을 잘하지 못하므로 냉동반죽은 보관하였다가 필요할 때 사용하는 반죽이므로 이스트의 활동을 억제하기 위해서 반죽의 온도를 낮춘다.

43 성형 후 공정으로 가스팽창을 최대로 만드는 단계로 가장 적합한 것은?

① 1차 발효
② 중간 발효
③ 펀치
④ 2차 발효

> 해 성형 후 공정이라고 했기 때문에 2차 발효가 정답이다.

44 스펀지 발효에서 생기는 결함을 없애기 위하여 만들어진 제조법으로 ADMI법이라고 불리는 제빵법은?

① 액종법(liquid ferments)
② 비상 반죽법(emergency dough method)
③ 노타임 반죽법(no timedough method)
④ 스펀지/도법(sponge/dough method)

> 해 미국 분유 협회가 개발한 방법인 아드미법은 액종법에 있는 제빵법이다.

정답 41 ① 42 ③ 43 ④ 44 ①

빵류 재료 및 제조

45 500g짜리 완제품 식빵 500개를 주문 받았다. 총 배합률은 190%이고, 발효 손실은 2%, 굽기 손실은 10%일 때 20kg짜리 밀가루는 몇 포대 필요한가?

① 6포대 ② 7포대
③ 8포대 ④ 9포대

해 완제품 무게 = 500 × 500 = 250,000g
(g을 kg으로 전환하면 250kg)
· 총반죽 무게 = 완제품 무게 ÷ (1 - 분할 손실)
= 250 ÷ (1 - 2%) ÷ (1 - 10%)
(2%와 10%는 100으로 나눈다)
= 250 ÷ (1 - 0.02) ÷ (1 - 0.1)
= 250 ÷ 0.98 ÷ 0.9 ≒ 283.44kg
· 밀가루 무게(g)
$$\frac{총재료무게 \times 밀가루배합률}{총배합률}$$
$$\frac{283.44(kg) \times 100(\%)}{190\%}$$
= 149.178kg
· 필요한 20kg짜리 밀가루 포대 수 = 149.178kg ÷ 20kg = 7.45포대이며, 올림하여 8포대가 필요하다.

46 빵의 관능적 평가법에서 외부적 특성을 평가하는 항목으로 틀린 것은?

① 대칭성 ② 껍질 색상
③ 껍질 특성 ④ 맛

해 맛은 내부 평가에 해당한다.

47 제빵용 팬 기름에 대한 설명으로 틀린 것은?

① 종류에 상관없이 발연점이 낮아야 한다.
② 무색, 무미, 무취이어야 한다.
③ 정제 라드. 식물유, 혼합유도 사용된다.
④ 과다하게 칠하면 밑 껍질이 두껍고 어둡게 된다.

해 제빵용 팬기름은 발연점이 높아야 한다.

48 다음 중 정상적인 스펀지 반죽을 발효시키는 동안 스펀지 내부의 온도 상승은 어느 정도가 가장 바람직한가?

① 1~2℃ ② 4~6℃
③ 8~10℃ ④ 12~14℃

해 스펀지 도우법의 스펀지 반죽을 발효시키는 동안 스펀지 내부의 온도 상승은 4~6℃가 바람직하다.

빵류 재료 및 제조

49 불란서 빵 제조 시 스팀 주입이 많을 경우 생기는 현상은?

① 껍질이 바삭바삭하다.
② 껍질이 벌어진다.
③ 질긴 껍질이 된다.
④ 균열이 생긴다.

해 껍질을 바삭하게 하기 위하여 스팀을 주입하는 것이지만, 너무 많은 스팀은 질긴 껍질의 원인이 된다.

50 제빵에서 소금의 역할이 아닌 것은?

① 글루텐을 강화한다.
② 유해균의 번식을 억제한다.
③ 빵의 내상을 희게 한다.
④ 맛을 조절한다.

해 제빵에서의 소금의 역할은 글루텐을 강화하고 유해균의 번식을 억제하며, 맛을 조절한다.

51 제품이 오븐에 갑자기 팽창하는 오븐 스프링의 요인이 아닌 것은?

① 탄산가스   ② 알코올
③ 가스압   ④ 단백질

해 오븐 스프링의 요인으로는 탄산가스, 알코올, 가스압이 있다.

52 오븐에서 나온 빵을 냉각하여 포장하는 온도로 가장 적합한 것은?

① 0~5℃   ② 15~20℃
③ 35~40℃   ④ 55~60℃

해 제품 냉각 시 온도는 35~40℃이며, 수분 함량은 38%가 적절하다.

53 다음 발효과정 중 손실에 관계되는 사항과 가장 거리가 먼 것은?

① 반죽온도   ② 기압
③ 발효온도   ④ 소금

해 발효 손실에 관련 있는 요인으로는 수분 증발, 탄수화물의 발효로 CO_2 가스 발생, 반죽 온도 및 발효 온도가 있으며, 소금은 반죽을 경화시키며 발효 속도와 관련이 있지만, 기압은 관련이 없다.

정답 49 ③ 50 ③ 51 ④ 52 ③ 53 ②

빵류 재료 및 제조

54 어린반죽으로 만든 제품의 특징과 거리가 먼 것은?

① 내상의 색상이 검다.
② 쉰 냄새가 난다.
③ 부피가 작다.
④ 껍질의 색상이 진하다.

> 어린반죽이란 발효가 부족한 반죽을 뜻하며, 부피가 작으며, 껍질 색상 및 내상이 진하다. 이스트가 많이 분해한 과발효 상태(지친반죽)일 때 쉰 냄새가 난다.

55 제빵에서 탈지분유를 1% 증가시킬 때 추가되는 물의 양으로 가장 적합한 것은?

① 1%   ② 5.2%
③ 10%   ④ 15.5%

> 반죽의 흡수율에 영향을 주는 요인
> ① 밀가루 단백질의 질과 양, 숙성정도 : 단백질 1% 증가 시, 수분 흡수율은 1.5~2% 증가(즉, 강력분 > 박력분)
> ② 반죽 온도 : 온도 5℃ 증가에 흡수율 3% 감소
> ③ 탈지분유 : 1% 증가 시, 흡수율 1% 증가
> ④ 물의 종류 : 연수는 흡수율이 낮고, 경수는 흡수율이 높음
> ⑤ 설탕 : 설탕 5% 증가 시, 흡수율 1% 감소
> ⑥ 손상 전분 함량(4.5~8%만 사용) : 손상 전분 1% 증가 시, 수분 흡수율은 2% 증가
> ⑦ 반죽 속도 : 고속이 저속보다 흡수율 증가

56 팬기름의 사용에 대한 설명으로 거리가 먼 것은?

① 발연점이 높아야 한다.
② 산패에 강해야 한다.
③ 반죽무게의 3~4%를 사용한다.
④ 기름이 과다하면 바닥 껍질이 두껍고 색이 어둡다.

> 팬기름은 반죽 무게의 0.1~0.2%만 사용한다.

57 식빵 반죽의 희망 온도가 27℃일 때, 실내 온도 20℃, 밀가루 온도 20℃, 마찰계수 30인 경우 사용할 물의 온도는?

① -7℃   ② 3℃
③ 11℃   ④ 18℃

> 사용할 물 온도 = (희망 온도 × 3) − (실내 온도 + 밀가루 온도 + 마찰계수)
> = (27 × 3) − (20 + 20 + 30) = 11℃

58 식빵 제조 시 1차 발효실의 적합한 온도는?

① 24℃   ② 27℃
③ 34℃   ④ 37℃

> 1차 발효실의 적정 온도 및 습도 : 27℃, 75~80%

빵류 재료 및 제조

59 냉동반죽법에서 동결방식으로 적합한 것은?

① 완만동결법
② 지연동결법
③ 오버나이트법
④ 급속동결법

해 냉동 반죽법의 동결방식으로는 급속 냉동을 하여 큰 얼음 결정이 형성되는 것을 막는다.

60 산화제와 환원제를 함께 사용하여 믹싱시간과 발효 시간을 감소시키는 제빵법은?

① 스트레이트법
② 노타임법
③ 비상스펀지법
④ 비상스트레이트법

해 산화제와 환원제를 함께 사용하여 믹싱시간과 발효 시간을 감소시키는 제빵법은 노타임 반죽법이다.

61 식빵 반죽 표피에 수포가 생긴 이유로 적합한 것은?

① 2차 발효실 상대습도가 높았다.
② 2차 발효실 상대습도가 낮았다.
③ 1차 발효실 상대습도가 높았다.
④ 1차 발효실 상대습도가 낮았다.

해 굽기 직전 발효실의 습도가 높으면 반죽 표피에 수포가 생긴다.

62 제빵 제조공정의 4대 중요 관리항목에 속하지 않는 것은?

① 시간관리   ② 온도관리
③ 공정관리   ④ 영양관리

해 4대 중요 관리 항목: 시간관리, 온도관리, 습도관리, 공정관리

정답 59 ④   60 ②   61 ①   62 ④

빵류 재료 및 제조

63 대량생산 공장에서 많이 사용되는 오븐으로 반죽이 들어가는 입구와 제품이 나오는 출구가 서로 **다른** 오븐은?

① 데크 오븐
② 터널 오븐
③ 로터리 래크 오븐
④ 컨벡션 오븐

> 단일 품목을 대량 생산하는 공장에서 많이 사용되며, 반죽을 넣는 입구와 제품을 꺼내는 출구가 서로 다른 오븐은 터널 오븐이다.

64 중간 발효의 목적이 **아닌** 것은?

① 반죽의 휴지
② 기공의 제거
③ 탄력성 제공
④ 반죽에 유연성 부여

> 중간 발효의 목적
> ① 글루텐 조직의 구조를 재정돈
> ② 가스 발생으로 반죽의 유연성 회복
> ③ 탄력성, 신장성 회복으로 밀어 펴기 과정 중 찢어지지 않도록 함

65 냉동반죽의 제조공정에 관한 설명 중 옳은 것은?

① 반죽의 유연성 및 기계성을 향상하기 위하여 반죽 흡수율을 증가시킨다.
② 반죽 혼합 후 반죽 온도는 18~24℃가 되도록 한다.
③ 혼합 후 반죽의 발효 시간은 1시간 30분이 표준발효 시간이다.
④ 반죽을 -40℃까지 급속 냉동시키면 이스트의 냉동에 대한 적응력이 향상되나 글루텐의 조직이 약화한다.

> 냉동반죽의 반죽 혼합 후 반죽 온도는 18~24℃가 되도록 한다.

66 반죽온도에 미치는 영향이 가장 적은 것은?

① 훅(Hook)온도
② 실내 온도
③ 밀가루 온도
④ 물 온도

> 반죽온도에 미치는 영향에는 물 온도, 실내 온도, 밀가루 온도가 있으며 훅의 온도는 영향이 없다.

정답 63 ② 64 ② 65 ② 66 ①

빵류 재료 및 제조

67 일반적으로 풀먼식빵의 굽기 손실은 얼마나 되는가?

① 약 2~3%   ② 약 4~6%
③ 약 7~9%   ④ 약 11~13%

해 풀먼식빵의 굽기손실은 약 7~9%이다.

68 다음의 제품 중에서 믹싱을 가장 적게 해도 되는 것은?

① 불란서빵
② 식빵
③ 단과자빵
④ 데니시 페이스트리

해 데니시 페이스트리는 정형 중 글루텐의 생성으로 인해, 믹싱은 클린업 단계까지만 하는 것이 좋다.

69 미국식 데니시 페이스트리 제조 시 반죽무게에 대한 충전용 유지(롤인유지)의 사용 범위로 가장 적합한 것은?

① 10~15%   ② 20~40%
③ 45~60%   ④ 60~80%

해 미국식 데니시 페이스트리 제조 시 반죽무게에 대한 충전용 유지(롤인유지)의 사용 범위로 가장 적합한 것은 20~40%이다.

70 식빵의 일반적인 비용적은?

① $0.36cm^3/g$ ② $1.36cm^3/g$
③ $3.36cm^3/g$ ④ $5.36cm^3/g$

해 비용적 : 단위 질량을 가진 물체가 차지하는 부피이며, 반죽 1g당 부푸는 부피이며, 산형 식빵의 비용적은 $3.2~3.4cm^3$이며, 풀만 식빵의 비용적은 $3.3~4.0cm^3$이다.

71 다음 중 소프트 롤에 속하지 않는 것은?

① 디너 롤   ② 프렌치 롤
③ 브리오슈   ④ 치즈 롤

해 소프트 롤의 '롤'은 소형빵을 의미하며, 부드러운 소형빵을 찾는 문제이다. 프렌치 롤은 하드 롤에 속한다.

정답 67 ③ 68 ④ 69 ② 70 ③ 71 ②

빵류 재료 및 제조

72 빵의 포장재에 대한 설명으로 틀린 것은?

① 방수성이 있고 통기성이 있어야 한다.
② 포장을 하였을 때 상품의 가치를 높여야 한다.
③ 값이 저렴해야 한다.
④ 포장 기계에 쉽게 적용할 수 있어야 한다.

해 포장 용기의 조건
  ① 방수성이 있어야 할 것
  ② 통기성이 없어야 할 것
  ③ 작업성이 좋음
  ④ 값이 저렴할 것

73 식빵 제조 시 부피를 가장 크게 하는 쇼트닝의 적정한 비율은?

① 4~6%   ② 8~11%
③ 13~16%   ④ 18~20%

해 식빵 제조 시 부피를 가장 크게 하는 쇼트닝의 적정한 비율은 4~6%이다.

74 스트레이트법에 의한 제빵 반죽 시 보통 유지를 첨가하는 단계는?

① 픽업 단계   ② 클린업 단계
③ 발전 단계   ④ 렛 다운 단계

해 유지를 투입하는 단계는 클린업 단계이다.

75 정형기(Moulder)의 작동 공정이 아닌 것은?

① 둥글리기   ② 밀어 펴기
③ 말기   ④ 봉하기

해 둥글리기는 성형 공정 중의 하나이다.

정답 | 72 ① 73 ① 74 ② 75 ①

빵류 재료 및 제조

76 제빵 시 적량보다 많은 분유를 사용했을 때의 결과 중 잘못된 것은?

① 양 옆면과 바닥이 움푹 들어가는 현상이 생김
② 껍질 색은 캐러멜화에 의하여 검어짐
③ 모서리가 예리하고 터지거나 슈레드가 적음
④ 세포벽이 두꺼우므로 황갈색을 나타냄

해 제빵에서의 분유의 역할은 반죽에 탄력을 주고, 완충 작용하며, 분유의 유당에 의해 색깔을 진하게 한다. 반죽이 단단하여 모서리가 예리하고, 잘 터지지 않으며, 세포벽이 두껍다. 양 옆면과 바닥이 움푹 들어가는 현상은 반죽 자체가 부드럽거나, 발효가 많이 되었을 때, 오븐 온도가 높았을 때 생기는 현상이다.

77 냉동 반죽법의 장점이 아닌 것은?

① 소비자에게 신선한 빵을 제공할 수 있다.
② 운동, 배달이 용이하다.
③ 가스 발생력이 향상된다.
④ 다품종 소량생산이 가능하다.

해 냉동 반죽법의 장점에는 휴일과 야간 작업이 편함, 신선한 빵 제공, 다품종 소량 생산 가능, 계획 생산이 가능, 작업장의 설비와 면적이 줄어듦이다. 냉동 반죽은 이스트는 사멸이 많아서 가스 발생력 약화 및 가스 보유력이 저하된다.

78 표준 스펀지/도법에서 스펀지 발효 시간은?

① 1시간~2시간 30분
② 3시간~4시간 30분
③ 5시간~6시간
④ 7시간~8시간

해 스펀지 도우법의 스펀지 발효 시간은 3시간~4시간 30분이다.

빵류 재료 및 제조

79 단백질 함량이 2% 증가한 강력밀가루 사용 시 흡수율 변화의 가장 적당한 것은?

① 2% 감소　② 1.5% 증가
③ 3% 증가　④ 4.5% 증가

해 반죽의 흡수율에 영향을 주는 요인으로 밀가루 단백질 1% 증가 시, 수분 흡수율은 1.5~2% 증가한다. 따라서, 2% 증가한 밀가루 사용 시 3%가 증가한다.

80 빵 굽기 과정에서 오븐 스프링(oven spring)에 의한 반죽 부피의 팽창 정도로 가장 적당한 것은?

① 본래 크기의 약 1/2까지
② 본래 크기의 약 1/3까지
③ 본래 크기의 약 1/5까지
④ 본래 크기의 약 1/6까지

해 오븐 스프링은 본래 크기의 약 1/3까지 팽창한다.

81 스펀지법에서 스펀지 반죽의 가장 적합한 반죽 온도는?

① 13~15℃　② 18~20℃
③ 23~25℃　④ 30~32℃

해 스펀지 도우법의 스펀지 온도는 24℃이다.

82 일반적인 빵 제조 시 2차 발효실의 가장 적합한 온도는?

① 25~30℃　② 30~35℃
③ 35~40℃　④ 45~50℃

해 2차 발효실의 온도와 습도의 일반적인 조건은 38℃, 85~90%이다.

83 같은 밀가루로 식빵 불란서빵을 만들 경우, 식빵의 가수율이 63%였다면 불란서빵의 가수율을 얼마나 하는 것이 가장 좋은가?

① 61%　② 63%
③ 65%　④ 67%

해 불란서빵은 하스 브레드 계열로, 반죽에 탄력성을 최대로 만들어야 한다. 그러므로 식빵보다는 수분함량(가수율)을 줄인다.

정답　79 ③　80 ②　81 ③　82 ③　83 ①

84 1차 발효 중에 펀치를 하는 이유는?

① 반죽의 온도를 높이기 위해
② 이스트를 활성화하기 위해
③ 효소를 불활성화하기 위해
④ 탄산가스 축적을 증가시키기 위해

해 펀치를 하는 이유는 반죽에 산소를 공급함으로써 이스트 활동에 활력을 주고, 반죽 표면과 반죽 내부 온도를 균일하게 하며, 발효 시간을 단축한다.

85 건포도 식빵을 만들 때 건포도를 전처리하는 목적이 아닌 것은?

① 수분을 제거하여 건포도의 보존성을 높인다.
② 제품 내에서의 수분 이동을 억제한다.
③ 건포도의 풍미를 되살린다.
④ 씹는 촉감을 개선한다.

해 건포도 전처리 목적으로는 식감 개선, 풍미 향상, 수분 이동 방지가 있다.

86 제빵 시 팬오일로 유지를 사용할 때 다음 중 무엇이 높은 것을 선택하는 것이 좋은가?

① 가소성
② 크림성
③ 발연점
④ 비등점

해 팬 기름은 발연점이 높아야 한다.

87 비상스트레이법 반죽의 가장 적합한 온도는?

① 15℃
② 20℃
③ 30℃
④ 40℃

해 비상스트레이트법의 표준 온도는 30℃이다.

88 2번 굽기를 하는 제품은?

① 스위트 롤
② 브리오슈
③ 빵도넛
④ 브라운 앤 서브 롤

해 브라운 앤 서브 롤이란 빵 반죽을 완전히 익히지 않아서 빵 껍질이 생기지 않고 구운 색이 들지 않은, 즉 반만 구운 상태로 오븐에서 꺼낸 것. 이것을 오븐에서 한 번 더 구우면 갓 구워낸 빵과 같은 신선한 맛을 느낄 수 있다.

빵류 재료 및 제조

89 2차 발효가 과다할 때 일어나는 현상이 아닌 것은?

① 옆면이 터진다.
② 색상이 여리다.
③ 신 냄새가 난다.
④ 오븐에서 주저앉기 쉽다.

해 2차 발효가 과하면 오븐에서 오븐 스프링의 영향을 많이 받지 않기 때문에, 옆면이 터지지 않는다.

90 노화를 지연시키는 방법으로 올바르지 않은 것은?

① 방습포장재를 사용한다.
② 다량의 설탕을 첨가한다.
③ 냉장 보관시킨다.
④ 유화제를 사용한다.

해 냉장 보관은 노화를 촉진한다.

91 같은 조건의 반죽에 설탕, 포도당, 과당을 같은 농도로 첨가했다고 가정할 때 마이야르 반응속도를 촉진하는 순서대로 나열된 것은?

① 설탕>포도당>과당
② 과당>설탕>포도당
③ 과당>포도당>설탕
④ 포도당>과당>설탕

해 마이야르 반응 속도를 촉진하는 순서는 과당>포도당>설탕 순서이다.

92 다음 중 냉동, 냉장, 해동, 2차 발효를 프로그래밍에 의해 자동으로 조절하는 기계는?

① 스파이럴 믹서
② 도우 컨디셔너
③ 로타리 랙크오븐
④ 모레르식 락크 발효실

해 도우 컨디셔너는 자동 제어 장치에 의해 반죽을 급속 냉동, 냉장, 완만한 해동, 2차 발효 등을 할 수 있는 다기능 제빵 기계이다.

정답 89 ① 90 ③ 91 ③ 92 ②

빵류 재료 및 제조

93 냉동 페이스트리를 구운 후 옆면이 주저앉는 원인으로 **틀린** 것은?

① 토핑물이 많은 경우
② 잘 구워지지 않은 경우
③ 2차 발효가 과다한 경우
④ 해동 온도가 2~5℃로 낮은 경우

해 해동 온도가 낮으면 주저앉지 않는다.

94 냉각 손실에 대한 설명 중 **틀린** 것은?

① 식히는 동안 수분 증발로 무게가 감소한다.
② 여름철보다 겨울철이 냉각 손실이 크다.
③ 상대 습도가 높으면 냉각 손실이 작다.
④ 냉각 손실은 5% 정도가 적당하다.

해 냉각 손실은 2% 정도가 적당하다.

95 다음 중 빵 포장재의 특성으로 적합하지 **않은** 성질은?

① 위생성 ② 보호성
③ 작업성 ④ 단열성

해 빵, 과자는 뜨거우면 먹기 어려울뿐더러 뜨거울 때 포장하면 수분이 응축되므로 포장재는 단열성이 필요 없다.

96 빵의 부피가 너무 작은 경우 어떻게 조치하면 좋은가?

① 발효 시간을 증가시킨다.
② 1차 발효를 감소시킨다.
③ 분할무게를 감소시킨다.
④ 팬 기름칠을 넉넉하게 증가시킨다.

해 빵의 부피를 키우기 위해 발효 시간을 증가한다.

97 굽기 손실에 영향을 주는 요인으로 관계가 가장 적은 것은?

① 믹싱시간
② 배합률
③ 제품의 크기와 모양
④ 굽기온도

해 굽기 손실에 영향을 주는 요인으로는 배합률, 제품의 크기와 모양, 굽기 온도 등이 있다.

| 정답 | 93 ④ | 94 ④ | 95 ④ | 96 ① | 97 ① |

빵류 재료 및 제조

98 굽기의 실패 원인 중 빵의 부피가 작고 껍질 색이 짙으며, 껍질이 부스러지고 옆면이 약해지기 쉬운 결과가 생기는 원인은?

① 높은 오븐열
② 불충분한 오븐열
③ 너무 많은 증기
④ 불충분한 열의 분배

해 오븐 온도가 높으면 색깔이 빨리 나며, 빵의 부피가 작고 껍질이 부스러지고 옆면이 약해지기 쉽다.

99 냉동과 해동에 대한 설명 중 틀린 것은?

① 전분은 -7~10℃ 범위에서 노화가 빠르게 진행된다.
② 노화대(stale zone)를 빠르게 통과하면 노화 속도가 지연된다.
③ 식품을 완만히 냉동하면 작은 얼음결정이 형성된다.
④ 전분이 해동될 때는 동결 때보다 노화의 영향이 적다.

해 식품을 완만히 냉동하면 큰 얼음결정이 형성되므로 냉동반죽법을 할 때는 급속 냉동을 해야 한다.

100 식빵에서 설탕을 정량보다 많이 사용하였을 때 나타나는 현상은?

① 껍질이 얇고 부드러워진다.
② 발효가 느리고 팬의 흐름성이 많다.
③ 껍질 색이 연하며 둥근 모서리를 보인다.
④ 향미가 적으며 속 색이 회색 또는 황갈색을 보인다.

해 설탕은 제빵에서 반죽을 부드럽게 해주는 연화작용을 하고, 이스트의 먹이로써 이스트의 분해를 돕는다. 그러나 5% 이상 사용 시, 삼투압 작용으로 발효가 저해된다.

101 다음 중 연속식 제빵법의 특징이 아닌 것은?

① 발효손실 감소
② 설비감소, 설비공간, 설비면적 감소
③ 노동력 감소
④ 일시적 기계구입 비용의 경감

해 연속식 제빵법의 장점으로는 설비 감소, 공장면적 감소, 인력 감소, 발효손실의 감소가 있다.

| 정답 | 98 ① | 99 ③ | 100 ② | 101 ④ |

빵류 재료 및 제조

102 밀가루 50g에서 젖은 글루텐을 15g 얻었다. 이 밀가루의 조단백질 함량은?

① 6% ② 12%
③ 18% ④ 24%

해 ① 젖은 글루텐 함량(%) = 젖은 글루텐 중량/밀가루 중량×100
∴ 15/50×100 = 30%
② 건조 글루텐 함량(%) = 젖은 글루텐(%) ÷ 3 = 밀가루 단백질(%)
∴ 30÷3 = 10%
따라서, 10%에 가까운 12%가 정답이다.

103 중간 발효에 대한 설명으로 틀린 것은?

① 글루텐 구조를 재정돈한다.
② 가스발생으로 반죽의 유연성을 회복한다.
③ 오버 헤드 프루프(over head proot)라고 한다.
④ 탄력성과 신장성에는 나쁜 영향을 미친다.

해 중간 발효의 목적
① 글루텐 조직의 구조를 재정돈
② 가스 발생으로 반죽의 유연성 회복
③ 탄력성, 신장성 회복으로 밀어 펴기 과정 중 찢어지지 않도록 함

104 다음 중 빵 반죽의 발효에 속하는 것은?

① 낙산발효 ② 부패발효
③ 알코올발효 ④ 초산발효

해 빵 반죽의 발효는 알코올에 의해 발효된다.

105 다음 중 빵 반죽의 발효에 속하는 것은?

① 온도 27~29℃, 습도 90~100%
② 온도 38~40℃, 습도 90~100%
③ 온도 38~40℃, 습도 80~90%
④ 온도 27~29℃, 습도 80~90%

해 2차 발효를 묻고 있으며, 2차 발효실의 온도와 습도의 일반적인 조건은 38℃, 85~90%이다.

빵류 재료 및 제조

106 빵을 구웠을 때 갈변이 되는 것은 어떤 반응에 의한 것인가?

① 비타민 C의 산화에 의하여
② 효모에 의한 갈색 반응에 의하여
③ 마이야르(maillard) 반응과 캐러멜화 반응이 동시에 일어나서
④ 클로로필(chlorophyll)이 열에 의해 변성되어서

해 160~180℃에서 캐러멜 반응(당+열=갈색)과 마이야르 반응(당+열+아미노산=갈색)에 의해 껍질이 갈색으로 변한다.

107 제빵 시 적절한 2차 발효점은 완제품 용적의 몇 %가 가장 적당한가?

① 40~45%   ② 50~55%
③ 70~80%   ④ 90~95%

해 2차 발효 점은 완제품의 70~80%가 적당하다.

108 냉동 반죽법에서 혼합 후 반죽의 결과 온도로 가장 적합한 것은?

① 0℃   ② 10℃
③ 20℃   ④ 30℃

해 이스트가 제일 활발한 온도는 28~32℃이며, 20℃부터 서서히 증식한다. 더 낮은 온도에서는 이스트가 증식을 잘하지 못하므로 냉동반죽은 보관하였다가 필요할 때 사용하는 반죽이므로 이스트의 활동을 억제하기 위해서 반죽의 온도를 낮춘다.

109 다음 발효 중에 일어나는 생화학적 생성 물질이 아닌 것은?

① 덱스트린   ② 맥아당
③ 포도당   ④ 이성화당

해 이성화당이란 전분을 효소나 산에 의해 가수분해시켜 얻은 포도당액을 효소나 알칼리 처리로 포도당과 과당으로 만들어 놓은 당으로 생화학적 생성 물질은 아니다.

정답 106 ③ 107 ③ 108 ③ 109 ④

110 오븐에서 구운 빵을 냉각할 때 평균 몇 %의 수분 손실이 추가로 발생하는가?

① 2% ② 4%
③ 6% ④ 8%

해 냉각 손실은 2% 정도가 적당하다.

111 스펀지/도법에서 스펀지 밀가루 사용량을 증가시킬 때 나타나는 결과가 아닌 것은?

① 도우 제조 시 반죽시간이 길어짐
② 완제품의 부피가 커짐
③ 도우 발효 시간이 짧아짐
④ 반죽의 신장성이 좋아짐

해 스펀지 도우법에서 스펀지 밀가루 사용량을 증가시키면 스펀지의 반죽시간은 길어지지만 도우의 반죽시간은 길어지지 않는다.

112 단과자빵의 껍질에 흰 반점이 생긴 경우 그 원인에 해당하지 않는 것은?

① 반죽온도가 높았다.
② 발효하는 동안 반죽이 식었다.
③ 숙성이 덜 된 반죽을 그대로 정형하였다.
④ 2차 발효 후 찬 공기를 오래 쐬었다.

해 빵 반죽의 껍질에 흰 반점이 생기는 경우는 반죽이 말랐거나, 덧가루를 과다하게 사용하였을 경우 생기는 현상으로 반죽온도와는 관련이 없다.

113 다음 중 중간 발효에 대한 설명으로 옳은 것은?

① 상대습도 85% 전·후로 시행한다.
② 중간 발효 중 습도가 높으면 껍질이 형성되어 빵 속에 단단한 소용돌이가 생성된다.
③ 중간 발효 온도는 27~29℃가 적당하다.
④ 중간 발효가 잘되면 글루텐이 잘 발달한다.

해 중간 발효의 온도는 27~32℃, 상대 습도 75~80%이 적절하며, 발효 시간은 반죽의 온도와 크기에 따라 시간이 달라진다.

빵류 재료 및 제조

114 수돗물 온도 18°C, 사용할 물 온도 9°C, 사용 물양 10kg일 때 얼음 사용량은 얼마인가?

① 0.81kg　② 0.92kg
③ 1.11kg　④ 1.21kg

해 얼음 사용량

$$\frac{물사용량 \times (수돗물온도 - 사용수온도)}{80 + 수돗물온도}$$

$$\frac{10 \times (18 - 9)}{80 + 18}$$

= 0.918kg

115 안치수가 그림과 같은 식빵 철판의 용적은?

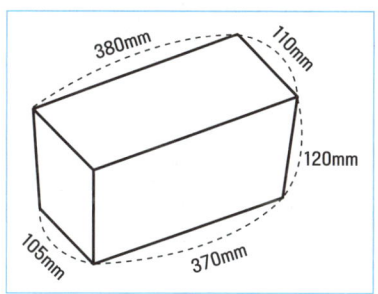

① 4662㎤　② 4837.5㎤
③ 5018.5㎤　④ 5218.5㎤

해 식빵틀 구하는 공식

$$\frac{윗면가로 + 밑면가로}{2} \times$$

$$\frac{윗면세로 + 밑면세로}{2} \times 높이$$

$$\frac{380 + 370}{2} \times \frac{110 + 105}{2} \times 120$$

= 4,837,500
단위를 바꾸면 4837.5㎤가 된다.

116 반죽제조 단계 중 렛다운(Let Down) 상태까지 믹싱하는 제품으로 적당한 것은?

① 옥수수식빵, 밤식빵
② 크림빵, 앙금빵
③ 바게트, 프랑스빵
④ 잉글리시 머핀, 햄버거빵

해 렛다운 단계란 반죽의 신장성이 최대인 단계로, 틀을 사용하는 햄버거빵이나 잉글리시 머핀이 해당한다.

117 다음 중 분할에 대한 설명으로 옳은 것은?

① 1배합당 식빵류는 30분 이내에 하도록 한다.
② 기계분할은 발효과정의 진행과는 무관하여 분할 시간에 제한받지 않는다.
③ 기계분할은 손 분할에 비해 약한 밀가루로 만든 반죽분할에 유리하다.
④ 손 분할은 오븐스프링이 좋아 부피가 양호한 제품을 만들 수 있다.

해 손 분할은 오븐스프링이 좋아 부피가 양호한 제품을 만들 수 있다.

정답　114 ②　115 ②　116 ④　117 ④

빵류 재료 및 제조

118 희망 반죽 온도 26℃, 마찰계수 20, 실내 온도 26℃, 스펀지 반죽 온도 28℃, 밀가루 온도 21℃일 때 스펀지법에서 사용할 물의 온도는?

① 11℃ ② 8℃
③ 7℃   ④ 9℃

해 사용할 물 온도 = (희망온도×4) - (실내온도 + 밀가루 온도 + 스펀지 온도 + 마찰계수)
= (26×4) - (26 + 21 + 28 + 20) = 9℃

119 굽기 과정 중 당류의 캐러멜화가 개시되는 온도로 가장 적합한 것은?

① 100℃ ② 120℃
③ 150℃ ④ 185℃

해 160~180℃에서 캐러멜 반응(당+열=갈색)과 마이야르 반응(당+열+아미노산=갈색)에 의해 껍질이 갈색으로 변한다.

120 밀가루 빵에 부재료로 사용되는 사워(Sour)의 정의로 맞는 것은?

① 밀가루와 물을 혼합하여 장시간 발효시킨 혼합물
② 기름에 물이 분산된 유탁액
③ 산과 향신료의 혼합물
④ 산화·환원제를 넣은 베이스 믹스

해 사워(Sour)종은 밀가루와 물을 혼합하여 숙성시켜 사용하는데, 풍미를 주고 이스트 없이 팽창 효과를 얻는다.

121 빵을 포장하는 프로필렌 포장지의 기능이 아닌 것은?

① 수분증발의 억제로 노화 지연
② 빵의 풍미 성분 손실 지연
③ 포장 후 미생물 오염 최소화
④ 빵의 로프균 오염방지

해 로프균은 내열성이 강하고 35~43도가 가장 최적번식 온도로 프로필렌 포장지가 로프균까지 방지할 수는 없다.

정답 118 ④ 119 ③ 120 ① 121 ④

빵류 재료 및 제조

122 불란서빵의 2차 발효실 습도로 가장 적합한 것은?

① 65~70% ② 75~80%
③ 80~85% ④ 85~90%

해 불란서빵의 껍질은 얇고, 바삭해야 하므로 발효실의 습도가 높지 않은 75~80%가 적당하다.

123 빵 제품의 노화 지연 방법으로 옳은 것은?

① -18℃ 냉동보관
② 냉장보관
③ 저배합, 고속 믹싱 빵제조
④ 수분 30~60% 유지

해 노화를 지연하는 방법으로는 냉동 보관, 고율배합, 당류 첨가, 유화제 첨가, 밀봉 등이 있다.

124 스펀지 도법에 있어서 스펀지 반죽에 사용하는 일반적인 밀가루의 사용 범위는?

① 0~20%   ② 20~40%
③ 40~60% ④ 60~100%

해 스펀지 도우법의 일반적인 밀가루 사용 범위는 60~100%이다.

125 다음 중 스트레이트법과 비교한 스펀지 도법에 대한 설명이 옳은 것은?

① 노화가 빠르다.
② 발효 내구성이 좋다.
③ 속 결이 거칠고 부피가 작다.
④ 발효향과 맛이 나쁘다.

해 스트레이트법에 비교하여 스펀지 도우법의 장점으로는 작업 공정에 대한 융통성이 있어 잘못된 공정을 수정할 기회가 있고, 풍부한 발효 향, 노화가 지연되어 저장성이 좋다. 또한, 빵의 부피가 크고 속 결이 부드럽다.

126 발효 중 펀치의 효과와 거리가 먼 것은?

① 반죽의 온도를 균일하게 한다.
② 이스트의 활성을 돕는다.
③ 산소공급으로 반죽의 산화숙성을 진전시킨다.
④ 성형을 용이하게 한다.

해 펀치를 하는 이유는 반죽에 산소를 공급함으로써 이스트 활동에 활력을 주고, 반죽 표면과 반죽 내부 온도를 균일하게 하며, 발효 시간을 단축한다.

정답 122 ② 123 ① 124 ④ 125 ② 126 ④

빵류 재료 및 제조

127 제조공정상 비상반죽법에서 가장 많은 시간을 단축할 수 있는 공정은?

① 재료계량 ② 믹싱
③ 1차 발효 ④ 굽기

해 비상반죽법은 표준 반죽 시간을 늘리고 발효 속도를 촉진해 전체 공정 시간을 줄임으로써 짧은 시간 내에 제품을 만들어 내어 갑작스러운 상황에 빠르게 대처할 수 있는 방법이다.

128 모닝빵을 1000개 만드는데 한 사람이 3시간 걸렸다. 1500개 만드는데 30분 이내에 끝내려면 몇 사람이 작업해야 하는가?

① 2명 ② 3명
③ 9명 ④ 15명

해 1인이 1시간 동안 모닝빵을 만드는 개수 = 1000 ÷ 3 = 333.3(개)
1500개를 1인이 작업하면,
1500 ÷ 333.3 = 4.5(시간), 4.5시간을 분으로 전환하면 4시간 30분 = 270분,
30분 근무 시 인원수
270 ÷ 30 = 9명

129 빵의 부피와 가장 관련이 깊은 것은?

① 소맥분의 단백질 함량
② 소맥분의 전분함량
③ 소맥분의 수분 함량
④ 소맥분의 회분함량

해 빵의 부피는 단백질의 함량에 따라 달라진다.

130 다음 중 제빵에 맥아를 사용하는 목적이 아닌 것은?

① 이산화탄소 생산을 증가시킨다.
② 제품에 독특한 향미를 부여한다.
③ 노화 지연 효과가 있다.
④ 구조 형성에 도움을 준다.

해 맥아는 주로 보리를 발아시켜 만드는 것으로, 이산화탄소 증가, 풍미 향상, 노화 지연의 기능을 말한다.

답안 표기란				
127	①	②	③	④
128	①	②	③	④
129	①	②	③	④
130	①	②	③	④

정답 127 ③ 128 ④ 129 ① 130 ④

빵류 재료 및 제조

131 2차 발효에 관련된 설명으로 틀린 것은?

① 원하는 크기와 글루텐의 숙성을 위한 과정이다.
② 2차 발효는 온도, 습도, 시간의 세 가지 요소에 의하여 조절된다.
③ 2차 발효실의 상대습도 75~90%가 적당하다.
④ 2차 발효실의 습도가 지나치게 높으면 껍질이 과도하게 터진다.

해 2차 발효실의 습도가 높으면 표피에 수포가 생긴다.

132 다음 재료 중 발효에 미치는 영향이 가장 적은 것은?

① 이스트양   ② 온도
③ 소금   ④ 유지

해 발효에 관여하는 요인으로는 이스트의 양, 반죽 온도, 반죽의 pH, 삼투압, 이스트 푸드가 있다.

133 어떤 과자점에서 여름에 반죽 온도를 24℃로 하여 빵을 만들려고 한다. 사용수 온도 10℃, 수돗물의 온도는 18℃, 사용수 양은 3kg, 얼음 사용량은 900g일 때 조치 사항으로 옳은 것은?

① 믹서에 얼음만 900g을 넣는다.
② 믹서에 수돗물만 3kg을 넣는다.
③ 믹서에 수돗물 3kg과 얼음 900g을 넣는다.
④ 믹서에 수돗물 2.1kg과 얼음 900을 넣는다.

해 수돗물의 양(3kg)과 얼음 사용량(900g)이 정해져 있기 때문에 계산할 필요가 없으며, 수돗물에서 얼음 사용량을 빼서 사용하면 된다. 즉, 3000g-900g=2100g 수돗물 2.1kg과 얼음 900g을 넣는다.

134 식빵을 만드는 데 실내 온도 15℃, 수돗물 온도 10℃, 밀가루 온도 13℃일 때 믹싱 후의 반죽 온도가 21℃가 되었다면 이때 마찰계수는?

① 5   ② 10
③ 20   ④ 25

해 마찰계수=(결과 반죽 온도×3)-(실내 온도+밀가루 온도+수돗물 온도)
=(21×3)-(15+13+10)=25

| 정답 | 131 ④ | 132 ④ | 133 ④ | 134 ④ |

빵류 재료 및 제조

135 제빵 시 성형(make-up)의 범위에 들어가지 <u>않는</u> 것은?

① 둥글리기   ② 분할
③ 성형   ④ 2차 발효

> 성형의 범위에는 분할→둥글리기→중간 발효→정형→팬닝 이렇게 5가지가 속한다.

136 굽기 중 전분의 호화 개시 온도와 이스트의 사멸온도로 가장 적당한 것은?

① 20℃   ② 30℃
③ 40℃   ④ 60℃

> 이스트의 사멸 및 전분의 호화 온도는 60℃이다.

137 다음의 재료 중 많이 사용할 때 반죽의 흡수량이 감소하는 것은?

① 활성 글루텐   ② 손상전분
③ 유화제   ④ 설탕

> 설탕 5% 증가 시, 흡수율이 1% 감소한다.

138 발효의 설명으로 잘못된 것은?

① 발효 속도는 발효의 온도가 38℃일 때 최대이다.
② 이스트의 최적 pH는 4.7이다.
③ 알코올 농도가 최고에 달했을 때 즉 발효의 마지막 단계에서 발효 속도는 증가한다.
④ 소금은 약 1% 이상에서 발효를 지연시킨다.

> 발효의 마지막 단계에서 발효 속도는 점점 감소한다.

139 빵 제품의 모서리가 예리하게 된 것은 다음 중 어떤 반죽에서 오는 결과인가?

① 발효가 지나친 반죽
② 과다하게 이형유를 사용한 반죽
③ 어린 반죽
④ 2차 발효가 지나친 반죽

> 빵 제품의 모서리가 예리하다는 것은 반죽이 단단하다는 뜻으로 발효가 부족한 어린 반죽에 해당한다.

정답 135 ④ 136 ④ 137 ④ 138 ③ 139 ③

빵류 재료 및 제조

140 지나친 반죽(과발효)이 제품에 미치는 영향을 잘못 설명한 것은?

① 부피가 크다.
② 향이 강하다.
③ 껍질이 두껍다.
④ 팬 흐름이 적다.

해 과발효된 반죽은 아주 부드럽기 때문에 팬 흐름이 많다.

141 냉동 제품의 해동 및 재가열 목적으로 주로 사용하는 오븐은?

① 적외선 오븐   ② 릴 오븐
③ 데크 오븐   ④ 대류식 오븐

해 냉동 제품의 해동 및 재가열 목적의 오븐으로는 적외선 오븐이 적합하다.

142 제빵용 밀가루의 적정 손상 전분 함량은?

① 1.5~3%   ② 4.5~8%
③ 11.5~14%   ④ 15.5~17%

해 손상 전분 함량(4.5~8%만 사용): 손상 전분 1% 증가 시, 수분 흡수율은 2% 증가

143 빵을 오븐에 넣으면 빵 속의 온도가 높아지면서 부피가 증가한다. 이때 일어나는 현상이 아닌 것은?

① 가스압이 증가한다.
② 이산화탄소 가스의 용해도가 증가한다.
③ 이스트의 효소활성이 60℃까지 계속된다.
④ 79℃부터 알콜이 증발하여 특유의 향이 발생한다.

해 이산화탄소 가스의 용해도는 증가하지 않는다.

144 발효의 목적이 아닌 것은?

① 반죽을 숙성시킨다.
② 글루텐을 강화한다.
③ 풍미성분을 생성시킨다.
④ 팽창작용을 한다.

해 발효의 목적은 이산화탄소(CO_2)의 발생으로 팽창 작용과 효소가 작용하여 반죽을 부드럽게 하며, 발효에 의해 생성된 알코올과 유기산 등이 독특한 맛과 향을 부여한다.

빵류 재료 및 제조

145 내부에 팬이 부착되어 열풍을 강제 순환시키면서 굽는 타입으로 굽기의 편차가 극히 적은 오븐은?

① 터널오븐 ② 컨벡션오븐
③ 밴드오븐 ④ 래크오븐

해 컨벡션오븐은 팬(Fan)을 이용하여 바람으로 굽는 오븐으로 대류식 오븐이라고도 한다.

146 정형한 식빵 반죽을 팬에 넣을 때 이음매의 위치는 어느 쪽이 가장 좋은가?

① 위   ② 아래
③ 좌측   ④ 우측

해 팬닝 시 이음매(봉합) 부분은 항상 아래쪽으로 둔다.

147 식빵 반죽을 분할할 때 처음에 분할한 반죽과 나중에 분할한 반죽은 숙성도의 차이가 크므로 단시간 내에 분할해야 한다. 몇 분 이내로 완료하는 것이 가장 좋은가?

① 2~7분   ② 8~13분
③ 15~20분 ④ 25~30분

해 손 분할 시, 분할 시간은 15~20분이 적당하다.

148 2차 발효 시 상대습도가 부족할 때 일어나는 현상은?

① 질긴 껍질 ② 흰 반점
③ 터짐   ④ 단단한 표피

해 2차 발효 상대 습도가 부족할 경우 색상이 연하고, 반죽은 터지거나 찢어지게 된다.

149 일반적인 스펀지 도우법으로 식빵을 만들 때 도우의 가장 적당한 온도는?

① 17℃ ② 27℃
③ 37℃ ④ 47℃

해 스펀지 도우법의 스펀지 온도는 24℃이며, 도우 온도는 27℃이다.

150 건포도 식빵, 옥수수식빵, 야채식빵을 만들 때 건포도, 옥수수, 야채는 믹싱의 어느 단계에 넣는 것이 좋은가?

① 최종 단계 후   ② 클린업 단계 후
③ 발전 단계 후   ④ 렛 다운 단계 후

해 믹싱 시, 충전물은 항상 마무리 단계에 넣어야 글루텐을 생성하는 데 영향을 미치지 않는다.

정답 145 ② 146 ② 147 ③ 148 ③ 149 ② 150 ①

빵류 재료 및 제조

151 일반적으로 이스트 도넛의 가장 적당한 튀김 온도는?

① 100~115℃ ② 150~165℃
③ 180~195℃ ④ 230~245℃

해 튀김의 적정한 온도는 180~193℃이다.

152 다음 중 팬닝에 대한 설명으로 틀린 것은?

① 반죽의 이음매가 틀의 바닥으로 놓이게 한다.
② 철판의 온도를 60℃로 맞춘다.
③ 반죽은 적정 분할량을 넣는다.
④ 비용적의 단위는 cm³/g이다.

해 철판의 온도는 32℃가 적당하다.

153 액체발효법(액종법)에 대한 설명으로 옳은 것은?

① 균일한 제품생산이 어렵다.
② 발효손실에 따른 생산손실을 줄일 수 있다.
③ 공간확보와 설비비가 많이 든다.
④ 한 번에 많은 양을 발효시킬 수 없다.

해 액종법은 중종법처럼 노력과 설비를 갖추지 않고서도 어느 정도의 기계 내성이 있고 노화가 느린 빵을 만드는 것이 목적이라 할 수 있으며, 발효손실에 따른 생산손실을 줄일 수 있다.

154 다음 중 반죽 발효에 영향을 주지 않는 재료는?

① 쇼트닝   ② 설탕
③ 이스트   ④ 이스트푸드

해 발효에 관여하는 요인으로는 이스트의 양, 반죽 온도, 반죽의 pH, 삼투압, 이스트 푸드가 있다.

정답 151 ③ 152 ② 153 ② 154 ①

빵류 재료 및 제조

155 믹싱의 효과로 거리가 먼 것은?

① 원료의 균일한 분산
② 반죽의 글루텐 형성
③ 이물질 제거
④ 반죽에 공기 혼입

해 믹싱의 목적으로는 반죽에 공기를 혼입하고, 모든 재료를 균일하게 분산시키고 혼합하고, 밀가루의 수화 및 글루텐을 발전시키는 데 있다.

156 빵의 제품평가에서 브레이크와 슈레드 부족현상의 이유가 아닌 것은?

① 발효 시간이 짧거나 길었다.
② 오븐의 온도가 높았다.
③ 2차 발효실의 습도가 낮았다.
④ 오븐의 증기가 너무 많았다.

해 브레이크와 슈레드 부족 현상
  ① 발효 부족
  ② 발효 과다
  ③ 2차 발효실의 습도 부족
  ④ 너무 높은 오븐 온도

157 냉동 반죽의 가스 보유력 저하 요인이 아닌 것은?

① 냉동 반죽의 빙결성
② 해동 시 탄산가스 확산에 의한 기포수의 감소
③ 냉동 시 탄산가스 용해도 증가에 의한 기포수의 감소
④ 냉동과 해동 및 냉동 저장에 따른 냉동반죽 물성의 강화

해 냉동과 해동 및 냉동 저장에 따른 이스트와 글루텐의 냉해로 인해 냉동 반죽 물성이 약화한다.

158 글루텐을 형성하는 단백질은?

① 알부민, 글리아딘
② 알부민, 글로불린
③ 글루테닌, 글리아딘
④ 글루테닌, 글로불린

해 글루텐을 형성하는 주 단백질에는 글루테닌과 글리아딘이 있다.

정답 155 ③ 156 ④ 157 ④ 158 ③

빵류 재료 및 제조

159 팬 기름칠을 다른 제품보다 더 많이 하는 제품은?

① 베이글 ② 바게트
③ 단팥빵 ④ 건포도 식빵

해 식빵틀은 조금만 코팅이 벗겨지면 식빵과 틀이 분리되기 어렵기 때문에 다른 제품에 비해 더 많이 칠해줘야 한다. 팬기름의 적정량은 반죽의 0.1~0.2%이다.

160 냉동빵 혼합(Mixing) 시 흔히 사용하고 있는 제법으로, 환원제로 시스테인(Cysteine)들을 사용하는 제법은?

① 스트레이트법 ② 스펀지법
③ 액체 발효법 ④ 노타임법

해 환원제인 시스테인은 노타임 반죽법에 사용한다.

161 굽기를 할 때 일어나는 반죽의 변화가 아닌 것은?

① 오븐 팽창 ② 단백질 열변성
③ 전분의 호화 ④ 전분의 노화

해 전분의 노화는 오븐에서 나오자마자 시작한다.

162 소규모 제과점용으로 가장 많이 사용되며 반죽을 넣는 입구와 제품을 꺼내는 출구가 같은 오븐은?

① 컨벡션오븐 ② 터널오븐
③ 릴 오븐 ④ 데크오븐

해 데크오븐은 소규모 제과점에서 주로 사용하며 반죽을 넣는 입구와 제품을 꺼내는 출구가 같다.

163 베이커스 퍼센트(bakers percent)에 대한 설명으로 맞는 것은?

① 전체 재료의 양을 100%로 하는 것이다.
② 물의 양을 100%로 하는 것이다.
③ 밀가루의 양을 100%로 하는 것이다.
④ 물과 밀가루의 양의 합을 100%로 하는 것이다.

해 대부분의 배합은 밀가루 양이 100%로 기준이 되며, 이를 베이커스 퍼센트(Baker's percent(%))라고 한다.

정답 159 ④ 160 ④ 161 ④ 162 ④ 163 ③

빵류 재료 및 제조

164 식빵의 표피에 작은 물방울이 생기는 원인과 거리가 먼 것은?

① 수분 과다 보유
② 발효 부족(under proofing)
③ 오븐의 윗불 온도가 높음
④ 지나친 믹싱

해 지나친 믹싱과 식빵표피의 물방울과는 전혀 관련이 없다.

165 반죽의 혼합과정 중 유지를 첨가하는 방법으로 옳은 것은?

① 밀가루 및 기타재료와 함께 계량하여 혼합하기 전에 첨가한다.
② 반죽이 수화되어 덩어리를 형성하는 클린업 단계에서 첨가한다.
③ 반죽의 글루텐 형성 중간 단계에서 첨가한다.
④ 반죽의 글루텐 형성 최종 단계에서 첨가한다.

해 클린업 단계에서 유지를 투입한다.

166 빵제품에서 볼 수 있는 노화 현상이 아닌 것은?

① 맛과 향의증진
② 조직의 경화
③ 전분의 결정화
④ 소화율의 저하

해 노화란 생전분 상태로 되돌아가려는 상태를 말하며 식감이 딱딱해지고 맛이 떨어진다.

167 분할기에 의한 기계식 분할 시 분할의 기준이 되는 것은?

① 무게   ② 모양
③ 배합율 ④ 부피

해 기계식 분할은 무게가 아닌 부피에 의한 기준이 된다.

168 탈지분유를 빵에 넣으면 발효 시 pH 변화에 어떤 영향을 미치는가?

① pH 저하를 촉진 시킨다.
② pH 상승을 촉진 시킨다.
③ pH 변화에 대한 완충 역할을 한다.
④ pH가 중성을 유지하게 된다.

해 탈지분유는 제빵에서 완충 역할을 한다.

| 정답 | 164 ④ | 165 ② | 166 ① | 167 ④ | 168 ③ |

빵류 재료 및 제조

169 빵 반죽(믹싱) 시 반죽 온도가 높아지는 주된 이유는?

① 이스트가 번식하기 때문에
② 원료가 용해되기 때문에
③ 글루텐이 발전하기 때문에
④ 마찰열이 생기기 때문에

해 마찰열에 의해 반죽 온도가 높아지며, 이것을 마찰계수라고 한다.

170 다음은 어떤 공정의 목적인가?

> 자른 면의 점착성을 감소시키고 표피를 형성하여 탄력을 유지한다.

① 분할　　② 둥글리기
③ 중간 발효　④ 정형

해 둥글리기의 목적
  ① 분할로 흐트러진 글루텐의 구조를 정돈
  ② 반죽 표면에 엷은 표피를 형성시켜 끈적거림을 제거
  ③ 분할에 의한 형태의 불균일을 일정한 형태로 만들어 다음 공정인 정형을 쉽게 함
  ④ 중간 발효 중에 새로 생성되는 이산화탄소 가스를 보유할 수 있는 표피를 만듦

171 반죽의 내부 온도가 60℃에 도달하지 않은 상태에서 온도상승에 따른 이스트의 활동으로 부피의 점진적인 증가가 진행되는 현상은?

① 호화(gelatinization)
② 오븐스프링(oven spring)
③ 오븐라이즈(oven rise)
④ 캐러멜화(caramelization)

해 오븐라이즈(Oven Rise)란 반죽 내부의 온도가 60℃에 이르지 않는 상태를 말한다.

172 냉동제법에서 믹싱 다음 단계의 공정은?

① 1차 발효　② 분할
③ 해동　　　④ 2차 발효

해 냉동 반죽법에서의 1차 발효는 0~20분으로 생략할 수 있다.

정답　169 ④　170 ②　171 ③　172 ②

빵류 재료 및 제조

173 하스브레드의 종류에 속하지 않는 것은?

① 불란서빵 ② 베이글빵
③ 비엔나빵 ④ 아이리시빵

해 하스브레드의 종류에는 불란서빵, 비엔나빵, 아이리시빵, 하드롤, 호밀빵 등이 있다.

174 더운 여름에 얼음을 사용하여 반죽 온도 조절 시 계산 순서로 적합한 것은?

① 마찰계수→물 온도 계산→얼음 사용량
② 물 온도 계산→얼음 사용량→마찰계수
③ 얼음 사용량→마찰계수→물 온도 계산
④ 물 온도 계산→마찰계수→얼음 사용량

해 마찰계수 = (반죽 결과 온도×3) - (실내온도 + 밀가루온도 + 사용수온도)
물 온도 = (희망 온도×3) - (실내온도 + 밀가루온도 + 마찰계수)
얼음사용량 = $\frac{물사용량 \times (수돗물온도 - 사용수온도)}{80 + 수돗물온도}$

175 바게트 배합률에서 비타민C 30ppm을 사용하려고 할 때 이 용량을 %로 올바르게 나타낸 것은?

① 0.3%   ② 0.03%
③ 0.003%   ④ 0.0003%

해 ppm의 단위는 1/1,000,000이므로 30/1,000,000×100 = 0.003%이다.

176 가스 발생력에 영향을 주는 요소에 대한 설명으로 틀린 것은?

① 포도당, 자당, 과당, 맥아당 등 당의 양과 가스 발생력 사이의 관계는 당량 3~5%까지 비례하다가 그 이상이 되면 가스 발생력이 약해져 발효 시간이 길어진다.
② 반죽온도가 높을수록 가스 발생력은 커지고 발효 시간은 짧아진다.
③ 반죽이 산성을 띨수록 가스 발생력이 커진다.
④ 이스트양과 가스 발생력은 반비례하고, 이스트양과 발효 시간은 비례한다.

해 이스트양과 가스 발생력은 비례하고, 이스트양과 발효시간은 반비례한다.

정답 173 ② 174 ① 175 ③ 176 ④

빵류 재료 및 제조

177 반죽의 수분흡수와 믹싱 시간에 공통으로 영향을 주는 재료가 아닌 것은?

① 밀가루의 종류
② 설탕 사용량
③ 분유 사용량
④ 이스트푸드 사용량

해 이스트푸드 사용량은 발효에 영향을 준다.

178 불란서빵의 필수재료와 거리가 먼 것은?

① 밀가루   ② 분유
③ 물   ④ 이스트

해 제빵의 4대 필수 재료는 밀가루, 물, 이스트, 소금이다.

179 다음 중 이스트가 오븐 내에서 사멸되기 시작하는 온도는?

① 40℃   ② 60℃
③ 80℃   ④ 100℃

해 이스트는 60℃에서 사멸한다.

180 반죽의 변화단계에서 생기 있는 외관이 되며 매끄럽고 부드러우며 탄력성이 증가하여 강하고 단단한 반죽이 되었을 때의 상태는?

① 클린업 상태(clean up)
② 픽업 상태(pick up)
③ 발전 상태(development)
④ 렛다운 상태(let down)

해 발전 상태는 반죽의 탄력성이 최대인 단계이다.

| 정답 | 177 ④ | 178 ② | 179 ② | 180 ③ |

빵류 재료 및 제조

181 데니시페이스트리에서 롤인 유지함량 및 접기 횟수에 대한 내용 중 <u>틀린</u> 것은?

① 롤인 유지함량이 증가할수록 제품 부피는 증가한다.
② 롤인 유지함량이 적어지면 같은 접기 횟수에서 제품의 부피가 감소한다.
③ 같은 롤인 유지함량에서는 접기 횟수가 증가할수록 부피는 증가하다 최고점을 지나면 감소한다.
④ 롤인 유지함량이 많은 것이 롤인 유지함량이 적은 것보다 접기 횟수가 증가함에 따라 부피가 증가하다가 최고점을 지나면 감소하는 현상이 현저하다.

해 롤인 유지함량이 많은 것이 롤인 유지함량이 적은 것보다 접기 횟수가 증가함에 따라 부피가 증가하다가 최고점을 지나면 감소하는 현상이 서서히 나타난다.

182 빵 반죽의 흡수에 대한 설명으로 <u>잘못된</u> 것은?

① 반죽 온도가 높아지면 흡수율이 감소한다.
② 연수는 경수보다 흡수율이 증가한다.
③ 설탕 사용량이 많아지면 흡수율이 감소한다.
④ 손상전분이 적량 이상이면 흡수율이 증가한다.

해 연수는 경수보다 흡수율이 감소된다.

183 오븐 온도가 낮을 때 제품에 미치는 영향은?

① 2차 발효가 지나친 것과 같은 현상이 나타난다.
② 껍질이 급격히 형성된다.
③ 제품의 옆면이 터지는 현상이다.
④ 제품의 부피가 작아진다.

해 반죽이 받아야 하는 열을 제대로 받지 못하면, 오븐스프링이 일어나기가 어렵고 2차 발효가 지나친 것과 같은 현상이 나타난다.

정답 181 ④ 182 ② 183 ①

빵류 재료 및 제조

184 페이스트리 성형 자동밀대(파이롤러)에 대한 설명 중 맞는 것은?

① 기계를 사용하므로 밀어 펴기의 반죽과 유지와의 경도는 가급적 다른 것이 좋다.
② 기계에 반죽이 달라붙는 것을 막기 위해 덧가루를 많이 사용한다.
③ 기계를 사용하여 반죽과 유지는 따로따로 밀어서 편 뒤 감싸서 밀어 펴기를 한다.
④ 냉동휴지 후 밀어 펴면 유지가 굳어 갈라지므로 냉장휴지를 하는 것이 좋다.

해 반죽 속에 유지를 감싸 밀어 펴기를 하는 반죽으로 반죽과 유지의 경도는 같은 것이 좋으며, 덧가루는 과하게 사용하지 않는다.

185 반죽법에 대한 설명 중 틀린 것은?

① 스펀지법은 반죽을 2번에 나누어 믹싱하는 방법으로 중종법이라고 한다.
② 직접법은 스트레이트법이라고 하며, 전재료를 한 번에 넣고 반죽하는 방법이다.
③ 비상반죽법은 제조시간을 단축할 목적으로 사용하는 반죽법이다.
④ 재반죽법은 직접법의 변형으로 스트레이트법 장점을 이용한 방법이다.

해 재반죽법은 스트레이트법의 변형으로 스펀지법의 장점을 이용한 방법이며, 모든 재료를 넣고 물을 8% 정도 남겨두었다가 발효 후 나머지 물을 넣고 다시 반죽하는 방법이다.

186 냉동 반죽법의 냉동과 해동 방법으로 옳은 것은?

① 급속냉동, 급속해동
② 급속냉동, 완만해동
③ 완만냉동, 급속해동
④ 완만냉동, 완만해동

해 냉동 반죽의 냉동은 급속냉동이 좋으며 해동은 완만해동이 좋다.

정답 184 ④ 185 ④ 186 ②

빵류 재료 및 제조

187 빵의 부피가 가장 크게 되는 경우는?

① 숙성이 안 된 밀가루를 사용할 때
② 물을 적게 사용할 때
③ 반죽이 지나치게 믹싱 되었을 때
④ 발효가 더 되었을 때

해 과발효된 반죽은 구운 후에도 부피가 크다.

188 오븐 내에서 뜨거워진 공기를 강제 순환시키는 열전달 방식은?

① 대류　　② 전도
③ 복사　　④ 전자파

해 오븐 내에서 뜨거워진 공기를 강제 순환시키는 열전달 방식은 대류법이다.

189 프랑스빵에서 스팀을 사용하는 이유로 부적당한 것은?

① 거칠고 불규칙하게 터지는 것을 방지한다.
② 겉껍질에 광택을 내준다.
③ 얇고 바삭거리는 껍질이 형성되도록 한다.
④ 반죽의 흐름성을 크게 증가시킨다.

해 프랑스빵에서 스팀을 사용하는 이유는 겉껍질에 광택을 내고, 얇고 바삭거리는 껍질이 형성되도록 하며, 거칠고 불규칙하게 터지는 것을 방지한다.

190 빵반죽의 흡수율에 영향을 미치는 요소에 대한 설명으로 옳은 것은?

① 설탕 5% 증가 시 흡수율은 1%씩 감소한다.
② 빵반죽에 알맞은 물은 경수(센물)보다 연수(단물)이다.
③ 반죽온도가 5℃ 증가함에 따라 흡수율이 3% 증가한다.
④ 유화제 사용량이 많으면 물과 기름의 결합이 좋게 되어 흡수율이 감소한다.

해 빵반죽에 알맞은 물은 아경수이며, 반죽온도가 5℃ 증가함에 따라 흡수율은 3% 감소한다. 유화제 사용량이 많으면 흡수율은 증가한다.

정답 187 ④　188 ①　189 ④　190 ①

빵류 재료 및 제조

191. 빵의 노화 방지에 유효한 첨가물은?

① 이스트푸드
② 산성탄산나트륨
③ 모노글리세리드
④ 탄산암모늄

해 모노글리세리드는 트리글리세리드의 가수분해에 의해 생성된 하나의 글리세린과 하나의 지방산이므로 유화제로도 사용이 가능하며, 노화를 방지하는 역할을 한다.

192. 냉동반죽을 2차 발효시키는 방법 중 가장 올바른 것은?

① 냉장고에서 15~16시간 냉장 해동시킨 후 30~33℃, 상대습도 80%의 2차 발효실에서 발효시킨다.
② 실온(25℃)에서 30~60분간 자연 해동 시킨 후 30℃, 상대습도 85%의 2차 발효실에서 발효시킨다.
③ 냉동반죽을 30~33℃, 상대습도 80% 2차 발효실에 넣어 해동 시킨 후 발효시킨다.
④ 냉동 반죽을 38~43℃, 상대습도 90%의 고온다습한 2차 발효실에 넣어 해동시킨 후 발효시킨다.

해 냉동반죽을 2차 발효시키는 방법 중 가장 올바른 방법은 냉장고에서 15~16시간 냉장 해동시킨 후 30~33℃, 상대습도 80%의 2차 발효실에서 발효시킨다.

193. 믹서의 종류에 속하지 않는 것은?

① 수직 믹서
② 스파이럴 믹서
③ 수평 믹서
④ 원형 믹서

해 믹서의 종류에는 수직형 믹서, 수평형 믹서, 스파이럴 믹서가 있다.

194. 식빵의 밑이 움푹 패는 원인이 아닌 것은?

① 2차 발효실의 습도가 높을 때
② 팬의 바닥에 수분이 있을 때
③ 오븐 바닥 열이 약할 때
④ 팬에 기름칠을 하지 않을 때

해 식빵 밑바닥이 움푹 패는 결점
① 2차 발효 과다 및 습도가 높음
② 팬의 기름칠 부적당
③ 오븐 바닥 열이 강함
④ 팬 바닥에 구멍이 없거나, 수분이 있음

195. 단백질 분해효소인 프로테아제(protease)를 햄버거빵에 첨가하는 이유로 가장 알맞은 것은?

① 저장성 증가를 위하여
② 팬 흐름성을 좋게 하기 위하여
③ 껍질 색 개선을 위하여
④ 발효 내구력을 증가시키기 위하여

해 효소를 첨가함으로써 반죽을 부드럽게 하여 팬 흐름성을 좋게 한다.

정답 191 ③ 192 ① 193 ④ 194 ③ 195 ②

빵류 재료 및 제조

196 일반적인 바게트(baguette)의 분할 무게로 가장 적합한 것은?

① 50g   ② 200g
③ 350g   ④ 600g

해 바게트의 길이는 60cm이며, 분할 무게는 350g이다.

197 어떤 제품을 다음과 같은 조건으로 구웠을 때 제품에 남는 수분이 가장 많은 것은?

① 165℃에서 45분간
② 190℃에서 35분간
③ 205℃에서 40분간
④ 220℃에서 20분간

해 저온에서 장시간(오버베이킹)으로 구웠을 때 수분이 거의 없으며, 고온에서 단시간(언더베이킹)으로 구웠을 때 수분이 가장 많다.

198 식빵의 냉각법 중 자연 냉각 시 일반적으로 소요되는 시간은?

① 30분   ② 1시간
③ 3시간   ④ 6시간

해 제빵 자연 냉각 시 3~4시간 소요된다.

199 다음 중 제품 특성상 일반적으로 노화가 가장 빠른 것은?

① 단과자빵   ② 카스테라
③ 식빵   ④ 도넛

해 단과자빵, 카스테라, 도넛의 특징은 설탕, 계란, 유지의 함량이 높다는 점이다. 즉, 수분을 보유하는 능력이 높기 때문에 노화가 지연된다.

200 이스트를 사용하지 않고 호밀가루나 밀가루를 대기 중에 존재하는 이스트나 유산균을 물과 반죽하여 배양한 발효종을 이용하는 제빵법은?

① 액종발효법
② 스펀지법
③ 오버나잇 스펀지법
④ 사워종법

해 사워(Sour)종은 밀가루와 물을 혼합하여 숙성시켜 사용하는데, 풍미를 주고 이스트 없이 팽창 효과를 얻는다.

정답 196 ③   197 ④   198 ③   199 ③   200 ④

MEMO

PART 5

: 기출문제
(과자류 재료 및 제조)

과자류 재료 및 제조

01 머랭 제조에 대한 설명으로 옳은 것은?

① 기름기나 노른자가 없어야 튼튼한 거품이 나온다.
② 일반적으로 흰자 100에 대하여 설탕 50의 비율로 만든다.
③ 저속으로 거품을 올린다.
④ 설탕을 믹싱 초기에 첨가하여야 부피가 커진다.

해 ② 일반적으로 흰자 100에 대하여 설탕 200의 비율로 만든다.
③ 고속으로 거품을 올린다.
④ 설탕을 나누어 투입하여 믹싱하여야 부피가 커진다.

02 다음 중 쿠키의 과도한 퍼짐 원인이 아닌 것은?

① 반죽의 되기가 너무 묽을 때
② 유지함량이 적을 때
③ 설탕 사용량이 많을 때
④ 굽는 온도가 너무 낮을 때

해 쿠키의 과도한 퍼짐에 영향을 주는 요인
 1) 알칼리성 반죽
 2) 묽은 반죽
 3) 부족한 믹싱
 4) 낮은 오븐 온도
 5) 입자가 크거나 많은 양의 설탕 사용

03 반죽형 케이크의 반죽 제조법에 대한 설명이 틀린 것은?

① 크림법 : 유지와 설탕을 넣어 가벼운 크림 상태로 만든 후 계란을 넣는다.
② 블렌딩법 : 밀가루와 유지를 넣고 유지에 의해 밀가루가 가볍게 피복되도록 한 후 건조, 액체 재료를 넣는다.
③ 설탕물법 : 건조 재료를 혼합한 후 설탕 전체를 넣어 포화용액을 만드는 방법이다.
④ 1단계법 : 모든 재료를 한꺼번에 넣고 믹싱하는 방법이다.

해 설탕물법
설탕2 : 물1의 비율로 액당을 제조하여 사용, 당이 골고루 퍼지기 때문에, 균일한 색상을 내며, 대량 생산에 주로 이용

04 파운드 케이크를 패닝할 때 밑면의 껍질 형성을 방지하기 위한 팬으로 가장 적합한 것은?

① 일반팬   ② 이중팬
③ 은박팬   ④ 종이팬

해 파운드 케이크의 열을 차단하기 위하여 이중팬을 사용한다.

과자류 재료 및 제조

05 케이크 제품의 굽기 후 제품 부피가 기준보다 작은 경우의 원인이 <u>아닌</u> 것은?

① 틀의 바닥에 공기나 물이 들어갔다.
② 반죽의 비중이 높았다.
③ 오븐의 굽기 온도가 높았다.
④ 반죽을 패닝한 후 오래 방치했다.

해 반죽의 비중이 높다는 건 반죽 속의 공기 함량이 적어서 무겁다는 뜻이므로, 무거운 제품은 많이 팽창하지 못한다. 오븐의 굽기 온도가 높으면, 팽창하기 전에 껍질 색부터 나게 되고, 색깔이 먼저 나면 윗면이 딱딱해져 부피가 많이 팽창하지 못한다. 팬닝 후 오래 방치한 것도 마찬가지로, 윗면이 건조되어 버려서 윗면이 딱딱해지고 많이 팽창하지 못한다.

06 다음 중 파이 롤러를 사용하기에 부적합한 제품은?

① 스위트 롤
② 데니시 페이스트리
③ 크로와상
④ 브리오슈

해 브리오슈는 손으로 둥글리기해서 틀에 넣고 만든다.

07 화이트 레이어 케이크의 반죽 비중으로 가장 적합한 것은?

① 0.90~1.0   ② 0.45~0.55
③ 0.60~0.70 ④ 0.75~0.85

해 화이트 레이어 케이크는 반죽형 케이크로 비중은 0.75~0.85이다.

08 케이크 반죽이 30ℓ 용량의 그릇 10개에 가득 차 있다. 이것으로 분할 반죽 300g짜리 600개를 만들었다. 이 반죽의 비중은?

① 0.8   ② 0.7
③ 0.6   ④ 0.5

해 분할 반죽 300g×600개=180000g
180000g을 kg으로 바꾸면 180kg,
1ℓ=1kg
30ℓ×10개=300ℓ
따라서 180÷300=0.6이다.

| 정답 | 05 ① | 06 ④ | 07 ④ | 08 ③ |

과자류 재료 및 제조

09 퍼프 페이스트리의 휴지가 종료되었을 때 손으로 살짝 누르게 되면 다음 중 어떤 현상이 나타나는가?

① 누른 자국이 남아 있다.
② 누른 자국이 원상태로 올라온다.
③ 누른 자국이 유동성 있게 움직인다.
④ 내부의 유지가 흘러나온다.

해 퍼프 페이스트리의 휴지가 종료되었을 때 손으로 살짝 누르면 누른 자국이 남아 있다.

10 어느 제과점의 이번 달 생산 예상 총액이 1000만 원인 경우, 목표 노동 생산성은 5000원/시/인, 생산 가동 일수가 20일, 1일 작업시간 10시간인 경우 소요인원은?

① 4명　② 6명
③ 8명　④ 10명

해 한 달 생산 예상 총액 : 1000만 원
인당 시급 : 5000원
인당 생산 시간 : 10시간
가동 일수 : 20일
시간당 5000원을 받고 10시간 일하고 20일 일했으므로
5000(원)×10(시간)×20(일)
= 1,000,000
한 달 예상 총액이 천만 원이고, 1인당 백만 원이므로, 최대 소요인원은 10명이다.

11 성형한 파이 반죽에 포크 등을 이용하여 구멍을 내주는 가장 주된 이유는?

① 제품을 부드럽게 하기 위해
② 제품의 수축을 막기 위해
③ 제품의 원활한 팽창을 위해
④ 제품에 기포나 수포가 생기는 것을 막기 위해

해 포크 구멍을 내어 줌으로써 제품에 기포나 수포가 생기는 것을 막는다.

12 스펀지케이크를 만들 때 설탕이 적게 들어감으로써 생길 수 있는 현상은?

① 오븐에서 제품이 주저앉는다.
② 제품의 껍질이 두껍다.
③ 제품의 껍질이 갈라진다.
④ 제품의 부피가 증가한다.

해 스펀지케이크의 설탕량은 기본 배합률 166%로 많은 양의 액체를 필요하며, 부푸는 역할을 한다. 또한 껍질 색을 내어주는 설탕이 적음으로써 껍질이 두껍게 형성되지 못해 껍질이 갈라진다.

정답 | 09 ①　10 ④　11 ④　12 ③

과자류 재료 및 제조

13 슈(Choux)에 대한 설명이 틀린 것은?

① 팬닝 후 반죽표면에 물을 분사하여 오븐에서 껍질이 형성되는 것을 지연시킨다.
② 껍질반죽은 액체재료를 많이 사용하기 때문에 굽기 중 증기 발생으로 팽창한다.
③ 오븐의 열 분배가 고르지 않으면 껍질이 약하여 주저앉는다.
④ 기름칠이 적으면 껍질 밑부분이 접시모양으로 올라오거나 위와 아래가 바뀐 모양이 된다.

해 기름칠이 많으면 껍질 밑부분이 접시 모양으로 올라오거나 위와 아래가 바뀐 모양이 된다.

14 케이크 반죽의 pH가 적정 범위를 벗어나 알칼리일 경우 제품에서 나타나는 현상은?

① 부피가 작다.
② 향이 약하다.
③ 껍질 색이 여리다.
④ 기공이 거칠다.

해 알칼리 특징
1) 속색 어두움
2) 묽음
3) 많은 향
4) 큰 부피
부피가 커지기 때문에 기공은 거칠다.

15 규모 주방설비 중 작업의 효율성을 높이기 위한 작업 테이블의 위치로 가장 적당한 것은?

① 오븐 옆에 설치한다.
② 냉장고 옆에 설치한다.
③ 발효실 옆에 설치한다.
④ 주방의 중앙부에 설치한다.

해 작업의 효율을 높이기 위해 작업 테이블은 주방의 중앙부에 설치하는 것이 좋다.

과자류 재료 및 제조

16 고율배합의 제품을 굽는 방법으로 알맞은 것은?

① 저온 단시간 ② 고온 단시간
③ 저온 장시간 ④ 고온 장시간

해 고율배합의 제품을 굽는 방법으로는 저온 장시간인 오버베이킹이 적합하다.

17 다음 중 비용적이 가장 큰 케이크는?

① 스펀지케이크
② 파운드 케이크
③ 화이트레이어케이크
④ 초콜릿케이크

해 비용적이란 단위 질량을 가진 물체가 차지하는 부피이며, 반죽 1g당 부푸는 부피를 뜻한다.
1) 파운드 케이크 : 2.40cm³
2) 레이어 케이크 : 2.96cm³
3) 스펀지 케이크 : 5.08cm³

18 어떤 과자반죽의 비중을 측정하기 위하여 다음과 같이 무게를 달았다면 이반죽의 비중은?(단, 비중컵=50g, 비중컵+물=250g, 비중컵+반죽=170g)

① 0.40   ② 0.60
③ 0.68   ④ 1.47

해 비중을 구하는 공식

$$\frac{같은 부피의 (순수) 반죽무게}{같은 부피의 (순수) 물무게}$$

즉, 반죽 무게÷물 무게이다.
문제에서 컵 무게부터 빼면
250-50=200으로 반죽의 무게이고,
170-50=120으로 물의 무게이다.
120÷200=0.6으로 비중은 0.6이다.

19 같은 크기의 팬에 각 제품의 비용적에 맞는 반죽을 팬닝 하였을 경우 반죽량이 가장 무거운 반죽은?

① 파운드 케이크
② 레이어케이크
③ 스펀지케이크
④ 소프트롤케이크

해 파운드 케이크는 반죽형 케이크로 비중이 0.85정도이며 무겁다.

CBT 체험형 기출문제

과자류 재료 및 제조

· 수험번호:
· 수험자명:
· 제한 시간:
· 남은 시간:

글자 크기 100% 150% 200%   화면 배치

· 전체 문제 수:
· 안 푼 문제 수:

답안 표기란

20	①	②	③	④
21	①	②	③	④
22	①	②	③	④
23	①	②	③	④

20 흰자를 거품 내면서 뜨겁게 끓인 시럽을 부어 만든 머랭은?

① 냉제 머랭   ② 온제 머랭
③ 스위스 머랭 ④ 이탈리안 머랭

해 ① 냉제 머랭(프렌치 머랭) : 흰자와 설탕의 비율을 1 : 2로 하여 실온에서 거품을 올리는 방법으로 거품 안정을 위해 소금 0.5%와 주석산 0.5%를 넣기도 한다.
② 온제 머랭 : 흰자와 설탕의 비율을 1 : 2로 섞어 43℃로 데운 뒤 거품을 올린다.
③ 스위스 머랭 : 흰자 1/3과 설탕의 2/3를 40℃로 가온하고 거품을 올리면서 레몬즙을 첨가 한 후, 흰자와 설탕의 비율을 1 : 1.8로 한 냉제 머랭을 섞는 방법으로, 구웠을 때 표면에 광택이 나는 것이 특징이다.

21 도넛과 케이크의 글레이즈(glaze) 사용 온도로 가장 적합한 것은?

① 23℃   ② 34℃
③ 49℃   ④ 68℃

해 글레이즈(Glaze) : 과자류 표면에 광택을 내거나 표면이 마르지 않도록 하는 것으로, 글레이즈의 품온으로는 49℃가 적당함

22 퍼프페이스트리 굽기 후 결점과 원인으로 틀린 것은?

① 수축 : 밀어 펴기 과다, 너무 높은 오븐온도
② 수포 생성 : 단백질 함량이 높은 밀가루로 반죽
③ 충전물 흘러나옴 : 충전물량 과다, 봉합 부적절
④ 작은 부피 : 수분이 없는 경화 쇼트닝을 충전용 유지로 사용

해 단백질 함량이 높은 밀가루로 반죽하는 것과 수포가 생성하는 것은 관련이 없다.

23 흰자를 이용한 머랭 제조 시 좋은 머랭을 얻기 위한 방법이 아닌 것은?

① 사용 용기 내에 유지가 없어야 한다.
② 머랭의 온도를 따뜻하게 한다.
③ 노른자를 첨가한다.
④ 주석산 크림을 넣는다.

해 노른자의 지방 성분에 의해 머랭의 거품이 올라오지 않는다.

| 정답 | 20 ④ | 21 ③ | 22 ② | 23 ③ |

과자류 재료 및 제조

24 실내온도 25℃, 밀가루 온도 25℃, 설탕온도 25℃, 유지온도 20℃, 달걀온도 20℃, 수돗물온도 23℃, 마찰계수 21, 반죽 희망온도가 22℃라면 사용할 물의 온도는?

① -4℃ ② -1℃
③ 0℃   ④ 8℃

해 사용할 물 온도 = (희망온도×6) - (실내온도 + 밀가루 온도 + 설탕 온도 + 달걀 온도 + 유지온도 + 마찰계수)
= (22×6) - 25 + 25 + 25 + 20 + 20 + 21
= -4℃

25 소프트 롤을 말 때 겉면이 터지는 경우 조치사항이 아닌 것은?

① 팽창이 과도한 경우 팽창제 사용량을 감소시킨다.
② 설탕의 일부를 물엿으로 대치한다.
③ 저온 처리하여 말기를 한다.
④ 덱스트린의 점착성을 이용한다.

해 저온 처리를 하게 되면 수분이 많이 증발하여 겉면이 터지기 쉽다.

26 다음 제품 중 냉과류에 속하는 제품은?

① 무스케이크
② 젤리 롤 케이크
③ 소프트 롤 케이크
④ 양갱

해 냉과란 냉장고에서 마무리하는 모든 과자이며, 종류에는 젤리, 바바루아, 무스, 푸딩이 있다.

27 도넛을 튀길 때 사용하는 기름에 대한 설명으로 틀린 것은?

① 기름이 적으면 뒤집기가 쉽다.
② 발연점이 높은 기름이 좋다.
③ 기름이 너무 많으면 온도를 올리는 시간이 길어진다.
④ 튀김 기름의 평균 깊이는 12~15cm 정도가 좋다.

해 도넛은 튀기는 제품이며 튀김 시, 온도는 180~193℃가 적당하며, 기름의 적정 깊이는 12~15cm가 적당하다.

정답 24 ① 25 ③ 26 ① 27 ①

과자류 재료 및 제조

28 퍼프 페이스트리 제조 시 다른 조건이 같을 때 충전용 유지에 대한 설명으로 <u>틀린</u> 것은?

① 충전용 유지가 많을수록 결이 분명해진다.
② 충전용 유지가 많을수록 밀어 펴기가 쉬워진다.
③ 충전용 유지가 많을수록 부피가 커진다.
④ 충전용 유지는 가소성 범위가 넓은 파이용이 적당하다.

해 충전용 유지가 많을수록 반죽이 너무 부드러워져 밀어 펴기는 어렵다.

29 시퐁 케이크 제조 시 냉각 전에 팬에서 분리되는 결점이 나타났을 때의 원인과 거리가 <u>먼</u> 것은?

① 굽기 시간이 짧다.
② 밀가루 양이 많다.
③ 반죽에 수분이 많다.
④ 오븐 온도가 낮다.

해 시폰케이크의 수분함량이 많으면 냉각 전에 팬에서 잘 분리가 된다. 굽기 시간이 짧아도 수분이 많고, 오븐 온도가 낮아도 오래 굽지 않으면 수분이 많다. 밀가루 양이 많으면 구조가 단단하여 쉽게 떨어지지 않는다.

30 파운드 케이크를 구울 때 윗면이 자연적으로 터지는 경우가 <u>아닌</u> 것은?

① 굽기 시작 전에 증기를 분무할 때
② 설탕 입자가 용해되지 않고 남아 있을 때
③ 반죽 내 수분이 불충분할 때
④ 오븐 온도가 높아 껍질 형성이 너무 빠를 때

해 윗면이 터지는 이유는 반죽의 수분이 부족하거나 높은 온도에서 구워 껍질이 빨리 생겼을 경우, 틀에 채운 후 바로 굽지 않아 표피가 마르거나, 반죽의 설탕이 다 녹지 않았기 때문이다. 굽기 전에 증기를 분무하면 윗면이 터지지 않는다.

31 오븐의 생산 능력은 무엇으로 계산하는가?

① 소모되는 전력량
② 오븐의 높이
③ 오븐의 단열 정도
④ 오븐 내 매입 철판 수

해 오븐의 제품 생산 능력은 오븐 내 매입 철판 수로 계산한다.

정답 28 ② 29 ② 30 ① 31 ④

과자류 재료 및 제조

32 엔젤 푸드 케이크 제조 시 팬에 사용하는 이형제로 가장 적절한 것은?

① 쇼트닝　② 밀가루
③ 라드　④ 물

> 해 엔젤 푸드 케이크는 틀 특성상 유산지를 깔 수 없고, 기름칠하면 색깔이 짙어지며 튀긴 것처럼 표면이 딱딱해지므로, 이형제로는 물이 적절하다.

33 케이크의 부피가 작아지는 원인에 해당하는 것은?

① 강력분을 사용한 경우
② 액체 재료가 적은 경우
③ 크림성이 좋은 유지를 사용한 경우
④ 달걀 양이 많은 반죽의 경우

> 해 케이크는 단백질 함량이 7~9%인 박력분을 사용해야 부피가 커지며, 강력분은 글루텐이 생성되어 부피가 작아진다.

34 쇼트브레드 쿠키의 성형 시 주의할 점이 아닌 것은?

① 글루텐 형성방지를 위해 가볍게 뭉쳐서 밀어 편다.
② 반죽의 휴지를 위해 성형 전에 냉동고에 동결시킨다.
③ 반죽을 일정한 두께로 밀어 펴서 원형 또는 주름커터로 찍어낸다.
④ 달걀노른자를 바르고 조금 지난 뒤 포크로 무늬를 그려 낸다.

> 해 쇼트 브레드 쿠키는 냉장 휴지한다.

35 반죽형 케이크를 구웠더니 너무 가볍고 부서지는 현상이 나타났다. 그 원인이 아닌 것은?

① 반죽에 밀가루 양이 많았다.
② 반죽의 크림화가 지나쳤다.
③ 팽창제 사용량이 많았다.
④ 쇼트닝 사용량이 많았다.

> 해 반죽에 밀가루 양이 많으면 구조가 튼튼해져 무겁고 부서지지 않는다.

과자류 재료 및 제조

36 도넛 튀김기에 붓는 기름의 평균 깊이로 가장 적당한 것은?

① 5~8cm ② 9~12cm
③ 12~15cm ④ 16~19cm

해 도넛 튀김기에 붓는 기름의 평균 깊이는 12~15cm 정도가 적합하다.

37 다음 쿠키 중에서 상대적으로 수분이 적어서 밀어 펴는 형태로 만드는 제품은?

① 드롭 쿠키 ② 스냅 쿠키
③ 스펀지 쿠키 ④ 머랭 쿠키

해 밀어 펴는 쿠키에는 스냅 쿠키, 쇼트 브레드 쿠키가 있다.

38 비중컵의 물을 담은 무게가 300g이고 반죽을 담은 무게가 260g일 때 비중은?(단, 비중컵의 무게는 50g이다)

① 0.64 ② 0.74
③ 0.84 ④ 1.04

해 비중을 구하는 공식

$$\frac{같은 부피의 (순수) 반죽무게}{같은 부피의 (순수) 물무게}$$

즉, 반죽 무게 ÷ 물 무게이다.
문제에서 컵 무게부터 빼면
260-50=210으로 반죽의 무게이고,
300-50=250으로 물의 무게이다.
210÷250=0.84로 비중은 0.84이다.

39 블렌딩법에 대한 설명으로 옳은 것은?

① 건조 재료와 계란, 물을 가볍게 믹싱하다가 유지를 넣어 반죽하는 방법이다.
② 설탕입자가 고와 스크래핑이 필요 없고 대규모 생산 회사에서 이용하는 방법이다.
③ 부피를 우선으로 하는 제품에 이용하는 방법이다.
④ 유지와 밀가루를 먼저 믹싱하는 방법이며, 제품의 유연성이 좋다.

해 블렌딩법은 유지와 밀가루를 먼저 피복하여 제품에 유연감을 주는 방법이다.

40 일반적으로 작은 규모의 제과점에서 사용하는 믹서는?

① 수직형 믹서 ② 수평형 믹서
③ 초고속 믹서 ④ 커터 믹서

해 소규모 제과점에서 사용하는 믹서는 수직형 믹서(버티컬 믹서) 이다.

정답 36 ③ 37 ② 38 ③ 39 ④ 40 ①

과자류 재료 및 제조

41 젤리 롤 케이크는 어떤 배합을 기본으로 하여 만드는 제품인가?

① 스펀지케이크 배합
② 파운드 케이크 배합
③ 하드롤 배합
④ 슈크림 배합

해 젤리롤 케이크는 거품형 반죽법으로 스펀지 케이크 배합을 기본으로 만드는 제품이다.

42 다음 중 버터크림 당액 제조 시 설탕에 대한 물 사용량으로 알맞은 것은?

① 25%   ② 80%
③ 100% ④ 125%

해 버터크림은 유지를 크림 상태로 만든 뒤 설탕(100), 물(25~30), 물엿, 주석산크림 등을 114~118℃로 끓여서 식힌 시럽을 조금씩 넣으면서 저어서 제조한다.

43 다음 중 비교적 스크래핑을 가장 많이 해야 하는 제법은?

① 공립법   ② 별립법
③ 설탕/물법 ④ 크림법

해 스크래핑이란 벽면을 긁어주는 작업인데, 스크래핑을 가장 많이 해야 하는 제법은 크림법이다.

44 굳어진 설탕 아이싱 크림을 여리게 하는 방법으로 부적합한 것은?

① 설탕 시럽을 더 넣는다.
② 중탕으로 가열한다.
③ 전분이나 밀가루를 넣는다.
④ 소량의 물을 넣고 중탕으로 가온한다.

해 굳어진 설탕 아이싱 크림을 여리게 할 때는 설탕 시럽 추가 및 중탕 가열, 소량의 물을 넣어 중탕으로 가온하는 방법이 있다.

정답 41 ① 42 ① 43 ④ 44 ③

과자류 재료 및 제조

45. 찜류 또는 찜만쥬 등에 사용하는 팽창제의 특성이 아닌 것은?

① 팽창력이 강하다.
② 제품의 색을 희게 한다.
③ 암모니아 냄새가 날 수 있다.
④ 중조와 산제를 이용한 팽창제이다.

> 해 찜류 또는 찜만쥬 등에 사용하는 팽창제는 이스트파우더이며 중조와 산제 이용한 팽창제는 베이킹파우더이다.

46. 반죽형 쿠키 중 수분을 가장 많이 함유하는 쿠키는?

① 쇼트 브래드 쿠키
② 드롭쿠키
③ 스냅 쿠키
④ 스펀지 쿠키

> 해 드롭쿠키는 소프트쿠키라고도 하며 달걀 양이 많이 수분함량이 많다.
> 스펀지 쿠키는 거품형에 해당하는 쿠키이다.

47. 퍼프 페이스트리(Puff pastry)의 접기 공정에 관한 설명으로 옳은 것은?

① 접는 모서리는 직각이 되어야 한다.
② 접기 수와 밀어 펴놓은 결의 수는 동일하다.
③ 접히는 부위가 동일하게 포개어지지 않아도 된다.
④ 구워낸 제품이 한쪽으로 터지는 경우 접기와는 무관하다.

> 해 접는 모서리는 직각이 되도록 하여 팽창을 균일하게 한다.

48. 언더 베이킹(Under baking)에 대한 설명으로 틀린 것은?

① 높은 온도에서 짧은 시간 굽는 것이다.
② 중앙 부분이 익지 않는 경우가 많다.
③ 제품이 건조되어 바삭바삭하다.
④ 수분이 빠지지 않아 껍질이 쭈글쭈글하다.

> 해 언더베이킹은 높은 온도에서 단시간에 구워 설익고 중심 부분이 갈라지고 수분이 많아 주저앉기 쉽다.

정답 45 ④ 46 ② 47 ① 48 ③

49 다음 중 포장 시에 일반적인 빵, 과자 제품의 냉각 온도로 가장 적합한 것은?

① 22℃ ② 32℃
③ 38℃ ④ 47℃

해 포장하기 가장 알맞은 온도는 35~40℃이며, 수분함량은 38%이다.

50 포장에 대한 설명 중 틀린 것은?

① 포장은 제품의 노화를 지연시킨다.
② 뜨거울 때 포장하여 냉각손실을 줄인다.
③ 미생물에 오염되지 않은 환경에서 포장한다.
④ 온도, 충격 등에 대한 품질변화에 주의한다.

해 뜨거울 때 포장하면 포장지 안쪽에 수분이 응축되고 제품은 눅눅해진다.

51 퐁당 아이싱이 끈적거리거나 포장지에 붙는 경향을 감소시키는 방법으로 옳지 않은 것은?

① 아이싱을 다소 덥게(40℃)하여 사용한다.
② 아이싱에 최대의 액체를 사용한다.
③ 굳은 것은 설탕 시럽을 첨가하거나 데워서 사용한다.
④ 젤라틴, 한천 등과 같은 안정제를 적절하게 사용한다.

해 아이싱에 최소의 액체를 사용한다.

52 쿠키에 팽창제를 사용하는 주된 목적은?

① 제품의 부피를 감소시키기 위해
② 딱딱한 제품을 만들기 위해
③ 퍼짐과 크기를 조절을 위해
④ 설탕입자의 조절을 위해

해 쿠키에 화학 팽창제를 사용하는 목적은 제품의 부피 증가, 부드러운 제품 제조, 퍼짐과 크기 조절, pH 조절이다.

정답 | 49 ③ 50 ② 51 ② 52 ③

과자류 재료 및 제조

53 케이크 팬용적 410cm³에 100g의 스펀지케이크 반죽을 넣어 좋은 결과를 얻었다면, 팬용적 1230cm³에 넣어야 할 스펀지케이크의 반죽 무게(g)는?

① 123　　② 200
③ 300　　④ 410

해 410㎤ : 100g = 1230㎤ : xg
1230㎤ × 100g / 410㎤ = 300g

54 도넛의 튀김온도로 가장 적당한 온도 범위는?

① 105℃ 내외　② 145℃ 내외
③ 185℃ 내외　④ 250℃ 내외

해 도넛의 튀김 기름의 온도는 180~193℃ 정도가 적당하다.

55 일반적인 과자반죽의 결과 온도로 가장 알맞은 것은?

① 10~13℃　② 22~24℃
③ 26~28℃　④ 32~34℃

해 일반적인 과자반죽의 온도는 22~24℃이다.

56 베이킹파우더를 많이 사용한 제품의 결과와 거리가 먼 것은?

① 밀도가 크고 부피가 작다.
② 속결이 거칠다.
③ 오븐스프링이 커서 찌그러들기 쉽다.
④ 속색이 어둡다.

해 베이킹파우더는 팽창제이며, 밀도가 크고 부피가 크다.

57 과일 케이크를 구울 때 증기를 분사하는 목적과 거리가 먼 것은?

① 향의 손실을 막는다.
② 껍질을 두껍게 만든다.
③ 표피의 캐러멜화 반응을 연장한다.
④ 수분의 손실을 막는다.

해 증기를 분사함으로써 수분막이 형성되어 윗면의 터짐을 방지하고, 천천히 색이 나도록 하며, 향의 손실과 수분의 손실을 막는다.

답안 표기란				
53	①	②	③	④
54	①	②	③	④
55	①	②	③	④
56	①	②	③	④
57	①	②	③	④

정답　53 ③　54 ③　55 ②　56 ①　57 ②

과자류 재료 및 제조

58 아이스크림 제조에서 오버런(Overrun)이란?

① 교반에 의해 크림의 체적이 몇 % 증가하는가를 나타내는 수치
② 생크림 안에 들어 있는 유지방이 응집해서 완전히 액체로부터 분리된 것
③ 살균 등의 가열 조작에 의해 불안정하게 된 유지의 결정을 적온으로 해서 안정화한 숙성 조작
④ 생유 안에 들어 있는 큰 지방구를 미세하게 해서 안정화하는 공정

해 오버런(Overrun) : 아이스크림 제조 시 교반에 의해 크림의 체적이 몇 % 증가하는가를 나타내는 수치이다.

59 초콜릿 케이크에서 우유 사용량을 구하는 공식은?

① 설탕＋30－(코코아×1.5)＋전란
② 설탕－30－(코코아×1.5)－전란
③ 설탕＋30＋(코코아×1.5)－전란
④ 설탕－30＋(코코아×1.5)＋전란

해 초콜릿 케이크의 우유 사용량 공식
＝설탕＋30＋(코코아×1.5)－전란

60 커스터드 푸딩은 틀에 몇 % 정도 채우는가?

① 55% ② 75%
③ 95% ④ 115%

해 커스터드 푸딩의 팬닝비는 95%이다.

61 반죽의 비중이 제품에 미치는 영향 중 관계가 가장 적은 것은?

① 제품의 부피 ② 제품의 조직
③ 제품의 점도 ④ 제품의 기공

해 반죽의 비중에 영향을 미치는 요인은 부피, 조직, 기공이다.

62 일반적으로 슈 반죽에 사용되지 않는 재료는?

① 밀가루 ② 계란
③ 버터   ④ 이스트

해 이스트는 제빵에 사용된다.

정답 58 ① 59 ③ 60 ③ 61 ③ 62 ④

63 반죽의 희망온도가 27℃이고, 물 사용량은 10kg, 밀가루의 온도가 20℃, 실내온도가 26℃, 수돗물 온도가 18℃, 결과온도가 30℃일 때 얼음의 양은 약 얼마인가?

① 0.4kg   ② 0.6kg
③ 0.81kg   ④ 0.92kg

해 얼음 사용량

$= \dfrac{물사용량 \times (수돗물온도 - 사용수온도)}{80 + 수돗물온도}$

$= \dfrac{10 \times (18 - x)}{80 + 18}$ 이며, 사용 수 온도를 구해야 한다.

사용수 온도
= (희망반죽×3) - (밀가루온도 + 실내온도 + 마찰계수)
= (27×3) - (20 + 26 + x)이며 마찰계수를 구한다.

마찰계수
= (결과반죽×3) - (밀가루온도 + 실내온도 + 수돗물온도)
= (30×3) - (20 + 26 + 18) = 26
따라서 마찰계수는 26, 사용 수 온도에 대입하여 사용 수 온도를 구하면
= (27×3) - (20 + 26 + 26) = 9,
사용 수 온도는 9
마지막으로 얼음 사용량 공식에 9를 대입하면
$\dfrac{10 \times (18 - 9)}{80 + 18} = \dfrac{90}{98} = 0.9183$
올림하여 0.92kg이 된다.

64 슈 제조 시 반죽 표면을 분무 또는 침지시키는 이유가 <u>아닌</u> 것은?

① 껍질을 얇게 한다.
② 팽창을 크게 한다.
③ 기형을 방지한다.
④ 제품의 구조를 강하게 한다.

해 제품의 구조를 강하게 하는 것은 밀가루이다.

65 퍼프 페이스트리의 팽창은 주로 무엇에 기인하는가?

① 공기 팽창   ② 화학 팽창
③ 증기압 팽창   ④ 이스트 팽창

해 퍼프 페이스트리는 유지의 수분을 이용한 증기압 팽창이다.

정답   63 ④   64 ④   65 ③

과자류 재료 및 제조

66 반죽의 비중에 대한 설명으로 맞는 것은?

① 같은 무게의 반죽을 구울 때 비중이 높을수록 부피가 증가한다.
② 비중이 너무 낮으면 조직이 거칠고 큰 기포를 형성한다.
③ 비중의 측정은 비중컵의 중량을 반죽의 중량으로 나눈 값으로 한다.
④ 비중이 높으면 기공이 열리고 가벼운 반죽이 얻어진다.

해 비중이란, 반죽 속에 들어 있는 공기의 함량으로써, 공기가 얼마나 들어있으며, 얼마나 부풀 것인지를 측정하는 것을 비중측정이라고 한다. 케이크 반죽의 혼합 완료 정도는 비중으로 알 수 있다.

비중을 구하는 공식

$$\frac{\text{같은부피의 (순수) 반죽무게}}{\text{같은부피의 (순수) 물무게}}$$

즉, 반죽 무게 ÷ 물 무게이다.

67 스펀지케이크 제조 시 더운 믹싱방법을 사용할 때 계란과 설탕의 중탕 온도로 가장 적합한 것은?

① 23℃ ② 43℃
③ 63℃ ④ 83℃

해 더운 믹싱은 가온법이라고도 하며, 중탕 온도는 43℃이다.

68 데블스 푸드 케이크에서 설탕 120%, 유화 쇼트닝 54%, 천연 코코아 20%를 사용하였다면 물과 분유 사용량은?

① 분유 12.6%, 물 113.4%
② 분유 113.4%, 물 12.6%
③ 분유 108.54%, 물 12.06%
④ 분유 12.06%, 물 108.54%

해 데블스 푸드 케이크의
달걀(전란) = 쇼트닝 × 1.1
= 54 × 1.1 = 59.4%
우유 = 설탕 + 30 + (코코아 × 1.5) − 전란
= 120 + 30 + (20 × 1.5) − 59.4 = 120.6%
우유 중 수분은 90%, 고형분은 10%를 차지하며, 수분은 물로, 고형분은 분유로 사용한다.
분유 : 120.6 × 0.1 = 12.06%
물 : 120.6 × 0.9 = 108.54%

69 비스킷을 제조할 때 유지보다 설탕을 많이 사용하면 어떤 결과가 나타나는가?

① 제품의 촉감이 단단해진다.
② 제품이 부드러워진다.
③ 제품의 퍼짐이 작아진다.
④ 제품의 색깔이 엷어진다.

해 비스킷을 제조할 때 설탕을 많이 넣으면 제품의 촉감이 단단해지며, 유지를 많이 넣으면 제품의 촉감이 부드럽고 바삭해진다.

과자류 재료 및 제조

70 반죽 무게를 이용하여 반죽의 비중 측정 시 필요한 것은?

① 밀가루 무게
② 물 무게
③ 용기 무게
④ 설탕 무게

📘 비중을 구하는 공식

$$\frac{같은 부피의 (순수) 반죽무게}{같은 부피의 (순수) 물무게}$$

즉, 반죽 무게 ÷ 물 무게이다.

71 다음 제품 중 거품형 케이크는?

① 스펀지케이크
② 파운드 케이크
③ 데블스 푸드 케이크
④ 화이트 레이어 케이크

📘 파운드 케이크, 데블스 푸드 케이크, 화이트 레이어 케이크는 모두 반죽형 케이크이다.

72 데커레이션 케이크 하나를 완성하는데 한 작업자가 5분이 걸린다고 한다. 작업자 5명이 500개를 만드는 데 몇 시간 몇 분이 걸리는가?

① 약 8시간 15분
② 약 8시간 20분
③ 약 8시간 25분
④ 약 8시간 30분

📘 5명의 소요 시간
= 500개 ÷ 5명 × 5분 ÷ 60분 = 8.3333
0.3333 × 60초 = 19.998(약 20분)
따라서 약 8시간 20분

73 슈(choux)의 제조 공정상 구울 때 주의할 사항 중 잘못된 것은?

① 220℃ 정도의 오븐에서 바삭한 상태로 굽는다.
② 너무 빠른 껍질 형성을 막기 위해 처음에 윗불을 약하게 한다.
③ 굽는 중간에 오븐 문을 자주 여닫아 수증기를 제거한다.
④ 너무 빨리 오븐에서 꺼내면 찌그러지거나 주저앉기 쉽다.

📘 굽는 중간에 오븐 문을 자주 여닫아 수증기를 제거하면 차가운 공기가 들어가 슈가 주저앉는다.

정답 70 ② 71 ① 72 ② 73 ③

과자류 재료 및 제조

74 파운드 케이크의 표피를 터지지 않게 하려고 할 때 오븐의 조작 중 가장 좋은 방법은?

① 뚜껑은 처음부터 덮어 굽는다.
② 10분간 굽기를 한 후 뚜껑을 덮는다.
③ 20분간 굽기를 한 후 뚜껑을 덮는다.
④ 뚜껑을 덮지 않고 굽는다.

해 뚜껑을 처음부터 덮어 구우면 껍질 형성이 늦어져 표피가 터지지 않는다.

75 도넛의 튀김 온도로 가장 적당한 것은?

① 140~156℃   ② 160~176℃
③ 180~196℃   ④ 220~236℃

해 도넛의 튀김 기름의 온도는 180~193℃ 정도가 적당하다.

76 케이크 제품 평가 시 외부적 특성이 아닌 것은?

① 부피   ② 껍질
③ 균형   ④ 방향

해 방향은 내부 평가에 속한다.

77 케이크 도넛의 제조 방법으로 올바르지 않은 것은?

① 정형기로 찍을 때 반죽손실이 적도록 찍는다.
② 정형 후 곧바로 튀긴다.
③ 덧가루를 얇게 사용한다.
④ 튀긴 후 그물망에 올려놓고 여분의 기름을 배출시킨다.

해 정형 후, 과도한 흡유가 되지 않도록 하며, 제품 모양의 균형을 잡아주고 팽창을 돕기 위해 튀기기 전 실온에서 약 10분간 휴지한다.

78 반죽 비중에 대한 설명으로 옳지 않은 것은?

① 비중이 높으면 부피가 작아진다.
② 비중이 낮으면 부피가 커진다.
③ 비중이 낮으면 기공이 열려 조직이 거칠어진다.
④ 비중이 높으면 기공이 커지고 노화가 느리다.

해 비중이 높으면 기공이 조밀하고 노화가 빠르다.

| 정답 | 74 ① | 75 ③ | 76 ④ | 77 ② | 78 ④ |

과자류 재료 및 제조

79 다음 설명 중 기공이 열리고 조직이 거칠어지는 원인이 아닌 것은?

① 크림화가 지나쳐 많은 공기가 혼입되고 큰 공기 방울이 반죽에 남아있다.
② 기공이 열리면 탄력성이 증가하여 거칠고 부스러지는 조직이 된다.
③ 과도한 팽창제는 필요량 이상의 가스를 발생하여 기공에 압력을 가해 기공이 열리고 조직이 거칠어진다.
④ 낮은 온도의 오븐에서 구우면 가스가 천천히 발생하여 크고 열린 기공을 만든다.

해 기공이 열리면 탄력성이 감소하여 거칠고 부스러지는 조직이 된다.

80 퍼프 페이스트리를 제조할 때 주의할 점으로 틀린 것은?

① 성형한 반죽을 장기간 보관하려면 냉장하는 것이 좋다.
② 파치(scrap pieces)가 최소로 되도록 정형한다.
③ 충전물을 넣고 굽는 반죽은 구멍을 뚫고 굽는다.
④ 굽기 전에 적정한 최종 휴지를 시킨다.

해 성형한 반죽을 장기간 보관하려면 냉동하는 것이 좋다.

81 다음 쿠키 반죽 중 가장 묽은 반죽은?

① 밀어 펴서 정형한 쿠키
② 마카롱 쿠키
③ 판에 등사하는 쿠키
④ 짜는 형태의 쿠키

해 판에 등사하는 쿠키는 철판에 올려놓은 그림이나 글자가 있는 틀에 묽은 상태의 반죽을 넣고 굽는다.

과자류 재료 및 제조

82 다음 중 산 사전처리법에 의한 엔젤푸드케이크 제조공정에 대한 설명으로 **틀린** 것은?

① 흰자에 산을 넣어 머랭을 만든다.
② 설탕 일부를 머랭에 투입하여 튼튼한 머랭을 만든다.
③ 밀가루와 분당을 넣어 믹싱을 완료한다.
④ 기름칠이 균일하게 된 팬에 넣어 굽는다.

해 엔젤푸드케이크의 이형제는 물이다.

83 파이 껍질이 질기고 단단하였다, 그 원인이 **아닌** 것은?

① 강력분을 사용하였다.
② 반죽시간이 길었다.
③ 밀어 펴기를 덜 하였다.
④ 자투리 반죽을 많이 썼다.

해 밀어 펴기를 많이 해야 글루텐이 생성되어 파이 껍질이 질기고 단단하게 만들어진다.

84 도넛에 묻힌 설탕이 녹는 현상(발한)을 감소시키기 위한 조치로 **틀린** 것은?

① 도넛에 묻히는 설탕의 양을 증가시킨다.
② 충분히 냉각시킨다.
③ 냉각 중 환기를 많이 시킨다.
④ 가급적 짧은 시간 동안 튀긴다.

해 발한 현상은 수분에 의해 도넛에 묻은 설탕이나 글레이즈가 녹는 현상을 말한다. 도넛의 튀기는 시간을 증가 시켜 조치해야 한다.

85 퍼프 페이스트리 제조 시 팽창이 부족하여 부피가 빈약해지는 결점의 원인에 해당하지 **않는** 것은?

① 반죽의 휴지가 길었다.
② 밀어 펴기가 부적절하였다.
③ 부적절한 유지를 사용하였다.
④ 오븐의 온도가 너무 높았다.

해 휴지가 짧으면 팽창이 부족하다.

과자류 재료 및 제조

86 젤리 롤 케이크 반죽 굽기에 대한 설명으로 **틀린** 것은?

① 두껍게 편 반죽은 낮은 온도에서 굽는다.
② 구운 후 철판에서 꺼내지 않고 냉각시킨다.
③ 양이 적은 반죽은 높은 온도에서 굽는다.
④ 열이 식으면 압력을 가해 수평을 맞춘다.

해 구운 후 철판에서 꺼내지 않고 냉각을 시키면 수분에 의해 제품이 수축하게 된다.

87 머랭(meringue)을 만드는 주요 재료는?

① 달걀흰자 ② 전란
③ 달걀노른자 ④ 박력분

해 머랭은 달걀흰자로 만든다.

88 완제품 440g인 스펀지케이크 500개를 주문 받았다. 굽기 손실이 12%라면, 준비해야 할 전체 반죽 양은?

① 125kg ② 250kg
③ 300kg ④ 600kg

해 440g × 500개 = 220,000g
220,000 ÷ (1 - 0.12) = 250,000g
250,000g = 250kg

89 푸딩을 제조할 때 경도의 조절은 어떤 재료에 의하여 결정되는가?

① 우유 ② 설탕
③ 계란 ④ 소금

해 푸딩의 경도의 조절은 계란에 의하여 결정된다.

정답 | 86 ② | 87 ① | 88 ② | 89 ③

과자류 재료 및 제조

90 거품형 케이크 반죽을 믹싱할 때 가장 적당한 믹싱법은?

① 중속→저속→고속
② 저속→고속→중속
③ 저속→중속→고속→저속
④ 고속→중속→저속→고속

해 처음엔 저속으로 계란을 풀고, 설탕을 녹여준다. 그다음엔 중속과 고속으로 공기를 포집하고, 마무리 단계에는 기포 안정화 작업을 한다.

91 고율배합 케이크와 비교하여 저율배합 케이크의 특징은?

① 믹싱 중 공기 혼입량이 많다.
② 굽는 온도가 높다.
③ 반죽의 비중이 작다.
④ 화학팽창제 사용량이 적다.

해 저율배합 케이크는 믹싱 중 공기 포집이 적으며, 반죽의 비중이 크다. 그러므로 화학팽창제 사용량이 많다. 굽기 온도는 높다.

92 과일케이크를 만들 때 과일이 가라앉는 이유가 아닌 것은?

① 강도가 약한 밀가루를 사용한 경우
② 믹싱이 지나치고 큰 공기방울이 반죽에 남는 경우
③ 진한 속색을 위한 탄산수소나트륨을 과다로 사용한 경우
④ 시럽에 담근 과일의 시럽을 배수시켜 사용한 경우

해 과일의 시럽을 배수시켜 넣게 되면 수분의 감소로 가라앉지 않는다. 또한 투입하기 전 소량의 밀가루로 전처리 후 섞으면 가라앉는 것을 방지할 수 있다.

93 다음 중 케이크의 아이싱에 주로 사용되는 것은?

① 마지팬   ② 프랄린
③ 글레이즈 ④ 휘핑크림

해 휘핑크림은 우유의 지방이나 식물성 지방을 거품 내어 크림화 한 것으로, 유지방이 40% 이상인 크림이 거품 내기에 알맞다.
서늘한 곳에서 중속으로 거품을 올리는 것이 좋으며, 냉장고에서 보관한다.

정답 90 ③ 91 ② 92 ④ 93 ④

과자류 재료 및 제조

94 다음 중 반죽 온도가 가장 낮은 것은?

① 퍼프 페이스트리
② 레이어 케이크
③ 파운드 케이크
④ 스펀지 케이크

해 퍼프 페이스트리의 반죽 온도는 18~20℃로 가장 낮으며, 케이크류의 반죽온도는 22~24℃이다.

95 거품형 제품 제조 시 가온법의 장점이 아닌 것은?

① 껍질색이 균일하다.
② 기포시간이 단축된다.
③ 기공이 조밀하다.
④ 계란의 비린내가 감소한다.

해 더운 믹싱이라고도 하며 중탕으로 43℃까지 데운 뒤 믹싱하는 방법으로 장점으로는 기포시간 단축, 균일한 색상, 계란 비린내 감소가 있다.

96 과자 반죽의 온도 조절에 대한 설명으로 틀린 것은?

① 반죽 온도가 낮으면 기공이 조밀하다.
② 반죽온도가 낮으면 부피가 작아지고 식감이 나쁘다.
③ 반죽 온도가 높으면 기공이 열리고 큰 구멍이 생긴다.
④ 반죽 온도가 높은 제품은 노화가 느리다.

해 반죽 온도가 높을 경우에는 기공이 열리고, 조직이 거칠어져서 노화가 빠르다. 반죽 온도가 낮을 경우에는 기공이 조밀하고, 부피가 작아져 식감이 나빠진다.

97 공립법으로 제조한 케이크의 최종제품이 열린 기공과 거친 조직감을 갖게 되는 원인은?

① 적정 온도보다 높은 온도에서 굽기
② 오버 믹싱 된 낮은 비중의 반죽으로 제조
③ 달걀 이외의 액체 재료 함량이 높은 배합
④ 품질이 낮은(오래된) 달걀을 배합에 사용

해 비중이 작을수록 기공이 열리고 조직은 거칠다.

| 정답 | 94 ① | 95 ③ | 96 ④ | 97 ② |

과자류 재료 및 제조

98 옐로 레이어 케이크의 적당한 굽기 온도는?

① 140℃ ② 150℃
③ 160℃ ④ 180℃

해 옐로 레이어 케이크의 적당한 굽기 온도는 180℃이다.

99 공립법, 더운 방법으로 제조하는 스펀지케이크의 배합 방법 중 틀린 것은?

① 버터는 배합 전 중탕으로 녹인다.
② 밀가루, 베이킹파우더는 체질하여 준비한다.
③ 달걀은 흰자와 노른자로 분리한다.
④ 거품 올리기의 마지막은 중속으로 믹싱한다.

해 흰자와 노른자로 분리하는 방법은 별립법이다.

100 무스크림을 만들 때 가장 많이 이용되는 머랭의 종류는?

① 이탈리안 머랭
② 스위스 머랭
③ 온제 머랭
④ 냉제 머랭

해 무스크림은 굽지 않고 냉각시켜 먹는 제품으로 이탈리안 머랭은 114~118℃의 설탕 시럽을 부어 만들기 때문에, 흰자 살균 효과가 있다. 따라서 굽지 않은 무스크림에는 이탈리안 머랭이 적합하다.

101 제조 공정 시 표면 건조하지 <u>않는</u> 제품은?

① 슈 ② 마카롱
③ 밤과자 ④ 핑거쿠키

해 슈는 물 분무 또는 물침지를 한다.

정답 98 ④ 99 ③ 100 ① 101 ①

과자류 재료 및 제조

102 블랜딩법 제조 시 해당하는 사항은?

① 달걀과 설탕을 넣고 거품 올리기 전 온도를 43℃로 중탕한다.
② 21℃ 정도의 품온을 갖는 유지를 사용하여 배합한다.
③ 젖은 상태(wet peak) 머랭을 사용하여 밀가루와 혼합한다.
④ 반죽기의 반죽 속도는 고속-중속-고속의 순서로 진행한다.

해 블랜딩법은 유지에 밀가루를 피복시키는 방법으로 유지를 녹이지 않기 때문에, 유지의 온도는 18~21℃ 정도가 적당하다.

103 여름철(실온 30℃)에 사과파이 껍질을 제조할 때 적당한 물의 온도는?

① 4℃ ② 19℃
③ 28℃ ④ 35℃

해 사과파이 제조 시 파이지는 냉수를 사용하여 유지가 녹지 않도록 한다.

104 다음 중 제품의 비중이 틀린 것은?

① 레이어 케이크 : 0.75~0.85
② 파운드 케이크 : 0.8~0.9
③ 젤리롤 케이크 : 0.7~0.8
④ 시폰 케이크 : 0.45~0.5

해 젤리롤 케이크는 거품형 반죽으로 비중은 0.45~055로 낮다.

105 일반적인 케이크 반죽의 팬닝 시 주의점이 아닌 것은?

① 종이 깔개를 사용한다.
② 철판에 넣은 반죽은 두께가 일정하게 되도록 펴준다.
③ 팬기름을 많이 바른다.
④ 팬닝 후 즉시 굽는다.

해 팬 기름을 많이 바르면 제품 속으로 기름 냄새가 스며들어서 좋지 않다. 팬 기름은 적게 바른다.

정답 | 102 ② | 103 ① | 104 ③ | 105 ③

과자류 재료 및 제조

106 반죽형 쿠키의 굽기 과정에서 퍼짐성이 나쁠 때 퍼짐성을 좋게 하기 위해서 사용할 수 있는 방법은?

① 입자가 굵은 설탕을 많이 사용한다.
② 반죽을 오래 한다.
③ 오븐의 온도를 높인다.
④ 설탕의 양을 줄인다.

해 쿠키의 퍼짐성을 좋게 하기 위해서는 퍼짐에 관여하는 설탕의 입자가 굵은 것을 사용한다.

107 도넛 제조 시 수분이 적을 때 나타나는 결점이 아닌 것은?

① 팽창이 부족하다.
② 혹이 튀어나온다.
③ 형태가 일정하지 않다.
④ 표면이 갈라진다.

해 반죽 표면에 상처가 난 채로 튀겨지면 혹이 튀어나온다.

108 파운드 케이크의 팬닝은 틀 높이의 몇 % 정도까지 반죽을 채우는 것이 가장 적당한가?

① 50%
② 70%
③ 90%
④ 100%

해 파운드 케이크의 팬닝비는 70%이다.

109 쿠키의 제조 방법에 따른 분류 중 달걀흰자와 설탕으로 만든 머랭 쿠키는?

① 짜서 성형하는 쿠키
② 밀어 펴서 성형하는 쿠키
③ 프랑스식 쿠키
④ 마카롱 쿠키

해 달걀흰자와 설탕을 믹싱하여 머랭으로 만든 대표적인 쿠키는 마카롱이 있으며, 이 외에도 다쿠와즈가 있다.

110 구워낸 케이크 제품이 너무 딱딱한 경우 그 원인으로 틀린 것은?

① 배합비에서 설탕의 비율이 높을 때
② 밀가루의 단백질 함량이 너무 많을 때
③ 높은 오븐 온도에서 구웠을 때
④ 장시간 굽기 했을 때

해 쿠키에서 설탕의 비율이 높으면 반죽이 딱딱해진다.

정답 106 ① 107 ② 108 ② 109 ④ 110 ①

과자류 재료 및 제조

111 다음 재료들을 동일한 크기의 그릇에 측정하여 중량이 가장 높은 것은?

① 우유　　② 분유
③ 쇼트닝　④ 분당

해 우유가 중량이 가장 높다.

112 열원으로 찜(수증기)을 이용했을 때의 주 열전달 방식은?

① 대류　　② 전도
③ 초음파　④ 복사

해 찜은 수증기를 이용하여 식품을 가열하는 방법(대류 방식)으로 수용성 성분의 손실이 적고 식품 자체의 맛이 보존되는 것이 특징이나 가열 도중 조미하기가 어렵다.

113 반죽의 온도가 정상보다 높을 때, 예상되는 결과는?

① 기공이 밀착된다.
② 노화가 촉진된다.
③ 표면이 터진다.
④ 부피가 작다.

해 반죽 온도가 높을 경우에는 기공이 열리고, 조직이 거칠어져서 노화가 빠르다. 반죽 온도가 낮을 경우에는 기공이 조밀하고, 부피가 작아져 식감이 나빠진다.

114 다음 중 비중이 제일 작은 케이크는?

① 레이어케이크
② 파운드 케이크
③ 시폰케이크
④ 버터 스펀지케이크

해 ① 레이어 케이크 : 0.7~0.8
　② 파운드 케이크 : 0.8~0.9
　③ 시폰 케이크 : 0.45~0.5
　④ 버터 스펀지 케이크 : 0.5~0.55

115 도넛의 흡유량이 높았을 때 그 원인은?

① 고율배합 제품이다.
② 튀김시간이 짧다.
③ 튀김온도가 높다.
④ 휴지시간이 짧다.

해 도넛에 설탕, 유지, 계란 사용량이 많은 고율배합 제품은 과도한 흡유의 원인이 된다.

정답　111 ①　112 ①　113 ②　114 ③　115 ①

과자류 재료 및 제조

116 다음 중 케이크 제품의 부피 변화에 대한 설명이 <u>틀린</u> 것은?

① 계란은 혼합 중 공기를 보유하는 능력을 갖추고 있으므로 계란이 부족한 반죽은 부피가 줄어든다.
② 크림법으로 만드는 반죽에 사용하는 유지의 크림성이 나쁘면 부피가 작아진다.
③ 오븐 온도가 높으면 껍질 형성이 빨라 팽창에 제한받아 부피가 작아진다.
④ 오븐 온도가 높으면 지나친 수분의 손실로 최종 부피가 커진다.

해 오븐 온도가 높으면 껍질이 빨리 형성되어 수분 손실이 적다.

117 완성된 쿠키의 크기가 퍼지지 않아 작았다면, 그 원인이 <u>아닌</u> 것은?

① 사용한 반죽이 묽었다.
② 굽기 온도가 높았다.
③ 반죽이 산성이었다.
④ 가루 설탕을 사용하였다.

해 묽은 반죽은 과도한 퍼짐의 원인이 된다.

118 과자 반죽의 모양을 만드는 방법이 <u>아닌</u> 것은?

① 짤주머니로 짜기
② 밀대로 밀어 펴기
③ 성형 틀로 찍어내기
④ 발효 후 가스 빼기

해 발효는 제빵에서 필수이다.

119 다음 중 반죽형 케익에 대한 설명으로 <u>틀린</u> 것은?

① 밀가루, 계란, 분유 등과 같은 재료에 의해 케이크의 구조가 형성된다.
② 유지의 공기 포집력, 화학적 팽창제에 의해 부피가 팽창하기 때문에 부드럽다.
③ 레이어 케이크, 파운드 케이크, 마들렌 등이 반죽형 케익에 해당한다.
④ 제품의 특징은 해면성(海面性)이 크고 가볍다.

해 해면성 구조는 거품형 케이크에 대한 설명이다.

정답 116 ④ 117 ① 118 ④ 119 ④

과자류 재료 및 제조

120 스펀지 케이크 제조 시 덥게 하는 방법으로 사용할 때 계란과 설탕은 몇 도로 중탕하고 혼합하는 것이 가장 적당한가?

① 30℃ ② 43℃
③ 10℃ ④ 25℃

해 더운 믹싱의 중탕 온도는 43℃이다.

121 실내온도 30℃ 실외온도 35℃ 밀가루온도 24℃ 설탕온도 20℃ 쇼트닝온도 20℃ 계란온도 24℃ 마찰계수가 22이다. 반죽온도가 25℃가 되기 위해서 필요한 물의 온도는?

① 8℃ ② 9℃
③ 10℃ ④ 12℃

해 사용할 물 온도
=(희망온도×6)-(실내 온도+밀가루 온도+설탕 온도+달걀온도+유지온도+마찰계수)=(25×6)
-(30+24+20+24+20+22)=10℃

122 오버 베이킹에 대한 설명 중 옳은 것은?

① 높은 온도에서 짧은 시간 동안 구운 것이다.
② 노화가 빨리 진행된다.
③ 수분 함량이 많다.
④ 가라앉기 쉽다.

해 오버 베이킹은 낮은 온도에서 오래 구워서 나오면 윗면이 평평하고 수분 손실이 크다.

123 다음 중 제과용 믹서로 적합하지 않은 것은?

① 에어믹서   ② 버티컬믹서
③ 연속식 믹서 ④ 스파이럴믹서

해 스파이럴믹서는 제빵용 믹서에 적합하다.

124 반죽 무게를 구하는 식은?

① 틀 부피×비용적
② 틀 부피+비용적
③ 틀 부피÷비용적
④ 틀 부피-비용적

해 반죽분할량 구하는 공식=
틀 용적÷비용적

| 정답 | 120 ② | 121 ③ | 122 ② | 123 ④ | 124 ③ |

과자류 재료 및 제조

125 다음의 케이크 반죽 중 일반적으로 pH가 가장 낮은 것은?

① 스펀지 케이크
② 엔젤 푸드케이크
③ 파운드 케이크
④ 데블스 푸드케이크

해 엔젤 푸드케이크는 주석산 크림을 넣어 흰자의 알칼리성을 중화하여 튼튼한 제품을 만든다.

126 화이트 레이어 케이크 제조 시 주석산 크림을 사용하는 목적과 거리가 먼 것은?

① 흰자를 강하게 하기 위하여
② 껍질 색을 밝게 하기 위하여
③ 속색을 하얗게 하기 위하여
④ 제품의 색깔을 진하게 하기 위하여

해 주석산을 사용하는 이유는 흰자를 강화하고, 색상을 밝게 한다.

127 나가사끼 카스테라 제조 시 굽기 과정에서 휘젓기를 하는 이유가 아닌 것은?

① 반죽 온도를 균일하게 한다.
② 껍질 표면을 매끄럽게 한다.
③ 내상을 균일하게 한다.
④ 팽창을 원활하게 한다.

해 나가사끼 카스테라 굽기 과정 중 휘젓기를 한 후 뚜껑을 덮는다. 휘젓기를 하는 이유는 반죽 온도의 균일함, 껍질 표면의 매끄러움, 내상의 균일함을 위해서이다.

128 다음 중 스펀지케이크 반죽을 팬에 담을 때 팬 용적의 어느 정도가 가장 적당한가?

① 약 10~20%
② 약 30~40%
③ 약 70~80%
④ 약 50~60%

해 스펀지케이크의 팬닝비는 60%이다.

정답 125 ② 126 ④ 127 ④ 128 ④

과자류 재료 및 제조

129 코코아 20%에 해당하는 초콜릿을 사용하여 케이크를 만들려고 할 때 초콜릿 사용량은?

① 16%   ② 20%
③ 28%   ④ 32%

해 초콜릿 속 코코아 함량은 5/8이다. 즉, 초콜릿 함량을 x라고 하였을 때, x×5/8＝20이므로, 초콜릿 함량은 32%이다.

130 직접배합에 사용하는 물의 온도로 반죽온도 조절이 편리한 제품은?

① 젤리 롤 케이크
② 과일 케이크
③ 퍼프 페이스트리
④ 버터 스펀지 케이크

해 퍼프 페이스트리는 냉수를 사용하고, 냉장고에서 휴지를 하므로 반죽온도를 맞추기가 편리하다.

131 롤 케이크를 말 때 표면이 터지는 결점을 방지하기 위한 조치방법이 아닌 것은?

① 덱스트린을 적당량 첨가한다.
② 노른자를 줄이고 전란을 증가시킨다.
③ 오버 베이킹이 되도록 한다.
④ 설탕의 일부를 물엿으로 대체한다.

해 젤리 롤을 말 때 표면이 터지는 이유는 결국, 수분이 부족하면 터진다. 설탕의 일부를 물엿으로 대치하고, 덱스트린의 점착성을 이용하며, 팽창이 과다한 경우 팽창제를 감소시킨다.
노른자 비율을 감소시키고 전란을 증가한다(노른자의 수분함량 50%, 전란의 수분함량 75%, 수분함량만을 봤을 때, 전란이 노른자보다 25% 더 많음).
오버 베이킹은 낮은 온도에서 오래 굽는 방법으로 수분이 많이 증발하여 표면이 터지기 쉽다.

132 일반 파운드 케이크와는 달리 마블 파운드 케이크에 첨가하여 색상을 나타내는 재료는?

① 코코아   ② 버터
③ 밀가루   ④ 계란

해 일반 파운드 케이크의 재료는 밀가루, 유지, 달걀, 설탕이며, 마블 파운드 케이크를 만들 때는 코코아를 첨가하여 색상을 낸다.

정답 | 129 ④ 130 ③ 131 ③ 132 ①

과자류 재료 및 제조

133 커스터드 푸딩을 컵에 채워 몇 ℃의 오븐에서 중탕으로 굽는 것이 가장 적당한가?

① 160~170℃ ② 190~200℃
③ 201~220℃ ④ 230~240℃

해 커스터드 푸딩은 95%를 채워 넣고 160~170℃ 오븐에서 중탕으로 굽기를 한다.

134 케이크 반죽의 혼합 완료 정도는 무엇으로 알 수 있는가?

① 반죽의 온도 ② 반죽의 점도
③ 반죽의 비중 ④ 반죽의 색상

해 케이크 반죽의 혼합 완료 정도는 반죽의 비중으로 알 수 있다.

135 퍼프 페이스트리 반죽의 휴지 효과에 대한 설명으로 틀린 것은?

① 글루텐을 재정돈 시킨다.
② 밀어 펴기가 용이해진다.
③ CO_2 가스를 최대한 발생시킨다.
④ 절단 시 수축을 방지한다.

해 퍼프 페이스트리는 유지의 수분을 이용한 증기압 팽창으로 팽창제가 들어가지 않기 때문에 이산화탄소를 발생시키지 않는다. 이산화탄소를 발생시켜 팽창하는 것은 이스트나 화학 팽창제이며 케이크 도넛을 휴지시킬 때의 효과이다.

136 튀김기름의 품질을 저하하는 요인으로만 나열된 것은?

① 수분, 탄소, 질소
② 수분, 공기, 철
③ 공기, 금속, 토코페롤
④ 공기, 탄소, 세사몰

해 튀김기름의 품질을 저하하는 요인에는 온도(열), 물(수분), 공기(산소), 이물질(금속)이 있다. 토코페롤은 항산화제이다.

정답 133 ① 134 ③ 135 ③ 136 ②

과자류 재료 및 제조

137 퐁당(fondant)에 대한 설명으로 가장 적합한 것은?

① 시럽을 214℃까지 끓인다.
② 40℃ 전후로 식혀서 휘젓는다.
③ 굳으면 설탕 1:물 1로 만든 시럽을 첨가한다.
④ 유화제를 사용하면 부드럽게 할 수 있다.

> 해 ① 시럽은 114~118℃로 끓인다.
> ③ 굳어진 것이 가온하는 것만으로도 풀어지지 않으면 설탕 시럽을 더 넣어 연하게 만들어 준다(설탕 : 물 = 2 : 1).
> ④ 퐁당은 설탕과 물이 주재료로 유화제는 사용하지 않는다.

138 쿠키가 잘 퍼지지(spread) 않은 이유가 아닌 것은?

① 고운 입자의 설탕 사용
② 과도한 믹싱
③ 알칼리 반죽 사용
④ 너무 높은 굽기 온도

> 해 쿠키의 퍼짐 결핍에 영향을 주는 요인
> 1) 산성 반죽
> 2) 된 반죽
> 3) 과도한 믹싱
> 4) 높은 오븐 온도
> 5) 입자가 곱거나 적은 양의 설탕 사용

139 파운드 케이크를 구운 직후 계란 노른자에 설탕을 넣어 칠할 때 설탕의 역할이 아닌 것은?

① 광택제 효과   ② 보존기간 개선
③ 탈색 효과   ④ 맛의 개선

> 해 파운드 케이크 터진 부분에 설탕을 섞은 노른자를 칠함으로써 색상과 광택제 효과를 내어주고, 맛과 보존기간을 개선한다.

140 기포를 안정되게 하기 위해 오븐에 들어가기 직전 충격을 가하는 제품은?

① 카스테라   ② 슈
③ 마카롱   ④ 쇼트브레드

> 해 거품형 케이크는 오븐에 들어가기 직전에 충격을 가함으로써 윗면에 올라오는 기포를 안정되게 만든다.

141 모카 아이싱(Mocha icing)의 특징을 결정하는 재료는?

① 커피   ② 코코아
③ 초콜릿   ④ 분당

> 해 모카란 에스프레소에 초콜릿 향을 첨가한 커피를 뜻한다.

정답 137 ② 138 ③ 139 ③ 140 ① 141 ①

과자류 재료 및 제조

142 찜(수증기)을 이용하여 만들어진 제품이 아닌 것은?

① 소프트 롤 ② 찜 케이크
③ 중화 만두 ④ 호빵

해 소프트 롤은 별립법으로 만들어서 구워 말기를 한 제품이다.

143 푸딩 표면에 기포 자국이 많이 생기는 경우는?

① 가열이 지나친 경우
② 계란의 양이 많은 경우
③ 계란이 오래된 경우
④ 오븐 온도가 낮은 경우

해 푸딩의 가열을 너무 오래 할 경우 표면에 기포 자국이 많이 생긴다.

144 퍼프 페이스트리에서 불규칙한 팽창이 발생하는 원인이 아닌 것은?

① 덧가루를 과량으로 사용하였다.
② 밀어 펴기 사이에 휴지시간이 불충분하였다.
③ 예리하지 못한 칼을 사용하였다.
④ 쇼트닝이 너무 부드러웠다.

해 부드러운 쇼트닝은 팽창을 돕는다.

145 파운드 케이크 제조에 대한 설명으로 맞는 것은?

① 오븐 온도가 너무 높으면 케이크의 표피가 갈라진다.
② 너무 뜨거운 오븐에서는 표피에 비늘 모양이나 점이 형성된다.
③ 여름철에는 유지온도가 30℃ 이상이 되어야 크림성이 좋다
④ 윗면이 터지게 하려면 굽기 전후에 스팀을 분무한다.

해 너무 높은 온도는 표피를 터트린다.

146 흰자를 사용하는 제품에 주석산 크림과 같은 산을 넣는 이유가 아닌 것은?

① 흰자의 알칼리성을 중화한다.
② 흰자의 거품을 강하게 만든다.
③ 머랭의 색상을 희게 한다.
④ 전체 흡수율을 높여 노화를 지연시킨다.

해 주석산을 사용하는 이유는 흰자를 강화하고, 색상을 밝게 한다. 노화 지연과는 관련이 없다.

정답 142 ① 143 ① 144 ④ 145 ① 146 ④

과자류 재료 및 제조

147 다음 제품 중 패닝 할 때 제품의 간격을 가장 충분히 유지하여야 하는 제품은?

① 슈　　② 오믈렛
③ 애플파이　　④ 쇼트브레드쿠키

해 슈는 제품의 간격을 충분하게 유지를 해야만 팽창을 잘 할 수 있다.

148 데블스 푸드 케이크 제조 시 반죽의 비중을 측정하기 위해 필요한 무게가 <u>아닌</u> 것은?

① 비중컵의 무게
② 코코아를 담은 비중컵의 무게
③ 물을 담은 비중컵의 무게
④ 반죽을 담은 비중컵의 무게

해 데블스 푸드 케이크라도 비중을 구하는 공식

$$= \frac{같은부피의\ (순수)\ 반죽무게}{같은부피의\ (순수)\ 물무게}$$

즉, 반죽 무게÷물 무게이다.

149 가나슈 크림에 대한 설명으로 옳은 것은?

① 생크림은 절대 끓여서 사용하지 않는다.
② 초콜릿과 생크림의 배합비율은 10:1이 원칙이다.
③ 초콜릿 종류는 달라도 카카오 성분은 같다.
④ 끓인 생크림에 초콜릿을 더한 크림이다.

해 가나슈 크림은 초콜릿과 생크림의 비율이 1 : 1이며, 끓인 생크림에 초콜릿을 더한 크림이다.

150 다음 제품 중 건조 방지를 목적으로 나무틀을 사용하여 굽기를 하는 제품은?

① 슈
② 밀푀유
③ 카스테라
④ 퍼프 페이스트리

해 나가사끼 카스테라는 나무틀을 사용하여 굽기를 한다.

정답　147 ①　148 ②　149 ④　150 ③

과자류 재료 및 제조

151 파이를 만들 때 충전물이 흘러나왔을 경우 그 원인이 아닌 것은?

① 충전물량이 너무 많다.
② 충전물에 설탕이 부족하다.
③ 껍질에 구멍을 뚫어 놓지 않았다.
④ 오븐 온도가 낮다.

해 충전물에 설탕량이 많을 경우 충전물이 흘러넘친다.

152 먼저 밀가루와 유지를 넣고 믹싱하여 유지에 의해 밀가루가 피복되도록 한 후 나머지 재료를 투입하는 방법으로 유연감을 우선으로 하는 제품에 사용되는 반죽법은?

① 1단계법   ② 별립법
③ 블렌딩법 ④ 크림법

해 ① 1단계법: 모든 재료를 혼합 또는 믹싱, 단단계법이라고도 함.
② 별립법: 흰자와 노른자에 설탕을 넣고 각각 믹싱하여 혼합하는 방법
④ 크림법: 유지에 설탕을 넣고 믹싱하여 계란을 투입하는 방식, 반죽의 부피를 우선시하며, 비교적 스크래핑을 많이 해야 하는 제법

153 파이를 냉장고에 휴지시키는 이유와 가장 거리가 먼 것은?

① 전 재료의 수화 기회를 준다.
② 유지와 반죽의 굳은 정도를 같게 한다.
③ 반죽을 경화 및 긴장시킨다.
④ 끈적거림을 방지하여 작업성을 좋게 한다.

해 파이를 냉장 휴지시키는 이유는 전 재료의 수화를 돕고, 유지와 반죽의 굳은 정도를 같게 하고, 끈적거림을 방지하여 정형을 용이하게 하는 데 있다.

154 단순 아이싱(flat icing)을 만드는 데 들어가는 재료가 아닌 것은?

① 분당   ② 달걀
③ 물   ④ 물엿

해 단순 아이싱은 분당, 물, 물엿, 향료를 43℃로 끓여서 사용한다.

정답 151 ② 152 ③ 153 ③ 154 ②

과자류 재료 및 제조

155 아이싱에 이용되는 퐁당(fondant)은 설탕의 어떤 성질을 이용하는가?

① 보습성
② 재결정성
③ 용해성
④ 전화당으로 변하는 성질

해 퐁당(fondant)은 설탕에 물을 넣고 114~118℃로 끓인 뒤 다시 유백색 상태로 재결정화 시킨 것으로 40℃ 전후로 식혀서 사용한다.

156 파운드 케이크 제조 시 이중팬을 사용하는 목적이 아닌 것은?

① 제품 바닥의 두꺼운 껍질형성을 방지하기 위하여
② 제품 옆면의 두꺼운 껍질형성을 방지하기 위하여
③ 제품의 조직과 맛을 좋게 하기 위하여
④ 오븐에서의 열전도 효율을 높이기 위하여

해 이중팬을 사용하는 이유는 열을 차단하기 위해서이다. 무거운 반죽이 좁고 깊은 틀에 담겨있기 때문에, 속까지 익히기가 어렵다. 겉은 타고 속은 덜 익는 경우를 막기 위해, 윗색이 나면 이중팬을 덮어 열을 차단하여 속까지 천천히 익히기를 한다.

157 판 젤라틴을 전처리하기 위한 물의 온도로 알맞은 것은?

① 10~20℃
② 30~10℃
③ 60~70℃
④ 80~90℃

해 판 젤라틴은 냉수에서 전처리한다.

158 아이싱이나 토핑에 사용하는 재료의 설명으로 틀린 것은?

① 중성쇼트닝은 첨가하는 재료에 따라 향과 맛을 살릴 수 있다.
② 분당은 아이싱 제조 시 끓이지 않고 사용할 수 있는 장점이 있다.
③ 생우유는 우유의 향을 살릴 수 있어 바람직하다.
④ 안정제는 수분을 흡수하여 끈적거림을 방지한다.

해 생우유는 아이싱이나 토핑에 적합하지 않다.

159 쿠키에 사용하는 재료로서 퍼짐에 큰 영향을 주는 당류는?

① 분당
② 설탕
③ 포도당
④ 물엿

해 설탕의 입자크기에 따라 쿠키의 퍼짐이 결정된다.

| 정답 | 155 ② | 156 ④ | 157 ① | 158 ③ | 159 ② |

과자류 재료 및 제조

160 아이싱에 사용하여 수분을 흡수하므로, 아이싱이 젖거나 묻어나는 것을 방지하는 흡수제로 적당하지 <u>않은</u> 것은?

① 밀 전분 ② 옥수수전분
③ 설탕   ④ 타피오카 전분

해 아이싱의 끈적거림을 방지하기 위해서는 젤라틴이나 식물 껌 안정제를 사용하거나 전분이나 밀가루 같은 흡수제를 사용한다.

161 케이크 굽기 시의 캐러멜화 반응은 어느 성분의 변화로 일어나는가?

① 당류   ② 단백질
③ 지방   ④ 비타민

해 갈색 반응
 1) 캐러멜화 반응 : 당류 + 열 → 갈색
 2) 마이야르 반응 : 당류 + 아미노산(단백질) + 열 → 갈색
 3) 제과 및 제빵에는 설탕과 밀가루 즉, 당과 아미노산이 골고루 들어 있기 때문에 캐러멜화 반응과 마이야르 반응이 동시에 일어난다. 마이야르 반응속도를 촉진하는 순서는 과당 > 포도당 > 설탕 순서이며, 이때 갈색이 나는 온도는 160~180℃이다.

162 케이크 제조 시 제품의 부피가 크게 팽창했다가 가라앉는 원인이 <u>아닌</u> 것은?

① 물 사용량의 증가
② 밀가루 사용의 부족
③ 분유 사용량의 증가
④ 베이킹파우더 증가

해 분유는 단백질로 이루어져 구조 작용하며, 부피를 가능한 한 크게 유지하려고 한다.

163 파이나 퍼프 페이스트리는 무엇에 의하여 팽창되는가?

① 화학적인 팽창
② 중조에 의한 팽창
③ 유지에 의한 팽창
④ 이스트에 의한 팽창

해 파이나 퍼프 페이스트리는 유지에 의한 팽창(증기압에 의한 팽창)이다.

164 에클레어는 어떤 종류의 반죽으로 만드는가?

① 스펀지 반죽   ② 슈 반죽
③ 비스킷 반죽   ④ 파이 반죽

해 에클레어는 불어로 번개라는 뜻이며, 슈 반죽을 이용하여 만든다.

정답 160 ③ 161 ① 162 ③ 163 ③ 164 ②

과자류 재료 및 제조

165 다음 중 고온에서 빨리 구워야 하는 제품은?

① 파운드 케이크
② 고율배합 제품
③ 저율배합 제품
④ 패닝량이 많은 제품

해 고온에서 빨리 굽는 방법을 언더베이킹이라고 하며, 저율배합에 해당한다.

166 어떤 한 종류의 케이크를 만들기 위하여 믹싱을 끝내고 비중을 측정한 결과가 다음과 같을 때, 구운 후 기공이 조밀하고 부피가 가장 작아지는 비중의 수치는?

0.45, 0.55, 0.66, 0.75

① 0.45　② 0.55
③ 0.66　④ 0.75

해 기공이 조밀하고 부피가 가장 작아지는 것은 반죽이 무겁고 공기 함량이 적은 것을 의미하여 비중이 높은 0.75이다.

167 핑커 쿠키 성형방법으로 옳지 않은 것은?

① 원형 깍지를 이용하여 일정한 간격으로 짠다.
② 철판에 기름을 바르고 짠다.
③ 5~6cm 정도의 길이로 짠다.
④ 짠 뒤에 윗면에 고르게 설탕을 뿌려준다.

해 핑거 쿠키는 거품형 쿠키에 해당하며 유산지나 테프론 시트지 위에서 일정한 간격으로 짜야 한다.

168 밤과자를 성형한 후 물을 뿌려주는 이유가 아닌 것은?

① 덧가루의 제거
② 굽기 후 철판에서 분리용이
③ 껍질색의 균일화
④ 껍질의 터짐 방지

해 물을 많이 뿌리면 굽기 후 철판에 붙어서 분리하기가 어렵다.

정답　165 ③　166 ④　167 ②　168 ②

과자류 재료 및 제조

169 슈 껍질의 굽기 후 밑면이 좁고 공과 같은 형태를 가졌다면 그 원인은?

① 밑불이 윗 불보다 강하고 팬에 기름칠이 적다.
② 반죽이 질고 글루텐이 형성된 반죽이다.
③ 온도가 낮고 팬에 기름칠이 적다.
④ 반죽이 되거나 윗 불이 강하다.

해 굽는 온도가 낮고 기름칠이 적으면 슈가 팽창하지 않아 밑면이 옆으로 퍼지지 못해 밑면이 좁아진다.

170 푸딩의 제법에 관한 설명으로 틀린 것은?

① 모든 재료를 섞어서 체에 거른다.
② 푸딩 컵에 부어 중탕으로 굽는다.
③ 우유와 설탕을 섞어 설탕이 캐러멜화될 때까지 끓인다.
④ 다른 그릇에 계란, 소금 나머지 설탕을 넣어 혼합하고 우유를 섞는다.

해 우유와 설탕을 섞어 80~90℃까지만 데운다.

171 비용적이 2.5(㎤/g)인 제품을 다음과 같은 원형팬을 이용하여 만들고자 한다. 필요한 반죽의 무게는?(단, 소수점 첫째 자리에서 반올림하시오)

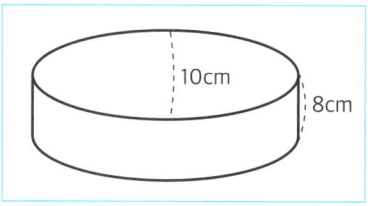

① 100g ② 251g
③ 628g ④ 1570g

해 반죽분할량을 구하려면 팬의 용적을 먼저 구해야 한다. 원형 틀 용적의 공식은 반지름×반지름×높이×3.14이며, 5×5×8×3.14=628㎤이다. 반죽 분할량의 공식은 틀 용적÷비용적이므로 628㎤÷2.5=251.2이다. 반올림하여 251g이 된다.

과자류 재료 및 제조

172 제빵 공장에서 5인이 8시간 동안 옥수수식빵 500개, 바게트빵 550개를 만들었다. 개당 제품의 노무비는 얼마인가?(단, 시간당 노무비는 4000원이다)

① 132원　　② 142원
③ 152원　　④ 162원

해 1인 시간당 생산량
＝(500개＋550개)÷5명÷8시간
＝26.25개
제품의 개당 노무비는
4000÷26.25＝152.38원이다.

173 데블스 푸드 케이크 제조 시 중조를 8g 사용했을 경우 가스 발생량으로 비교했을 때 베이킹파우더 몇 g과 효과가 같은가?

① 8g　　② 16g
③ 24g　　④ 32g

해 중조는 베이킹파우더의 3배이다.
따라서 8×3＝24g이다.

174 다음 중 파이 껍질의 결점이 원인이 아닌 것은?

① 강한 밀가루를 사용하거나 과도한 밀어 펴기를 하는 경우
② 많은 파지를 사용하거나 불충분한 휴지를 하는 경우
③ 적절한 밀가루와 유지를 혼합하여 파지를 사용하지 않은 경우
④ 껍질에 구멍을 뚫지 않거나 계란 물칠을 너무 많이 한 경우

해 파이 껍질은 적절한 밀가루와 유지를 혼합하여 사용한다.

175 쿠키 포장지의 특성으로서 적합하지 않은 것은?

① 내용물의 색, 향이 변하지 않아야 한다.
② 독성 물질이 생성되지 않아야 한다.
③ 통기성이 있어야 한다.
④ 방습성이 있어야 한다.

해 통기성이 없어야 한다. 공기가 통하면 노화가 빨리 진행되기 때문이다.

과자류 재료 및 제조

176 스펀지 케이크에서 계란 사용량을 감소시킬 때의 조치사항으로 잘못된 것은?

① 베이킹파우더를 사용한다.
② 물 사용량을 추가한다.
③ 쇼트닝을 첨가한다.
④ 양질의 유화제를 병용한다.

해 스펀지 케이크에서 계란은 공기를 포집하여 팽창에 관여한다. 계란 사용량을 감소하면 팽창에 관여하는 베이킹파우더와 계란의 수분 대신 물 사용량을 추가하거나, 유화제를 병용하는 것이 좋으며, 쇼트닝을 사용하면 거품이 더 죽게 된다.

177 엔젤 푸드 케이크 반죽의 온도 변화에 따른 설명이 틀린 것은?

① 반죽 온도가 낮으면 제품의 기공이 조밀하다.
② 반죽 온도가 낮으면 색상이 진하다.
③ 반죽 온도가 높으면 기공이 열리고 조직이 거칠어진다.
④ 반죽 온도가 높으면 부피가 작다.

해 반죽 온도가 낮으면 부피가 작다.

178 머랭의 최적 pH는?

① 5.5~6.0
② 6.5~7.0
③ 7.5~8.0
④ 8.5~9.0

해 머랭(Meringue)은 달걀흰자와 설탕으로 거품 내어 만든 제품으로 최적 pH는 5.5~6.0이다.

179 엔젤푸드 케이크의 반죽 온도가 높았을 때 일어나는 현상은?

① 증기압을 형성하는 데 걸리는 시간이 길다.
② 기공이 열리고 거칠다.
③ 케이크의 부피가 작다.
④ 케이크의 표면이 터진다.

해 반죽 온도가 높을 경우에는 기공이 열리고, 조직이 거칠어져서 노화가 빠르다.

180 당분이 있는 슈 껍질을 구울 때의 현상이 아닌 것은?

① 껍질의 팽창이 좋아진다.
② 상부가 둥글게 된다.
③ 내부에 구멍형성이 좋지 않다.
④ 표면에 균열이 생기지 않는다.

해 당은 껍질 색을 빨리 내어 큰 팽창은 기대하기 어렵다.

정답 176 ③ 177 ④ 178 ① 179 ② 180 ①

과자류 재료 및 제조

181 무스(mousse)의 원 뜻은?

① 생크림 ② 젤리
③ 거품 ④ 광택제

🖎 무스는 프랑스어로 '거품'을 뜻하며, 이탈리안 머랭이 베이스가 되어 냉각시킨 제품이다.

182 푸딩에 대한 설명 중 맞는 것은?

① 우유와 설탕은 120℃로 데운 후 계란과 소금을 넣어 혼합한다.
② 우유와 소금의 혼합 비율은 100 : 10이다.
③ 계란의 열변성에 의한 농후화 작용을 이용한 제품이다.
④ 육류, 과일, 야채, 빵을 섞어 만들지는 않는다.

🖎 푸딩은 달걀, 우유와 설탕을 끓기 직전인 80~90℃까지 데운다. 우유와 소금의 혼합 비율은 100 : 1이며, 육류, 과일, 야채, 빵을 섞어 만들기도 한다.

183 사과파이 껍질의 결의 크기는 어떻게 조절하는가?

① 쇼트닝의 입자크기로 조절한다.
② 쇼트닝의 양으로 조절한다.
③ 접기수로 조절한다.
④ 밀가루 양으로 조절한다.

🖎 유지의 입자크기에 따라 파이 결의 길이가 결정된다.

184 케이크 반죽을 혼합할 때 반죽의 온도가 최적범위 이상이나 이하로 설정될 경우에 나타나는 현상이 아닌 것은?

① 쇼트닝의 크리밍성이 감소한다.
② 공기의 혼합능력이 떨어진다.
③ 팽창속도가 변화한다.
④ 케이크의 체적이 증가한다.

🖎 표준 반죽 온도를 맞추지 못할 경우 케이크의 체적이 증가하기는 어렵다.

정답 181 ③ 182 ③ 183 ① 184 ④

과자류 재료 및 제조

185 옐로 레이어 케이크에서 쇼트닝과 계란의 사용량 관계를 바르게 나타낸 것은?

① 쇼트닝×0.7=계란
② 쇼트닝×0.9=계란
③ 쇼트닝×1.1=계란
④ 쇼트닝×1.3=계란

해 옐로 레이어 케이크의 배합률
　　달걀(전란)＝쇼트닝×1.1

186 제과용 기계 설비와 거리가 먼 것은?

① 오븐　　② 라운더
③ 에어믹서　④ 데포지터

해 라운더는 제빵용으로 반죽을 둥글리기 할 때 사용하는 기계이다.

187 반죽형 케이크의 결점과 원인의 연결이 잘못된 것은?

① 고율배합 케이크의 부피가 작음 - 설탕과 액체재료의 사용량이 적었다.
② 굽는 동안 부풀어 올랐다가 가라앉음 - 설탕과 팽창제 사용량이 많았다.
③ 케이크 껍질에 반점이 생김 - 입자가 굵고 크기가 서로 다르나 설탕을 사용했다.
④ 케이크가 단단하고 질김 - 고율배합 케이크에 맞지 않은 밀가루를 사용했다.

해 고율 배합 케이크의 부피가 작은 이유는 액체(달걀) 재료가 많이 들어가 구조력이 약해져 부피가 작아졌기 때문이다.

188 찜을 이용한 제품에 사용되는 팽창제의 특성으로 알맞은 것은?

① 지속성　　② 속효성
③ 지효성　　④ 이중팽창

해 찜을 이용한 제품에는 팽창제로 속효성이 있는 제품을 사용한다. 속효성은 분해가 용이하여 효과가 단시간 내에 나타나는 성질이다.

정답 185 ③　186 ②　187 ①　188 ②

과자류 재료 및 제조

189 과일 파운드 케이크에 대한 설명 중 잘못된 것은?

① 첨가하는 과일 양은 일반적으로 전체 반죽의 25~50% 정도이다.
② 시럽에 담긴 과일은 사용 시 시럽도 충분히 넣는다.
③ 과일을 반죽에 투입하기 전에 밀가루에 묻혀 밑바닥으로 가라앉는 것을 방지한다.
④ 견과류와 과실류는 믹싱 최종단계에 투입하여 가볍게 섞어 준다.

해 시럽을 충분히 넣게 되면, 과일들이 바닥으로 가라앉는다.

190 도넛의 튀김 기름이 갖추어야 할 조건은?

① 산패취가 없다.
② 저장 중 안전성이 낮다.
③ 발연점이 낮다.
④ 산화와 가수분해가 쉽게 일어난다.

해 튀김 기름이 갖추어야 할 조건
　1) 산패취가 없어야 함
　2) 저장 중 안정성이 높아야 함
　3) 발연점이 높을 것
　4) 산화와 가수 분해가 잘 일어나지 않아야 함

191 반죽에 레몬즙이나 식초를 첨가하여 굽기를 하였을 때 나타나는 현상은?

① 조직이 치밀하다.
② 껍질 색이 진하다.
③ 향이 짙어진다.
④ 부피가 증가한다.

해 레몬즙이나 식초는 산 성분으로 조직이 단단해지고, 껍질 색이 밝아지며, 부피가 작고, 향이 약하다.

192 다음 중 화학적 팽창 제품이 아닌 것은?

① 과일케이크　② 팬케이크
③ 파운드 케이크　④ 시퐁케이크

해 시퐁케이크는 물리적 + 화학적에 의한 팽창이다.

193 다음 케이크 중 계란 노른자를 사용하지 않는 것은?

① 파운드 케이크
② 화이트 레이어 케이크
③ 데블스 푸드 케이크
④ 소프트 롤 케이크

해 화이트 레이어 케이크는 계란 흰자를 사용하여 반죽한다.

정답 | 189 ② | 190 ① | 191 ① | 192 ④ | 193 ②

과자류 재료 및 제조

194 거품형 케이크(foam-type cake)를 만들 때 녹인 버터는 언제 넣은 것이 가장 좋은가?

① 처음부터 다른 재료와 함께 넣는다.
② 밀가루와 섞어 넣는다.
③ 설탕과 섞어 넣는다.
④ 반죽의 최종단계에 넣는다.

해 녹인 버터는 반죽의 최종 단계에 넣어 최대한 반죽의 기포가 꺼지지 않도록 한다.

195 아이싱(icing)이란 설탕 제품이 주요 재료인 피복물로 빵/과자 제품을 덮거나 피복하는 것을 말한다. 다음 중 크림아이싱(creamed icing)이 아닌 것은?

① 퍼지아이싱(fudge icing)
② 퐁당아이싱(fondant icing)
③ 단순아이싱(flat icing)
④ 마시멜로아이싱(marshmallow icing)

해 단순 아이싱은 기본 재료(분당, 물, 물엿, 향료)를 섞고 43℃로 데워 되직한 페이스트리 상태로 만드는 것이다.

196 캔디의 재결정을 막기 위해 사용되는 원료가 아닌 것은?

① 물엿   ② 과당
③ 설탕   ④ 전화당

해 설탕은 재결정화를 시킨다.

197 과자반죽 믹싱법 중에서 크림법은 어떤 재료를 먼저 믹싱하는 방법인가?

① 설탕과 쇼트닝
② 밀가루와 설탕
③ 계란과 설탕
④ 계란과 쇼트닝

해 크림법은 유지에 설탕을 먼저 넣고 믹싱하는 방법이다.

198 겨울철 굳어버린 버터 크림의 되기를 조절하기에 알맞은 것은?

① 분당   ② 초콜릿
③ 식용유   ④ 캐러멜 색소

해 겨울철에 버터 크림이 굳는 것을 방지하고자 액체인 식용유를 첨가한다.

정답 194 ④ 195 ③ 196 ③ 197 ① 198 ③

과자류 재료 및 제조

199 케이크 도넛은 일반적으로 실온에서 10~15분의 휴지시간(floor time)을 갖는 휴지를 잘못하였을 때 발생하는 현상이 아닌 것은?

① 부피의 감소
② 제품모양의 불균형
③ 과도한 지방흡수
④ 진한 껍질색

해 휴지를 하는 이유는 과도한 흡유가 되지 않도록 하며, 제품 모양의 균형을 잡아주고 팽창을 돕는 데 있다.

200 페이스트리 성형 자동밀대(파이롤러)에 대한 설명 중 맞는 것은?

① 기계를 사용하므로 밀어 펴기의 반죽과 유지와의 경도는 가급적 다른 것이 좋다.
② 기계에 반죽이 달라붙는 것을 막기 위해 덧가루를 많이 사용한다.
③ 기계를 사용하여 반죽과 유지는 따로따로 밀어서 편 뒤 감싸서 밀어 펴기를 한다.
④ 냉동 휴지 후 밀어 펴면 유지가 굳어 갈라지므로 냉장 휴지를 하는 것이 좋다.

해 ① 기계를 사용하므로 밀어 펴기의 반죽과 유지와의 경도는 가급적 같은 것이 좋다.
② 기계에 반죽이 달라붙는 것을 막기 위해 덧가루를 소량씩 자주 사용한다.
③ 기계를 사용하여 반죽과 유지는 감싼 후, 밀어 펴기를 한다.

정답 199 ④ 200 ④

PART 6

: 기출문제
(제과 · 제빵 공통)

제과 · 제빵 공통

기초과학&재료과학

01 다당류에 속하는 것은?

① 이눌린　② 맥아당
③ 포도당　④ 설탕

해 포도당은 단당류, 맥아당과 설탕은 이 당류이다.

02 아밀로덱스트린(amylodextrin)의 요오드 반응의 색깔은?

① 청남색　② 적갈색
③ 황색　　④ 무색

해 아밀로덱스트린이란 가용성 전분보다 가수분해가 더욱 진행된 상태로 요오드 반응은 청남색을 띤다.

03 유용한 장내 세균의 발육을 왕성하게 하여 장에 좋은 영향을 미치는 이당류는?

① 설탕(sucrose)
② 유당(lactose)
③ 맥아당(maltose)
④ 포도당(glucose)

해 유당은 장내 세균의 발육을 왕성하게 하여 장에 좋은 영향을 미치는 이당류이다.

04 식빵 제조 시 주로 사용하는 밀가루는?

① 강력분　② 준강력분
③ 중력분　④ 박력분

해 단백질 함량이 가장 많은 강력분(11.5~13%)이 제빵에 적합하다.

05 유지의 항산화 보완제로 가장 적당하지 못한 것은?

① 염산　　② 구연산
③ 주석산　④ 아스코르빈산

해 항산화 보완제로는 구연산, 주석산, 아스코르빈산(비타민C)이 있으며, 염산은 염화수소 수용액으로 대표적인 강산이다.

06 베이킹파우더가 반응을 일으키면 주로 발생하는 가스는?

① 질소가스　② 암모니아가스
③ 탄산가스　④ 산소가스

해 베이킹파우더는 탄산수소나트륨이 이산화탄소와 물과 작용하여 탄산나트륨이 되며, 탄산가스가 발생한다.

정답 | 01 ① | 02 ① | 03 ② | 04 ① | 05 ① | 06 ③

07 분유의 용해도에 영향을 주는 요소로 볼 수 없는 것은?

① 건조 방법
② 저장기간
③ 원유의 신선도
④ 단백질 함량

해 분유의 단백질 함량은 용해도에 영향을 주지 않는다.

08 전분을 덱스트린(dextrin)으로 변화시키는 효소는?

① β-아밀라아제(amylase)
② α-아밀라아제(amylase)
③ 말타아제(maltase)
④ 찌마아제(zymase)

해 전분은 알파 아밀라아제라는 액화효소에 의해 덱스트린으로 분해가 되며, 덱스트린은 베타 아밀라아제라는 당화효소에 의해 말타아제로 분해가 된다.

09 효소를 구성하고 있는 주성분은?

① 탄수화물 ② 지방
③ 단백질   ④ 비타민

해 효소의 주성분은 단백질이다.

10 다음은 분말계란과 생란을 사용할 때의 장단점이 옳은 것은?

① 생란은 취급이 용이하고, 영양가 파괴가 적다.
② 생란이 영양은 우수하나 분말계란보다 공기 포집력이 떨어진다.
③ 분말계란이 생란보다 저장면적이 커진다.
④ 분말계란은 취급이 용이하나 생란에 비해 공기 포집력이 떨어진다.

해 생란은 영양이 우수하고 공기 포집력이 좋으나 취급이 어렵다. 분말계란은 생란보다 취급이 용이하고 저장면적이 적으나, 공기 포집력이 떨어진다.

11 제빵시 반죽용 물의 설명으로 틀린 것은?

① 경수는 반죽의 글루텐을 경화시킨다.
② 연수는 발효를 지연시킨다.
③ 연수 사용 시 미네랄 이스트 푸드를 증량해서 사용하는 것이 좋다.
④ 연수는 반죽을 끈적거리게 한다.

해 연수는 반죽에 끈적거림을 주고 발효를 과하게 한다.

정답 07 ④ 08 ② 09 ③ 10 ④ 11 ②

12 초콜릿의 브룸(bloom) 현상에 대한 설명 중 틀린 것은?

① 초콜릿 표면에 나타난 흰 반점이나 무늬 같은 것을 브룸(bloom) 현상이라고 한다.
② 설탕이 재결정화된 것을 슈가브룸(sugar bloom)이라고 한다.
③ 지방이 유출된 것을 팻브룸(fat bloom)이라고 한다.
④ 템퍼링이 부족하면 설탕이 재결정화가 일어난다.

해 설탕의 재결정화는 초콜릿의 템퍼링이 부족해서가 아닌 습도가 높은 장소에서 오랫동안 방치되었을 때, 공기 중의 수분이 표면에 부착한 뒤 그 수분이 증발해 버려 어떤 물질이 결정형태로 남아 흰색이 나타나는 설탕블룸(Sugar bloom)과 관련이 있다.

13 식품향료에 관한 설명 중 틀린 것은?

① 수용성향료(essence)는 내열성이 약하다.
② 유성향료(essential oil)는 내열성이 강하다.
③ 유화향료(emulsified flavor)는 내열성이 좋지 않다.
④ 분말향료(powdered flavor)는 향료의 휘발 및 변질을 방지하기 쉽다.

해 유화향료는 유성향료와 같은 원료로 내열성이 좋다.

14 튀김기름의 품질을 저하하는 요인이 아닌 것은?

① 온도   ② 수분
③ 공기   ④ 항산화제

해 튀김기름의 품질을 저하하는 요인에는 온도(열), 물(수분), 공기(산소), 이물질(금속)이 있다.

제과·제빵 공통

15 초콜릿의 맛을 크게 좌우하는 가장 중요한 요인은?

① 카카오 버터　② 카카오단백질
③ 코팅기술　　 ④ 코코아껍질

🔵 카카오 버터는 카카오 매스에서 분리된 지방으로서, 초콜릿의 풍미를 결정하는 가장 중요한 원료이며, 비터 초콜릿 속 카카오버터의 함량은 3/8이다.

16 ppm이란?

① g당 중량 백분율
② g당 중량 만분율
③ g당 중량 십만분율
④ g당 중량 백만분율

🔵 물의 경도란, 칼슘염과 마그네슘염이 얼마나 녹아 있는지를 나타내는 것으로 그 양을 탄산칼슘으로 환산하여 ppm(1/1,000,000 = 백만분의 일) 단위로 표시한다.

17 일반적으로 초콜릿은 코코아와 카카오 버터로 나누어져 있다. 초콜릿 56%를 사용할 때 코코아의 양은 얼마인가?

① 35%　　② 37%
③ 38%　　④ 41%

🔵 56(%) × 5/8(코코아 함량) = 35g이다.

18 유화제를 사용하는 목적이 아닌 것은?

① 물과 기름이 잘 혼합되게 한다.
② 빵이나 케익을 부드럽게 한다.
③ 빵이나 케익이 노화되는 것을 지연시킬 수 있다.
④ 달콤한 맛이 나게 하는 데 사용한다.

🔵 유화제는 무색, 무취이며 물과 기름을 잘 혼합되게 해주는 성질이 강하고, 빵이나 케이크를 부드럽게 하고 노화를 지연시킨다.

19 도넛 튀김용 유지로 가장 적당한 것은?

① 라드　　　② 유화쇼트닝
③ 면실유　　④ 버터

🔵 제과 제빵을 튀기는 유지는 발연점이 가장 높은 기름을 사용한다. 라드, 유화쇼트닝, 버터는 고체유지로써 발연점이 낮다.

| 정답 | 15 ① | 16 ④ | 17 ① | 18 ④ | 19 ③ |

20 초콜릿 제품을 생산하는데 필요한 도구는?

① 디핑 포크(Dipping forks)
② 오븐(oven)
③ 파이 롤러(pie roller)
④ 워터 스프레이(water spray)

해 초콜릿 제품을 생산하는데 필요한 도구는 디핑 포크(Dipping forks)이다.

21 다음 중 밀가루 제품의 품질에 가장 크게 영향을 주는 것은?

① 글루텐의 함유량
② 빛깔, 맛, 향기
③ 비타민 함유량
④ 원산지

해 밀가루 단백질의 함량이 품질을 크게 좌우한다.

22 제빵 시 경수를 사용할 때 조치사항이 아닌 것은?

① 이스트 사용량 증가
② 맥아 첨가
③ 이스트푸드양 감소
④ 급수량 감소

해 경수로 제빵 반죽을 할 경우 반죽이 단단해지고 발효가 지연되므로 사용 시, 조치사항이 필요하다.
1) 물 증가
2) 이스트 증가
3) 소금 감소
4) 맥아 첨가

23 달걀의 특징적 성분으로 지방의 유화력이 강한 성분은?

① 레시틴(lecithin)
② 스테롤(sterol)
③ 세팔린(cephalin)
④ 아비딘(avidin)

해 달걀노른자 속에 들어 있는 레시틴이라는 인지질은 천연유화 성분이 있다.

제과·제빵 공통

24. 다음 당류 중 감미도가 가장 낮은 것은?

① 유당 ② 전화당
③ 맥아당 ④ 포도당

해 상대적 감미도의 순서 : 과당(175) > 전화당(130) > 설탕(100) > 포도당(75) > 맥아당(32) > 갈락토오스(20~32) > 유당(16)

25. 다음 중 밀가루에 함유되어 있지 않은 색소는?

① 카로틴 ② 멜라닌
③ 크산토필 ④ 플라본

해 밀가루에 함유되어 있는 색소는 카로틴, 크산토필, 플라본이 있으며 멜라닌은 페놀화합물의 산화중합에 의하여 생성되는 흑갈색의 색소이다.

26. 일반적으로 신선한 우유의 pH는?

① 4.0~4.5 ② 3.0~4.0
③ 5.5~6.0 ④ 6.5~6.7

해 신선한 우유의 pH는 6.6이다.

27. 글리세린(glycerin, glycerol)에 대한 설명으로 틀린 것은?

① 무색, 무취한 액체이다.
② 3개의 수산기(-OH)를 가지고 있다.
③ 색과 향의 보존을 도와준다.
④ 탄수화물의 가수분해로 얻는다.

해 글리세린은 지방의 기본단위이다.

28. 전분을 효소나 산에 의해 가수분해시켜 얻은 포도당액을 효소나 알칼리 처리로 포도당과 과당으로 만들어 놓은 당의 명칭은?

① 전화당 ② 맥아당
③ 이성화당 ④ 전분당

해 ① 전화당 : 설탕을 가수분해하면 포도당과 과당으로 각각 1분자씩 분해되는데 이 현상을 전화라 하며, 이때 생기는 포도당과 과당의 혼합물을 전화당이라고 한다.
② 맥아당 : 발아한 보리, 엿기름 속에 존재한다.
③ 이성화당 : 전분을 효소나 산에 의해 가수분해시켜 얻은 포도당액을 효소나 알칼리 처리로 포도당과 과당으로 만들어 놓은 당이다.
④ 전분당 : 전분을 가수분해하여 얻는 당을 가리키며, 포도당, 물엿, 이성화당 등이 있다.

정답 24 ① 25 ② 26 ④ 27 ④ 28 ③

29 다음의 초콜릿 성분이 설명하는 것은?

- 글리세린 1개에 지방산 3개가 결합한 구조이다.
- 실온에서는 단단한 상태이지만, 입 안에 넣는 순간 녹게 만든다.
- 고체로부터 액체로 변하는 온도 범위(가소성)가 겨우 2~3℃로 매우 좁다.

① 카카오매스 ② 카카오기름
③ 카카오버터 ④ 코코아파우더

해 카카오버터는 카카오 매스에서 분리된 지방으로서, 초콜릿의 풍미를 결정하는 가장 중요한 원료이다. 비터 초콜릿 속 카카오버터의 함량은 3/8이다.

30 패리노그래프 커브의 윗부분이 200B.U.에 닿는 시간을 무엇이라고 하는가?

① 반죽시간(peak time)
② 도달시간(arrival time)
③ 반죽형성시간(dough development time)
④ 이탈시간(departure time)

해 패리노 그래프는 밀가루의 흡수율, 믹싱시간, 믹싱 내구성을 측정하며, 곡선이 500B.U에 도달하는 시간을 측정한다. 밀가루의 등급이 낮을수록 흡수율은 증가하나 반죽시간과 안정도는 감소한다.

31 다음에서 탄산수소나트륨(중조)이 반응에 의해 발생하는 물질이 아닌 것은?

① CO_2 ② H_2O
③ C_2H_5OH ④ Na_2CO_3

해 탄산수소나트륨은 반응에 의해 탄산나트륨이 된다.
$2NaHCO_3$(탄산수소나트륨)→CO_2(이산화탄소)+H_2O(물)+Na_2CO_3(탄산나트륨)

32 제빵에 사용하는 물로 가장 적합한 형태는?

① 아경수 ② 알칼리수
③ 증류수 ④ 염수

해 아경수는 120~180ppm으로 제과 제빵에 적합한 물이다.

33 유지의 경화란?

① 포화 지방산의 수증기 증류를 말한다.
② 불포화 지방산에 수소를 첨가하는 것이다.
③ 규조토를 경화제로 하는 것이다.
④ 알칼리 정제를 말한다.

🅗 불포화 지방산에 수소를 첨가하여 포화 지방산처럼 만드는 것을 유지의 경화라고 하며, 대표적인 예로는 마가린이 있다.

34 아밀로그래프에 관한 설명 중 틀린 것은?

① 반죽의 신장성 측정
② 맥아의 액화효과 측정
③ 알파 아밀라아제의 활성 측정
④ 보통 제빵용 밀가루는 약 400~600B.U.

🅗 반죽의 신장성을 측정하는 그래프는 익스텐소그래프(Extensograph)이다.

35 쇼트닝에 대한 설명으로 틀린 것은?

① 라드(돼지기름) 대용품으로 개발되었다.
② 정제한 동·식물성 유지로 만든다.
③ 온도 범위가 넓어 취급이 용이하다.
④ 수분을 16% 함유하고 있다.

🅗 쇼트닝은 동·식물성 지방함량이 100%로, 수분함량은 0%이다.

36 다음 중 당 알코올(sugar alcohol)이 아닌 것은?

① 자일리톨   ② 솔비톨
③ 갈락티톨   ④ 글리세롤

🅗 글리세롤은 지방의 기본단위이다.

37 맥아당은 이스트의 발효과정 중 효소에 의해 어떻게 분해되는가?

① 포도당+포도당
② 포도당+과당
③ 포도당+유당
④ 과당+과당

🅗 맥아당은 말타아제라는 분해효소에 의해 포도당과 포도당이 생성된다.

38 육두구과의 상록활엽교목에 맺히는 종자를 말리면 넛메그가 된다. 이 넛메그의 종자를 싸고 있는 빨간 껍질을 말린 향신료는?

① 생강   ② 클로브
③ 메이스   ④ 시너먼

해 1개의 종자에서 넛메그와 메이스를 얻을 수 있으며, 넛메그를 감싸고 있는 껍질이 메이스이다.

39 밀 제분 공정 중 정선기에 온 밀가루를 다시 마쇄하여 작은 입자로 만드는 공정은?

① 조쇄공정(break roll)
② 분쇄공정(reduct roll)
③ 정선공정(milling separator)
④ 조질공정(tempering)

해 밀 제분 공정 중 정선기에 온 밀가루를 다시 마쇄하여 작은 입자로 만드는 공정은 분쇄공정이다.

40 수크라아제(sucrase)는 무엇을 가수분해시키는가?

① 맥아당   ② 설탕
③ 전분   ④ 과당

해 효소는 기질 특이성이 있어 한 가지에만 작용한다. 인버타아제와 수크라아제는 같은 설탕을 분해하는 효소이지만, 인버타아제는 설탕을 빵 속에서 분해하는 효소이며, 수크라아제는 설탕을 몸 속에서 분해하는 효소이다.

41 유지 1g을 검화하는 데 소용되는 수산화칼륨(KOH)의 밀리그램(mg) 수를 무엇이라고 하는가?

① 검화가   ② 요오드가
③ 산가   ④ 과산화물가

해 ② 요오드가 : 유지의 불포화도를 나타내는 지표로써 100g의 유지에 흡수되는 요오드의 그램(g) 수를 나타내는 것.
③ 산가 : 유지 1g 중에 함유된 유리 지방산을 중화하는 데 필요한 수산화칼륨의 밀리그램(mg) 수
④ 과산화물가 : 유지 중에 존재하는 과산화물의 양을 나타내는 값

정답 38 ③ 39 ② 40 ② 41 ①

제과·제빵 공통

42 공장 설비 시 배수관의 최소 내경으로 알맞은 것은?

① 5cm　　② 7cm
③ 10cm　 ④ 15cm

> 공장 설비 시 배수관의 최소 내경으로는 10cm가 적합하다.

43 식염이 반죽의 물성 및 발효에 미치는 영향에 대한 설명으로 틀린 것은?

① 흡수율이 감소한다.
② 반죽시간이 길어진다.
③ 껍질 색상을 더 진하게 한다.
④ 프로테아제의 활성을 증가시킨다.

> 제빵에서의 소금의 역할
> (1) 감미를 조절하고, 재료들의 맛을 향상해 풍미를 준다.
> (2) 글루텐을 강화해 반죽을 단단하게 한다.
> (3) 이스트의 발효를 억제함으로써 발효 속도를 조절하여 작업 속도를 조절한다.
> (4) 흡수율이 감소하며, 반죽시간이 길어진다.
> (5) 삼투압 작용으로 잡균의 번식을 억제하여 방부 효과를 낸다.
> (6) 캐러멜화 온도를 낮추기 때문에 같은 온도에서 같은 시간 제품을 구웠을 경우 제품의 껍질 색이 진해진다.

44 다음 중 코팅용 초콜릿이 갖추어야 하는 성질은?

① 융점이 항상 낮은 것
② 융점이 항상 높은 것
③ 융점이 겨울에는 높고, 여름에는 낮은 것
④ 융점이 겨울에는 낮고, 여름에는 높은 것

> 융점(녹는점)이 겨울에는 낮아야 쉽게 굳지 않고, 여름에는 높아야 쉽게 녹지 않는다.

45 술에 대한 설명으로 틀린 것은?

① 달걀 비린내, 생크림의 비린 맛 등을 완화해 풍미를 좋게 한다.
② 양조주란 곡물이나 과실을 원료로 하여 효모로 발효시킨 것이다.
③ 증류주란 발효시킨 양조주를 증류한 것이다.
④ 혼성주란 증류주를 기본으로 하여 정제당을 넣고 과실 등의 추출물로 향미를 낸 것으로 대부분 알코올 농도가 낮다.

> 혼성주란 양조주나 증류주에 식물의 꽃, 잎, 뿌리, 과일, 껍질을 담가 식물의 향과 맛, 색깔을 침출시키고 다시 당, 색소를 가하여 만든 술로 알코올 함량 및 고형분 함량이 모두 높고 리큐르가 속하며, 매실주도 혼성주의 일종이다.

제과·제빵 공통

46 맥아에 함유된 아밀라아제를 이용하여 전분을 당화시켜 엿을 만든다. 이때 엿에 주로 함유된 당류는?

① 포도당　② 유당
③ 과당　　④ 맥아당

해 맥아당은 발아한 보리, 엿기름 속에 존재하는 당이다.

47 휘핑용 생크림에 대한 설명 중 **틀린** 것은?

① 유지방 40% 이상의 진한 생크림을 쓰는 것이 좋음
② 기포성을 이용하여 제조함
③ 유지방이 기포 형성의 주체임
④ 거품의 품질 유지를 위해 높은 온도에서 보관함

해 생크림은 냉장 보관(0~10℃)한다.

48 단당류 2~10개로 구성된 당으로, 장내의 비피더스균 증식을 활발하게 하는 당은?

① 올리고당　② 고과당
③ 물엿　　　④ 이성화당

해 올리고당은 2~10개로 구성된 소당류로, 장내의 비피더스균 증식을 활발하게 하며, 감미도는 설탕의 30% 정도이다.

49 생이스트의 구성 비율이 올바른 것은?

	수분	고형분
①	8%	92% 정도
②	92%	8% 정도
③	70%	30% 정도
④	30%	70% 정도

해 생이스트의 구성비율은 수분 70%, 고형분 30%이며, 드라이이스트의 구성비율은 수분 10%, 고형분 90%이다.

50 커스터드 크림에서 계란은 주로 어떤 역할을 하는가?

① 쇼트닝 작용　② 결합제
③ 팽창제　　　④ 저장성

해 계란은 커스터드 크림을 엉겨 붙게 하는 농후화제(결합제) 역할을 한다.

정답　46 ④　47 ④　48 ①　49 ③　50 ②

제과·제빵 공통

51. 다음 중 유지의 산패와 거리가 먼 것은?
① 온도   ② 수분
③ 공기   ④ 비타민E

해 비타민E(토코페롤)는 산화방지제(항산화제)로 사용된다.

52. 버터를 쇼트닝으로 대치하려 할 때 고려해야 할 재료와 거리가 먼 것은?
① 유지 고형질   ② 수분
③ 소금   ④ 유당

해 유당은 우유 속의 탄수화물로 유지와는 관련이 없다.

53. 믹서 내에서 일어나는 물리적 성질을 파동 곡선 기록기로 기록하여 밀가루의 흡수율, 믹싱 시간, 믹싱 내구성 등을 측정하는 기계는?
① 패리노 그래프
② 익스텐소그래프
③ 아밀로그래프
④ 분광분석기

해 ② 익스텐소그래프 : 반죽의 신장성과 신장에 대한 저항성을 측정하는 기계
③ 아밀로그래프 : 전분의 점도를 측정하는 그래프
④ 분광분석기 : 입력한 여러 가지의 주파수 성분을 분류하는 스펙트로미터

54. 메이스(mace)와 같은 나무에서 생산되는 것으로 단맛의 향기가 있는 향신료는?
① 넛메그   ② 시나몬
③ 클로브   ④ 오레가노

해 넛메그는 1개의 종자에서 넛메그와 메이스를 얻을 수 있으며, 넛메그의 종자를 싸고 있는 빨간 껍질을 말린 향신료는 메이스가 된다. 넛메그는 단맛의 향기가 있고, 기름 냄새를 제거하는데 탁월하여 튀김제품(도넛)에 많이 사용된다.

55. 패리노그래프에 관한 설명 중 틀린 것은?
① 흡수율 측정
② 믹싱시간 측정
③ 믹싱내구성 측정
④ 전분의 점도 측정

해 전분의 점도를 측정하는 그래프는 아밀로 그래프이다.

56. 유지를 고온으로 계속 가열하였을 때 다음 중 점차 낮아지는 것은?
① 산가   ② 점도
③ 과산화물가   ④ 발연점

해 유지를 재가열하게 되면, 발연점이 낮아진다.

정답   51 ④   52 ④   53 ①   54 ①   55 ④   56 ④

57 제빵에 적정한 물의 경도는 120~180ppm인데, 이는 다음 중 어느 분류에 속하는가?

① 연수
② 아경수
③ 일시적 경수
④ 영구적 경수

해 아경수는 120~180ppm으로 제과제빵에 적합한 물이다.

58 달걀에 대한 설명 중 옳은 것은?

① 노른자에 가장 많은 것은 단백질이다.
② 흰자는 대부분이 물이고 그다음 많은 성분은 지방질이다.
③ 껍질은 대부분 탄산칼슘으로 이루어져 있다.
④ 흰자보다 노른자 중량이 더 크다.

해 노른자에는 단백질보다 지방이 많고, 흰자는 수분함량이 88%이나, 단백질이 많다. 흰자는 달걀의 60%를 차지하고, 노른자는 30%를 차지한다.

59 제빵용 밀가루의 적정 손상전분의 함량은?

① 1.5~3%
② 4.5~8%
③ 11.5~14%
④ 15.5~17%

해 제빵용 밀가루의 적정 손상전분의 함량은 4.5~8%이며, 반죽의 흡수율을 높인다.

60 생크림에 대한 설명으로 옳지 않은 것은?

① 생크림은 우유로 제조한다.
② 유사 생크림은 팜, 코코넛유 등, 식물성 기름을 사용하여 만든다.
③ 생크림은 냉장온도에서 보관하여야 한다.
④ 생크림의 유지방 함량은 82% 정도이다.

해 생크림은 유지방 함량이 18% 이상인 크림이다.

정답 57 ② 58 ③ 59 ② 60 ④

제과·제빵 공통

61. 수용성 향료의 특징으로 옳은 것은?

① 제조 시 계면 활성제가 꼭 필요하다.
② 기름에 쉽게 용해된다.
③ 내열성이 강하다.
④ 고농도의 제품을 만들기 어렵다.

해 1) 수용성 향료 : 지용성 향료보다 고농도의 제품을 만들기 어렵다.
2) 지용성 향료 : 굽기 과정에 향이 날아가지 않아 내열성이 좋다.

62. 우유 중 제품의 껍질색을 개선해 주는 성분은?

① 유당   ② 칼슘
③ 유지방   ④ 광물질

해 우유 속의 탄수화물인 유당은 우유의 껍질 색을 개선해 준다.

63. 잎을 건조해 만든 향신료는?

① 계피   ② 넛메그
③ 메이스   ④ 오레가노

해 오레가노는 잎을 건조한 향신료로 피자나 파스타에 많이 사용된다.

64. 마가린의 산화방지제로 주로 많이 이용되는 것은?

① BHA   ② SSL
③ EP   ④ EDGA

해 산화방지제로는 BHT, BHA, 비타민 E(토코페롤), 프로필갈레이트 등이 있다.

65. 밀 단백질 1% 증가에 대한 흡수율 증가는?

① 0~1%   ② 1~2%
③ 3~4%   ④ 5~6%

해 밀가루 단백질 1% 증가 시, 수분 흡수율은 1.5~2% 증가하며, 박력분보다 강력분이 흡수율이 높다.

66. 껍데기를 포함하여 60g인 달걀 1개의 가식부분은 몇 g 정도인가?

① 35g   ② 42g
③ 49g   ④ 54g

해 달걀은 껍데기 10%, 흰자 60%, 노른자 30%로 구성되어 있으며, 60g에 껍데기 10%를 제외하면 60g×0.9 = 54g이 된다. 즉, 먹을 수 있는 부위는 54g이다.

정답 61 ④ 62 ① 63 ④ 64 ① 65 ② 66 ④

제과·제빵 공통

67 아밀로오스는 요오드용액에 의해 무슨 색으로 변하는가?

① 적자색 ② 청색
③ 황색 ④ 갈색

해 아밀로오스는 요오드에 청색 반응을 하고, 아밀로펙틴은 요오드에 적자색 반응을 한다.

68 다음의 크림 중 단백질 함량이 가장 많은 것은?

① 식용크림
② 저지방 포말크림
③ 고지방 포말크림
④ 포말크림

해 휘핑 크림이라고도 한다. 유지방이 30~36%인 저지방 포말크림과 유지방이 36% 이상인 진한 휘핑크림이 있으며, 5~10℃의 낮은 온도에서 강한 교반으로 미세한 기포를 생성시킨 포말크림 속의 기포는 세포 모양이며, 지방구 주위에 흡착된 단백질은 고체화된 상태로 변성되어 있기 때문에 포말상태를 오래 유지하게 된다.

69 젤리화의 요소가 아닌 것은?

① 유기산류 ② 염류
③ 당분류 ④ 펙틴류

해 젤리화의 요소에는 유기산류, 당분류, 펙틴류가 있다.

70 비터 초콜릿(bitter chocclate) 원액 속에 포함된 코코아 버터의 함량은?

① 3/8 ② 4/8
③ 5/8 ④ 7/8

해 비터 초콜릿 속의 코코아의 함량은 5/8이며, 코코아 버터의 함량은 3/8이다.

71 빵 발효에 관련되는 효소로서 포도당을 분해하는 효소는?

① 아밀라아제 ② 말타아제
③ 찌마아제 ④ 리파아제

해 ① 아밀라아제: 탄수화물 분해효소
② 말타아제: 맥아당 분해효소
④ 리파아제: 지방 분해 효소

정답 67 ② 68 ④ 69 ② 70 ① 71 ③

72 밀가루 반죽의 물성측정 실험 기기가 아닌 것은?

① 믹소그래프
② 아밀로그래프
③ 패리노그래프
④ 가스크로마토그래프

해 가스크로마토그래프란 다성분 가스를 정성·정량 분석하는 장치이다.

73 다음과 같은 조건에서 나타나는 현상과 그와 관련한 물질을 바르게 연결한 것은?

> 초콜릿의 보관 방법이 적절치 않아 공기 중의 수분이 표면에 부착한 뒤 그 수분이 증발해 버려 어떤 물질이 결정형태로 남아 흰색이 나타났다.

① 팻브룸(fat bloom) - 카카오매스
② 팻브룸(fat bloom) - 글리세린
③ 슈가브룸(sugar bloom) - 카카오버터
④ 슈가브룸(sugar bloom) - 설탕

해 1) 지방 블룸(Fat bloom) : 버터가 원인, 직사광선에 노출된 곳이나 온도가 높은 곳에서 보관하였을 경우, 지방이 분리되었다가 다시 굳으면서 얼룩지는 현상
2) 설탕 블룸(Sugar bloom) : 설탕이 원인, 습도가 높은 장소에서 오랫동안 방치되었을 때, 공기 중의 수분이 표면에 부착한 뒤 그 수분이 증발해 버려 어떤 물질이 결정형태로 남아 흰색이 나타남

74 베이킹파우더(baking powder)에 대한 설명으로 틀린 것은?

① 소다가 기본이 되고 여기에 산을 첨가하여 중화가를 맞추어 놓은 것이다.
② 베이킹파우더의 팽창력은 이산화탄소에 의한 것이다.
③ 케익이나 쿠키를 만드는 데 많이 사용된다.
④ 과량의 산은 반죽의 pH를 높게, 과량의 중조는 pH를 낮게 만든다.

해 과량의 산은 반죽의 pH를 낮게, 과량의 중조는 pH를 높게 만든다.

75 다음 중 설탕을 포도당과 과당으로 분해하여 만든 당으로 감미도와 수분 보유력이 높은 당은?

① 정백당   ② 빙당
③ 전화당   ④ 황설탕

해 ① 정백당 : 설탕 제조 과정에서 가장 먼저 만들어지는 작은 입자의 순도 높은 흰색의 설탕이다.
② 빙당 : 바위 모양으로 굳힌 설탕으로 과실주나 리큐르 등을 만들 때 사용하는 설탕을 말한다.
④ 황설탕 : 설탕제조 공정 과정 중 열이 가해져 황갈색을 띠는 설탕

76 단당류의 성질에 대한 설명 중 틀린 것은?

① 선광성이 있다.
② 물에 용해되어 단맛을 가진다.
③ 산화되어 다양한 알코올을 생성한다.
④ 분자 내의 카르보닐기에 의하여 환원성을 가진다.

해 찌마아제라는 효소에 의해 알코올과 이산화탄소로 분해한다.

77 물의 경도를 높여주는 작용을 하는 재료는?

① 이스트푸드 ② 이스트
③ 설탕   ④ 밀가루

해 이스트푸드의 주 기능은 산화제, 반죽 조절제, 물 조절제이며, 제2의 기능이 이스트의 영양인 질소를 공급하는 것이다.

78 밀가루의 호화가 시작되는 온도를 측정하기에 가장 적합한 것은?

① 레오그래프   ② 아밀로그래프
③ 믹사트론   ④ 패리노그래프

해 ① 레-오그래프(Rhe-o-graph) : 밀가루 흡수율 계산에 적격이며 반죽이 기계적 발달을 할 때 일어나는 변화를 도표에 그래프로 나타낼 수 있는 기록형 믹서이다.
③ 믹사트론(Mixatron) : 새로운 밀가루에 대한 정확한 흡수와 혼합시간을 신속히 측정한다.
④ 패리노그래프(Farinograph) : 밀가루의 흡수율, 믹싱 시간, 믹싱 내구성을 측정하며, 곡선이 500B.U에 도달하는 시간을 측정한다. 밀가루의 등급이 낮을수록 흡수율은 증가하나 반죽시간과 안정도는 감소한다.

79 유지의 기능 중 크림성의 기능은?

① 제품을 부드럽게 한다.
② 산패를 방지한다.
③ 밀어 펴지는 성질을 부여한다.
④ 공기를 포집하여 부피를 좋게 한다.

해 ① 유지의 쇼트닝성
② 유지의 저장성(안정성)
③ 유지의 가소성

정답 | 76 ③ 77 ① 78 ② 79 ④

제과·제빵 공통

80 일반적으로 시유의 수분 함량은?

① 58% 정도 ② 65% 정도
③ 88% 정도 ④ 98% 정도

해 시유란, 시중에 판매하는 우유를 말하며, 수분 함량은 88%, 고형분 함량은 12%이다.

81 우유를 pH4.6으로 유지하였을 때, 응고되는 단백질은?

① 카세인(casein)
② α-락트알부민(lactalbumin)
③ β-락토글로불린(lactoglobulin)
④ 혈청알부민(serum albumin)

해 신선한 우유의 pH는 6.6이며, 산이나 효소에 의해 응고되는 단백질은 카세인이다.

82 유지에 유리 지방산이 많을수록 어떠한 변화가 나타나는가?

① 발연점이 높아진다.
② 발연점이 낮아진다.
③ 융점이 높아진다.
④ 산가가 낮아진다.

해 유리 지방산 함량이 많아지면 발연점이 낮아진다.

83 다음 중 숙성한 밀가루에 대한 설명으로 틀린 것은?

① 밀가루의 황색색소가 공기 중의 산소에 의해 더욱 진해진다.
② 환원성 물질이 산화되어 반죽의 글루텐 파괴가 줄어든다.
③ 밀가루의 pH가 낮아져 발효가 촉진된다.
④ 글루텐의 질이 개선되고 흡수성을 좋게 한다.

해 산화에 의해 색상이 진해지지 않는다.

84 다음 중 발효시간을 단축하는 물은?

① 연수 ② 경수
③ 염수 ④ 알칼리수

해 연수로 제빵 반죽을 할 경우 반죽이 질어지고 발효가 과해진다.
그러므로 조치사항이 필요하다.
당 중에서는 포도당을 증가한다.
1) 물 감소
2) 이스트 감소
3) 소금 증가
4) 이스트 푸드 첨가

정답 80 ③ 81 ① 82 ② 83 ① 84 ①

85 비중이 1.04인 우유에 비중이 1.00인 물을 1:1 부피로 혼합하였을 때 물을 섞은 우유의 비중은?

① 2.04　② 1.02
③ 1.04　④ 0.04

해 비중이 1인 물과 같은 부피로 혼합하였을 경우에는 1.04에서 물과 동일하려면 1.02이다.

86 카제인이 산이나 효소에 의하여 응고되는 성질은 어떤 식품의 제조에 이용되는가?

① 아이스크림　② 생크림
③ 버터　④ 치즈

해 우유의 주 단백질인 카제인이 레닌이라는 효소에 의해 응고되면 치즈를 만들 수 있다.

87 이스트의 가스 생산과 보유를 고려할 때 제빵에 가장 좋은 물의 경도는?

① 0~60ppm
② 120~180ppm
③ 180ppm 이상(일시)
④ 180ppm 이상(영구)

해 제과제빵에 적합한 물은 아경수로 120~180ppm이다.

88 분당은 저장 중 응고되기 쉬운데 이를 방지하기 위하여 어떤 재료를 첨가하는가?

① 소금　② 설탕
③ 글리세린　④ 전분

해 분당에 3%의 전분을 첨가하여 덩어리지는 것을 막는다(고형방지제).

89 전분은 밀가루 중량의 약 몇 % 정도인가?

① 30%　② 50%
③ 70%　④ 90%

해 밀의 탄수화물 중 전분이 70%를 차지한다.

| 정답 | 85 ② | 86 ④ | 87 ② | 88 ④ | 89 ③ |

제과·제빵 공통

90. 일반적인 버터의 수분 함량은?

① 18% 이하 ② 25% 이하
③ 30% 이하 ④ 45% 이하

해 버터의 수분 함량은 16%이다.

91. 밀가루의 물성을 전문적으로 시험하는 기기로 이루어진 것은?

① 패리노그래프, 가스크로마토그래피, 익스텐소그래프
② 패리노그래프, 아밀로그래프, 파이브로미터
③ 패리노그래프, 아밀로그래프, 익스텐소그래프
④ 아밀로그래프, 익스텐소그래프, 펑츄어 테스터

해 1) 패리노그래프(Farinograph) : 밀가루의 흡수율, 믹싱 시간, 믹싱 내구성을 측정하며, 곡선이 500B.U에 도달하는 시간을 측정한다. 밀가루의 등급이 낮을수록 흡수율은 증가하나 반죽시간과 안정도는 감소한다.
2) 익스텐소그래프(Extensograph) : 반죽의 신장성과 신장에 대한 저항성을 측정하는 기계
3) 아밀로그래프(Amylograph) : 전분의 점도를 측정하는 그래프로 밀가루의 호화 정도를 알 수 있으며, 제빵용 밀가루의 곡선 높이는 400~600B.U가 적당하다.

92. 제과에 많이 쓰이는 럼주의 원료는?

① 옥수수 전분 ② 포도당
③ 당밀 ④ 타피오카

해 사탕수수와 사탕무의 즙액을 농축하고 결정화시켜 원심 분리하면 원당과 제1당밀이 되는데, 원당으로 만드는 당이 설탕이고, 당밀을 발효하여 만든 술이 럼주이다.

93. 다음 중 감미가 가장 강한 것은?

① 맥아당 ② 설탕
③ 과당 ④ 포도당

해 과당의 감미도는 175로 가장 높다.

제과·제빵 공통

94 열대성 다년초의 다육질 뿌리로, 매운맛과 특유의 방향을 가지고 있는 향신료는?

① 넛메그　② 계피
③ 올스파이스　④ 생강

해 ① 넛메그 : 1개의 종자에서 넛메그와 메이스를 얻을 수 있으며, 넛메그의 종자를 싸고 있는 빨간 껍질을 말린 향신료는 메이스가 된다. 넛메그는 단맛의 향기가 있고, 기름 냄새를 제거하는데 탁월하여 튀김제품(도넛)에 많이 사용된다.
② 계피 : 나무껍질로 만든 향신료로 케이크, 쿠키, 크림 등 과자류와 빵류에 많이 사용된다.
③ 올스파이스 : 올스파이스나무의 열매를 익기 전에 말린 것으로 자메이카 후추라고도 하며 카레, 파이 등에 사용된다.

95 빵 제품의 노화 지연 방법으로 옳은 것은?

① -18℃ 냉동보관
② 냉장보관
③ 저배합, 고속 믹싱 빵제조
④ 수분 30~60% 유지

해 노화를 지연시키는 방법에는 냉동 저장(-18℃), 유화제 사용, 밀봉, 양질의 재료 사용, 고율배합, 당류 첨가 등이 있다.

96 튀김기름의 품질을 저하하는 요인으로만 나열된 것은?

① 수분, 탄소, 질소
② 수분, 공기, 철
③ 공기, 금속, 토코페롤
④ 공기, 탄소, 세사몰

해 튀김 기름의 4대 적 : 온도(열), 물(수분), 공기(산소), 이물질(금속)

97 다음 혼성주 중 오렌지 성분을 원료로 하여 만들지 않는 것은?

① 그랑 마르니에(Grand Marnier)
② 마라스키노(Maraschino)
③ 쿠앵트로(Cointreau)
④ 큐라소(Curacao)

해 마라스키노는 체리 성분을 원료로 만든 술이다.

| 정답 | 94 ④ | 95 ① | 96 ② | 97 ② |

제과·제빵 공통

98. 전분의 노화에 대한 설명 중 틀린 것은?

① -18℃ 이하의 온도에서는 잘 일어나지 않는다.
② 노화된 전분은 소화가 잘된다.
③ 노화란 α-전분이 β-전분으로 되는 것을 말한다.
④ 노화된 전분은 향이 손실된다.

해 호화된 전분이 소화가 잘되며, 노화된 전분은 딱딱해서 소화가 어렵다.

99. 다음 중 중화가를 구하는 식은?

① $\dfrac{중조의 양}{산성제의 양} \times 100$

② $\dfrac{중조의 양}{산성제의 양}$

③ $\dfrac{산성제의 양 \times 중조의 양}{100}$

④ 산성제의 양 × 중조의 양

해 중화가란 산에 대한 중조의 비율로 유효 이산화탄소 가스를 발생시키고 중성이 되는 양을 조절할 수 있다.

100. 일시적 경수에 대한 설명으로 맞는 것은?

① 가열 시 탄산염으로 되어 침전된다.
② 끓여도 경도가 제거되지 않는다.
③ 황산염에 기인한다.
④ 제빵에 사용하기에 가장 좋다.

해 일시적 경수는 가열에 의해 탄산염이 침전되어 연수로 되는 물이며, 영구적 경수는 가열에 의해서 경도가 변하지 않는다.

101. 우유에 대한 설명으로 옳은 것은?

① 시유의 비중은 1.3 정도이다.
② 우유 단백질 중 가장 많은 것은 카제인이다.
③ 우유의 유당은 이스트에 의해 쉽게 분해된다.
④ 시유의 현탁액은 비타민 B_2에 의한 것이다.

해 우유의 비중은 1.030으로 물보다 무거우며, 유당은 이스트에 의해 분해되지 않는다.

제과 · 제빵 공통

102 안정제의 사용 목적이 아닌 것은?

① 흡수제로 노화 지연 효과
② 머랭의 수분 배출 유도
③ 아이싱이 부서지는 것 방지
④ 크림 토핑의 거품 안정

🈁 안정제 사용 목적
  (1) 젤리, 무스 등의 제조에 사용
  (2) 흡수제로 노화 지연 효과
  (3) 아이싱의 끈적거림과 부서짐을 방지
  (4) 파이 충전물의 농후화제로 사용
  (5) 크림 토핑의 거품 안정

103 카카오버터의 결정이 거칠어지고 설탕의 결정이 석출되어 초콜릿의 조직이 노화하는 현상은?

① 템퍼링(tempering)
② 블룸(bloom)
③ 콘칭(conching)
④ 페이스트(paste)

🈁 블룸현상에는 두 가지가 있으며, 지방 블룸(Fat bloom)은 버터가 원인, 직사광선에 노출된 곳이나 온도가 높은 곳에서 보관하였을 경우, 지방이 분리되었다가 다시 굳으면서 얼룩지는 현상이다. 설탕 블룸(Sugar bloom)은 설탕이 원인, 습도가 높은 장소에서 오랫동안 방치되었을 때, 공기 중의 수분이 표면에 부착한 뒤 그 수분이 증발해 버려 어떤 물질이 결정형태로 남아 흰색이 나타난다.

104 제과 · 제빵용 건조 재료와 팽창제 및 유지 재료를 알맞은 배합율로 균일하게 혼합한 원료는?

① 프리믹스
② 팽창제
③ 향신료
④ 밀가루 개량제

🈁 프리믹스란 빵이나 과자를 손쉽게 만들어 먹을 수 있도록 기본이 되는 재료들을 혼합해 놓은 가루이다.

105 반죽의 신장성과 신장에 대한 저항성을 측정하는 기기는?

① 패리노그래프
② 레오퍼멘토에터
③ 믹서트론
④ 익스텐소그래프

🈁 익스텐소그래프란 반죽의 신장성과 신장에 대한 저항성을 측정하는 기기이다.

제과·제빵 공통

106 전화당을 설명한 것 중 **틀린** 것은?

① 설탕의 1.3배의 감미를 갖는다.
② 설탕을 가수분해시켜 생긴 포도당과 과당의 혼합물이다.
③ 흡습성이 강해서 제품의 보존기간을 지속시킬 수 있다.
④ 상대적인 감미도는 맥아당보다 낮으나 쿠키의 광택과 촉감을 위해 사용한다.

해 전화당은 과당 다음으로 감미도(130)가 높다.

107 커스타드 크림에서 달걀의 주요 역할은?

① 영양가를 높이는 역할
② 결합제의 역할
③ 팽창제의 역할
④ 저장성을 높이는 역할

해 커스타드 크림에서 계란은 엉겨 붙게 하는 농후화제(결합제) 역할을 한다.

108 반추위 동물의 위액에 존재하는 우유 응유 효소는?

① 펩신   ② 트립신
③ 레닌   ④ 펩티다아제

해 ① 펩신 : 위액에 존재하는 단백질 분해 효소
② 트립신 : 췌액에 존재하는 단백질 분해효소
④ 펩티다아제 : 펩티드를 분해하여 아미노산으로 전환하는 효소

109 노화에 대한 설명으로 **틀린** 것은?

① a화 전분이 b화 전분으로 변하는 것
② 빵의 속이 딱딱해지는 것
③ 수분이 감소하는 것
④ 빵의 내부에 곰팡이가 피는 것

해 노화는 생전분 상태로 돌아가려는 현상이지 내부에 곰팡이가 피는 것은 아니다.

정답 106 ④ 107 ② 108 ③ 109 ④

110 일반적으로 반죽을 강화하는 재료는?

① 유지, 탈지분유, 계란
② 소금, 산화제, 탈지분유
③ 유지, 환원제, 설탕
④ 소금, 산화제, 설탕

해 소금, 산화제, 탈지분유는 반죽을 단단하게 만드는 역할을 한다.

111 이스트에 함유된 효소 중에서 지방을 지방산과 글리세린으로 분해하는 효소는?

① 프로테아제(protease)
② 리파아제(lipase)
③ 인버타아제(invertase)
④ 말타아제(maltase)

해 ① 프로테아제 : 단백질 분해 효소
  ③ 인버타아제 : 설탕 분해 효소
  ④ 말타아제 : 맥아당 분해 효소

112 다음 중 호화(Gelatinization)에 대한 설명 중 맞는 것은?

① 호화는 주로 단백질과 관련된 현상이다.
② 호화되면 소화되기 쉽고 맛이 좋아진다.
③ 호화는 냉장온도에서 잘 일어난다.
④ 유화제를 사용하면 호화를 지연시킬 수 있다.

해 전분은 수분 존재하에 온도가 높아지면 팽창되어 풀이된다. 풀이되는 현상을 젤라틴화 또는 호화라고 한다.

113 향신료(spices)를 사용하는 목적 중 틀린 것은?

① 향기를 부여하여 식욕을 증진한다.
② 육류나 생선의 냄새를 완화한다.
③ 매운맛과 향기로 혀, 코, 위장을 자극하여 식욕을 억제한다.
④ 제품에 식욕을 불러일으키는 색을 부여한다.

해 매운맛과 향기는 혀, 코, 위장을 자극하여 식욕을 증가시킨다.

정답 110 ② 111 ② 112 ② 113 ③

제과·제빵 공통

114 우유 단백질 중 함량이 가장 많은 것은?

① 락토알부민   ② 락토글로불린
③ 글루테닌   ④ 카제인

해 우유의 주된 단백질인 카제인은 단백질의 약 80% 정도를 차지하며, 열에는 응고하지 않으나 산과 효소 레닌에 의해 응유되어 치즈와 요구르트를 만들 수 있다.

115 알파 아밀라아제(a-amylase)에 대한 설명으로 틀린 것은?

① 베타 아밀라이제(b-amylase)에 비하여 열 안정성이 크다.
② 당화효소라고도 한다.
③ 전분의 내부 결함을 가수분해할 수 있어 내부 아밀라아제라고도 한다.
④ 액화효소라고도 한다.

해 알파 아밀라아제는 액화 효소이다.

116 다음 중 아밀로펙틴의 함량이 가장 많은 것은?

① 옥수수 전분   ② 찹쌀 전분
③ 멥쌀 전분   ④ 감자 전분

해 아밀로펙틴은 찹쌀과 찰옥수수에 함량이 가장 많다.

117 글루텐의 탄력성을 부여하는 것은?

① 글루테닌   ② 글리아딘
③ 글로불린   ④ 알부민

해 글루테닌은 20% 차지하며, 탄력성을 부여하고, 글리아딘은 36%를 차지하며, 점성(신장성)을 부여한다.

정답 114 ④   115 ②   116 ②   117 ①

118 다음 중 밀가루에 대한 설명으로 **틀린** 것은?

① 밀가루는 회분 함량에 따라 강력분, 중력분, 박력분으로 구분한다.
② 전체 밀알에 대해 껍질은 13~14%, 배아는 2~3%, 내배유는 83~85% 정도 차지한다.
③ 제분 직후의 밀가루는 제빵 적성이 좋지 않다.
④ 숙성한 밀가루는 글루텐의 질이 개선되고 흡수성을 좋게 한다.

해 밀가루는 단백질 함량에 따라 강력분, 중력분, 박력분으로 구분한다.

119 다음 중 pH가 중성인 것은?

① 식초
② 수산화나트륨용액
③ 중조
④ 증류수

해 식초는 산성이며, 중조와 수산화나트륨용액은 알칼리, 증류수(끓인물)는 중성이다.

120 검류에 대한 설명으로 **틀린** 것은?

① 유화제, 안정제, 점착제 등으로 사용된다.
② 낮은 온도에서도 높은 점성을 나타낸다.
③ 무기질과 단백질로 구성되어 있다.
④ 친수성 물질이다.

해 검류는 식물의 수지로부터 얻을 수 있으며, 탄수화물과 단백질로 구성되어 있다. 검류의 종류로는 아라비아검, 트라가칸트검, 카라야검, 구아검, 한천, 알긴산 등이 있다.

121 계란 중에서 껍질을 제외한 고형질은 약 몇 %인가?

① 15%   ② 25%
③ 35%   ④ 45%

해 계란의 수분함량은 75%, 고형질은 25%이다.

정답 118 ①   119 ④   120 ③   121 ②

제과 · 제빵 공통

122 패리노그래프에 대한 설명으로 틀린 것은?

① 혼합하는 동안 일어나는 반죽의 물리적 성질을 파동곡선 기록기로 기록하여 해석한다.
② 흡수율, 믹싱 내구성, 믹싱 시간 등을 판단할 수 있다.
③ 곡선이 500B.U에 도달하는 시간 등으로 밀가루의 특성을 알 수 있다.
④ 반죽의 신장도를 cm 단위로 측정한다.

해 패리노그래프는 밀가루의 흡수율, 믹싱 시간, 믹싱 내구성을 측정하며, 곡선이 500B.U에 도달하는 시간을 측정한다. 밀가루의 등급이 낮을수록 흡수율은 증가하나 반죽시간과 안정도는 감소한다.

123 식용유지의 산화방지제로 항산화제를 사용하고 있는데 항산화제는 직접 산화를 방지하는 물질과 항산화 작용을 보조하는 물질 또는 앞의 두 작용을 가진 물질로 구분하는 데 항산화 작용을 보조하는 물질은?

① 비타민 C   ② BHA
③ 비타민 A   ④ BHT

해 단독으로는 효과가 없지만, 항산화제와 같이 사용하면 항산화 효과를 증가시키는 항산화제의 보완제로는 비타민 C, 구연산, 주석산, 인산 등이 있다.

124 밀알에서 내배유가 차지하는 구성비와 가장 근접한 것은?

① 14%   ② 36%
③ 65%   ④ 83%

해 밀가루의 차지 비율은 내배유(80~85%), 껍질(14%), 배아(2~3%) 이다.

125 유지의 산화방지에 주로 사용되는 방법은?

① 수분 첨가   ② 비타민 E 첨가
③ 단백질 제거   ④ 가열 후 냉각

해 비타민 E는 항산화제로도 쓰인다.

정답 122 ④   123 ①   124 ④   125 ②

126 비터 초콜릿(Bitter chocolate) 32% 중에는 코코아가 약 얼마 정도 함유되어 있는가?

① 8% ② 16%
③ 20% ④ 24%

해 32(%) × 5/8(코코아 함량) = 20%

127 다음에서 이스트의 영양원이 되는 물질은?

① 인산칼슘 ② 소금
③ 황산암모늄 ④ 브롬산칼슘

해 질소, 인산, 칼륨의 3대 영양소가 있어야 하는 이스트는 이스트에 부족한 질소 제공을 위해 암모늄염의 형태로 사용된다.

128 호밀에 관한 설명으로 <u>틀린</u> 것은?

① 호밀 단백질은 밀가루 단백질에 비하여 글루텐을 형성하는 능력이 떨어진다.
② 밀가루에 비하여 펜토산 함량이 낮아 반죽이 끈적거린다.
③ 제분율에 따라 백색, 중간색, 흑색 호밀가루로 분류한다.
④ 호밀분에 지방함량이 높으면 저장성이 나쁘다.

해 호밀가루는 펜토산 함량이 높아 반죽을 끈적이게 하고 글루텐의 탄력성을 약화한다.

129 물 중의 기름을 분산시키고 또 분산된 입자가 응집하지 않도록 안정화하는 작용을 하는 것은?

① 팽창제 ② 유화제
③ 강화제 ④ 개량제

해 유화제란 계면활성제라고도 하며 레시틴, 모노글리세라이드, 난황 등이 유화제로 사용된다.

제과·제빵 공통

130 지방의 산패를 촉진하는 인자와 거리가 먼 것은?

① 질소　　② 산소
③ 동　　　④ 자외선

해 유지를 공기 중에 오래 두었을 때 산화되어 불쾌한 냄새와 맛이 나는 현상이다. 즉, 산화가 진행되면 산패가 된다. 산화에 영향을 주는 요인에는 산소(공기), 물(수분), 온도(열), 금속(구리, 철), 불포화도, 이물질이 있다.

131 단순 단백질인 알부민에 대한 설명으로 옳은 것은?

① 물이나 묽은 염류용액에 녹고 열에 의해 응고된다.
② 물에는 불용성이나 묽은 염류용액에 가용성이고 열에 의해 응고된다.
③ 중성 용매에는 불용성이나 묽은 산, 염기에는 가용성이다.
④ 곡식의 낱알에만 존재하며 밀의 글루테닌이 대표적이다.

해 알부민은 물이나 묽은 염류 용액에 녹으며, 열과 강한 알코올에 응고된다. 흰자, 혈청, 우유가 속한다.

132 탈지분유 구성 중 50% 정도를 차지하는 것은?

① 수분　　② 지방
③ 유당　　④ 회분

해 탈지분유의 50%는 탄수화물인 유당이 차지한다.

133 건조 글루텐(Dry gluten) 중에 가장 많은 성분은?

① 단백질　② 전분
③ 지방　　④ 회분

해 밀가루와 물을 반죽할 때, 단백질들이 만나 탄력성과 신장성을 가진 글루텐이 생성되며 이를 젖은 글루텐이라고 한다.
젖은 글루텐÷3은 건조 글루텐의 함량을 구할 수 있다.

정답　130 ①　131 ①　132 ③　133 ①

제과·제빵 공통

134 제빵 제조 시 물의 기능이 아닌 것은?

① 글루텐 형성을 돕는다.
② 반죽 온도를 조절한다.
③ 이스트 먹이 역할을 한다.
④ 효소 활성화에 도움을 준다.

해 제빵에서의 물의 기능
(1) 용매로서 당, 소금, 밀가루, 수용성 성분 등을 용해해 이스트 발효에 도움을 준다.
(2) 반죽 온도 및 농도를 조절한다.
(3) 밀가루 단백질은 물을 흡수하여 글루텐을 형성한다.
(4) 효소 활성화에 도움을 준다.

135 이스트에 함유되어 있지 않은 효소는?

① 인버타아제 ② 말타아제
③ 찌마아제   ④ 아밀라아제

해 이스트에 함유되어 있지 않은 효소는 락타아제임이 분명하나, 아밀라아제는 극소량 들어 있기 때문에, 함유되어 있지 않다고도 표현한다.

136 모노글리세리드(monoglyceride)와 디글리세리드(diglyceride)는 제과에 있어 주로 어떤 역할을 하는가?

① 유화제   ② 항산화제
③ 감미제   ④ 필수영양제

해 모노글리세리드와 디-글리세리드의 글리세린은 3개의 수산기를 가지고 있어 물에 녹으므로, 지방산은 친유성, 글리세린은 친수성으로 유화작용을 한다.

137 글루테닌과 글리아딘이 혼합된 단백질은?

① 알부민   ② 글루텐
③ 글로불린   ④ 프로테오스

해 글루텐 형성의 주요 단백질
1) 글루테닌 : 탄력성을 갖게 하는 단백질로 20% 차지
2) 글리아딘 : 신장성(점성)을 갖게 하는 단백질로 36%를 차지

138 캐러멜화를 일으키는 것은?

① 비타민   ② 지방
③ 단백질   ④ 당류

해 캐러멜화는 당과 열이 만나서 갈색으로 변하는 갈색 반응이다.

정답 134 ③ 135 ④ 136 ① 137 ② 138 ④

139 다음 중 이당류가 아닌 것은?

① 포도당
② 맥아당
③ 설탕
④ 유당

해 포도당은 단당류이다.

140 제과, 제빵에서 계란의 역할로만 묶인 것은?

① 영양가치 증가, 유화역할, pH 강화
② 영양가치 증가, 유화역할, 조직강화
③ 영양가치 증가, 조직강화, 방부효과
④ 유화역할, 조직강화, 발효시간 단축

해 달걀의 기능
  1) 색깔 개선 및 영양성
  2) 기포성(팽창기능): 흰자의 단백질에 의해 거품이 일어나는 성질
  3) 결합제 역할: 단백질이 열에 의해 응고되어 농후화제의 역할
  4) 쇼트닝 효과(유화성): 노른자의 인지질인 레시틴이 유화제로 작용

141 다음 중 유지의 경화 공정과 관계가 없는 물질은?

① 불포화지방산
② 수소
③ 콜레스테롤
④ 촉매제

해 콜레스테롤: 동물성 스테롤이며, 뇌 신경 조직에 들어 있고, 담즙산(지방을 유화시키는 작용), 성호르몬, 부신피질 호르몬 등의 주성분이다. 담즙산, 스테로이드 호르몬의 전구체로 다량 섭취 시 고혈압, 동맥 경화의 원인이 되며 자외선에 의해 비타민 D_3로 전환된다.

142 젤라틴(gelatin)에 대한 설명 중 틀린 것은?

① 동물성 단백질이다.
② 응고제로 주로 이용된다.
③ 물과 섞으면 용해된다.
④ 콜로이드 용액의 젤 형성과정은 비가역적인 과정이다.

해 젤라틴은 물과 섞으면 용해되며, 낮은 온도에서 굳히면 굳는다.

정답 139 ① 140 ② 141 ③ 142 ④

제과·제빵 공통

143 다음 중 전분당이 아닌 것은?

① 물엿 ② 설탕
③ 포도당 ④ 이성화당

해 전분당이란, 전분을 가수분해하여 얻는 당을 가리키며, 포도당, 물엿, 이성화당 등이 있다.

144 다음 중 향신료를 사용하는 목적이 아닌 것은?

① 냄새 제거 ② 맛과 향 부여
③ 영양분 공급 ④ 식욕 증진

해 향신료는 맛과 향을 부여하고 냄새를 제거하며, 식욕을 증진하는 역할로써, 영양분을 공급하지는 않는다.

145 감미제에 대한 설명으로 맞는 것은?

① 물엿은 장내 비피더스균 생육 인자이다.
② 당밀은 럼을 원료로 만든다.
③ 아스파탐은 설탕의 10배의 단맛을 가진 인공 감미료이다.
④ 벌꿀은 천연의 전화당으로 대부분 포도당과 과당으로 이루어져 있다.

해 ① 올리고당은 장내 비피더스균 생육 인자이다.
② 제과에서 많이 쓰이는 럼은 당밀을 발효하여 만든 술이다.
③ 아스파탐은 설탕의 200배의 단맛을 갖는 감미료이다.

146 모노 디 글리세리드는 어느 반응에서 생성되는가?

① 비타민의 산화
② 전분의 노화
③ 지방의 가수분해
④ 단백질의 변성

해 지방의 가수분해에 의해 트리글리세라이드→디-글리세라이드→모노 글리세라이드 순서로 분해 된다.

정답 143 ② 144 ③ 145 ④ 146 ③

제과·제빵 공통

147 맥아당을 분해하는 효소는?

① 말타아제　② 락타아제
③ 리파아제　④ 프로테아제

해 ② 락타아제 : 유당 분해 효소
　③ 리파아제 : 지방 분해 효소
　④ 프로테아제 : 단백질 분해 효소

148 호밀빵 제조 시 호밀을 사용하는 이유 및 기능과 거리가 먼 것은?

① 독특한 맛 부여
② 조직의 특성 부여
③ 색상 향상
④ 구조력 향상

해 호밀가루는 글루텐을 형성하는 단백질이 밀가루보다 작아 구조력이 약하여 밀가루와 섞어서 사용한다.

149 빵제품이 단단하게 굳는 현상을 지연시키기 위하여 유지에 첨가하는 유화제가 아닌 것은?

① 모노디글리세리드
② 레시틴
③ 유리지방산
④ 에스에스엘(SSL)

해 유리지방산이란 유지를 구성하고 있는 트리글리세리드가 분해되어 생성된 지방산으로 산패에 의하여 생성된다.

150 케이크 반죽을 하기 위해 계란 노른자 500g이 필요하다. 몇 개의 계란이 준비되어야 하는가?(단, 계란 1개의 중량 52g, 껍질 12%, 노른자 33%, 흰자 55%)

① 26개　② 30개
③ 34개　④ 38개

해 52g 속에 있는 노른자의 함량부터 구해야 한다. 52g×0.33=17.16g이 달걀 하나에 들어있으므로, 500g÷17.16=29.1개이므로 올림하여 30개가 된다.

정답　147 ①　148 ④　149 ③　150 ②

제과·제빵 공통

151 전분을 가수 분해할 때 처음 생성되는 덱스트린은?

① 에르트로덱스트린
② 아밀로덱스트린
③ 아크로덱스트린
④ 말토덱스트린

해 전분을 가수 분해하면 아밀로덱스트린, 말토덱스트린 순으로 분해되며 최종적으로는 포도당으로 분해된다.

152 피자 제조 시 많이 사용하는 향신료는?

① 넛메그   ② 오레가노
③ 박하   ④ 계피

해 피자 제조 시 많이 사용하는 향신료는 오레가노 이다.

153 우유의 성분 중 제품의 껍질 색을 개선해 주는 것은?

① 수분   ② 유지방
③ 유당   ④ 칼슘

해 우유 속의 유당은 제품의 껍질 색을 낸다.

154 다음 중 식물계에는 존재하지 않는 당은?

① 과당   ② 유당
③ 설탕   ④ 맥아당

해 유당은 포유동물의 젖 중에 자연상태로 존재한다.

155 다음 중 식물성 검류가 아닌 것은?

① 젤라틴   ② 펙틴
③ 구아검   ④ 아라비아검

해 젤라틴은 동물의 껍질과 연골 속에 있는 콜라겐을 정제한 것이다.

156 글루텐을 형성하는 밀가루의 주요 단백질로 그 함량이 가장 많은 것은?

① 글루테닌 ② 글리아딘
③ 글로불린 ④ 메소닌

해 글리아딘은 글루텐의 주된 단백질로 36%를 차지하며 신장성을 나타낸다.

정답 151 ② 152 ② 153 ③ 154 ② 155 ① 156 ②

157 다음 중 신선한 달걀의 특징은?

① 난각 표면에 광택이 없다.
② 난각 표면이 매끈하다.
③ 난각에 광택이 있다.
④ 난각 표면에 기름기가 있다.

해 신선한 달걀의 특징
1) 껍데기가 거칠고 윤기가 없음
2) 밝은 불에 비췄을 때 속이 밝으며 노른자가 구형인 것(등불검사)
3) 6~10% 소금물에 담갔을 때 가로로 가라앉는 것(비중 1.08)
4) 기실이 없을 것
5) 노른자의 높이가 높으며 신선한 달걀의 난황계수는 0.36~0.44

158 밀가루의 단백질 함량이 증가하면 패리노그래프 흡수율은 증가하는 경향을 보인다. 밀가루의 등급이 낮을수록 패리노그래프에 나타나는 현상은?

① 흡수율은 증가하나 반죽시간과 안정도는 감소한다.
② 흡수율은 감소하고 반죽시간과 안정도는 감소한다.
③ 흡수율은 증가하나 반죽시간과 안정도는 변화가 없다.
④ 흡수율은 감소하나 반죽시간과 안정도는 변화가 없다.

해 밀가루의 등급이 낮을수록 패리노그래프의 흡수율은 증가하나 반죽시간과 안정도는 감소한다.

159 물 100g에 설탕 25g을 녹이면 당도는?

① 20%   ② 30%
③ 40%   ④ 50%

해 당도(%)
$$= \frac{\text{설탕(용질)의 무게}}{\text{설탕(용질)의 무게} + \text{물(용매)의 무게}}$$
$$\therefore \frac{25}{100+25} \times 100 = 20\%$$

| 정답 | 157 ① | 158 ① | 159 ① |

160 밀가루의 일반적인 자연숙성 기간은?

① 1~2주
② 2~3개월
③ 4~5개월
④ 5~6개월

해 포장한 밀가루는 23~27℃의 밝고 공기가 잘 통하는 저장실에서 약 2~3개월간 숙성시키면 호흡 기간이 끝나 제빵 적성이 좋아진다.

161 식품향료에 대한 설명 중 틀린 것은?

① 자연향료는 자연에서 채취한 후 추출, 정재, 농축, 분리 과정을 거쳐 얻는다.
② 합성향료는 석유 및 석탄류에 포함된 방향성유기물질로부터 합성하여 만든다.
③ 조합향료는 천연향료와 합성향료를 조합하여 양자 간의 문제점을 보완한 것이다.
④ 식품에 사용하는 향료는 첨가물이지만, 품질, 규격 및 사용법을 준수하지 않아도 된다.

해 식품에 사용하는 향료는 후각 신경을 자극하여 특유의 방향을 느끼게 함으로써 식욕을 증진하는 첨가물로 품질, 규격 및 사용법을 준수해야 한다.

162 유지에 알칼리를 가할 때 일어나는 반응은?

① 가수분해
② 비누화
③ 에스테르화
④ 산화

해 유지에 알칼리를 가할 때 일어나는 반응을 비누화라고 한다.

163 분유의 종류에 대한 설명으로 틀린 것은?

① 혼합분유 : 연유에 유청을 가하여 분말화 한 것
② 전지분유 : 원유에서 수분을 제거하여 분말화 한 것
③ 탈지분유 : 탈지유에서 수분을 제거하여 분말화 한 것
④ 가당분유 : 원유에 당류를 가하여 분말화 한 것

해 혼합분유는 전지분유나 탈지분유에 쌀가루, 유청 분말, 밀가루 코코아 가공품 등의 식품이나 식품첨가물을 25% 섞어 분말화한 것이다.

164 제빵에 사용되는 효모와 가장 거리가 먼 효소는?

① 프로테아제 ② 셀룰라아제
③ 인버타아제 ④ 말타아제

해 셀룰라아제는 섬유소를 용해 및 분해하는 효소이다.

165 지방은 무엇이 축합되어 만들어지는가?

① 지방산과 글리세롤
② 지방산과 올레인산
③ 지방산과 리놀레인산
④ 지방산과 팔미틴산

해 지방은 지방산과 글리세롤이 기본 단위가 된다.

166 정상 조건하의 베이킹파우더 100g에서 얼마 이상의 유효 이산화탄소 가스가 발생하여야 하는가?

① 6%   ② 12%
③ 18% ④ 24%

해 베이킹파우더 무게의 12% 이상의 유효 이산화탄소 가스가 발생하여야 하므로 100g×12%=12g이다.

167 장기간의 저장성을 지녀야 하는 건과자용 쇼트닝에서 가장 중요한 제품 특성은?

① 가소성   ② 안정성
③ 신장성   ④ 크림가

해 유지의 제과에서의 기능 중 안정성(저장성)은 유지를 산화시키거나 분해하는 성질에 대하여 저항하는 성질로, 안정성의 특징을 이용하여 만든 대표적인 제품에는 유통 기간이 긴 쿠키가 속한다.

168 젤리를 제조하는데 당분 60~65%, 펙틴 1.0~1.5%일 때 가장 적합한 pH는?

① pH1.0   ② pH3.2
③ pH7.8   ④ pH10.0

해 펙틴은 과일과 식물의 조직 속에서 존재하는 다당류의 일종으로 설탕 농도가 50% 이상이고, 산성(pH2.8-4)일 때 잼이나 젤리를 만들 수 있다.

정답 | 164 ② | 165 ① | 166 ② | 167 ② | 168 ②

제과 · 제빵 공통

169 강력분과 박력분의 가장 중요한 차이점은?

① 단백질 함량이 차이
② 비타민 함량의 차이
③ 지방 함량의 차이
④ 전분 함량의 차이

해 밀가루는 단백질의 함량 차이에 의해 강력분, 중력분, 박력분으로 나뉜다.

170 다음 유제품 중 일반적으로 100g당 열량을 가장 많이 내는 것은?

① 요구르트   ② 탈지분유
③ 가공치즈   ④ 시유

해 요구르트, 탈지분유, 시유는 지방 함량이 적고, 단백질 함량도 탄수화물과 적절하게 함유되어 있지만, 가공치즈는 단백질 덩어리이다.

171 계란에 대한 설명 중 옳은 것은?

① 계란 노른자에 가장 많은 것은 단백질이다.
② 계란 흰자는 대부분이 물이고 그 다음 많은 성분은 지방질이다.
③ 계란 껍질은 대부분 탄산칼슘으로 이루어져 있다.
④ 계란은 흰자보다 노른자 중량이 더 크다.

해 계란 노른자에 가장 많은 것은 지방이며, 계란흰자는 대부분이 물이고 그 다음 많은 것이 단백질이며, 계란은 노른자보다 흰자의 중량이 더 크다. 계란 껍질의 까슬까슬한 부분은 탄산칼슘으로 이루어져 있다.

172 건조이스트는 같은 중량을 사용할 생이스트 보다 활성이 약 몇 배 더 강한가?

① 2배   ② 5배
③ 7배   ④ 10배

해 건조 이스트는 고형분이 90%로, 생이스트의 고형분 30%보다 3배 많기 때문에 그만큼 활성화하는 능력이 크다. 그러나, 건조하는 과정 중에 사멸한 이스트들도 있으므로, 고형분이 3배가 많다고 해서 활성이 3배가 많은 것은 아니며, 2배 정도 활성이 강하다.

정답 169 ③ 170 ③ 171 ③ 172 ①

173 β-아밀라아제의 설명으로 틀린 것은?

① 전분이나 덱스트린을 맥아당으로 만든다.
② 아밀로오스의 말단에서 시작하여 포도당 2분자씩을 끊어가면서 분해한다.
③ 전분의 구조가 아밀로펙틴인 경우 약 52%까지만 가수분해한다.
④ 액화효소 또는 내부 아밀라아제라고도 한다.

해 β-아밀라아제는 당화효소 또는 외부 아밀라아제라고도 한다.

174 밀가루의 등급은 무엇을 기준으로 하는가?

① 회분   ② 단백질
③ 유지방   ④ 탄수화물

해 회분은 밀가루의 등급 기준이 되며, 제분율이 동일할 때는 경질소맥의 회분이 연질소맥의 회분보다 많다.

175 다음 중 아미노산을 구성하는 주된 원소가 아닌 것은?

① 탄소(C)   ② 수소(H)
③ 질소(N)   ④ 규소(Si)

해 단백질은 탄소(C), 수소(H), 산소(O) 외에 12~19%의 질소(N)로 구성되는데, 이 질소가 단백질이 특성을 규정짓는다.

176 반죽에 사용하는 물이 연수일 때 무엇을 더 증가시켜 넣어야 하는가?

① 과당   ② 유당
③ 포도당   ④ 맥아당

해 반죽에 사용하는 물이 연수일 때는 설탕을 사용하면 반죽이 더 질어져, 포도당을 더 증가시킨다.

177 다음 중 찬물에 잘 녹는 것은?

① 한천   ② 씨엠시
③ 젤라틴   ④ 일반 펙틴

해 ① 한천 : 끓는 물에 용해
③ 젤라틴 : 35℃ 이상부터 끓는 물에 용해
④ 펙틴 : 고온에서 녹음

정답 | 173 ④ 174 ① 175 ④ 176 ③ 177 ②

178 유지의 가소성은 그 구성 성분 중 주로 어떤 물질의 종류와 양에 의해 결정되는가?

① 스테롤
② 트리글리세라이드
③ 유리 지방산
④ 토코페롤

해 유지의 가소성은 지방의 종류와 양에 의해 결정되는데 지방은 지방산 3분자와 1분자의 글리세린으로 결합한 트리글리세리드이다.

179 밀가루 반죽의 탄성을 강하게 하는 재료가 아닌 것은?

① 비타민A   ② 레몬즙
③ 칼슘염   ④ 식염

해 레몬즙은 머랭을 만들 때, 사용하면 흰자의 구조가 튼튼해지고 더 하얗게 만든다.

180 전분이 호화됨에 따라 나타나는 현상이 아닌 것은?

① 팽윤에 의한 부피팽창
② 방향 부동성의 손실
③ 용해현상의 감소
④ 점도의 증가

해 전분은 수분 존재하에 온도가 높아지면 팽창되어 풀이된다. 풀이되는 현상을 젤라틴화 또는 호화라고 한다.

181 식용유지로 튀김요리를 반복할 때 발생하는 현상이 아닌 것은?

① 발연점 상승
② 유리지방산 생성
③ 카르보닐화합물 생성
④ 점도 증가

해 기름을 재가열할 경우 거품이 쉽게 일어나고 발연점이 낮아진다.

182 전란의 수분 함량은 몇% 정도인가?

① 30~35%   ② 50~53%
③ 72~75%   ④ 92~95%

해 전란의 수분함량은 75%, 고형분 함량은 25%이다.

정답 178 ② 179 ② 180 ③ 181 ① 182 ③

제과·제빵 공통

183 제과용 밀가루의 단백질과 회분의 함량으로 가장 적합한 것은?

	단백질(%)	회분(%)
①	4~5.5	0.2
②	6~6.5	0.3
③	7~9	0.4
④	10~11	0.5

해 제과용 밀가루로는 박력분이 알맞으며 박력분의 단백질 함량은 7~9%, 회분 함량은 0.4%가 적절하다.

184 포도당의 감미도가 높은 상태인 것은?

① 결정형 ② 수용액
③ β-형   ④ 좌선성

해 포도당은 결정형일 때 감미도가 높다.

185 지방산의 이중 결합 유무에 따른 분류는?

① 트랜스지방, 시스지방
② 유지, 라드
③ 지방산, 글리세롤
④ 포화지방산, 불포화지방산

해 불포화지방산은 이중결합 형태를 하고 있다.

186 과당이나 포도당을 분해하여 CO_2 가스와 알코올을 만드는 효소는?

① 말타아제(maltase)
② 인버타아제(invertase)
③ 프로테아제(protease)
④ 찌마아제(zymase)

해 찌마아제(치마아제)는 포도당, 과당과 같은 단당류를 알코올과 이산화탄소로 분해하여 발효시키며 제빵용 이스트에 들어 있어 발효에 관여한다.

187 정상적인 빵 발효를 위하여 맥아와 유산을 첨가하는 물은?

① 산성인 연수
② 중성인 아경수
③ 중성인 경수
④ 알칼리성인 경수

해 경수는 발효가 지연되므로, 맥아를 첨가하여 발효를 돕고, 알칼리성인 물을 약산성으로 바꾸기 위하여 유산을 첨가한다.

정답 | 183 ③ 184 ① 185 ④ 186 ④ 187 ④

제과·제빵 공통

188 밀가루 반죽을 끊어질 때까지 늘려서 반죽의 신장성을 알아보는 것은?

① 아밀로 그래프
② 패리노 그래프
③ 익스텐소 그래프
④ 믹소 그래프

해 익스텐소그래프(Extensograph)
반죽의 신장성과 신장에 대한 저항성을 측정하는 기계

189 유지의 분해 산물인 글리세린에 대한 설명으로 틀린 것은?

① 자당보다 감미가 크다.
② 향미제의 용매로 식품의 색택을 좋게 하는 독성이 없는 극소수 용매 중의 하나이다.
③ 보습성이 뛰어나 향류, 케이크류, 소프트 쿠키류의 저장성을 연장한다.
④ 물-기름의 유탁액에 대한 안정 기능이 있다.

해 글리세린은 무색, 무미, 무취, 감미를 가진 액체로 물보다 비중이 크다. 글리세린의 감미도는 60, 자당(설탕)은 100이다.

190 다음 중 일반적인 제빵 조합으로 틀린 것은?

① 소맥분+중조→밤만두피
② 소맥분+유지→파운드케이크
③ 소맥분+분유→건포도 식빵
④ 소맥분+계란→카스테라

해 빵의 필수 재료에는 밀가루, 물, 이스트, 소금이 있다. 그러므로 분유가 아닌 이스트의 조합이 맞다.

191 알파 아밀라아제(α-amylase)에 대한 설명으로 틀린 것은?

① 베타 아밀라아제(β-amlylase)에 비하여 열 안정성이 크다.
② 당화효소라고도 한다.
③ 전분의 내부 결합을 가수분해할 수 있어 내부 아밀라아제라고도 한다.
④ 액화효소라고도 한다.

해 알파 아밀라아제는 액화효소이며 내부 아밀라아제라고도 한다.

정답 188 ③ 189 ① 190 ③ 191 ②

제과·제빵 공통

192 패리노그래프에 관한 설명 중 틀린 것은?

① 흡수율 측정
② 믹싱시간 측정
③ 믹싱내구성 측정
④ 전분의 점도 측정

해 전분의 점도를 측정하는 그래프는 아밀로 그래프이다.

193 일반 식염을 구성하는 대표적인 원소는?

① 나트륨, 염소
② 칼슘, 탄소
③ 마그네슘, 염소
④ 칼륨, 탄소

해 식염은 소금을 가리키며 나트륨과 염소의 화합물로서, 화학명은 염화나트륨(NaCl)이다.

194 다음 중 연질 치즈로 곰팡이와 세균으로 숙성시킨 치즈는?

① 크림(Cream)치즈
② 로마노(Romano)치즈
③ 파마산(Parmesan)치즈
④ 카망베르(Camembert)치즈

해 카망베르 치즈는 프랑스가 원산지인 연질 치즈로, 곰팡이와 세균으로 숙성시킨 치즈이다.

195 다음 중 보관 장소가 나머지 재료와 크게 다른 재료는?

① 설탕　② 소금
③ 밀가루　④ 생이스트

해 생이스트는 반드시 냉장 보관한다.

196 계란 흰자의 조성과 가장 거리가 먼 것은?

① 오브알부민　② 콘알부민
③ 라이소자임　④ 카로틴

해 카로틴은 밀가루 내배유에 천연 상태로 존재하는 색소 물질이다.

정답 192 ④　193 ①　194 ④　195 ④　196 ④

197 천연 버터와 마가린의 가장 큰 차이는?

① 수분 ② 지방산
③ 산가 ④ 과산화물가

해 버터는 우유 지방이며, 마가린은 식물성 지방이다.

198 밀가루 중 글루텐은 건조 중량의 약 몇 배에 해당하는 물을 흡수할 수 있는가?

① 1배 ② 3배
③ 5배 ④ 7배

해 건조 글루텐 함량(%) = 젖은 글루텐(%) ÷ 3 = 밀가루 단백질(%)

199 산화제를 사용하면 두 개의 -SH기가 S-S 결합으로 바뀌게 된다. 이 같은 반응이 일어나는 것은 어느 것에 의한 것인가?

① 밀가루의 단백질
② 밀가루의 전분
③ 고구마 전분
④ 감자 전분

해 이스트 푸드의 역할 중 환원제는 산화제와 반대 효과를 내며, 산화제가 S-S 결합의 형성을 촉진하는 데 반해, 환원제는 이 과정을 방해하여 글루텐을 연화시킨다.

200 밀가루 전분의 아밀로펙틴 구조에 대한 설명 중 잘못된 것은?

① 요오드 용액에 의하여 청색반응이 일어난다.
② 아밀로오스에 비하여 분자량이 크다.
③ 전분의 구조가 측쇄(가지형)로 연결되어 있다.
④ 일반 곡물에서 아밀로오스보다 구성비가 높다.

해 아밀로펙틴은 요오드 용액에 의해 적자색 반응이 일어난다.

영양학

01 우유 1컵(200mL)에 지방이 6g이라면 지방으로부터 얻을 수 있는 열량은?

① 6kcal ② 24kcal
③ 54kcal ④ 120kcal

해 지방은 1g당 9kcal를 낸다. 그러므로 6g×9kca=54g이다.

02 혈당의 저하와 가장 관계가 깊은 것은?

① 인슐린 ② 리파아제
③ 프로테아제 ④ 펩신

해 인슐린은 혈당을 조절하는 호르몬이다.

03 무기질에 대한 설명으로 틀린 것은?

① 나트륨은 결핍증이 없으며 소금, 육류 등에 많다.
② 마그네슘 결핍증은 근육약화, 경련 등이며 생선, 견과류 등에 많다.
③ 철은 결핍 시 빈혈증상이 있으며 시금치, 두류 등에 많다.
④ 요오드 결핍 시에는 갑상선종이 생기며 유제품, 해조류 등에 많다.

해 나트륨 결핍증은 메스꺼움, 구토, 두통, 순간적인 기억상실, 혼돈, 혼수, 피로, 식욕감소, 성급함, 근육약화, 경련, 발작, 그리고 자각감소와 혼수상태를 일으킨다.

04 단백질의 소화, 흡수에 대한 설명으로 틀린 것은?

① 단백질은 위에서 소화되기 시작한다.
② 펩신은 육류 속 단백질 일부를 폴리펩티드로 만든다.
③ 십이지장에서 췌장에서 분비된 트립신에 의해 더 작게 분해된다.
④ 소장에서 단백질이 아주 분해되지는 않는다.

해 단백질은 위와 소장에서 위액의 펩신, 이자액의 트립신, 소장의 펩티다아제에 의해 아미노산으로 최종 분해된다.

정답 01 ③ 02 ① 03 ① 04 ④

05 식빵에 당질 50%, 지방 5%, 단백질 9%, 수분 24%, 회분 2%가 들어있다면 식빵을 100g 섭취하였을 때 열량은?

① 281kcal　　② 301kcal
③ 326kcal　　④ 506kcal

해 열량영양소 탄수화물, 단백질, 지방의 칼로리만 구한다.
당질 50%×4kcal=200%,
단백질 9%×4kcal=36%,
지방 5%×9kcal=45%
200+36+45=281% 이므로, 100g 섭취하였을 때의 열량은 281kcal이다.

06 리놀렌산(linolenic acid)의 급원식품으로 가장 적합한 것은?

① 라드　　② 들기름
③ 면실유　　④ 해바라기씨유

해 리놀렌산은 불포화 지방산으로 들기름, 콩기름 등에 많다.

07 새우, 게 등의 겉껍질을 구성하는 chitin의 주된 단위성분은?

① 갈락토사민(galactosamine)
② 글루코사민(glucosamine)
③ 글루쿠로닉산(glucuronic acid)
④ 갈락투로닉산(galacturonic acid)

해 새우, 게 등의 겉껍질을 구성하는 chitin의 주된 단위성분은 글루코사민이다.

08 단백질의 가장 주요한 기능은?

① 체온유지
② 유화작용
③ 체조직 구성
④ 체액의 압력조절

해 단백질의 기능으로는 에너지 공급, 체액 중성 유지, 체조직 구성과 보수, 효소·호르몬·항체 형성과 면역 작용 관여, 정장 작용이 있다.

정답　05 ①　06 ②　07 ②　08 ③

09 수분의 필요량을 증가시키는 요인이 **아닌** 것은?

① 장기간의 구토, 설사, 발열
② 지방이 많은 음식을 먹은 경우
③ 수술, 출혈, 화상
④ 알코올 또는 카페인의 섭취

🅗 수분의 필요량을 증가시키는 요인
  (1) 장기간의 구토, 설사, 발열
  (2) 수술, 출혈, 화상
  (3) 알코올 또는 카페인의 섭취

10 불포화지방산에 대한 설명 중 **틀린** 것은?

① 불포화지방산은 산패되기 쉽다.
② 이중결합은 모두 필수지방산이다.
③ 이중결합 2개 이상의 불포화지방산은 모두 필수 지방산이다.
④ 불포화지방산이 많이 함유된 유지는 실온에서 액상이다.

🅗 불포화지방산 중 올레산을 제외한 리놀레산, 리놀렌산, 아라키돈산이 필수 지방산이다.

11 글리코겐이 주로 합성되는 곳은?

① 간, 신장   ② 소화관, 근육
③ 간, 혈액   ④ 간, 근육

🅗 포도당은 동물 체내의 간과 근육에서 글리코겐(다당류) 형태로 저장된다.

12 식품의 열량(kcal) 계산 공식으로 맞는 것은?(단, 각 영양소량의 기준은 g 단위로 한다.)

① (탄수화물의 양+단백질의 양)×4+(지방의 양×9)
② (탄수화물의 양+지방의 양)×4+(단백질의 양×9)
③ (지방의 양+단백질의 양)×4+(탄수화물의 양×9)
④ (탄수화물의 양+지방의 양)×9+(단백질의 양×4)

🅗 1g당 열량 영양소의 칼로리

구분	탄수화물	단백질	지방
칼로리 (kcal)	4	4	9

정답 09 ② 10 ② 11 ④ 12 ①

13 포화지방산과 불포화지방산에 대한 설명 중 옳은 것은?

① 포화지방산은 이중결합을 함유하고 있다.
② 포화지방산은 할로겐이나 수소첨가에 따라 불포화될 수 있다.
③ 코코넛 기름에는 불포화지방산이 더 높은 비율로 들어 있다.
④ 식물성 유지에는 불포화지방산이 더 높은 비율로 들어 있다.

해 ① 포화지방산산은 단일결합을 하고 있다.
② 포화지방산은 이미 실온에서 고체 상태이므로 불포화가 될 수 없다.
③ 코코넛 기름에는 포화지방산이 더 높은 비율로 들어있다.

14 유용한 장내 세균의 발육을 왕성하게 하여 장에 좋은 영향을 미치는 이당류는?

① 설탕(sucrose)
② 유당(lactose)
③ 맥아당(maltose)
④ 포도당(glucose)

해 유용한 장내 세균의 발육을 왕성하게 하여 장에 좋은 영향을 미치는 이당류는 유당이다.

15 괴혈병을 예방하기 위해 어떤 영양소가 많은 식품을 섭취해야 하는가?

① 비타민 A
② 비타민 C
③ 비타민 D
④ 비타민 B_1

해 결핍증
① 비타민 A : 야맹증
③ 비타민 D : 구루병
④ 비타민 B_1 : 각기병

16 필수아미노산이 <u>아닌</u> 것은?

① 트레오닌
② 이솔루신
③ 발린
④ 알라닌

해 필수 아미노산 : 리신(lysine), 류신(leucine), 메티오닌(methionine), 트립토판(tryptophan), 트레오닌(threonine), 이솔루신(isoleucine), 발린(valine), 페닐알라닌(phenylalarnine)

17 지방의 연소와 합성이 이루어지는 장기는?

① 췌장
② 간
③ 위장
④ 소장

해 지방의 연소와 합성이 이루어지는 장기는 간이다.

제과·제빵 공통

18 어떤 분유 100g의 질소함량이 4g이라면 분유 100g은 약 몇 g의 단백질을 함유하고 있는가? (단, 단백질 중 질소함량은 16%)

① 5g ② 15g
③ 25g ④ 35g

해 일반 식품은 질소를 정량하여 단백계수 6.25를 곱한 것을 단백질 함량으로 본다. 그러므로 4g × 6.25 = 25g이다.

19 다음 중 심혈관계 질환의 위험인자로 가장 거리가 먼 것은?

① 고혈압과 중성지질 증가
② 골다공증과 빈혈
③ 운동부족과 고지혈증
④ 당뇨병과 지단백 증가

해 심혈관계 질환의 환자는 고혈압과 고지혈증 및 당뇨를 조심해야 한다.

20 인체의 수분 소요량에 영향을 주는 요인과 가장 거리가 먼 것은?

① 기온 ② 신장의 기능
③ 활동력 ④ 염분의 섭취량

해 수분 소요량과 신장의 기능과는 관련이 없다.

21 당질의 대사 과정에 필요한 비타민으로서 쌀을 주식으로 하는 우리나라 사람에게 더욱 중요한 것은?

① 비타민 A ② 비타민 B_1
③ 비타민 B_{12} ④ 비타민 D

해 ① 비타민 A : 시력에 관여
③ 비타민 B_{12} : 적혈구 생성에 관여
④ 비타민 D : 칼슘과 인의 흡수력 증강

22 지방의 기능이 아닌 것은?

① 지용성 비타민의 흡수를 돕는다.
② 외부의 충격으로부터 장기를 보호한다.
③ 높은 열량을 제공한다.
④ 변의 크기를 증대시켜 장관 내 체류시간을 단축한다.

해 지방의 기능으로는 에너지 공급, 지용성 비타민의 흡수 촉진, 내장 기관 보호, 필수 지방산 공급, 체온 유지가 있다.

정답 | 18 ③ 19 ② 20 ② 21 ② 22 ④

23 비타민 B₁의 특징으로 옳은 것은?

① 단백질의 연소에 필요하다.
② 탄수화물 대사에서 조효소로 작용한다.
③ 결핍증은 펠라그라(Pellagra)이다.
④ 인체의 성장인자이며 항빈혈작용을 한다.

해 비타민 B₁은 당질의 대사과정에 필요한 비타민으로 급원식품으론 쌀겨와 간 등이 있고, 결핍증으로는 각기병이 있다.

24 췌장에서 생성되는 지방 분해 효소는?

① 트립신   ② 아밀라아제
③ 펩신   ④ 리파아제

해 트립신은 췌액에 존재하는 단백질 분해 효소이며, 아밀라아제는 탄수화물 분해 효소이다. 펩신은 위액에 존재하는 단백질 분해 효소이다.

25 20대 한 남성의 하루 열량 섭취량을 2500kcal로 했을 때 가장 이상적인 1일 지방 섭취량은?

① 약 10~40g   ② 약 40~70g
③ 약 70~100g ④ 약 100~130g

해 2500kcal × 0.2(20%) = 500kcal
보기에는 kcal가 아닌 g이므로
지방은 1g당 9kcal를 내기 때문에
500kcal ÷ 9kcal = 55g이다.

구분	탄수화물	단백질	지방
1일 섭취 권장량 (%)	55~70	7~20	15~20

26 다음 식품 중 단백질 함량이 가장 많은 것은?

① 대두   ② 쇠고기
③ 계란   ④ 우유

해 대두는 수분 함유량이 적기 때문에 상대적으로 다른 식품보다 단백질 함량이 많다.

정답 23 ②   24 ④   25 ②   26 ①

27 체내에서 물의 역할을 설명한 것으로 틀린 것은?

① 물은 영양소와 대사산물을 운반한다.
② 땀이나 소변으로 배설되며 체온 조절한다.
③ 영양소 흡수로 세포막에 농도 차가 생기면 물이 바로 이동한다.
④ 변으로 배설될 때는 물의 영향을 받지 않는다.

해 변으로 배설될 때도 물의 영향을 받는다.

28 카제인이 많이 들어있는 식품은?

① 빵   ② 우유
③ 밀가루   ④ 콩

해 우유의 주 단백질은 카제인이다.

29 다음의 단팥빵 영양가 표를 참고하여 단팥빵 200g의 열량을 구하면 얼마인가?

	탄수화물	단백질	지방	칼슘	비타민 B_1
영양소 100g 중 함유량	20g	5g	10g	2mg	0.12mg

① 190kcal   ② 300kcal
③ 380kcal   ④ 460kcal

해 열량 영양소 탄수화물, 단백질, 지방의 열량을 구한다.
탄수화물 20g × 4kcal = 80kcal,
단백질 5g × 4kcal = 20kcal,
지방 10g × 9kcal = 90kcal
이므로, 80 + 20 + 90 = 190이며, 문제에서 묻는 부분은 100g이 아닌 200g이므로 × 2를 하여 380g이 된다.

30 무기질의 기능이 아닌 것은?

① 우리 몸의 경조직 구성성분이다.
② 열량을 내는 열량 급원이다.
③ 효소의 기능을 촉진시킨다.
④ 세포의 삼투압 평형유지 작용을 한다.

해 열량을 내는 영양소는 탄수화물, 단백질, 지방이다.

정답 27 ④   28 ②   29 ③   30 ②

31 리놀레산 결핍 시 발생할 수 있는 장애가 아닌 것은?

① 성장지연
② 시각 기능 장애
③ 생식장애
④ 호흡장애

해 리놀레산 결핍 시 성장지연, 시각 기능 장애, 생식장애가 있다.

32 다음 중 비타민 K와 관계가 있는 것은?

① 근육 긴장
② 혈액 응고
③ 자극 전달
④ 노화 방지

해 비타민 K는 혈액 응고 작용을 하며, 결핍 시 혈액 응고가 지연된다.

33 비타민과 관련된 결핍증의 연결이 틀린 것은?

① 비타민 A - 야맹증
② 비타민 B_1 - 구내염
③ 비타민 C - 괴혈병
④ 비타민 D - 구루병

해 비타민 B_1의 결핍증은 각기병이다.

34 신경조직의 주요물질인 당지질은?

① 세레브로시드(cerebroside)
② 스핑고미엘린(sphingomyelin)
③ 레시틴(lecithin)
④ 이노시톨(inositol)

해 세레브로시드는 탄수화물과 중성 지방이 결합한 것으로, 신경과 뇌 조직에서 볼 수 있다.

35 포도당과 결합하여 젖당을 이루며 뇌 신경 등에 존재하는 당류는?

① 과당(fructose)
② 만노오스(mannose)
③ 리보오스(ribose)
④ 갈락토오스(galactose)

해 갈락토오스는 포유동물 젖에서만 존재하며 포도당과 결합하여 유당을 구성한다.

정답 31 ④ 32 ② 33 ② 34 ① 35 ④

36 제과, 제빵 제조 시 사용되는 버터에 포함된 지방의 기능이 <u>아닌</u> 것은?

① 에너지의 급원 식품이다.
② 체온유지에 관여한다.
③ 항체를 생성하고 효소를 만든다.
④ 음식에 맛과 향미를 준다.

해 항체를 생성하고 효소를 만드는 건 단백질의 기능이다.

37 아래의 쌀과 콩에 대한 설명 중 ( )에 알맞은 것은?

> 쌀에는 라이신(lysine)이 부족하고 콩에는 메티오닌(methionine)이 부족하다. 이것을 쌀과 콩 단백질의 ( )이라 한다.

① 제한아미노산
② 필수 아미노산
③ 불필수 아미노산
④ 아미노산 불균형

해 필수 아미노산 중 상대적으로 요구량에 비해 함량이 적어 결핍되기 쉬운 아미노산들을 뜻한다. 제일 많이 결핍되기 쉬운 아미노산을 제1 제한아미노산, 두 번째로 결핍되는 아미노산을 제2 제한아미노산이라 한다. 제1 제한아미노산에는 라이신과 트립토판이 있으며, 제2 제한아미노산에는 트레오닌이 있다.

38 체내에서 사용한 단백질은 주로 어떤 경로를 통해 배설되는가?

① 호흡   ② 소변
③ 대변   ④ 피부

해 위 속에 있는 효소 펩신은 단백질 분자를 큰 폴리펩티드로 분해하고, 췌액에 존재하는 효소 트립신은 아미노산으로 분해되어 흡수되지만, 일부분은 분해되지 않은 채 소변으로 배설된다.

39 D-glucose와 D-mannose의 관계는?

① anomer   ② epimer
③ 동소체   ④ 라세믹체

해 epimer(에피머)란 -OH의 위치가 1개만 다른 이성체로 D-글루코오스와 D-만노오스의 관계와 같이 여러 개의 키랄 중심 중 특히 한 곳만 입체 배열이 다른 부분을 말한다.

정답 36 ③   37 ①   38 ②   39 ②

40 성인의 에너지적정비율의 연결이 옳은 것은?

① 탄수화물 : 30~55%
② 단백질 : 7~20%
③ 지질 : 5~10%
④ 비타민 : 30~40%

해 ① 탄수화물 : 55~70%
③ 지질 : 15~20%
④ 비타민 : 에너지를 내는 영양소가 아니므로, %가 아닌 400mg이다.

41 단백질 식품을 섭취한 결과, 음식물 중의 질소량이 13g이며, 대변의 질소량이 0.7g, 소변 중의 질소량이 4g으로 나타났을 때 이 식품의 생물가(B.V)는 약 얼마인가?

① 25% ② 36%
③ 64% ④ 92%

해 생물가 =
$$\frac{체내에 보유된 질소량}{체내에 흡수된 질소량} \times 100$$
$$= \frac{13g - (0.7g + 4g)}{13g} \times 100 = 63.8\%$$
따라서 63.8%에 올림 하여 64%가 정답이다.

42 정상적인 건강 유지를 위해 꼭 필요한 지방산으로 체내에서 합성되지 않아 식사로 공급해야 하는 것은?

① 포화지방산   ② 불포화지방산
③ 필수지방산   ④ 고급지방산

해 정상적인 건강 유지를 위해 꼭 필요한 지방산으로 체내에서 합성되지 않아 식사로 공급해야 하는 지방산이다. 성장 촉진 및 혈액 내 콜레스테롤양을 낮추며 종류에는 리놀레산, 리놀렌산, 아라키돈산이 있다. 결핍 시 성장 지연, 시각 기능 장애, 생식장애가 있다.

43 유용한 장내세균의 발육을 도와 정장 작용을 하는 당은?

① 설탕   ② 유당
③ 맥아당   ④ 셀로비오스

해 유당은 포유동물의 젖 중에 자연 상태로 존재하며, 락타아제(Lactase)라는 효소에 의해 포도당과 갈락토오스로 분해된다.
우유(시유)에 보통 4.8% 정도 들어 있고, 정장 작용을 하며 칼슘의 흡수와 이용을 돕는다.

정답 40 ② 41 ③ 42 ③ 43 ②

제과·제빵 공통

44 하루에 섭취하는 총에너지 중 식품 이용을 위한 에너지 소모량은 평균 얼마인가?

① 10% ② 30%
③ 60% ④ 20%

해 식품 이용을 위한 에너지 소모량은 식품의 소화, 흡수, 대사, 이동, 저장을 위해 필요한 에너지로서 10%를 차지합니다.

45 갑작스러운 체액의 손실로 인해 일어나는 증상이 아닌 것은?

① 심한 경우 혼수에 이르게 된다.
② 전해질의 균형이 깨어진다.
③ 혈압이 올라간다.
④ 허약, 무감각, 근육부종 등이 일어난다.

해 체액량의 1% 손실 시 갈증을 느끼며, 8% 손실 시 전해질의 균형이 깨지며 맥박과 체온이 상승하며 의식장애가 올 수 있다. 11% 이상 손실 시 근육부종 등이 일어난다.

46 다음 중 포화지방산을 가장 많이 함유한 식품은?

① 올리브유 ② 버터
③ 콩기름   ④ 홍화유

해 올리브유, 콩기름, 홍화유는 식물성 지방으로 불포화지방산을 함유하고 있다.

47 다음 중 4대 기본 맛이 아닌 것은?

① 단맛 ② 떫은맛
③ 짠맛 ④ 신맛

해 4대 기본 맛으로 단맛, 짠맛, 신맛, 쓴맛이 있다.

48 탄수화물은 체내에서 주로 어떤 작용을 하는가?

① 골격을 형성한다.
② 혈액을 구성한다.
③ 체온을 조절한다.
④ 열량을 공급한다.

해 탄수화물은 에너지를 공급하고 혈당 유지, 케톤증 예방, 단백질 절약작용, 정장 작용을 한다.

정답 44 ① 45 ③ 46 ② 47 ② 48 ④

제과·제빵 공통

49 단순단백질이 아닌 것은?

① 프롤라민   ② 헤모글로빈
③ 글로불린   ④ 알부민

해 헤모글로빈은 색소 단백질로 복합 단백질에 속한다.

50 유당불내증의 원인은?

① 대사과정 중 비타민 B군의 부족
② 변질한 유당의 섭취
③ 우유 섭취량의 절대적인 부족
④ 소화액 중 락타아제의 결여

해 유당불내증이란 체내에 유당을 분해하는 효소로 락타아제가 결여되어 우유 중 유당을 소화하지 못하는 증상으로 복부경련 및 설사, 메스꺼움을 동반한다. 유당불내증이 있는 사람에게는 우유나 크림소스 보다는 발효된 요구르트가 더 좋다.

51 생체 내에서의 지방의 기능으로 틀린 것은?

① 생체기관을 보호한다.
② 체온을 유지한다.
③ 효소의 주요 구성 성분이다.
④ 주요한 에너지원이다.

해 지방의 기능으로는 에너지 공급, 지용성 비타민의 흡수 촉진, 내장 기관 보호, 필수 지방산 공급, 체온 유지가 있다. 효소의 주요 구성 성분은 단백질이다.

52 다음 아미노산 중 특히 성장기 어린이에게 더 요구되는 필수아미노산은?

① 트립토판   ② 메티오닌
③ 발린   ④ 히스티딘

해 필수아미노산은 아미노산 중 체내에서 합성이 되지 않아 반드시 음식을 통해 섭취해야 하는 아미노산으로 종류로는 리신(lysine), 류신(leucine), 메티오닌(methionine), 트립토판(tryptophan), 트레오닌(threonine), 이솔루신(isoleucine), 발린(valine), 페닐알라닌(phenylalarnine)은 성인이 꼭 필요한 8종 아미노산에 구분하고, 히스티딘(histidine)은 어린이나 환자에게 필요한 9종류로 구분한다.

정답 49 ②   50 ④   51 ③   52 ④

제과 · 제빵 공통

53 지용성 비타민의 특징이 <u>아닌</u> 것은?

① 간장에 운반되어 저장된다.
② 단기간에 급속히 중증의 결핍증이 나타난다.
③ 섭취 과잉으로 인한 독성을 유발할 수 있다.
④ 지질과 함께 소화, 흡수되어 이용된다.

해 지용성 비타민의 결핍증은 서서히 나타난다.

54 콜레스테롤에 대한 설명으로 <u>틀린</u> 것은?

① 식사를 통한 평균 흡수율은 100%이다.
② 유도지질이다.
③ 고리형 구조를 이루고 있다.
④ 간과 장벽, 부신 등 체내에서도 합성된다.

해 소화 흡수율은 95%이다.

55 다당류에 대한 설명으로 <u>틀린</u> 것은?

① 일반적으로 전분은 아밀로오스(amylose)와 아밀로펙틴(amylopectin)으로 이루어져 있다.
② 전분은 소화효소에 의해 가수분해 될 수 있다.
③ 섬유소는 사람의 소화액으로는 소화되지 않는다.
④ 펙틴은 단순다당류에 속한다.

해 단순다당류란 한 종류의 단당류로 이루어진 다당류이며 펙틴은 구조 다당류에 속한다.

56 당대사의 중심물질로 두뇌와 신경, 적혈구의 에너지원으로 이용되는 단당류는?

① 과당 ② 포도당
③ 맥아당 ④ 유당

해 포도당은 당대사의 중심물질로 두뇌와 신경, 적혈구의 에너지원으로 이용되는 단당류이다.

정답 53 ② 54 ① 55 ④ 56 ②

57 다음 중 소화 흡수에 대한 설명으로 적합하지 못한 것은?

① 알코올은 주로 위에서 흡수한다.
② 수분은 주로 대장에서 흡수한다.
③ 소화율이 높은 순위는 단백질, 지방, 당질의 순이다.
④ 지방질이 흡수되려면 글리세롤과 지방산으로 분해되어야 한다.

해 소화율은 탄수화물 98%, 지방 95%, 단백질 92% 정도이다.

58 다음 중 단백질 분해효소가 아닌 것은?

① 리파아제(Lipase)
② 브로멜린(bromelin)
③ 파파인(papain)
④ 피신(ficin)

해 리파아제는 지방 분해 효소이다.

59 다음의 인체 모식도에서 탄수화물의 소화가 시작되는 곳은?

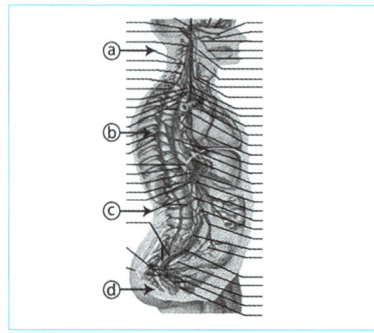

① ⓐ
② ⓑ
③ ⓒ
④ ⓓ

해 타액 속에 함유된 프티알린(Ptyalin)이라는 효소에 의해 다당류인 글리코겐과 전분이 입에서의 기계적 소화와 함께 소화가 일어난다.

60 체내에서 단백질의 역할이 아닌 것은?

① 항체 형성
② 체조직의 구성
③ 지용성 비타민 운반
④ 호르몬 형성

해 지용성 비타민의 운반은 지방의 기능이다.

정답 57 ③ 58 ① 59 ① 60 ③

제과 · 제빵 공통

61. 필수 지방산의 기능이 아닌 것은?

① 머리카락, 손톱의 구성 성분이다.
② 세포막의 구조적 성분이다.
③ 혈청 콜레스테롤을 감소시킨다.
④ 뇌와 신경 조직, 시각 기능을 유지한다.

해 머리카락이나 손톱을 구성하는 영양소는 단백질이다.

62. 다음 중 수용성 비타민?

① 비타민 C   ② 비타민 A
③ 비타민 D   ④ 비타민 K

해 수용성 비타민에는 비타민 B_1, 비타민 B_2, 비타민 B_3, 비타민 B_6, 비타민 B_9, 비타민 B_{12}, 비타민 C, 비타민 P가 있다.

63. 췌장에서 생성되는 지방 분해 효소는?

① 트립신   ② 아밀라아제
③ 펩신   ④ 리파아제

해 지방 분해 효소인 리파아제는 췌장에서 효소 스테압신이 작용하여 글리세린과 지방산으로 분해가 되고, 위에서는 담즙에 의해 충분히 유화된 후 소장으로 보내져 대부분 흡수된다.

64. 비타민의 일반적인 결핍증이 잘못 연결된 것은?

① 비타민 B_{12} - 부종
② 비타민 D - 구루병
③ 나이아신 - 펠라그라
④ 리보플라빈 - 구내염

해 비타민 B_{12}(시아노코발라민)의 결핍증은 악성 빈혈이다.

65. 유당분해효소결핍증(유당불내증)의 일반적인 증세가 아닌 것은?

① 복부경련   ② 설사
③ 발진   ④ 메스꺼움

해 유당불내증이란 체내에 유당을 분해하는 효소 락타아제가 결여되어 우유 중 유당을 소화하지 못하는 증상으로 복부경련 및 설사, 메스꺼움을 동반한다.

66. 아미노산과 아미노산 간의 결합은?

① 글리코사이드 결합
② 펩타이드 결합
③ a-1, 4 결합
④ 에스테르 결합

해 아미노산과 아미노산의 결합을 펩타이드 결합이라고 한다.

제과 · 제빵 공통

67 건조된 아몬드 100g 탄수화물 16g, 단백질 18g, 지방 54g, 무기질 3g, 수분 6g, 기타성분 등을 함유하고 있다면 이 건조된 아몬드 100g의 열량은?

① 약 200kcal ② 약 364kcal
③ 약 622kcal ④ 약 751kcal

해 열량 영양소인 탄수화물, 단백질, 지방만 열량을 계산한다. 탄수화물은 1g당 4kcal를 내므로 16g×4kcal=64kcal, 단백질은 1g당 4kcal를 내므로 18g×4kcal=72kcal, 지방은 1g당 9kcal를 내므로 54g×9kcal=486kcal이다. 총 합하면 64+72+486=622kcal이다. 따라서 아몬드 100g의 열량은 622kcal이다.

68 다음 중 모세혈관의 삼투성을 조절하여 혈관 강화 작용하는 비타민은?

① 비타민 A   ② 비타민 D
③ 비타민 E   ④ 비타민 P

해 비타민 P는 수용성 비타민으로 모세혈관의 삼투성을 조절하여 혈관 강화 작용하고, 급원 식품으로는 귤, 레몬 등이 있다.

69 단백질에 대한 설명 중 틀린 것은?

① 호르몬, 효소, 머리털 등은 단백질로 이루어져 있다.
② 20여 종의 아미노산으로 구성되어 있다.
③ 주요 결합은 글리코사이드 결합이다.
④ 열에 의하여 변성된다.

해 단백질의 결합은 펩타이드 결합이다.

70 설탕의 구성성분은?

① 포도당과 과당
② 포도당과 갈락토오스
③ 포도당 2 분자
④ 포도당과 맥아당

해 설탕을 분해하면 포도당과 과당이 생성된다.

71 지질의 대사에 관여하고 뇌 신경 등에 존재하며 유화제로 작용하는 것은?

① 에고스테롤(ergosterol)
② 글리시닌(glycinin)
③ 레시틴(lecithin)
④ 스쿠알렌(squalene)

> 해 레시틴은 달걀노른자에 있는 인지질로 천연 유화성분이 함유되어 있어 유화제로도 작용한다.

72 나이아신(niacin)의 결핍증으로 대표적인 질병은?

① 야맹증   ② 신장병
③ 펠라그라 ④ 괴혈병

> 해 비타민B_3(나이아신)의 기능은 당질, 지질, 단백질 대사의 중요한 역할을 하며 결핍증으로는 펠라그라가 있다. 펠라그라가 발생하면 피부염, 설사, 정신이상의 소견을 보일 수 있고 심하면 사망에 이른다.

73 하루 섭취한 2700kcal 중 지방은 20%, 탄수화물은 65%, 단백질은 15% 비율이었다. 지방, 탄수화물, 단백질은 각각 약 몇 g을 섭취하였는가?

	지방	탄수화물	단백질
①	135g	438.8g	45g
②	540g	1755.2g	405.2g
③	60g	438.8g	101.3g
④	35g	195g	101.3g

> 해 2700kcal×20%=540kcal는 지방, 2700kcal×65%=1755kcal는 탄수화물, 2700kcal×15%=405kcal는 단백질이며 보기에는 그램(g)이므로 1g당 내는 칼로리로 나누기하여 변환하여야 한다.
> 540kcal÷9=60g은 지방,
> 1755kcal÷4=438.8g은 탄수화물,
> 405kcal÷4=101.3g은 단백질이다.

74 무기질에 대한 설명으로 **틀린** 것은?

① 황(S)은 당질 대사에 중요하며, 혈액을 알칼리성으로 유지한다.
② 칼슘(Ca)은 주로 골격과 치아를 구성하고, 혈액 응고 작용을 돕는다.
③ 나트륨(Na)은 주로 세포외액에 들어 있고, 삼투압 유지에 관여한다.
④ 요오드(I)는 갑상선 호르몬의 주성분으로, 결핍되면 갑상선종을 일으킨다.

해 황은 담즙 생성에 필요하므로 지방의 소화와 흡수를 돕는다. 머리카락, 피부, 손톱, 모발 등의 단백질 제조에 필요하다.

75 일부 야채류의 어떤 물질이 칼슘의 흡수를 방해하는가?

① 옥살산(oxalic acid)
② 초산(acetic acid)
③ 구연산(citric acid)
④ 말산(malic acid)

해 옥살산은 파슬리에 가장 함량이 많으며 칼슘의 흡수를 방해한다. 옥살산 외에도 시금치에는 수산이 들어 있어 칼슘 흡수를 방해한다.

76 달걀노른자 속에 있으면서 유화제 역할을 하는 물질은?

① 덱스트린   ② 레시틴
③ 칼슘   ④ 펙틴

해 노른자 속에 들어 있는 레시틴은 인지질로 천연유화제 역할을 한다.

77 다음 중 알콜이 주로 흡수되는 곳은?

① 구강   ② 식도
③ 위   ④ 대장

해 알코올은 주로 위로 흡수된다.

78 콜레스테롤에 관한 설명 중 **잘못된** 것은?

① 담즙의 성분이다.
② 비타민 D_3의 전구체가 된다.
③ 탄수화물 중 다당류에 속한다.
④ 다량 섭취 시 동맥경화의 원인물질이 된다.

해 콜레스테롤은 동물성 스테롤이며, 뇌 신경 조직에 들어 있고, 담즙산(지방을 유화시키는 작용), 성호르몬, 부신피질 호르몬 등의 주성분이다. 담즙산, 스테로이드 호르몬의 전구체로 다량 섭취 시 고혈압, 동맥 경화의 원인이 되며 자외선에 의해 비타민 D_3로 전환된다.

정답 74 ①   75 ①   76 ②   77 ③   78 ③

제과·제빵 공통

79. 필수지방산의 기능이 아닌 것은?

① 머리카락, 손톱의 구성 성분이다.
② 세포막의 구조적 성분이다.
③ 혈청 콜레스테롤을 감소시킨다.
④ 뇌와 신경조직, 시각 기능을 유지한다.

해 머리카락, 손톱의 구성 성분은 단백질이다.

80. 흰쥐의 사료에 제인(zein)을 쓰면 체중이 감소한다. 어떤 아미노산을 첨가하면 체중 저하를 방지할 수 있는가?

① 발린(valine)
② 트립토판(tryptophan)
③ 글루타민산(glutamic acid)
④ 알라닌(alanine)

해 제인은 옥수수에 들어있으며 필수 아미노산 함량이 거의 없어 성장 지연 및 발육이 어려운 불완전 단백질에 속한다. 그러므로, 콩에 많이 들어 있는 필수 아미노산인 트립토판을 첨가하여 상호 보충 작용을 해야 한다.

81. 다당류에 속하지 않는 것은?

① 섬유소   ② 전분
③ 글리코겐 ④ 맥아당

해 맥아당은 이당류로 말타아제라는 효소에 의해 포도당+포도당으로 분해 된다.

82. 혈당을 조절하는 호르몬이 아닌 것은?

① 인슐린(insulin)
② 아드레날린(adrenalin)
③ 안드로겐(androgen)
④ 글루카곤(glucagon)

해 안드로겐(androgen)은 남성 호르몬의 작용을 나타내는 모든 물질을 일컫는 말이다. 남성 생식계의 성장과 발달에 영향을 미치는 호르몬을 모두 총칭하여 남성호르몬이라고 한다.

정답 79 ① 80 ② 81 ④ 82 ③

83. 철분대사에 관한 설명으로 옳은 것은?

① 수용성이기 때문에 체내에 저장되지 않는다.
② 철분은 Fe++보다 Fe+++이 흡수가 잘 된다.
③ 흡수된 철분은 간에서 헤모글로빈을 만든다.
④ 체내에서 사용된 철은 되풀이하여 사용된다.

해 철은 헤모글로빈을 생성하고 산소를 운반하며 적혈구를 형성한다. 적혈구가 소멸하면 적혈구 안에 있던 철분이 골수로 회수되었다가 새로 생성되는 적혈구에서 다시 사용된다.
철분 결핍 시 빈혈이 나타나며, 급원 식품으로는 달걀, 육류, 우유, 치즈 등이 있다.

84. 당질이 혈액 내에 존재하는 형태는?

① 글루코오스(glucose)
② 글리코겐(glycogen)
③ 갈락토오스(galactose)
④ 프럭토오스(fructose)

해 글루코오스는 포도당이다.

85. 유지의 도움으로 흡수, 운반되는 비타민으로만 구성된 것은?

① 비타민 A, B, C, D
② 비타민 B, C, E, K
③ 비타민 A, B, C, K
④ 비타민 A, D, E, K

해 지용성 비타민은 기름과 유기 용매에 용해되며 비타민 A, D, E, K가 속한다.

86. 다음 중 포화지방산은?

① 올레산(oleic acid)
② 스테아르산(stearic acid)
③ 리놀레산(linoleic acid)
④ 아이코사펜테노익산(eicosapentaenoic acid)

해 대표적인 포화지방산으로 팔미트산, 스테아르산, 뷰티르산이 있다.

정답 83 ④ 84 ① 85 ④ 86 ②

87 단백질의 소화효소 중 췌장에서 분비되고, 아르기닌(arginine) 등 염기성 아미노산의 COOH기에서 만들어진 펩타이드(peptide) 결합을 분해하는 효소는?

① 트립신(trypsin)
② 펩신(pepsin)
③ 아미노펩티다아제(aminopeptidase)
④ 카르복시펩티다아제(carboxypeptidase)

해 ② 펩신 : 단백질 분해효소로 위액에 존재한다.
③ 아미노펩티다아제 : 최종적으로 아미노산을 분해하는 효소이다.
④ 카르복시펩티다아제 : 이자액에서 분해되는 프로카르복시펩티다아제의 활성형이다.

88 아미노산의 성질에 대한 설명 중 맞는 것은?

① 모든 아미노산은 선광성을 갖는다.
② 아미노산은 융점이 낮아서 액상이 많다.
③ 아미노산은 종류에 따라 등전점이 다르다.
④ 천연단백질을 구성하는 아미노산은 주로 D형이다.

해 아미노산은 단백질의 기본 단위로 아미노 그룹(-NH$_2$)과 카복실 그룹(-COOH)을 함유하는 유기산이며, 종류에 따라 등전점이 다름

89 밀가루 음식에 대두를 넣는다면 어떤 영양소가 강화되는 것인가?

① 섬유질
② 지방
③ 필수아미노산
④ 무기질

해 밀가루의 아미노산인 리신과 콩의 트립토판이 상호보충 작용을 하여 필수아미노산이 강화된다.

90 지질의 대사산물이 아닌 것은?

① 물 ② 수소
③ 이산화탄소 ④ 에너지

> 대사산물이란 물질대사의 중간생성물을 뜻하며, 지방산은 산화 과정을 거쳐서 모두 아세틸 CoA를 생성한 후, TCA 회로를 거쳐 1g당 9kcal의 에너지를 방출하고 이산화탄소와 물이 된다.

91 열량 영양소의 단위 g당 칼로리에 대한 설명으로 맞는 것은?

① 단백질은 지방보다 칼로리가 많다.
② 탄수화물은 지방보다 칼로리가 적다.
③ 탄수화물은 단백질보다 칼로리가 적다.
④ 탄수화물은 단백질보다 칼로리가 많다.

> 1g당 열량 영양소의 칼로리

구분	탄수화물	단백질	지방
칼로리 (kcal)	4	4	9

92 필수 아미노산이 아닌 것은?

① 이소루신, 히스티딘
② 메티오닌, 페닐알라닌
③ 트립토판, 발린
④ 트레오닌, 글루타민

> 필수 아미노산 : 리신(lysine), 류신(leucine), 메티오닌(methionine), 트립토판(tryptophan), 트레오닌(threonine), 이솔루신(isoleucine), 발린(valine), 페닐알라닌(phenylalarnine)

93 다음 비타민의 결핍 증상이 잘못 짝지어진 것은?

① 비타민 B_1 - 각기병, 신경염
② 비타민 C - 괴혈병
③ 비타민 B_2 - 야맹증
④ 나이아신 - 펠라그라

> 비타민 B_2의 결핍증은 구순구각염, 설염이 있다.

94. 칼슘의 흡수에 관계하는 호르몬은 무엇인가?

① 갑상선 호르몬
② 부갑상선호르몬
③ 부신호르몬
④ 성호르몬

해 부갑상선호르몬은 주로 뼈와 신장, 장에서 작용하며 비타민 D와 상호작용한다. 뼈에서 혈액으로 칼슘 이동을 증가시키고 위장관과 신장에서 칼슘 흡수를 촉진한다.

95. 질병에 대한 저항력을 지닌 항체를 만드는 데 꼭 필요한 영양소는?

① 탄수화물   ② 지방
③ 칼슘   ④ 단백질

해 단백질은 질병에 대한 저항력을 지닌 항체를 만드는 데 꼭 필요한 영양소이다.

96. 유당불내증이 있는 사람에게 적합한 식품은?

① 우유   ② 크림소스
③ 요구르트   ④ 크림스프

해 유당불내증이란 체내에 유당을 분해하는 효소로 락타아제가 결여되어 우유 중 유당을 소화하지 못하는 증상으로 복부 경련 및 설사, 메스꺼움을 동반한다. 유당불내증이 있는 사람에게는 우유나 크림소스보다는 발효된 요구르트가 더 좋다.

97. 음식물을 통해서만 얻어야 하는 아미노산과 거리가 먼 것은?

① 메티오닌(methionine)
② 글루타민(glutamine)
③ 트립토판(tryptophan)
④ 라이신(lysine)

해 음식물을 통해서만 얻어야 하는 아미노산을 필수 아미노산이라고 하며, 글루타민은 아미노산의 일종으로 신체를 이루는 단백질의 원료이다. 단백질을 합성하여 신체 세포를 구성하는 것과 더불어 신체 내에서 여러 가지 역할을 수행한다. 특히 근합성에 관여하기 때문에 운동하는 사람들이 많이 찾는 보충제이기도 하다.

정답 94 ② 95 ④ 96 ③ 97 ②

98 다음 중 복합지질에 속하지 않는 것은?

① 왁스 ② 인지질
③ 당지질 ④ 세팔린

📖 왁스는 친유성이면서 주변 온도에 따라 모양이 쉽게 변할 수 있는 다양한 유기 화합물이다.

99 단당류의 성질에 대한 설명 중 틀린 것은?

① 물에 용해되어 단맛을 가진다.
② 산화되어 다양한 알콜을 생성한다.
③ 분자 내의 카르보닐기에 의하여 환원성을 가진다.
④ 선광성이 있다.

📖 단당류는 물에 용해되어 단맛을 가지며, 분자 내의 카르보닐기에 의하여 환원성을 가지고, 선광성이 있다.

100 지방질 대사를 위한 간의 중요한 역할 중 잘못 설명한 것은?

① 지방질 섭취의 부족에 의해 케톤체를 만든다.
② 콜레스테롤을 합성한다.
③ 담즙산의 생산 원천이다.
④ 지방산을 합성하거나 분해한다.

📖 탄수화물 섭취의 부족에 의해 케톤체를 만든다.

101 신체 내에서 물의 주요 기능은?

① 연소 작용
② 체온조절 작용
③ 신경계 조절 작용
④ 열량생산 작용

📖 물의 기능
 (1) 체중의 55~65%를 차지하며 체내 수분의 20% 상실 시 생명 위험 초래
 (2) 영양소와 노폐물의 운반
 (3) 대사 과정에서의 촉매 작용
 (4) 체온의 조절 및 신체 보호 작용
 (5) 모든 분비액의 성분

제과·제빵 공통

102 노인의 경우 필수 지방산의 흡수를 위하여 다음 중 어떤 종류의 기름을 섭취하는 것이 좋은가?

① 콩기름 ② 닭기름
③ 돼지기름 ④ 쇠기름

해 리놀레산, 리놀렌산, 아라키돈산 등의 필수 지방산은 식물성 유지인 콩기름에 많이 함유되어 있다.

103 다음 중 그 연결이 틀린 것은?

① 복합지질 - 스테롤류
② 단순지질 - 라드
③ 단순지질 - 식용유
④ 복합지질 - 인지질

해 복합지질 : 세레브로시드

104 지방의 소화에 대한 설명 중 올바른 것은?

① 소화는 대부분 위에서 일어난다.
② 소화를 위해 담즙산이 필요하다.
③ 지방은 수용성 물질의 소화를 돕는다.
④ 유지가 소화, 분해되면 단당류가 된다.

해 지방의 연소와 합성이 이루어지는 장기는 간이지만, 위에서 소량의 리파아제와 혼합되고, 지질 소화의 대부분은 소장에서 이루어진다. 지방 분해 효소인 리파아제는 췌장에서 효소 스테압신이 작용하여 글리세린과 지방산으로 분해가 되고, 위에서는 담즙에 의해 충분히 유화된 후 소장으로 보내져 대부분 흡수된다.

105 밀의 제1 제한아미노산은 무엇인가?

① 메티오닌(methionine)
② 라이신(lysine)
③ 발린(valine)
④ 루신(leucine)

해 필수 아미노산 중 상대적으로 요구량에 비해 함량이 적어 결핍되기 쉬운 아미노산들을 뜻한다. 제일 많이 결핍되기 쉬운 아미노산을 제1 제한아미노산, 두 번째로 결핍되는 아미노산을 제2 제한아미노산이라 한다. 제1 제한아미노산에는 라이신과 트립토판이 있으며, 제2 제한아미노산에는 트레오닌이 있다.

정답 102 ① 103 ① 104 ② 105 ②

106 지방분해효소와 관계없는 것은?

① 리파아제
② 스테압신
③ 포스포리파아제
④ 말타아제

해 말타아제는 탄수화물인 맥아당의 분해 효소이다.

107 다음 중 지용성 비타민은?

① 비타민 K
② 비타민 C
③ 비타민 B_1
④ 엽산

해 지용성 비타민은 기름과 유기 용매에 용해되며 비타민 A, D, E, K가 속한다.

108 생리 기능의 조절 작용하는 영양소는?

① 탄수화물, 지방질
② 탄수화물, 단백질
③ 지방질, 단백질
④ 무기질, 비타민

해 조절 영양소란 체내 생리 작용을 조절하고 대사를 원활하게 하는 영양소로 무기질, 비타민, 물로 구성된다.

109 불건성유에 속하는 것은?

① 피마자유
② 대두유
③ 참기름
④ 어유

해 불건성유란 요오드가 100 이하로 공기 중에 방치해도 굳어지지 않는 기름이며 종류에는 올리브유, 피마자기름, 땅콩 기름 등이 있다.

110 글리코겐이 가장 많이 저장된 기관은 어디인가?

① 근육
② 간
③ 뼈
④ 머리카락

해 포도당은 동물 체내의 간과 근육에서 글리코겐(다당류) 형태로 저장되며, 간보다 근육에 더 많이 저장된다.

111 콜레스테롤 흡수와 가장 관계 깊은 것은?

① 타액
② 위액
③ 담즙
④ 장액

해 간에서 담즙이 만들어져서 십이지장으로 배출된다. 담즙은 소장에서 콜레스테롤을 유화하여 소화 흡수를 돕는다.

정답 106 ④ 107 ① 108 ④ 109 ① 110 ① 111 ③

제과·제빵 공통

112 단백질의 기능성이 <u>아닌</u> 것은?

① 유화안정성　② 기포성
③ 젤 형성　　　④ 호화

해 전분은 수분 존재하에 온도가 높아지면 팽창되어 풀이된다. 풀이되는 현상을 젤라틴화 또는 호화라고 한다.

113 소화 또는 분해되어 포도당만을 생성하는 탄수화물로만 연결된 것은?

① 전분 - 설탕 - 맥아당
② 전분 - 글리코겐 - 맥아당
③ 맥아당 - 설탕 - 글리코겐
④ 맥아당 - 젖당 - 설탕

해 전분과 글리코겐은 포도당으로 구성된 다당류이며, 맥아당은 포도당 2분자로 구성된 이당류이다.

114 지방질의 구성은?

① 아미노산으로 되어 있다.
② 포도당과 지방산으로 되어 있다.
③ 지방산과 글리세롤로 되어 있다.
④ 탄소와 질소로 되어 있다.

해 지방의 기본단위는 지방산과 글리세롤(글리세린)이다.

115 영양소의 흡수에 대한 설명 중 <u>잘못된</u> 것은?

① 위 - 영양소 흡수가 활발하다.
② 구강 - 영양소 흡수는 일어나지 않는다.
③ 소장 - 단당류가 흡수된다.
④ 대장 - 수분이 흡수된다.

해 위에서 영양소의 흡수보다는 분해가 일어난다.

116 지질대사에 관계하는 비타민이 <u>아닌</u> 것은?

① pantothenic acid
② niacin
③ vitamin B₂
④ folic acid

해 folic acid는 지질대사에 관여하지 않는다.

117 글리세롤 1분자에 지방산, 인산, 콜린이 결합한 지질은?

① 레시틴　　② 에르고스테롤
③ 콜레스테롤　④ 세파

해 레시틴은 인산이 결합한 인지질이다.

정답　112 ④　113 ②　114 ③　115 ①　116 ④　117 ①

제과·제빵 공통

118 1일 2000kcal를 섭취하는 성인의 경우 탄수화물의 적절한 섭취량은?

① 1100~1400g   ② 850~1050g
③ 500~125g   ④ 275~350g

🔑 2000kcal 중 탄수화물은 55~70%이므로 60%로 계산을 한다면 2000×0.6=1200kcal이다. 즉, 2000kcal 중 1100~1400kcal는 탄수화물을 섭취해야 한다. 그런데 보기에는 칼로리가 아닌 그람(g)으로 표시가 되어 있다. 그러므로 1200kcal를 그람(g)으로 바꾼다면 탄수화물은 1g당 4kcal이므로 1200÷4=300g이 된다. ∴ 탄수화물 적정 섭취량은 275~350g이다.

119 트립토판 360mg은 체내에서 나이아신 몇 mg으로 전환 되는가?

① 0.6mg   ② 6mg
③ 36mg   ④ 60mg

🔑 트립토판 60mg은 체내에서 나이아신 1mg으로 바뀐다. 즉, 360mg의 트립토판은 6mg의 나이아신으로 바뀐다.

120 다음 중 체중 1kg당 단백질 권장량이 가장 많은 대상으로 옳은 것은?

① 1~2세 유아
② 9~11세 여자
③ 15~19세 남자
④ 65세 이상 노인

🔑 1~2세 유아는 성인보다 단백질 권장량이 더 많다.

121 시금치에 들어 있으며 칼슘의 흡수를 방해하는 유기산은?

① 초산   ② 호박산
③ 수산   ④ 구연산

🔑 수산은 시금치에 많이 들어 있으며, 칼슘의 흡수를 방해한다.

122 비타민 C가 가장 많이 함유된 식품은?

① 풋고추   ② 사과
③ 미역   ④ 양배추

🔑 비타민 C가 많이 함유된 식품으로는 딸기, 감귤류, 풋고추 등이 있다.

123 소화기관에 대한 설명으로 틀린 것은?

① 위는 강알칼리의 위액을 분비한다.
② 이자(췌장)는 당대사호르몬의 내분비선이다.
③ 소장은 영양분을 소화, 흡수한다.
④ 대장은 수분을 흡수하는 역할을 한다.

해 위는 pH2의 강산성으로 단백질 분해 효소인 펩신이 있어 단백질을 펩톤과 프로테우스로 분해한다.

124 한 개의 무게가 50g인 과자가 있다. 이 과자 100g 중에 탄수화물 70g, 단백질 5g, 지방 15g, 무기질 4g, 물 6g이 들어 있다면 이 과자 10개를 먹을 때 얼마의 열량을 낼 수 있는가?

① 1230kcal   ② 2175kcal
③ 2750kcal   ④ 1800kcal

해 열량 영양소인 탄수화물, 단백질, 지방만 열량을 계산한다. 탄수화물은 1g당 4kcal를 내므로 70g×4kcal=280kcal, 단백질은 1g당 4kcal를 내므로 5g×4kcal=20kcal, 지방은 1g당 9kcal를 내므로 15g×9kcal=135kcal이다. 총 합하면 280+20+135=435kcal이다. 즉, 과자 100g은 435kcal를 내지만, 한 개의 무게는 50g이며, 10개의 열량을 구해야 하므로 50g×10=500g이며 과자 10개의 열량은 435×5=2175kcal가 된다.

125 다음 중 인슐린이라는 호르몬의 성분이 되는 무기질은?

① 아연   ② 철분
③ 구리   ④ 유황

해 ② 철분 : 헤모글로빈 생성 및 산소 운반, 적혈구 생성
③ 구리 : 철의 흡수와 운반을 도움
④ 황 : 체구성 성분, 머리카락, 손톱

126 제품 100g에 무기질이 2g 들어 있다면 이 무기질로부터 얻을 수 있는 열량은?

① 0kcal   ② 4kcal
③ 14kcal   ④ 18kcal

해 무기질은 열량을 내는 영양소가 아니므로 0kcal이다.

제과·제빵 공통

127 대장 내의 작용에 대한 설명으로 틀린 것은?

① 무기질의 흡수가 일어난다.
② 수분흡수가 주로 일어난다.
③ 소화되지 못한 물질의 부패가 일어난다.
④ 섬유소가 완전히 소화되어 정장 작용을 한다.

해 대장에서는 소화효소가 분비되지 않으며, 소화과정 중 수분과 무기질 흡수를 담당하고 있다. 섬유소는 사람의 소화효소로는 소화되지 않고 몸 밖으로 배출되는 고분자 탄수화물이다. 무기질은 수용성 영양소로 소장의 융털에 있는 모세혈관에서 흡수된다.

128 탄수화물 식품 중 동물성 급원인 것은?

① 곡류
② 두류
③ 유즙류
④ 감자류

해 유즙류는 포유동물의 젖에서 급원 된다.

129 다음 중 단일 불포화 지방산은?

① 리놀레산
② 올레산
③ 리놀렌산
④ 아라키돈산

해 단일 불포화 지방산은 지방산에 이중결합이 1개인 것이다. 올레산은 이중결합이 1개, 리놀레산은 2개, 리놀렌산은 3개, 아라키돈산은 4개이다.

130 다음 중 2가지 식품을 섞어서 음식을 만들 때 단백질의 상호보조 효력이 가장 큰 것은?

① 밀가루와 현미가루
② 쌀과 보리
③ 시리얼과 우유
④ 밀가루와 건포도

해 불완전 단백질인 곡류 단백질을 섭취할 때 양질의 동물성 단백질과 혼합하여 섭취하는 것이 좋다.

131 무기질의 일반적인 기능이 아닌 것은?

① 단백질의 절약 작용
② 체액의 산, 염기 평형유지
③ 체조직의 구성 성분
④ 생리적 작용에 대한 촉매 작용

해 무기질의 기능
1) 효소 반응의 활성화
2) 신경과 흥분 전달, 근육의 이완 및 수축의 기능
3) 수분과 산, 염기의 평형 조절
4) 체액의 성분으로 pH와 삼투압의 조절에 관여
5) 체조직의 형성 및 새로운 조직의 합성

| 정답 | 127 ④ | 128 ③ | 129 ② | 130 ③ | 131 ① |

제과·제빵 공통

132 소화 시 담즙의 작용은?

① 지방을 유화시킨다.
② 지방질을 가수분해한다.
③ 단백질을 가수분해한다.
④ 콜레스테롤을 가수분해한다.

해 췌액의 아밀라아제에 의해 전분이 맥아당으로 분해가 되고, 지방은 담즙에 의해 유화된다.

133 무기질에 대한 설명으로 **틀린** 것은?

① 황(S)은 당질 대사에 중요하며 혈액을 알칼리성으로 유지한다.
② 칼슘(Ca)은 주로 골격과 치아를 구성하고 혈액 응고 작용을 돕는다.
③ 나트륨(Na)은 주로 세포외액에 들어있고 삼투압 유지에 관여한다.
④ 요오드(I)SMS 갑상선호르몬의 주성분으로 결핍되면 갑상선종을 일으킨다.

해 황은 체구성 성분으로 머리카락 및 손톱을 구성한다.

134 단백질 효율(PER)은 무엇을 측정하는 것인가?

① 단백질의 질 ② 단백질의 열량
③ 단백질의 양 ④ 아미노산 구성

해 단백질 효율이란 단백질의 질을 측정하는 것이다.

135 다당류에 속하는 것은?

① 맥아당   ② 설탕
③ 포도당   ④ 전분

해 포도당은 단당류, 맥아당과 설탕은 이당류이다.

136 다음 중 효소와 활성물질이 잘못 짝지어진 것은?

① 펩신 - 염산
② 트립신 - 트립신활성효소
③ 트립시노겐 - 지방산
④ 키모트립신 - 트립신

해 단백질은 위와 소장에서 두 번 소화되는데 위에서는 펩신이 펩톤(펩티다아제 + 위액인 염산)으로 단백질을 소화하고 아직 소화가 안 된 단백질은 소장에서 트립신이라는 물질을 분비하여 소화한다.

137 다음 중 인체 내에서 합성할 수 없으므로 식품으로 섭취해야 하는 지방산이 아닌 것은?

① 리놀레산(linoleic acid)
② 리놀렌산(linolenic acid)
③ 올레산(oleic acid)
④ 아라키돈산(arachidonic acid)

해 인체 내에서 합성할 수 없으므로 식품으로 섭취해야 하는 지방산은 필수지방산으로 리놀레산, 리놀렌산, 아라키돈산이 있다.

138 뼈를 구성하는 무기질 중 그 비율이 가장 중요한 것은?

① P : Cu
② Fe : Mg
③ Ca : P
④ K : Mg

해 뼈를 구성하는 무기질 중 칼슘(Ca)과 인(P)이 2 : 1 비율을 이루고 있다.

139 펩티드(peptide) 사슬이 이중 나선구조를 이루고 있는 것은?

① 비타민 A의 구조
② 글리세롤과 지방산의 에스테르 결합구조
③ 아밀로펙틴의 가지구조
④ 단백질의 2차 구조

해 펩티드는 아미노산과 아미노산이 결합한 단백질의 2차 구조이다.

140 다음 중 이당류만 묶인 것은?

① 맥아당, 유당, 설탕
② 포도당, 과당, 맥아당
③ 설탕, 갈락토오스, 유당
④ 유당, 포도당, 설탕

해 포도당, 과당, 갈락토오스는 단당류이다.

141 다음 중 필수지방산의 결핍으로 인해 발생할 수 있는 것은?

① 신경통
② 결막염
③ 안질
④ 피부염

해 필수지방산의 결핍 시 피부염, 성장 지연, 시각기능 장애, 생식장애가 있다.

정답 | 137 ③ | 138 ③ | 139 ④ | 140 ① | 141 ④

제과·제빵 공통

142 성장촉진 작용을 하며 피부나 점막을 보호하고 부족하면 구각염이나 설염을 유발하는 비타민은?

① 비타민 A ② 비타민 B_1
③ 비타민 B_2 ④ 비타민 B_{12}

해 ① 비타민 A : 야맹증
② 비타민 B_1 : 각기병
④ 비타민 B_{12} : 악성 빈혈

143 성장기 어린이, 빈혈 환자, 임산부 등 생리적 요구가 높을 때 흡수율이 높아지는 영양소는?

① 철분 ② 나트륨
③ 칼륨 ④ 아연

해 빈혈의 원인은 대부분 철분 부족이다. 헤모글로빈은 철을 포함한 단백질의 일종(글로빈)으로 되어있다. 철은 산소와 결합하는 능력이 있어, 생체 내에서는 산소를 운반하는 일을 한다.

144 다음 중 전화당의 특성이 아닌 것은?

① 껍질 색의 형성을 빠르게 한다.
② 제품에 신선한 향을 부여한다.
③ 설탕의 결정화를 감소, 방지한다.
④ 가스 발생력이 향상한다.

해 껍질 색의 형성을 빠르게 하고 제품에 향을 부여하며 설탕의 결정화를 방지한다.

145 동물성 지방을 과다 섭취하였을 때 발생할 가능성이 높아지는 질병은?

① 신장병 ② 골다공증
③ 부종 ④ 동맥경화증

해 동물성 지방을 과다 섭취하면 혈중 콜레스테롤이 쌓여 동맥경화증이 생긴다.

146 다음 중 소화가 가장 잘 되는 달걀은?

① 생달걀 ② 반숙 달걀
③ 완숙 달걀 ④ 구운 달걀

해 달걀은 완전히 익히지 않은 반숙이 소화가 빠르다.

정답 | 142 ③ 143 ① 144 ④ 145 ④ 146 ②

147 다음 중 자외선을 조사하면 비타민 D_2가 되는 것은?

① 레시틴 ② 콜레스테롤
③ 세파린 ④ 에르고스테롤

해 에르고스테롤은 자외선에 의해 비타민 D_2로 변한다.

148 장내에서의 흡수 속도가 가장 빠른 영양소는?

① 만노오스 ② 갈락토오스
③ 프락토오스 ④ 글루코오스

해 당질은 대개 인산과 결합하여 흡수되는데 포도당의 흡수 속도를 100이라 하면 갈락토오스 110, 프락토오스 43, 만노오스 19, 자일로스 15, 아라비노스 10이다.

149 다음은 기초 대사에 관한 설명이다. 틀린 것은?

① 아무 일도 하지 않고 누워서 측정한다.
② 남자와 여자의 기초 대사량은 동일하다.
③ 체온 유지, 심장 작용, 호흡에 필요한 열량이다.
④ 체표면적이 큰 사람의 기초 대사량이 크다.

해 기초 대사율은 여자보다 남자가 크고, 성인보다 어린아이들이 크다. 또한 기온이 낮아지면 대사량이 증가하므로 여름보다 겨울에 기초 대사율이 높아지고, 체온이 높아져도 증가한다.

150 올리고당류의 특징으로 가장 거리가 먼 것은?

① 청량감이 있다.
② 감미도가 설탕의 20~30% 낮다.
③ 설탕에 비해 항충치성이 있다.
④ 장내 비피더스균의 증식을 억제한다.

해 올리고당은 설탕보다 감미도가 낮아서 설탕 대체용품으로 주목받고 있으며 비피더스균의 증식 효과, 칼슘 흡수 증진 기능, 장기능 개선, 청량감 부여 등의 효과가 있는 것으로 알려져 있다. 올리고당은 소화 효소에 의해 분해되지 않고 대장에 도달되어 발효하는 특징이 있다.

정답 147 ④ 148 ② 149 ② 150 ④

식품위생학

01 인수공통전염병인 것은?

① 탄저병   ② 콜레라
③ 이질   ④ 장티푸스

해 사람과 척수동물 사이에서 동일한 병원체로 발병하는 질병이나 감염 상태를 인수공통감염병이라 하며, 종류에는 탄저, 결핵, 브루셀라증, 돈단독, 살모넬라 등이 있다.

02 어패류의 생식과 관계 깊은 식중독 세균은?

① 프로테우스균
② 장염 비브리오균
③ 살모넬라균
④ 바실러스균

해 장염 비브리오균은 해수 세균의 일종으로 식염농도 3%에서 잘 생육하며, 어패류를 생식할 경우 중독될 수 있는 균이다.

03 다음 중 포도상구균이 생산하는 독소는?

① 솔라닌   ② 테트로도톡신
③ 엔테로톡신 ④ 뉴로톡신

해 포도상구균은 엔테로톡신이라는 독소를 가지고 있다.

04 다음 중 부패로 볼 수 없는 것은?

① 육류의 변질
② 달걀의 변질
③ 열에 의한 식용유 변질
④ 어패류의 변질

해 부패 : 단백질 식품이 혐기성 미생물에 의해 분해되어 저분자의 물질로 변화하는 현상으로 열에 의한 식용유 변질은 산패라고 할 수 있다.

05 대장균에 대하여 가장 바르게 설명한 것은?

① 분변 세균의 오염 지표가 된다.
② 전염병을 일으킨다.
③ 독소형 식중독을 일으킨다.
④ 발효식품 제조에 유용한 세균이다.

해 분변 오염 지표균에는 대장균군, 대장균, 장구균 등이 있다.

| 정답 | 01 ① | 02 ② | 03 ③ | 04 ③ | 05 ① |

제과·제빵 공통

06 경구전염병이 아닌 것은?

① 맥각 중독 ② 이질
③ 콜레라   ④ 장티푸스

해 경구 감염병에는 장티푸스, 콜레라, 세균성 이질 등이 있다. 맥각 중독은 곰팡이독의 일종으로 전염성이 없다.

07 감염형 식중독과 관계가 없는 것은?

① 살모넬라균
② 병원성 대장균
③ 포도상구균
④ 장염 비브리오균

해 포도상구균은 독소형 식중독이다.

08 쥐나 곤충류에 의해서 발생할 수 있는 식중독은?

① 살모넬라 식중독
② 클로스트리디움보툴리늄 식중독
③ 포도상구균 식중독
④ 웰시 식중독

해 쥐나 곤충류에 의해서 발생할 수 있는 식중독은 살모넬라 식중독이다.

09 어떤 첨가물의 LD_{50}의 값이 적다는 것은 무엇을 의미하는가?

① 독성이 크다.
② 독성이 적다.
③ 저장성이 적다.
④ 안전성이 크다.

해 LD_{50} 측정이란 독성 정도를 측정하는 반수치사량, 값이 적을수록 독성이 크다를 의미한다.

10 빵이나 과자를 제조할 때 제품을 부풀게 하여 부드럽게 하는 첨가물은?

① 팽창제   ② 유화제
③ 강화제   ④ 보존제

해 빵이나 과자를 부풀게 하여 부드럽게 하는 첨가물은 팽창제로, 종류로는 명반, 소명반, 탄산소수암모늄 등이 있다.

답안 표기란				
06	①	②	③	④
07	①	②	③	④
08	①	②	③	④
09	①	②	③	④
10	①	②	③	④

정답 06 ①   07 ③   08 ①   09 ①   10 ①

11 다음 경구전염병 중 바이러스가 원인인 것은?

① 전염성 설사증
② 장티푸스
③ 파라티푸스
④ 콜레라

해 장티푸스, 파라티푸스, 콜레라의 병원체는 세균이다.

12 단백질 식품이 미생물의 분해 작용에 의하여 형태, 색, 경도, 맛 등의 본래의 성질을 잃고 악취를 발생하거나 독물을 생성하여 먹을 수 없게 되는 현상은?

① 변패   ② 산패
③ 부패   ④ 발효

해 ① 변패 : 단백질 이외의 탄수화물 등이 미생물의 분해 작용에 의해 변질하는 것
② 산패 : 지방의 산화 등에 의해 악취나 변색이 일어나는 현상
④ 발효 : 식품에 미생물이 번식하여 식품의 성질이 변화를 일으키는 현상으로, 그 변화가 인체에 유익하여 식용할 수 있는 경우를 말함

13 제과, 제빵작업에 종사해도 무관한 질병은?

① 이질   ② 약물 중독
③ 결핵   ④ 변비

해 영업에 종사하지 못하는 질병
(1) 제1급, 2급 감염병
(2) 결핵(비감염성인 경우는 제외)
(3) 피부병, 기타 화농성 질환
(4) B형 간염 환자(비감염성인 경우는 제외)
(5) 후천성면역결핍증(AIDS)

14 정제가 불충분한 기름 중에 남아 식중독을 일으키는 물질인 고시폴(gossypol)은 어느 기름에서 유래하는가?

① 피마자유   ② 콩기름
③ 면실유   ④ 미강유

해 면실유는 목화씨에서 추출하여 만든 기름으로 정제가 불충분한 기름 중에 남아 고시폴이라는 식중독을 유발한다.

정답 11 ① 12 ③ 13 ④ 14 ③

15 다음 물질 중 '이따이이따이병'을 발생시키는 것은?

① 카드뮴(Cd)   ② 구리(Cu)
③ 수은(Hg)   ④ 납(Pb)

🖩 유해 금속으로 문제가 되는 식중독으로 카드뮴은 이타이이타이병의 원인 물질이고, 수은은 미나마타병의 원인 물질이다.

16 일명 점착제로서 식품의 점착성을 증가시켜 미각을 증진시키는 효과가 있는 첨가물은?

① 팽창제   ② 호료
③ 용제   ④ 유화제

🖩 ① 팽창제 : 빵이나 과자를 부풀게 하여 부드럽게 하는 첨가물
③ 용제 : 물질을 용해하는 데 쓰는 액체
④ 유화제 : 유화작용 및 빵이나 과자의 부피와 조직을 개선하고 노화를 지연시키는 첨가물

17 식품과 부패에 관여하는 주요 미생물의 연결이 옳지 않은 것은?

① 곡류 - 곰팡이
② 육류 - 세균
③ 어패류 - 곰팡이
④ 통조림 - 포자형성세균

🖩 어패류는 세균에 의해 부패한다.

18 세균성 식중독과 비교하여 경구전염병의 특성이 아닌 것은?

① 병원균의 독력은 경구전염병이 더 강하다.
② 경구전염병의 잠복기는 세균성 식중독 보다 짧다.
③ 경구전염병은 균량이 적더라도 발병한다.
④ 경구전염병은 사람으로부터 사람에게 전염된다.

🖩 경구전염병의 잠복기는 세균성 식중독보다 길다.

19 아플라톡신을 생산하는 미생물은?

① 곰팡이   ② 바이러스
③ 효모   ④ 세균

🖩 곰팡이가 생성하는 유해 물질인 진균독에 의한 식중독으로는 아플라톡신, 맥각 중독, 황변미 중독 등이 있다.

정답 15 ① 16 ② 17 ③ 18 ② 19 ①

제과·제빵 공통

20 다음 세균성 식중독 중 섭취 전에 가열하여도 예방하기가 가장 어려운 것은?

① 포도상구균(Staphylococcus) 식중독
② 보툴리누스(Botulinus) 식중독
③ 장염 비브리오(Vibrio) 식중독
④ 살모넬라(Salmonella) 식중독

해 포도상구균은 내열성이 있어 열에 쉽게 파괴되지 않는다.

21 표면장력을 변화시켜 빵과 과자의 부피와 조직을 개선하고 노화를 지연시키기 위해 사용하는 것은?

① 감미료   ② 산화방지제
③ 팽창제   ④ 계면활성제

해 계면활성제는 유화제라고도 하며, 유화작용 및 노화 지연 효과가 있다.

22 식품의 처리, 가공, 저장 과정에서의 오염에 대한 설명으로 바르지 못한 것은?

① 종업원의 철저한 위생 관리만으로 2차 오염을 방지할 수 있다.
② 양질의 원료와 용수로 1차 오염을 방지할 수 있다.
③ 농산물의 재배, 축산물의 성장 과정 중에 1차 오염이 있을 수 있다.
④ 수확, 채취 어획, 도살 등의 처리 과정에서 2차 오염이 있을 수 있다.

해 종업원의 위생관리는 1차 오염을 방지한다.

23 빵의 제조과정에서 빵 반죽을 분할기에서 분할할 때나 구울 때 달라붙지 않게 하고 모양을 그대로 유지하기 위하여 사용되는 첨가물은?

① 프로필렌 글리콜
② 유동파라핀
③ 카제인
④ 대두인지질

해 제품을 틀에서 쉽게 분리하는 첨가물을 이형제라고 하며 종류에는 유동파라핀이 있다.

정답 20 ①   21 ④   22 ①   23 ②

제과·제빵 공통

24 세균성 식중독의 특징으로 가장 맞는 것은?

① 2차 감염이 빈번하다.
② 잠복기는 일반적으로 길다.
③ 전염성이 거의 없다.
④ 극소량의 섭취균량으로도 발생할 수 있다.

해 세균성 식중독은 2차 감염이 없고, 잠복기가 짧으며 극소량으로는 발생하기가 어렵다.

25 아미노산의 분해생성물은?

① 탄수화물 ② 암모니아
③ 글루코오스 ④ 지방산

해 단백질의 부패로 인해 암모니아가 생성된다.

26 병원성 대장균 식중독의 가장 적당한 예방책은?

① 위생동물의 구제를 철저히 한다.
② 어류의 내장을 제거하고 충분히 세척한다.
③ 어패류는 민물로 깨끗이 씻는다.
④ 건강보균자나 환자의 분변오염을 방지한다.

해 병원성 대장균은 분변 오염의 지표이다.

27 이형제를 가장 잘 설명한 것은?

① 가수분해에 사용된 산제의 중화에 사용되는 첨가물이다.
② 제과, 제빵을 구울 때 틀에서 제품의 분리를 용이하게 하는 첨가물이다.
③ 거품을 소멸 억제하기 위해 사용하는 첨가물이다.
④ 원료가 덩어리지는 것을 방지하기 위해 사용하는 첨가물이다.

해 제품을 틀에서 쉽게 분리하는 첨가물을 이형제라고 하며 종류에는 유동파라핀이 있다.

28 미생물이 작용하여 식품을 흑변시켰다. 다음 중 흑변물질과 가장 관계 깊은 것은?

① 암모니아 ② 메탄
③ 황화수소 ④ 아민

해 황화수소는 독성, 부식성, 가연성이 있으며 산소가 부족한 장소에서 유기물이 미생물에 의해 분해될 때 흑변한다.

정답 24 ③ 25 ② 26 ④ 27 ② 28 ③

제과·제빵 공통

29 다음 중 일반적으로 잠복기가 가장 긴 것은?

① 유행성 간염 ② 디프테리아
③ 페스트   ④ 세균성 이질

해 바이러스에 의한 감염병으로 유행성 간염이 잠복기가 가장 길다.

30 밀가루 개량제가 아닌 것은?

① 염소   ② 과산화벤조일
③ 염화칼슘   ④ 이산화염소

해 밀가루 개량제는 제분된 밀가루의 표백과 숙성에 이용되는 첨가물로 종류에는 브롬산칼륨, 과산화벤조일, 이산화염소, 과황산암모늄이 있다.

31 제분된 밀가루의 표백과 숙성에 이용되는 첨가물은?

① 증점제   ② 밀가루 개량제
③ 유화제   ④ 팽창제

해 ① 증점제: 호료라고도 하며, 식품의 점착성 증가 및 식감 개선하는 첨가물
③ 유화제: 유화작용 및 빵이나 과자의 부피와 조직을 개선하고 노화를 지연시키는 첨가물
④ 팽창제: 빵이나 과자를 부풀게 하여 부드럽게 하는 첨가물

32 미생물이 없이 발생하는 식품의 변화는 무엇인가?

① 발효   ② 산패
③ 부패   ④ 변패

해 미생물 없이 발생하는 식품의 변화는 지방의 산화에 의한 산패이다.

33 경구전염병의 예방법으로 가장 부적당한 것은?

① 모든 식품은 일광 소독한다.
② 감염원이나 오염물을 소독한다.
③ 보균자의 식품 취급을 금한다.
④ 주위 환경을 청결히 한다.

해 경구전염병이란 병원체가 입으로 침입하여 감염을 일으키는 소화기계통 감염병을 말하며, 식품의 일광 소독과는 관련이 없다.

정답 29 ① 30 ③ 31 ② 32 ② 33 ①

제과·제빵 공통

34. 유해성 감미료는?

① 물엿
② 설탕
③ 사이클라메이트
④ 아스파탐

☞ 사용 금지된 유해 감미료에는 사이클라메이트, 둘신이 있으며 허용감미료에는 사카린나트륨, 아스파탐, 스테비오시드가 있다.

35. 목화씨 속에 함유될 수 있는 독성분은?

① 아트로핀(atropin)
② 리시닌(ricinin)
③ 고시폴(gossypol)
④ 아코니틴(aconitine)

☞ 면실유는 목화씨에서 추출하여 만든 기름으로 정제가 불충분한 기름 중에 남아 고시폴이라는 식중독을 유발한다.

36. 포도상구균과 가장 관계가 깊은 것은?

① 식품 중의 녹색 곰팡이
② 조개에 의한 식중독
③ 식품취급자의 화농성 질환
④ 해산물의 식중독

☞ 포도상구균은 독소형 식중독으로 화농성 질환을 앓는 조리자가 조리한 식품에서 발생한다.

37. 식품첨가물에 의한 식중독 원인이 아닌 것은?

① 허용되지 않은 첨가물의 사용
② 불순한 첨가물의 사용
③ 허용된 첨가물의 과다 사용
④ 독성물질을 식품에 고의로 첨가

☞ 독성물질을 식품에 고의로 첨가한 행위는 식품첨가물에 의한 식중독 원인이 아니다.

38. 파리의 전파와 관계가 먼 질병은?

① 장티푸스
② 콜레라
③ 이질
④ 진균독증

☞ 진균독증은 곰팡이 독이다.

정답 34 ③ 35 ③ 36 ③ 37 ④ 38 ④

제과 · 제빵 공통

39 식품의 관능을 만족시키기 위해 첨가하는 물질은?

① 강화제   ② 보존제
③ 발색제   ④ 이형제

해 ① 강화제 : 영양소를 제품에 보충할 목적으로 첨가하는 첨가물
② 보존제 : 변질을 방지하기 위한 첨가물
④ 이형제 : 제품을 틀에서 쉽게 분리하는 첨가물

40 다음 첨가물 중 합성보존료가 아닌 것은?

① 데히드로 초산
② 소르빈산
③ 치아염소산 나트륨
④ 프로피온산 나트륨

해 치아염소산 나트륨은 살균제로서 물, 과일, 식기 등에 사용되며 탈취제, 표백제로도 사용한다.

41 다음 보기에서 설명하는 전염병의 가장 적절한 예방 방법은?

<보기>
1. 처음에는 감기 증상으로 시작하여 열이 내릴 때 마비가 시작됨
2. 감염되기 쉬운 연령은 1~2세, 잠복기는 7~12일
3. 소아의 척추 신경계를 손상하여 영구적인 마비를 일으킴

① 예방접종
② 항생제 투여
③ 음식물의 오염방지
④ 쥐 · 진드기 박멸

해 보기에 설명하는 내용은 식중독이 아닌 경구감염병으로 예방접종으로 예방하는 것이 대표적이다.

42 요소수지 용기에서 이행될 수 있는 대표적인 유독물질은?

① 에탄올   ② 포름알데히드
③ 알루미늄   ④ 주석

해 요소수지는 요소와 포르말린으로 축합한 합성수지이며, 용기에서 이행될 수 있는 대표적인 유독물질은 포름알데히드가 된다.

정답 39 ③   40 ③   41 ①   42 ②

제과·제빵 공통

43 빵 및 생과자에 사용할 수 있는 보존료는?

① 안식향산
② 파라옥시 안식향산 부틸
③ 파라옥시 안식향산 에틸
④ 프로피온산나트륨

해 빵 과자에 사용하는 보존료는 프로피온산칼슘과 프로피온산나트륨이 있으며 안식향산은 간장, 청량음료 등의 보존료로 쓰이며, 파라옥시 안식향산 부틸·에틸은 가공식품의 보존료이다.

44 식품첨가물 중 유화제에 대한 설명으로 잘못된 것은?

① 물과 기름의 경계면에 작용하는 힘을 저하해 물 중에 기름을 분산시키는 작용을 한다.
② 기름 중에 물을 분산시키고, 또 분산된 입자가 다시 응집하지 않도록 안정화하는 작용을 한다.
③ 식품에 사용할 수 있는 종류가 지정되어 있다.
④ 지정된 유화제들은 식품의 종류와 관계없이 모두 동일한 유화 효과를 가진다.

해 유화제도 식품의 종류에 따라 다른 효과를 낸다.

45 식품 첨가물에 대한 설명 중 가장 옳은 것은?

① 화학적 합성품만 있다.
② 천연품과 화학적 합성품이 있다.
③ 화학 합성품은 약국에서만 판매할 수 있다.
④ 허용된 것은 어느 식품에나 모두 쓸 수 있다.

해 화학 합성품은 약국 등 시중에서 판매를 금하고 있다. 식품 첨가물의 허용된 것은 식품의 종류에 따라 용도가 다르다.

46 비병원성 미생물에 속하는 세균은?

① 결핵균　② 이질균
③ 젖산균　④ 살모넬라균

해 비병원성이란 병을 가지고 있는 균이 아닌 것을 말하며, 젖산균은 당류를 분해하여 젖산을 생성하는 유해 세균으로 유산균이라고도 한다.

| 정답 | 43 ④ | 44 ④ | 45 ② | 46 ③ |

47 복어 중독의 원인 독소는?

① 테트로도톡신(tetrodotoxin)
② 삭시톡신(saxitoxin)
③ 베네루핀(venerupin)
④ 안드로메도톡신(andromedotoxin)

해 ② 삭시톡신 : 섭조개
　③ 베네루핀 : 모시조개
　④ 안드로메도톡신 : 꼬리진달래

48 뉴로톡신(neurotoxin)이란 균체의 독소를 생산하는 식중독균은?

① 포도상구균
② 클로스트리디움 보툴리눔균
③ 장염 비브리오균
④ 병원성 대장균

해 클로스트리디움 보툴리눔균(보툴리누스균)의 독소는 뉴로톡신인 신경독이며 주된 증상은 신경 마비, 동공 확대, 시력 장애 등이다.

49 원인균은 바실러스 안트라시스(Bacillus anthracis)이며, 수육을 조리하지 않고 섭취하였거나 피부 상처 부위로 감염되기 쉬운 인수공통전염병은?

① 야토병   ② 탄저
③ 브루셀라증 ④ 돈단독

해 ① 야토병 : 야토균 감염에 의한 인수공통질환으로 산토끼 사이에서 유행
　③ 브루셀라증 : 파상열이라고도 하며 소에게는 유산, 사람에게는 열성질환
　④ 돈단독 : 돼지에서 발열, 피부병변, 관절염 등의 증상을 보이는 돼지의 주요 전염병

50 폐디스토마의 제1 중간 숙주는?

① 돼지고기   ② 쇠고기
③ 참붕어   ④ 다슬기

해 폐디스토마 : 제1 중간 숙주(다슬기)→ 제2 중간 숙주(민물 게, 가재)

정답 47 ① 48 ② 49 ② 50 ④

51 과산화수소의 사용 목적으로 알맞은 것은?

① 보존료　② 발색제
③ 살균료　④ 산화 방지제

해 과산화수소 : 살균 작용이 있어 상처 소독이나 구강 세척에 사용된다.

52 미나마타(Minamata)병을 발생시키는 것은?

① 카드뮴(Cd)　② 구리(Cu)
③ 수은(Hg)　④ 납(Pb)

해 유해금속으로 문제가 되는 식중독으로 카드뮴은 이타이이타이병의 원인 물질이고, 수은은 미나마타병의 원인 물질이다.

53 야채를 통해 감염되는 대표적인 기생충은?

① 광절열두조충
② 선모충
③ 회충
④ 폐흡충

해 회충 : 야채를 통해 감염되는 대표적인 기생충으로 감염률이 높으며 감염되면 우리 몸의 소장에서 서식한다.

54 산패와 관계가 가장 깊은 것은?

① 지방의 환원
② 단백질의 산화
③ 단백질의 환원
④ 지방질의 산화

해 산패 : 유지를 공기 중에 오래 두었을 때 산화되어 불쾌한 냄새와 맛이 나는 현상이다. 즉, 산화가 진행되면 산패가 된다.

55 흰색의 결정성 분말이며 냄새는 없고, 일반적으로 단맛이 설탕의 200배 정도 되는 아미노산계 식품 감미료는?

① 에틸렌글리콜
② 아스파탐
③ 페릴라틴
④ 사이클라메이트

해 ① 에틸렌글리콜 : 무색무취의 단맛이 있는 액체
③ 페릴라틴 : 설탕의 2000배의 단맛을 내며, 허용 금지된 감미료
④ 사이클라메이트 : 설탕의 50배의 단맛을 내며, 허용 금지된 감미료

정답　51 ③　52 ③　53 ③　54 ④　55 ②

제과·제빵 공통

56 호염성 세균으로서 어패류를 통하여 가장 많이 발생하는 식중독은?

① 살모넬라 식중독
② 장염비브리오 식중독
③ 병원성 대장균 식중독
④ 포도상구균 식중독

해 ① 살모넬라 : 위생동물 및 곤충에 의해 감염되는 감염형 식중독
③ 병원성 대장균 : 분변 오염의 지표
④ 포도상 구균 : 화농성 질환을 앓는 조리자가 조리한 식품에서 발생한 독소형 식중독

57 제품의 유통기간 연장을 위해서 포장에 이용되는 불활성 가스는?

① 산소　　② 질소
③ 수소　　④ 염소

해 제품의 유통기간 연장을 위해 포장 시 질소를 집어넣는다.

58 다음 법정 감염병 중 제1급 감염병은?

① 디프테리아　② 결핵
③ 세균성이질　④ 장티푸스

해 2020년부터 바뀐 법정 감염병의 제1급 감염병에는 디프테리아, 페스트, 탄저, 야토병, 신종감염병증후군, 신종인플루엔자, 에볼라바이러스병, 마버그열, 라싸열 등이 속한다.

59 산양, 양, 돼지, 소에게 감염되면 유산을 일으키고 주 증상은 발열로 고열이 2~3주 주기적으로 일어나는 인수공통전염병은?

① 광우병　　② 공수병
③ 파상열　　④ 신증후군출혈열

해 브루셀라증이라고도 하며, 소에게는 유산, 사람에게는 열성질환을 일으킨다.

60 식품 중의 미생물 수를 줄이기 위한 방법으로 가장 부적합한 것은?

① 방사선 조사　② 냉장
③ 열탕　　　　④ 자외선 처리

해 냉장 보관은 미생물 번식이 조금은 늦어질 수 있지만, 미생물 수는 증가한다.

| 정답 | 56 ② | 57 ② | 58 ① | 59 ③ | 60 ② |

61. 보존료의 조건으로 가장 적당하지 못한 것은?

① 독성이 없거나 장기적으로 사용해도 인체에 해를 주지 않아야 한다.
② 무미, 무취로 식품에 변화를 주지 않아야 한다.
③ 사용 방법이 용이하고 값이 싸야 한다.
④ 단기간만 강력한 효력을 나타내야 한다.

> **해** 보존료의 구비조건
> 1) 무미, 무취, 무색으로 식품과 화학반응을 하지 않아야 함.
> 2) 독성이 없거나 적어야 함
> 3) 산·알칼리에 안전해야 함
> 4) 식품의 변질 미생물에 대한 저지 효과가 커야 함
> 5) 사용하기 쉬워야 함

62. 화학적 식중독을 유발하는 원인이 아닌 것은?

① 복어독
② 불량한 포장 용기
③ 유해한 식품첨가물
④ 농약에 오염된 식품

> **해** 복어독은 자연독에 의한 식중독이다.

63. 소독(disinfection)을 가장 올바르게 설명한 것은?

① 병원미생물을 죽이거나 병원성을 약화해 감염력을 없애는 것
② 미생물의 사멸로 무균상태를 만드는 것
③ 오염된 물질을 깨끗이 닦아 내는 것
④ 모든 생물을 전부 사멸시키는 것

> **해** 소독이란 병원균을 대상으로 죽이거나 약화해 감염을 없애는 것이며 포자(세포)는 죽이지 못한다.

64. 식품 첨가물의 사용량 결정에 고려해야 하는 "ADI"란?

① 반수치사량
② 1일 허용섭취량
③ 최대무작용량
④ 안전계수

> **해** ADI란 사람이 일생에 걸쳐서 섭취했을 때 아무런 장애 없이 섭취할 수 있는 화학 물질의 1일 섭취량이다.

정답: 61 ④ 62 ① 63 ① 64 ②

제과·제빵 공통

65 식품보존료로서 갖추어야 할 요건으로 적합한 것은?

① 공기, 광선에 안정할 것
② 사용법이 까다로울 것
③ 일시적 효력이 나타날 것
④ 열에 의해 쉽게 파괴될 것

해 식품보존료는 사용법이 간단해야 하며, 장기간 효력이 나타나고 공기, 광선에 안정해야 한다.

66 식품첨가물의 사용 조건으로 바람직하지 않은 것은?

① 식품의 영양가를 유지할 것
② 다량으로 충분한 효과를 낼 것
③ 이미, 이취 등의 영향이 없을 것
④ 인체에 유해한 영향을 끼치지 않을 것

해 식품첨가물은 미량으로도 충분한 효과를 내야 한다.

67 다음 중 우리나라에서 허용되어 있지 않은 감미료는?

① 시클라민산나트륨
② 사카린나트륨
③ 아세설팜 K
④ 스테비아 추출물

해 시클라민산나트륨은 합성 무칼로리 감미료로 동물에 대한 발암성이 강하다.

68 식중독에 관한 설명 중 잘못된 것은?

① 세균성 식중독에는 감염형과 독소형이 있다.
② 자연독 식중독에는 동물성과 식물성이 있다.
③ 곰팡이독 식중독은 맥각, 황변미 독소 등에 의하여 발생한다.
④ 식이성 알레르기는 식이로 들어온 특정 탄수화물 성분에 면역계가 반응하지 못하여 생긴다.

해 식중독이란 음식물 가운데 함유된 유독 물질의 섭취로 설사 및 구토 따위의 증상이 나타난다.

정답 65 ① 66 ② 67 ① 68 ④

제과·제빵 공통

69 다음 중 저온 장시간 살균법으로 가장 일반적인 조건은?

① 72~75℃ 15초간 가열
② 60~65℃ 30분간 가열
③ 130~150℃ 1초 이하 가열
④ 95~120℃ 30~60분간 가열

해 가열 살균법
　1) 저온 장시간 살균법(LTLT) : 60~65℃에서 30분간 가열하며 주로 우유의 살균에 많이 이용
　2) 고온 단시간 살균법(HTST) : 70~75℃에서 15초간 가열
　3) 고온 살균법 : 95~120℃에서 30분~1시간 가열
　4) 초고온 순간 살균법(UHT) : 130~140℃에서 2초간 가열

70 장염 비브리오균에 감염되었을 때 나타나는 주요 증상은?

① 급성 위장염 질환
② 피부농포
③ 신경마비 증상
④ 간경변 증상

해 장염 비브리오균은 어패류 생식에 의해 발병하며 잠복기는 평균 12시간, 증상은 급성 위장염이다.

71 곰팡이의 대사 생산물이 사람이나 동물에 어떤 질병이나 이상한 생리 작용을 유발하는 것은?

① 만성 감염병
② 급성 감염병
③ 화학적 식중독
④ 진균독 식중독

해 곰팡이가 생산하는 유해 물질인 진균독에 의한 식중독으로 아플라톡신, 맥각 중독, 황변미 중독 등이 있다.

72 살균제와 보존료의 설명으로 맞는 것은?

① 살균제는 세균에만 효과가 있고 곰팡이에는 효과가 없다.
② 보존료는 미생물에 의한 부패를 방지할 목적으로 사용된다.
③ 보존료는 사용기준과 허용량이 대부분 정해져 있지 않다.
④ 합성살균제로서 프로피온산나트륨이 있다.

해 살균제는 세균 및 곰팡이와 같은 미생물을 죽이거나 증식을 억제한다. 보존료는 사용기준과 허용량에 따라 사용해야 하며, 프로피온산나트륨은 제과제빵의 보존료이다.

| 정답 | 69 ② | 70 ① | 71 ④ | 72 ② |

제과·제빵 공통

73 마이코톡신(mycotoxin)의 설명으로 **틀린** 것은?

① 진균독이라고 한다.
② 탄수화물이 풍부한 곡류에서 많이 발생한다.
③ 원인식품의 세균이 분비하는 독성분이다.
④ 중독의 발생은 계절과 관계가 깊다.

해 마이코톡신은 곰팡이독이다.

74 다음 중 세균에 의한 오염 위험성이 가장 낮은 것은?

① 상수고가 공급되지 않는 지역의 세척수 및 음료수
② 습도가 낮은 상태의 냉동고 내에서 보관 중인 식품
③ 어항이나 포구 주변에서 잡은 물고기
④ 분뇨처리가 미비한 농촌지역의 채소나 열매

해 냉동 보관은 세균 증식을 지연시킨다.

75 경구전염병의 예방대책 중 전염원에 대한 대책으로 바람직하지 **않은** 것은?

① 환자를 조기 발견하여 격리 치료한다.
② 환자가 발생하면 접촉자의 대변을 검사하고 보균자를 관리한다.
③ 일반 및 유흥음식점에서 일하는 사람들은 장기적인 건강검진이 필요하다.
④ 오염이 의심되는 물건은 어둡고 손이 닿지 않는 곳에 모아둔다.

해 오염이 의심되는 물건은 폐기하고 보관된 장소는 소독한다.

76 여름철에 세균성 식중독이 많이 발생하는데 이에 미치는 영향이 가장 큰 것은?

① 세균의 생육 Aw
② 세균의 생육 pH
③ 세균의 생육 영양원
④ 세균의 생육 온도

해 저온균(0~25℃), 중온균(15~55℃), 고온균(40~70℃)로 나뉘어지며, 세균의 생육 온도는 식중독에 큰 영향을 준다.

77 탄저, 브루셀라증과 같이 사람과 가축의 양쪽에 이환되는 전염병은?

① 법정전염병
② 경구전염병
③ 인수공통전염병
④ 급성전염병

해 인수공통전염병(감염병)은 사람과 척추동물 사이에서 동일한 병원체로 발병하는 질병이나 감염 상태를 뜻한다.

78 팽창제에 대한 설명으로 틀린 것은?

① 반죽 중에서 가스가 발생하여 제품에 독특한 다공성의 세포구조를 부여한다.
② 팽창제로 암모늄명반이 지정되어 있다.
③ 화학적 팽창제는 가열에 의해서 발생하는 유리 탄산가스나 암모니아 가스만으로 팽창하는 것이다.
④ 천연팽창제로는 효모가 대표적이다.

해 암모늄명반은 황산알루미늄암모늄으로 일반 알루미늄염으로서의 용도 외에 알루미늄 제조의 중간체로서 처리된다.

79 장티푸스 질환을 가장 올바르게 설명한 것은?

① 급성 전신성 열성질환
② 급성 이완성 마비질환
③ 급성 간염 질환
④ 만성 간염 질환

해 장티푸스는 발열과 복통 등의 증상이 나타나는 급성 전신성 열성 질환이다.

80 대장균에 대한 설명으로 틀린 것은?

① 유당을 분해한다.
② 그램(Gram) 양성이다.
③ 호기성 또는 통성 혐기성이다.
④ 무아포 간균이다.

해 대장균은 그람음성무아포균이다.

정답 | 77 ③ 78 ② 79 ① 80 ②

제과·제빵 공통

81 다음 중 HACCP 적용의 7가지 원칙에 해당하지 않는 것은?

① 위해요소 분석
② HACCP 팀구성
③ 한계기준설정
④ 기록유지 및 문서관리

해 HACCP 7원칙 설정 및 구성 요소
  (1) 원칙 1 : 위해 요소 분석과 위해 평가
  (2) 원칙 2 : CCP(중요 관리점) 결정
  (3) 원칙 3 : CCP에 대한 한계 기준 설정
  (4) 원칙 4 : CCP 모니터링 방법 설정
  (5) 원칙 5 : 개선 조치 설정
  (6) 원칙 6 : 검증 방법 수립
  (7) 원칙 7 : 기록 유지 및 문서 유지

82 빵 및 케이크류에 사용이 허가된 보존료는?

① 탄산수소나트륨
② 포름알데히드
③ 탄산암모늄
④ 프로피온산

해 빵 과자에 사용하는 보존료에는 프로피온산칼슘과 프로피온산나트륨이 있다.

83 살모넬라균으로 인한 식중독의 잠복기와 증상으로 옳은 것은?

① 오염식품 섭취 10~24시간 후 발열(38~40℃)이 나타나며 1주일 이내 회복이 된다.
② 오염식품 섭취 10~20시간 후 오한과 혈액이 섞인 설사가 나타나며 이질로 의심되기도 한다.
③ 오염식품 섭취 10~30시간 후 점액성 대변을 배설하고 신경증상을 보여 곧 사망한다.
④ 오염식품 섭취 8~20시간 후 복통이 있고 홀씨 A, F형의 독소에 의한 발병이 특징이다.

해 살모넬라균은 오염식품 섭취 10~24시간 후 발열(38~40℃)이 나타나며 1주일 이내 회복이 된다.

84 감자의 싹이 튼 부분에 들어 있는 독소는?

① 엔테로톡신　② 사카린나트륨
③ 솔라닌　　　④ 아미그달린

해 감자의 싹이 튼 부분에 들어 있는 독소는 솔라닌으로 그 부분을 도려내면 섭취할 수 있다.

85. 감자 조리 시 아크릴아마이드를 줄일 수 있는 방법이 아닌 것은?

① 냉장고에 보관하지 않는다.
② 튀기거나 굽기 직전에 감자의 껍질을 벗긴다.
③ 물에 침지 시켰을 때 경우는 건조 후 조리한다.
④ 튀길 때 180℃ 이상의 고온에서 조리한다.

해 탄수화물이 많이 든 감자를 고온에서 가열하거나 튀길 때 아크릴아마이드라는 발암성 물질이 생성된다.

86. 기구, 용기 또는 포장 제조에 함유될 수 있는 유해 금속과 거리가 먼 것은?

① 납　　　② 카드뮴
③ 칼슘　　④ 비소

해 칼슘은 유해 금속이 아니라 뼈와 치아를 구성하는 무기질이다.

87. 다음 중 소화기계 전염병은?

① 세균성 이질　② 디프테리아
③ 홍역　　　　④ 인플루엔자

해 소화기계 전염병에는 장티푸스, 파라티푸스, 세균성 이질, 콜레라 등이 있다.

88. 다음 중 허가된 천연유화제는?

① 구연산　　② 고시폴
③ 레시틴　　④ 세사몰

해 레시틴은 노른자 속에 들어 있는 인지질로 천연 유화제가 들어있다.

89. 중독 시 두통, 현기증, 구토, 설사 등과 시신경 염증을 유발해 실명의 원인이 되는 화학물질은?

① 카드뮴(cd)　② P.C.B
③ 메탄올　　　④ 유기수은제

해 메탄올 중독 시 두통, 현기증, 구토, 설사 등과 시신경 염증을 유발해 실명의 원인이 된다.

90. 다음 전염병 중 바이러스가 원인인 것은?

① 간염　　　　② 장티푸스
③ 파라티푸스　④ 콜레라

해 바이러스성 감염병에는 소아마비(급성회백수염, 폴리오), 감염성 설사증, 유행성 간염, 인플루엔자, 홍역, 일본뇌염, 광견병 등이 있다.

| 정답 | 85 ④ | 86 ③ | 87 ① | 88 ③ | 89 ③ | 90 ① |

제과·제빵 공통

91 일반 세균이 잘 자라는 pH 범위는?

① 2.0 이하　② 2.5~3.5
③ 4.5~5.5　④ 6.5~7.5

해 효모 및 곰팡이는 pH 4~6일 때, 활발하며 세균은 pH 6.5~7.5일 때 활발하다.

92 살균이 불충분한 육류 통조림으로 인해 식중독이 발생했을 경우, 가장 관련이 깊은 식중독균은?

① 살모넬라균
② 시겔라균
③ 황색 포도상구균
④ 보툴리누스균

해 완전 가열 살균되지 않은 통조림, 어패류, 소시지, 햄 등은 신경독인 뉴로톡신을 가진 보툴리누스균에 의해 식중독을 일으킨다.

93 제과·제빵의 부패요인과 관계가 먼 것은?

① 수분함량　② 제품 색
③ 보관온도　④ pH

해 제품 색상은 부패요인과 거리가 멀다.

94 다음 식품첨가물 중 표백제가 아닌 것은?

① 소르빈산
② 과산화수소
③ 아황산나트륨
④ 차아황산나트륨

해 소르빈산은 어육 연제품, 고추장, 팥앙금류 등의 보존료이다.

95 식품의 변질 현상 중에서 그 원인이 화학적인 것은?

① 마른 비스킷　② 언 고구마
③ 멍든 사과　　④ 산패 식용유

해 산패 식용유는 유지가 공기 중의 산소와 결합하여 생기는 현상이다.

96 다음 중 바이러스에 의한 경구 감염병이 아닌 것은?

① 폴리오　　② 유행성 간염
③ 감염성 설사　④ 성홍열

해 성홍열은 세균성 감염병이다.

| 정답 | 91 ④ | 92 ④ | 93 ② | 94 ① | 95 ④ | 96 ④ |

97 다음 전염병 중 잠복기가 가장 짧은 것은?

① 후천성 면역결핍증
② 광견병
③ 콜레라
④ 매독

해 콜레라의 잠복기는 6시간~24시간이다.

98 결핵균의 병원체를 보유하는 주된 동물은?

① 쥐   ② 소
③ 말   ④ 돼지

해 결핵은 병에 걸린 소의 젖의 유제품에 의해 사람에게 경구 감염되며 BCG 예방 접종을 통해 예방한다.

99 식품의 부패를 판정하는 화학적 방법은?

① 관능시험   ② 생균 수 측정
③ 온도측정   ④ TMA 측정

해 트리메틸아민(TMA)은 부패에 따른 증가 속도가 암모니아보다 커서 신선도 판정의 좋은 화학적 방법이다.

100 다음 중 미생물의 증식에 대한 설명으로 틀린 것은?

① 한 종류의 미생물이 많이 번식하면 다른 미생물의 번식이 억제될 수 있다.
② 수분 함량이 낮은 저장 곡류에서도 미생물은 증식할 수 있다.
③ 냉장온도에서는 유해미생물이 전혀 증식할 수 없다.
④ 70℃에서도 생육이 가능한 미생물이 있다.

해 냉장온도에서도 미생물이 증식한다.

101 팥앙금류, 잼, 케첩, 식품 가공품에 사용하는 보존료는?

① 소르빈산
② 데히드로초산
③ 프로피온산
④ 파라옥시 안식향산 부틸

해 소르빈산은 어육 연제품, 고추장 등의 보존료이다.

| 정답 | 97 ③ | 98 ② | 99 ④ | 100 ③ | 101 ① |

CBT 체험형 기출문제

제과·제빵 공통

• 수험번호:
• 수험자명:

• 제한 시간:
• 남은 시간:

글자 크기 100% 150% 200%   화면 배치    • 전체 문제 수:
• 안 푼 문제 수:

답안 표기란

102	① ② ③ ④
103	① ② ③ ④
104	① ② ③ ④
105	① ② ③ ④

---

102 알레르기성 식중독의 원인이 될 수 있는 가능성이 가장 높은 식품은?

① 오징어　② 꽁치
③ 갈치　　④ 광어

해 알레르기성 식중독의 원인균은 부패 산물인 히스타민(Histamine)이며, 원인식품으로는 꽁치, 고등어, 참치 등 붉은색 어류나 그 가공품이 있다.

103 노로바이러스 식중독에 대한 설명으로 틀린 것은?

① 완치되면 바이러스를 방출하지 않으므로 임상증상이 나타나지 않으면 바로 일상생활로 복귀한다.
② 주요증상은 설사, 복통, 구토 등이다.
③ 양성환자의 분변으로 오염된 물로 씻은 채소류에 의해 발생할 수 있다.
④ 바이러스는 물리/화학적으로 안정하며 일반 환경에서 생존이 가능하다.

해 노로바이러스는 항생제로도 치료가 되지 않으며 소량의 바이러스만 있어도 쉽게 감염되므로 회복 후 3일에서 길게는 2주까지 전염성이 유지된다.

104 산화방지제로 쓰이는 물질이 아닌 것은?

① 중조　　② BHT
③ BHA　　④ 세사몰

해 중조는 베이킹소다로 팽창제이다.

105 경구전염병의 예방대책에 대한 설명으로 틀린 것은?

① 건강유지와 저항력의 향상에 노력한다.
② 의식전환 운동, 계몽활동, 위생교육 등을 정기적으로 실시한다.
③ 오염이 의심되는 식품은 폐기한다.
④ 모든 예방접종은 1회만 실시한다.

해 예방접종은 2회 실시한다.

| 정답 | 102 ② 　 103 ① 　 104 ① 　 105 ④ |

제과 · 제빵 공통

106 식중독 발생의 주요 경로인 배설물 - 구강 - 오염경로(fecal - oral route)를 차단하기 위한 방법으로 가장 적합한 것은?

① 손 씻기 등 개인위생 지키기
② 음식물 철저히 가열하기
③ 조리 후 빨리 섭취하기
④ 남은 음식물 냉장 보관하기

해 식중독 예방의 첫 번째가 손을 깨끗이 씻고 개인위생을 철저히 한다.

107 식품위생 검사의 종류로 틀린 것은?

① 화학적 검사
② 관능 검사
③ 혈청학적 검사
④ 물리학적 검사

해 혈청학적 검사는 식품위생 검사에 적합하지 않다.

108 인수공통 전염병의 예방조치로 바람직하지 않은 것은?

① 우유의 멸균처리를 철저히 한다.
② 이환된 동물의 고기는 익혀서 먹는다.
③ 가축의 예방접종을 한다.
④ 외국으로부터 유입되는 가축은 항구나 공항 등에서 검역을 철저히 한다.

해 이환되었다는 것은 병에 걸렸다는 뜻으로 병에 걸린 고기는 익혀서도 먹으면 안 된다.

109 다음 중 곰팡이독과 관계가 없는 것은?

① 파툴린(patulin)
② 아플라톡신(aflatoxin)
③ 시트리닌(citrinin)
④ 고시폴(gossypol)

해 고시폴은 정제가 불충분한 면실유 중에 남아 식중독을 유발하며 자연독에 의한 식중독이다.

정답 106 ① 107 ③ 108 ② 109 ④

제과·제빵 공통

110 다음의 식중독 원인균 중 원인식품과의 연결이 잘못된 것은?

① 장염비브리오균 - 감자
② 살모넬라균 - 계란
③ 캠필로박터 - 닭고기
④ 포도상구균 - 도시락

감자의 독은 솔라닌이며, 장염 비브리오균의 원인 식품은 어패류, 해조류이다.

111 전파속도가 빠르고 국민건강에 미치는 위해 정도가 너무 커서 발생 또는 유행 즉시 방역 대책을 수립하여야 하는 전염병은?

① 제1급 전염병 ② 제2급 전염병
③ 제3급 전염병 ④ 제4급 전염병

제1급 감염병이란 생물테러감염병 또는 치명률이 높거나 집단 발생의 우려가 커서 발생 또는 유행 즉시 신고하고 음압격리가 필요한 감염병으로 디프테리아, 페스트, 탄저, 야토병, 신종감염병증후군, 신종인플루엔자, 에볼라바이러스병, 마버그열, 라싸열 등이 속한다.

112 우리나라 식중독 월별 발생 상황 중 환자의 수가 92% 이상을 차지하는 계절은?

① 1~2월   ② 3~4월
③ 5~9월   ④ 10~12월

식중독균의 생육이 활발한 온도는 20~40℃이므로 5~9월에 환자의 수가 가장 많다.

113 식품취급에서 교차오염을 예방하기 위한 행위 중 옳지 않은 것은?

① 칼, 도마를 식품별로 구분하여 사용한다.
② 고무장갑을 일관성 있게 하루에 하나씩 사용한다.
③ 조리 전의 육류와 채소류는 접촉되지 않도록 구분한다.
④ 위생복을 식품용과 청소용으로 구분하여 사용한다.

교차 오염이란 오염된 물질과의 접촉으로 인해 비오염 물질이 오염되는 것으로 매일 고무장갑을 새것으로 사용하는 것과는 관련이 없다.

정답 110 ①   111 ①   112 ③   113 ②

제과·제빵 공통

114 다음 중 발병 시 전염성이 가장 낮은 것은?

① 콜레라　② 장티푸스
③ 납 중독　④ 폴리오

해 납 중독은 화학물질에 의한 식중독으로 전염성이 없다.

115 부패의 물리학적 판정에 이용되지 않는 것은?

① 냄새
② 점도
③ 색 및 전기 저항
④ 탄성

해 냄새는 화학적 요소이다. 물리학적 검사는 식품의 경도, 점성, 탄성, 색 및 전기저항 등을 측정하는 방법이다.

116 아플라톡신은 다음 중 어디에 속하는가?

① 감자독　② 효모독
③ 세균독　④ 곰팡이독

해 아플라톡신은 쌀에 곰팡이가 침입하여 독소 생성 및 누렇게 변하는 현상(황변미)이다.

117 경구전염병과 거리가 먼 것은?

① 유행성간염　② 콜레라
③ 세균성 이질　④ 일본뇌염

해 일본 뇌염이란 일본 뇌염바이러스에 의해 감염된 빨간집모기가 사람을 감염시켜 혈액 내로 전파되는 뇌 신경을 침범하는 전염병이다.

118 위생동물의 일반적인 특성이 아닌 것은?

① 식성 범위가 넓다.
② 음식물과 농작물에 피해를 준다.
③ 병원미생물을 식품에 감염시키는 것도 있다.
④ 발육 기간이 길다.

해 위생동물은 발육 기간이 짧다.

119 다음 중 동종 간의 접촉에 의한 감염병이 아닌 것은?

① 세균성 이질　② 조류독감
③ 광우병　④ 구제역

해 광우병은 동종 간의 접촉이 아닌 섭취 시 발생한다.

| 정답 | 114 ③ | 115 ① | 116 ④ | 117 ④ | 118 ④ | 119 ③ |

제과·제빵 공통

120 포도상구균에 의한 식중독 예방책으로 부적합한 것은?

① 조리장을 깨끗이 한다.
② 섭취 전에 60℃ 정도로 가열한다.
③ 멸균된 기구를 사용한다.
④ 화농성 질환자의 조리업무를 금지한다.

해 포도상구균은 내열성이 있어 열에 쉽게 파괴되지 않는다.

121 식품위생법 상의 식품위생의 대상이 아닌 것은?

① 식품
② 식품첨가물
③ 조리방법
④ 기구와 용기, 포장

해 식품위생법의 정의 : 의약품으로 취급하는 것 이외의 모든 음식물을 말하며 식품뿐 아니라 식품 첨가물, 기구 또는 용기, 포장을 대상으로 하는 음식에 관한 모든 위생

122 다음 중 식품접객업에 해당하지 않는 것은?

① 식품냉동 냉장업
② 유흥주점영업
③ 위탁급식영업
④ 일반음식점영업

해 휴게 음식점, 일반 음식점, 단란주점, 유흥주점, 위탁 급식, 제과점 영업이 식품접객업에 속한다.

123 다음 중 세균성 식중독 예방을 위한 일반적인 원칙이 아닌 것은?

① 먹기 전에 가열처리 할 것
② 가급적 조리 직후에 먹을 것
③ 설사 환자나 화농성 질환이 있는 사람은 식품을 취급하지 않도록 할 것
④ 실온에서 잘 보관하여 둘 것

해 가급적 냉장 보관한다.

정답 120 ② 121 ③ 122 ① 123 ④

124 식중독의 예방 원칙으로 올바른 것은?

① 장기간 냉장보관
② 주방의 바닥 및 벽면의 충분한 수분유지
③ 잔여 음식의 폐기
④ 날음식, 특히 어패류는 생식 할 것

> 해 냉장고에서도 세균은 증식하므로 장기간 보관하는 것은 올바르지 않으며, 수분이 13% 이하일 때 증식이 억제된다. 음식은 익혀서 먹는 것이 식중독 예방이 되며 남은 음식은 폐기한다.

125 소독력이 강한 양이온계면활성제로서 종업원의 손을 소독할 때나 용기 및 기구의 소독제로 알맞은 것은?

① 석탄산   ② 과산화수소
③ 역성비누 ④ 크레졸

> 해 역성비누는 원액을 200~400배 희석하여 종업원의 손 소독 및 식기세척에 사용한다.

126 다음 중 냉장온도에서도 증식이 가능하여 육류, 가금류 외에도 열처리하지 않은 우유나 아이스크림, 채소 등을 통해서도 식중독을 일으키며 태아나 임신부에 치명적인 식중독 세균은?

① 캠필로박터균(Campylobacter jejuni)
② 바실러스균(Bacilluscereus)
③ 리스테리아균(Listeria monocytogenes)
④ 비브리오 패혈증균(Vibrio vulnificus)

> 해 리스테리아는 냉장온도에서도 증식할 수 있어 육류, 가금류 외에도 열처리하지 않은 우유나 아이스크림, 채소 등을 통해서도 식중독을 일으키며 태아나 임신부에 치명적인 식중독 세균이다.

정답 124 ③   125 ③   126 ③

제과·제빵 공통

127 식품 시설에서 교차오염을 예방하기 위하여 바람직한 것은?

① 작업장은 최소한의 면적을 확보함
② 냉수 전용 수세 설비를 갖춤
③ 작업 흐름을 일정한 방향으로 배치함
④ 불결 작업과 청결 작업이 교차하도록 함

해 교차 오염이란 오염된 물질과의 접촉으로 인해 비오염 물질이 오염되는 것이다. 칼과 도마 등의 조리 기구나 용기, 앞치마, 고무장갑 등은 원료나 조리 과정에서의 교차 오염을 방지하기 위하여 식재료 특성 또는 구역별로 구분하여 (식자재 및 비식자재 구분) 사용하며 수시로 세척 및 소독하여야 한다. 식품 취급 등의 작업은 바닥으로부터 60cm 이상의 높이에서 실시하여 바닥으로부터의 오염을 방지하고, 작업 흐름을 일정한 방향으로 배치한다. 조리가 완료된 식품과 세척 및 소독된 배식 기구 및 용기 등의 위생관리를 실시한다. 용도에 따라 도마를 다르게 사용한다.

128 식품의 부패방지와 관계가 있는 처리로만 나열된 것은?

① 방사선 조사, 조미료 첨가, 농축
② 실온 보관, 설탕 첨가, 훈연
③ 수분 첨가, 식염 첨가, 외관 검사
④ 냉동법, 보존료 첨가, 자외선 살균

해 부패란 단백질의 변질이며 방지하기 위한 방법으로 냉동보관, 보존료 첨가, 자외선 살균이 있다.

129 세균이 분비한 독소에 의해 감염을 일으키는 것은?

① 감염형 세균성 식중독
② 독소형 세균성 식중독
③ 화학성 식중독
④ 진균독 식중독

해 세균이 분비한 독소에 의해 감염을 일으키는 식중독을 독소형 식중독이라고 하며, 보툴리누스균과 포도상구균이 있다.

제과·제빵 공통

130 다음 중 아미노산이 분해되어 암모니아가 생성되는 반응은?

① 탈아미노 반응
② 혐기성 반응
③ 아민형성 반응
④ 탈탄산 반응

해 아미노산이 분해되어 암모니아가 생성되는 반응을 탈아미노 반응이라고 한다.

131 보툴리누스 식중독에서 나타날 수 있는 주요 증상 및 증후가 아닌 것은?

① 구토 및 설사
② 호흡곤란
③ 출혈
④ 사망

해 보툴리누스 식중독의 증상으로는 구토 및 설사, 호흡곤란, 신경 마비, 시력 장애, 동공 확대 등이 있으며 심하면 사망에 이른다.

132 음식물을 섭취하고 약 2시간 후에 심한 설사 및 구토하게 되었다. 다음 중 그 원인으로 가장 유력한 독소는?

① 테트로도톡신
② 엔테로톡신
③ 아플라톡신
④ 에르고톡신

해 포도상구균의 잠복기는 30분에서 5시간 사이에 증상이 나타나며 포도상구균의 증식 과정에서 생성된 독소 엔테로톡신을 먹어서 발병한다.

133 조리빵류의 부재료로 활용되는 육가공품의 부패로 인해 암모니아와 염기성 물질이 형성될 때 pH 변화는?

① 변화가 없다.
② 산성이 된다.
③ 중성이 된다.
④ 알칼리성이 된다.

해 세균은 알칼리성에서 활발하며, 부패로 인해 알칼리성으로 변한다.

정답 130 ① 131 ③ 132 ② 133 ④

134 인체 유래 병원체에 의한 전염병의 발생과 전파를 예방하기 위한 올바른 개인위생관리로 가장 적합한 것은?

① 식품 작업 중 화장실 사용 시 위생복을 착용한다.
② 설사증이 있을 때는 약을 복용한 후 식품을 취급한다.
③ 식품 취급 시 장신구는 순금제품을 착용한다.
④ 정기적으로 건강검진을 받는다.

🔍 개인위생관리로 가장 적합한 것은 정기적으로 건강검진을 받는 것이다.

135 경구전염병의 예방대책 중 전염경로에 대한 대책으로 올바르지 않은 것은?

① 우물이나 상수도의 관리에 주의한다.
② 하수도 시설을 완비하고, 수세식 화장실을 설치한다.
③ 식기, 용기, 행주 등은 철저히 소독한다.
④ 환기를 자주 시켜 실내공기의 청결을 유지한다.

🔍 감염경로(환경): 병원소로부터 병원체의 탈출, 전파, 새로운 숙주의 침입

136 다음 중 세균과 관계없는 식중독은?

① 장염비브리오(vibrio)식중독
② 웰치(welchii)식중독
③ 진균독(mycotoxin)식중독
④ 살모넬라(salmonella)식중독

🔍 진균독은 곰팡이독이다.

137 식품첨가물공정상 표준온도는?

① 20℃   ② 25℃
③ 30℃   ④ 35℃

🔍 식품첨가물공정상 표준온도는 20℃이다.

138 유지산패도를 측정하는 방법이 아닌 것은?

① 과산화물가(peroxide value, POV)
② 휘발성염기질소(volatile basic nitrogen value, VBN)
③ 카르보닐가(carbonyl value, CV)
④ 관능검사

🔍 휘발성염기질소(VBN)는 부패를 확인하는 방법이다.

제과·제빵 공통

CBT 체험형 기출문제

139 부패에 영향을 미치는 요인에 대한 설명으로 맞는 것은?

① 중온균의 발유적온은 46~60℃
② 효모의 생육최적 pH는 10 이상
③ 결합수의 함량이 많을수록 부패가 촉진
④ 식품성분의 조직상태 및 식품의 저장환경

해 중온균의 발육 적온은 20~40℃이며, 효모의 생육 최적 pH는 pH4~6이다. 또한 자유수(유리수)의 함량이 많을수록 부패가 촉진된다.

140 살모넬라(Salmonella)균의 특징이 아닌 것은?

① 그람(Gram)음성 간균이다.
② 발육 최적 pH는 7~8 온도는 37℃이다.
③ 60℃에서 20분 정도의 가열로 사멸한다.
④ 독소에 의한 식중독을 일으킨다.

해 살모넬라균 식중독은 세균성 식중독 중 감염형이다.

141 우리나라에서 지정된 식품첨가물 중 버터류에 사용할 수 없는 것은?

① 터셔리부틸히드로퀴논(tbhq)
② 식용색소 황색4호
③ 부틸히드록시아니솔(BHA)
④ 디부틸히드록시틀루엔(BHT)

해 버터류에는 식용색소 황색4호를 사용할 수 없다.

142 다음 중 음식물을 매개로 전파되지 않는 것은?

① 이질   ② 장티푸스
③ 콜레라   ④ 광견병

해 광견병은 동물(개)에 의해 전파되는 인수공통감염병이다.

143 주로 돼지고기를 익혀 먹지 않아서 감염되며 머리가 구형으로 22~32개의 갈고리를 가지고 있어서 갈고리 촌충이라고도 불리는 기생충은?

① 무구조충 ② 유구조충
③ 간디스토마 ④ 선모충

해 돼지고기 : 유구조충(갈고리 촌충)
소고기 : 무구조충(민촌충)

| 정답 | 139 ④ | 140 ④ | 141 ② | 142 ④ | 143 ② |

제과 · 제빵 공통

144 식품에 식염을 첨가함으로써 미생물 증식을 억제하는 효과와 관계가 없는 것은?

① 탈수작용에 의한 식품 내 수분감소
② 산소의 용해도 감소
③ 삼투압 증가
④ 펩티드 결합의 분해

해 펩티드 결합의 분해는 아미노산의 분해로 미생물 증식 억제와 관련 없다.

145 식품위생법에서 식품 등의 공전은 누가 작성, 보급하는가?

① 보건복지부장관
② 식품의약품안전처장
③ 국립보건원장
④ 시, 도지사

해 식품의약품안전청장이 식품위생법에서 식품 등의 공전을 작성 및 보급한다.

146 변질하기 쉬운 식품을 생산지로부터 소비자에게 전달하기까지 저온으로 보존하는 시스템은?

① 냉장유통체계
② 냉동유통체계
③ 저온유통체계
④ 상온유통체계

해 변질하기 쉬운 식품을 생산지로부터 소비자에게 전달하기까지 저온으로 보존하는 시스템을 저온유통체계라고 한다.

147 식중독 발생 현황에서 발생 빈도가 높은 우리나라 3대 식중독 원인 세균이 아닌 것은?

① 살모넬라균
② 포도상구균
③ 장염 비브리오균
④ 바실러스 세레우스

해 바실러스 세레우스는 토양세균의 일종으로 사람의 생활환경을 비롯하여 먼지, 오수 및 하천 등의 자연계에 널리 분포되어 있으며, 각종 식품에서도 많이 분리되고 있으나 상대적으로 식중독 발생빈도가 낮다.

정답 144 ④ | 145 ② | 146 ③ | 147 ④

제과·제빵 공통

CBT 체험형 기출문제

148 어육이나 식육의 초기부패를 확인하는 화학적 검사방법으로 적합하지 <u>않은</u> 것은?

① 휘발성 염기질소량의 측정
② pH의 측정
③ 트리메틸아민양의 측정
④ 탄력성의 측정

해 어육 및 식육의 초기부패를 확인하는 화학적 검사방법으로 휘발성 염기질소량의 측정, pH의 측정, 트리메틸아민양의 측정이 있다.

149 착색료에 대한 설명으로 <u>틀린</u> 것은?

① 천연색소는 인공색소에 비해 값이 비싸다.
② 타르색소는 카스텔라에 사용이 허용되어 있다.
③ 인공색소는 색깔이 다양하고 선명하다.
④ 레토르트 식품에서 타르색소가 검출되면 안 된다.

해 타르색소는 인체 내의 소화효소 작용을 저해하고 간이나 위 등에 장해를 일으키므로 사용이 금지되어 있다.

150 다음 중 작업공간의 살균에 가장 적당한 것은?

① 자외선 살균
② 적외선 살균
③ 가시광선 살균
④ 자비살균

해 작업공간의 살균에는 일광소독인 자외선 살균이 적합하다.

151 경구감염병의 예방으로 가장 부적당한 것은?

① 식품을 냉장고에 보관한다.
② 감염원이나 오염 물질을 소독한다.
③ 보균자의 식품 취급을 금한다.
④ 주위 환경을 청결히 한다.

해 경구감염병은 음식물이나 손을 통해 입으로 감염되는 감염병이다.

정답 148 ④ 149 ② 150 ① 151 ①

제과·제빵 공통

152 부패 미생물이 번식할 수 있는 최저의 수분활성도(Aw)의 순서가 맞는 것은?

① 세균 > 곰팡이 > 효모
② 세균 > 효모 > 곰팡이
③ 효모 > 곰팡이 > 세균
④ 효모 > 세균 > 곰팡이

해 세균(0.95) > 효모(0.87) > 곰팡이(0.80)

153 메틸알코올의 중독 증상과 거리가 먼 것은?

① 두통
② 구토
③ 실명
④ 환각

해 메틸알코올의 중독 증상으로는 두통, 구토, 실명 등이 있다.

154 위해요소중점관리기준(HACCP)을 식품별로 정하여 고시하는 자는?

① 보건복지부장관
② 식품의약품안전처장
③ 시장, 군수, 또는 구청장
④ 환경부장관

해 식품의약품안전청장은 위해요소중점관리기준(HACCP)을 식품별로 정하여 고시한다.

155 다음 중 부패세균이 아닌 것은?

① 어위니아균
② 슈도모나스균
③ 고초균
④ 티포이드균

해 티포이드균은 감염형 식중독균의 일종이다.

156 생산공장시설의 효율적 배치에 대한 설명 중 적합하지 않은 것은?

① 작업용 바닥면적은 그 장소를 이용하는 사람들의 수에 따라 달라진다.
② 판매장소와 공장의 면적배분(판매 3 : 공장 1)의 비율로 구성되는 것이 바람직하다.
③ 공장의 소요면적은 주방설비의 설치면적과 기술자의 작업을 위한 공간면적으로 이루어진다.
④ 공장의 모든 업무가 효과적으로 진행되기 위한 기본은 주방의 위치와 규모에 대한 설계이다.

해 판매장소와 공장의 면적배분(판매 2 : 공장 1)의 비율로 구성되는 것이 바람직하다.

제과·제빵 공통

157 식품 또는 식품첨가물을 채취, 제조, 가공, 조리, 저장, 운반 또는 판매하는 직접종사자들이 정기 건강 진단받아야 하는 주기는?

① 1회/월
② 1회/3개월
③ 1회/6개월
④ 1회/년

해 식품 또는 식품첨가물을 채취, 제조, 가공, 조리, 저장, 운반 또는 판매하는 직접 종사자들이 정기 건강 진단을 받아야 하는 주기는 1년에 1회이다.

158 조리사의 면허를 받으려는 자는 조리사 면허증 발급 신청서를 누구에게 제출하여야 하는가?

① 고용노동부 장관
② 보건복지부 장관
③ 식품의약품안전처장
④ 특별자치도지사, 시장, 군수

해 조리사가 되려는 자는 국가기술자격법에 따라 해당 분야의 자격증을 얻은 후 특별자치도지사, 시장, 군수, 구청장의 면허를 받고 발급 신청서 또한 제출한다.

159 일반적으로 식품의 저온 살균 온도로 가장 적합한 것은?

① 20~30℃
② 60~70℃
③ 100~110℃
④ 130~140℃

해 가열 살균법 중 저온 장시간 살균법(LTLT)은 60~65℃에서 30분간 가열하며 주로 우유의 살균에 많이 이용한다.

160 화학적 식중독에서 나타나는 일반적 증상과 가장 거리가 먼 것은?

① 두통
② 구토
③ 복통
④ 고열

해 화학적 식중독의 증상으로는 두통, 구토, 복통이 있다.

161 소독약의 살균력을 비교하기 위하여 통상 무엇을 표준으로 하는가?

① 크레졸
② 생석회
③ 석탄산
④ 알코올

해 석탄산은 살균력 표시의 기준이 되는 표준시약이다.

| 정답 | 157 ④ | 158 ④ | 159 ② | 160 ④ | 161 ③ |

제과·제빵 공통

162 다음 중 식품이나 음료수를 통해 감염되는 소화기계 감염병에 속하지 <u>않는</u> 것은?

① 장티푸스 ② 발진티푸스
③ 세균성 이질 ④ 콜레라

해 발진티푸스는 위생 해충 매개 감염병이다.

163 다음 중 독버섯의 독소가 <u>아닌</u> 것은?

① 에르고톡신 ② 무스카린
③ 팔린 ④ 무스카리딘

해 에르고톡신은 맥각균이 보리, 밀에 기생하여 독소 생성한 것이다.

164 HACCP 구성 요소 중 일반적인 위생 관리 운영 기준, 영업자 관리, 종업원 관리, 보관 및 운송 관리, 검사 관리, 회수 관리 등의 운영 절차는?

① HACCP PLAN
② SSOP
③ GMP
④ HACCP

해 SSOP(표준 위생 관리 기준)란 일반적인 위생 관리 운영 기준, 영업자 관리, 종업원 관리, 보관 및 운송 관리, 검사 관리, 회소 관리 등의 운영 절차를 말한다.

165 식품 위생 수준 및 자질 향상을 위하여 조리사 및 영양사에게 교육을 받을 것을 명할 수 있는 자는?

① 고용노동부 장관
② 보건복지부 장관
③ 식품의약품안전처장
④ 특별자치도지사, 시장, 군수

해 식품의약품안전처장은 식품 위생 수준 및 자질 향상을 위하여 조리사 및 영양사에게 교육받을 것을 명할 수 있다.

166 식품첨가물을 수입할 경우 누구에게 신고해야 하는가?

① 서울특별시장 및 도지사
② 관할 검역소장
③ 식품의약품안전처장
④ 시장·도지사

해 식품첨가물을 수입할 경우 식품의약품안전처장의 허가를 받는다.

정답 162 ② 163 ① 164 ② 165 ③ 166 ③

제과·제빵 공통

167 식중독과 관련된 내용의 연결이 옳은 것은?

① 포도상구균 식중독 : 심한 고열을 수반
② 살모넬라 식중독 : 높은 치사율
③ 클로스트리디움 보툴리늄 식중독 : 독소형 식중독
④ 장염 비브리오 식중독 : 주요 원인은 민물고기 생식

해 ① 포도상구균 식중독 : 구토, 복통, 설사
② 살모넬라 식중독 : 발열, 복통, 설사
④ 장염 비브리오 : 바닷물에서 서식하는 해수 세균의 일종으로 민물고기는 관련이 없다.

168 우리나라에서 수돗물 소독에 이용되는 물질은?

① 염산　　② 염소
③ 산소　　④ 질소

해 염소는 수영장 및 수돗물을 소독한다.

169 식품 제조 시 다량의 거품이 발생할 때 이를 제거하기 위해 사용하는 첨가물은?

① 추출제　　② 용재
③ 피막제　　④ 소포제

해 소포제는 거품을 꺼트리는 역할을 한다.

170 다음 중 전염병과 관련 내용이 바르게 연결되지 않은 것은?

① 콜레라 - 외래 전염병
② 파상열 - 바이러스성 인수공통감염병
③ 장티푸스 - 고열 수반
④ 세균성 이질 - 점액성 혈변

해 파상열은 세균성 인수공통감염병이다.

171 식품에 영양강화를 목적으로 첨가하는 물질로 지정된 강화제가 아닌 것은?

① 비타민류　　② 아미노산류
③ 칼슘화합물　　④ 규소화합물

해 영양 강화제로는 비타민류, 아미노산류, 무기염류가 있다.

정답 167 ③ 168 ② 169 ④ 170 ② 171 ④

제과·제빵 공통

172 제과·제빵에서 효모에 의한 발효란?

① 주로 혐기성 상태에서 유기물질이 인체에 이로운 물질로 변하는 것
② 주로 호기성 상태에서 유기물질이 인체에 해로운 물질로 변하는 것
③ 주로 호기성 상태에서 유지가 산화되는 것
④ 혐기성 상태에서 유지가 환원되는 것

해 발효란 식품에 미생물이 번식하여 식품의 성질이 변화를 일으키는 현상으로, 그 변화가 인체에 유익하여 식용 가능한 경우를 말한다.

173 식품첨가물의 안전성 시험과 가장 거리가 먼 것은?

① 아급성 독성 시험법
② 만성 독성 시험법
③ 맹독성 시험법
④ 급성 독성 시험법

해 식품첨가물 안전성 시험에는 아급성 독성 시험법, 만성 독성 시험법, 급성 독성 시험법이 있다.

174 환경 중의 가스를 조절함으로써 채소와 과일의 변질을 억제하는 방법은?

① 변형공기포장
② 무균포장
③ 상업적 살균
④ 통조림

해 탄산가스나 질소가스 속에 넣어 보관하며 호흡작용을 억제함으로써 호기성 부패 세균의 번식을 저지하는 가스저장법은 변형공기포장법이라고도 한다.

175 제과에 많이 사용되는 우유의 위생과 관련된 설명 중 옳은 것은?

① 우유는 자기살균작용이 있어 열처리된 우유는 위생상 크게 문제 되지 않는다.
② 사료나 환경으로부터 우유를 통해 유해성 화학물질이 전달될 수 있다.
③ 우유의 살균 방법은 병원균 중 가장 저항성이 큰 포도상구균을 기준으로 마련되었다.
④ 저온살균을 하면 우유 1mL당 약 10^2마리의 세균이 살아남는다.

해 우유는 사료나 환경으로부터 우유를 통해 유해성 화학물질이 전달될 수 있다.

정답 172 ① 173 ③ 174 ① 175 ②

제과·제빵 공통

176 다음 중 조리사의 직무가 아닌 것은?

① 집단급식소에서의 식단에 따른 조리 업무
② 구매식품의 검수 지원
③ 집단급식소의 운영일지 작성
④ 급식설비 및 기구의 위생, 안전 실무

해 조리사의 직무
1) 집단급식소에서의 식단에 따른 조리 업무
2) 구매식품의 검수 지원
3) 급식설비 및 기구의 위생, 안전 실무

177 세균의 대표적인 3가지 형태 분류에 포함되지 않는 것은?

① 구균(coccus)
② 나선균(spirillum)
③ 간균(bacillus)
④ 페니실린균(penicillium)

해 세균은 구균, 간균, 나선균으로 형태에 따라 분류가 되며, 2분법으로 증식한다.

178 곰팡이의 일반적인 특성으로 틀린 것은?

① 광합성능이 있다.
② 주로 무성포자에 의해 번식한다.
③ 진핵세포를 가진 다세포 미생물이다.
④ 분류학상 진균류에 속한다.

해 곰팡이는 광합성능이 없다.

179 세균성 식중독에 관한 사항 중 옳은 내용으로만 짝지은 것은?

1. 황색 포도상구균(Staphylococcus aureus) 식중독은 치사율이 아주 높다.
2. 보툴리누스균(Clostridium botulinum)이 생산하는 독소는 열에 아주 강하다.
3. 장염 비브리오균(Vibrio parahaemolyticus)은 감염형 식중독이다.
4. 여시니아균(Yersinia enterocolitica)은 냉장온도와 진공 포장에서도 증식한다.

① 1, 2   ② 2, 3
③ 2, 4   ④ 3, 4

해 황색 포도상구균이 생산하는 독소는 열에 아주 강하며 보툴리누스균은 치사율이 아주 높다.

정답   176 ③   177 ④   178 ①   179 ④

제과·제빵 공통

CBT 체험형 기출문제

- 수험번호:
- 수험자명:
- 제한 시간:
- 남은 시간:

글자 크기 100% 150% 200% 화면 배치

- 전체 문제 수:
- 안 푼 문제 수:

답안 표기란

180	① ② ③ ④
181	① ② ③ ④
182	① ② ③ ④
183	① ② ③ ④
184	① ② ③ ④
185	① ② ③ ④

180 부패를 판정하는 방법으로 사람에 의한 관능검사를 실시할 때 검사하는 항목이 아닌 것은?

① 색   ② 맛
③ 냄새 ④ 균 수

해 관능 검사는 사람의 감각에 의한 측정법으로, 균 수는 감각으로 측정이 불가능하다.

181 물수건의 소독방법으로 가장 적합한 것은?

① 비누로 세척한 후 건조한다.
② 삶거나 차아염소산 소독 후 일광 건조한다.
③ 3% 과산화수소로 살균 후 일광 건조한다.
④ 크레졸(cresol) 비누액으로 소독하고 일광 건조한다.

해 물수건은 끓는 물에 삶거나 차아염소산 소독 후 일광 건조한다.

182 살모넬라균에 의한 식중독 증상과 가장 거리가 먼 것은?

① 심한 설사   ② 급격한 발열
③ 심한 복통   ④ 신경마비

해 살모넬라균의 증상은 발열 및 구토, 복통 등이 있다.

183 부패의 진행에 수반하여 생기는 부패산물이 아닌 것은?

① 암모니아   ② 화화수소
③ 메르캅탄   ④ 일산화탄소

해 일산화탄소는 무색·무취의 기체로서 산소가 부족한 상태에서 석탄이나 석유 등 연료가 탈 때 발생한다.

184 장티푸스에 대한 일반적인 설명으로 잘못된 것은?

① 잠복기간은 7~14일이다.
② 사망률은 10~20%이다.
③ 앓고 난 뒤 강한 면역이 생긴다.
④ 예방할 수 있는 백신은 개발되어 있지 않다.

해 장티푸스는 예방 접종으로 예방할 수 있다.

185 냉장의 목적과 가장 관계가 먼 것은?

① 식품의 보존기간 연장
② 미생물의 멸균
③ 세균의 증식 억제
④ 식품의 자기호흡 지연

해 냉장에서도 미생물은 증식한다.

정답 180 ④ 181 ② 182 ④ 183 ④ 184 ④ 185 ②

186. 기생충과 숙주와의 연결이 틀린 것은?

① 유구조충(갈고리촌충) - 돼지
② 아니사키스 - 해산어류
③ 간흡충 - 소
④ 폐디스토마 - 다슬기

> 해 간흡충은 간디스토마라고도 하며 제1 중간 숙주는 왜우렁이, 제2 중간 숙주는 민물고기가 된다.

187. 탄수화물이 많이 든 식품을 고온에서 가열하거나 튀길 때 생성되는 발암성 물질은?

① 니트로사민(nitrosamine)
② 다이옥신(dioxins)
③ 벤조피렌(benzopyrene)
④ 아크릴 아마이드(acrylamide)

> 해 탄수화물이 많이 든 감자를 고온에서 가열하거나 튀길 때 아크릴 아마이드라는 발암성 물질이 생성된다.

188. 식중독균 등 미생물의 성장을 조절하기 위해 사용하는 저장방법과 그 예의 연결이 틀린 것은?

① 산소 제거 - 진공포장 햄
② pH 조절 - 오이피클
③ 온도 조절 - 냉동 생선
④ 수분활성도 저하 - 상온 보관 우유

> 해 우유는 냉장고에서 보관한다.

189. 밀가루의 표백과 숙성기간을 단축하는 밀가루 개량제로 적합하지 않은 것은?

① 과산화벤조일
② 과황산암모늄
③ 아질산나트륨
④ 이산화염소

> 해 아질산나트륨은 발색제이다.

제과·제빵 공통

190 미생물에 의한 오염을 최소화하기 위한 작업장 위생관리 방법으로 바람직하지 <u>않은</u> 것은?

① 소독액으로 벽, 바닥, 천장을 세척한다.
② 빵상자, 수송차량, 매장 진열대는 항상 온도를 높게 관리한다.
③ 깨끗하고 뚜껑이 있는 재료통을 사용한다.
④ 적절한 환기와 조명시설이 된 저장실에 재료를 보관한다.

해 빵상자, 수송차량, 매장 진열대는 항상 온도를 낮게 관리한다.

191 저장미에 발생한 곰팡이가 원인이 되는 황변미 현상을 방지하기 위한 수분 함량은?

① 13% 이하   ② 14~15%
③ 15~17%   ④ 17% 이상

해 수분 함량 13% 이하에서 미생물의 증식이 억제된다.

192 소독력이 강한 양이온계면활성제로서 종업원의 손을 소독할 때나 용기 및 기구의 소독제로 알맞은 것은?

① 석탄산   ② 과산화수소
③ 역성비누   ④ 크레졸

해 역성비누는 원액을 200~400배 희석하여 종업원의 손 소독 및 식기세척에 사용한다.

193 대장균 O-157이 내는 독성물질은?

① 베로톡신   ② 테트로도톡신
③ 삭시톡신   ④ 베네루핀

해 베로톡신은 대장균 O-157이 내는 독소로, 열에 약하지만, 저온과 산에 강하며, 주 증상은 복통, 설사, 구토, 때때로 발열 등이다.

194 화학물질에 의한 식중독의 원인이 <u>아닌</u> 것은?

① 불량 첨가물   ② 농약
③ 엔테로톡신   ④ 메탄올

해 엔테로톡신은 독소형 식중독이다.

정답 190 ② 191 ① 192 ③ 193 ① 194 ③

제과 · 제빵 공통

195 우유를 살균할 때 많이 이용되는 저온 장시간 살균법으로 가장 적합한 온도는?

① 18~20℃ ② 38~40℃
③ 63~65℃ ④ 78~80℃

해 저온 장시간 살균법(LTLT) : 60~65℃에서 30분간 가열하며 주로 우유의 살균에 많이 이용

196 부패의 화학적 판정 시 이용되는 지표물질은?

① 대장균군
② 곰팡이독
③ 휘발성 염기질소
④ 휘발성 유

해 휘발성 염기질소는 부패의 화학적 판정 시 이용되는 지표 물질이다.

197 투베르쿨린(tuberculin) 반응 검사 및 X선 촬영으로 감염 여부를 조기에 알 수 있는 인수공통전염병은?

① 돈단독 ② 탄저
③ 결핵   ④ 야토병

해 결핵은 병에 걸린 소의 젖의 유제품에 의해 사람에게 경구 감염되며 BCG 예방 접종을 통해 예방해야 하며, 투베르쿨린(tuberculin) 반응검사 및 X선 촬영으로 감염 여부를 조기에 알 수 있다.

198 유지가 산패되는 경우가 <u>아닌</u> 것은?

① 실온에 가까운 온도 범위에서 온도를 상승시킨다.
② 햇빛이 잘 드는 곳에 보관한다.
③ 토코페롤을 첨가한다.
④ 수분이 많은 식품을 넣고 튀긴다.

해 토코페롤(비타민 E)은 천연 항산화제이다.

정답 195 ③ 196 ③ 197 ③ 198 ③

199 미생물이 성장하는 데 필수적으로 필요한 요인이 아닌 것은?

① 적당한 온도 ② 적당한 햇빛
③ 적당한 수분 ④ 적당한 영양소

해 미생물의 번식에 영향을 주는 요인으로는 온도, 영양소, 수분, 산소, pH가 있다.

200 제품의 포장용기에 의한 화학적 식중독에 대한 주의를 특히 필요로 하는 것과 가장 거리가 먼 것은?

① 형광 염료를 사용한 종이 제품
② 착색된 셀로판 제품
③ 페놀수지 제품
④ 알루미늄박 제품

해 알루미늄박은 알루미늄을 아주 얇게 늘려 만든 판으로 내식성이 뛰어나고 인체에 해가 없어서 포장재, 단열재로 쓰인다.

정답 199 ② 200 ④

제과 · 제빵 공통

공정 · 작업환경 · 매장관리 & 베이커리경영

01 물수건의 소독 방법으로 가장 적합한 것은?

① 비누로 세척한 후 건조한다.
② 삶거나 차아염소산 소독 후 일광 건조한다.
③ 3% 과산화수소로 살균 후 일광 건조한다.
④ 크레졸(Cresol) 비누액으로 소독하고 일광 건조한다.

해 물수건은 삶거나 차아염소산 소독 후 일광 건조한다.

02 주방 설계에 있어 주의할 점이 아닌 것은?

① 가스를 사용하는 장소에는 환기 시설을 갖춘다.
② 주방 내의 여유 공간을 확보한다.
③ 종업원의 출입구와 손님용 출입구는 별도로 하여 재료의 반입은 종업원 출입구로 한다.
④ 주방의 환기는 소형으로 여러 개 설치하는 것보다 대형의 환기 장치 1개를 설치하는 것이 좋다.

해 주방에는 소형의 환기 장치를 여러 개 설치하여 주방의 공기 오염 정도에 따라 가동률을 조정한다.

03 제품의 생산 원가를 계산하는 목적으로 적절하지 않은 것은?

① 이익 계산
② 판매 가격 결정
③ 원·부재료 관리
④ 설비 보수

해 설비 보수는 생산 계획의 감가상각의 목적에 해당한다.

04 총원가는 어떻게 구성되는가?

① 제조 원가 + 일반 관리비
② 직접 재료비 + 직접 노무비 + 판매 가격
③ 제조 원가 + 이익
④ 직접 원가 + 일반 관리비

해 총원가는 제조 원가 + 일반 관리비로 구성되어 있다.

| 정답 | 01 ② | 02 ④ | 03 ④ | 04 ① |

제과·제빵 공통

05 공장 설비 구성에 대한 설명으로 옳지 <u>않은</u> 것은?

① 공장 시설 설비는 인간을 대상으로 하는 공학이다.
② 공장 시설은 식품 조리 과정의 다양한 작업을 여러 조건에 따라 합리적으로 수행하기 위한 시설이다.
③ 설계 디자인은 공간의 할당, 물리적 시설, 구조의 생김새, 설비가 갖춰진 작업장을 나타내 준다.
④ 각 시설은 그 시설이 제공하는 서비스의 형태에 기본적인 어떤 기능을 지니고 있지 않다.

해 공장 설비는 기본적인 기능을 지니고 있어 사용하기 편리해야 하며 작업 능률을 향상시킬 수 있는 구조여야 한다.

06 제과 공장 설계 시 환경 관련 조건으로 알맞지 <u>않은</u> 것은?

① 바다 가까운 곳에 위치해야 한다.
② 환경 및 주위가 깨끗한 곳이어야 한다.
③ 양질의 물을 충분히 얻을 수 있어야 한다.
④ 폐수 및 폐기물 처리에 편리한 곳이어야 한다.

해 제과 공장이 바다 근처에 위치하면 일교차가 커서 온도와 습도를 관리하기가 어려워진다.

07 제품을 생산하는 데 필요한 생산 원가 요소는?

① 재료비, 노무비, 경비
② 재료비, 용역비, 감가상각비
③ 판매비, 노동비, 월급
④ 광열비, 월급, 생산비

해 생산 원가는 직접 원가를 말하며, 직접 원가에는 직접 재료비, 직접 노무비, 직접 경비가 포함된다.

정답 05 ④   06 ①   07 ①

제과·제빵 공통

08 수직형 믹서를 청소하는 방법으로 옳지 <u>않은</u> 것은?

① 반죽을 긁어낼 때는 금속 재질의 스크래퍼를 사용한다.
② 생산 직후 청소를 한다.
③ 물을 가득 채운 후 회전시킨다.
④ 청소하기 전 전원을 차단한다.

해 제과·제빵 기기를 청소할 때는 플라스틱 재질의 스크래퍼를 사용한다.

09 10명의 인원이 50초당 70개의 과자를 만들 때 7시간에는 몇 개를 생산하는가?

① 3,528개
② 35,280개
③ 24,500개
④ 245,000개

해 (7시간×60분×60초÷50초)×70개 = 35,280개

10 생산된 소득 중 인건비와 관련된 부분은?

① 노동 분배율
② 생산가치율
③ 가치적 생산성
④ 물량적 생산성

해 노동 분배율은 인건비를 생산가치로 나눈 값이다.

11 어떤 제품의 가격이 726원일 때 제조원가는?(단, 손실율은 10%, 이익률(마진율)은 15%이고, 제품의 가격은 부가 가치세 10%를 포함한 가격이다.)

① 500원
② 522원
③ 574원
④ 596원

해 부가가치세를 감안한 제조원가:
726÷1.1=660원
손실율을 감안한 제조원가:
660원÷1.1=600원
이익률을 감안한 제조원가:
600원÷1.15=522원

| 정답 | 08 ① | 09 ② | 10 ① | 11 ② |

제과·제빵 공통

12 작업장 바닥에 대한 설명으로 옳지 않은 것은?

① 바닥에 미끄러지거나 넘어지지 않도록 액체가 스며들도록 한다.
② 바닥의 배수로나 배수구는 쉽게 배출되도록 한다.
③ 쉽게 균열이 가지 않고 미끄럽지 않은 재질로 선택한다.
④ 물 세척이나 소독이 가능한 방수성과 방습성, 내약품성 및 내열성이 좋은 것으로 한다.

해 바닥에 액체가 스며들면 쉽게 손상되고, 미생물을 제거하기 어려워진다. 특히 기름기가 많은 구역에서는 미끄러지거나 넘어지는 사고 발생의 원인이 되기도 한다.

13 저장 관리의 원칙을 잘못 설명한 것은?

① 저장위치 표시의 원칙
② 분류저장의 원칙
③ 품질보존의 원칙
④ 선입후출의 원칙

해 선입선출의 원칙이란 재료가 효율적으로 순환되기 위해 유효 일자나 입고일을 기록하여 먼저 구입하거나 생산한 것부터 순차적으로 판매·제조하는 것으로, 재료의 신선도를 최대한 유지하고 낭비의 가능성을 최소화 할 수 있다.

14 쇼케이스 관리 시 적정 온도는?

① 10℃ 이하
② 15℃ 이하
③ 20℃ 이하
④ 25℃ 이하

해 쇼케이스는 온도를 10℃ 이하로 유지하고, 문틈 등에 쌓인 찌꺼기를 제거하여 청결하게 관리한다.

15 식품을 구매하는 방법 중 경쟁입찰과 비교하여 수의계약의 장점이 아닌 것은?

① 절차가 간편하다.
② 경쟁이나 입찰이 필요 없다.
③ 싼 가격으로 구매할 수 있다.
④ 경비와 인원을 줄일 수 있다.

해 수의계약은 공급업자들의 경쟁 없이 계약을 이행 할 수 있는 특정 업체와 계약을 체결하므로 오히려 불리한 가격으로 계약하기 쉽다.

정답 | 12 ① | 13 ④ | 14 ① | 15 ③

16 식품의 구매 방법으로 필요한 품목, 수량을 표시하여 업자에게 견적서를 제출받고 품질이나 가격을 검토한 후 낙찰자를 정하여 계약을 체결하는 것은?

① 수의계약
② 대량구매
③ 경쟁입찰
④ 계약구입

해 경쟁입찰은 필요한 품목, 수량을 표시하여 업자에게 견적서를 제출받고 품질이나 가격을 검토한 후 낙찰자를 정하여 계약을 체결하는 방법이다.

17 반입, 검수, 일시보관 등을 하기 위해 필요한 주요기기로 알맞은 것은?

① 운반차
② 냉장·냉동고
③ 보온고
④ 브로일러

해 반입, 검수, 일시보관, 분류 및 정리를 위한 주방 기기로는 검수대, 계량기, 운반차, 온도계, 손 소독기 등이 있다.

18 생산계획의 내용에는 실행예산을 뒷받침하는 계획 목표가 있다. 이 목표를 세우는 데 필요한 기준이 되는 요소가 아닌 것은?

① 노동 분배율
② 원재료율
③ 1인당 이익
④ 가치 생산성

해 실행 예산의 종류에는 노동 생산성, 가치 생산성, 노동 분배율, 1인당 이익 등이 있다.

19 발생 형태를 기준으로 했을 때의 원가 분류는?

① 개별비, 공통비
② 직접비, 간접비
③ 재료비, 노무비, 경비
④ 고정비, 변동비

해 원가는 발생 형태를 기준으로 재료비, 노무비, 경비로 구분하고 제품의 생산 관련성을 기준으로 직접비, 간접비로 구분하며, 생산량과 비용의 관계를 기준으로 고정비, 변동비로 구분한다.

정답 16 ③ 17 ① 18 ② 19 ③

제과·제빵 공통

20 시장조사의 목적으로 바르지 않은 것은?

① 구매예정 가격의 결정
② 합리적인 구매계획의 수립
③ 신제품의 판매
④ 제품 개량

> 시장조사의 목적은 구매예정 가격의 결정, 합리적인 구매계획 수립, 신제품의 설계, 제품 개량이다.

21 일반적으로 시장조사에서 행해지는 조사내용이 아닌 것은?

① 품목
② 품질
③ 가격
④ 판매처

> 시장조사의 내용은 품목, 품질, 수량, 가격, 시기, 구매거래처, 거래조건이다.

22 주방의 바닥 조건으로 맞는 것은?

① 산이나 알칼리에 약하고 습기, 열에 강해야 한다.
② 바닥 전체의 물매는 1/20이 적당하다.
③ 조리작업을 드라이 시스템화할 경우의 물매는 1/100 정도가 적당하다.
④ 고무타일, 합성수지타일 등이 잘 미끄러지지 않으므로 적당하다.

> 주방의 바닥은 산, 알칼리, 열에 강해야 하며, 청소와 배수가 용이하도록 물매는 1/100 이상으로 해야 한다.

23 시장조사의 원칙이 아닌 것은?

① 비용 소비성의 원칙
② 조사 적시성의 원칙
③ 조사 계획성의 원칙
④ 조사 정확성의 원칙

> 시장조사의 원칙에는 비용 경제성의 원칙, 조사 적시성의 원칙, 조사 계획성의 원칙, 조사 탄력성의 원칙이 있다.

정답 20 ③ 21 ④ 22 ④ 23 ①

24 하수도와 하수의 관리에 대해 잘못 설명한 것은?

① 음용수는 승인된 수원으로부터 공급되는지 확인해야 한다.
② 지하수의 경우 연 1회 먹는 물 관리법 항목에 대한 용수 검사를 실시한다.
③ 배수로는 일반 구역에서 청결 구역으로 흐르도록 한다.
④ 수도꼭지는 역류 또는 역 사이펀 현상이 방지되도록 설계한다.

해 배수로는 청결 구역에서 일반 구역으로 흐르도록 하고, 퇴적물이 쌓이지 않도록 관리한다.

25 조리공간에 대한 설명이 가장 올바르게 된 것은?

① 조리실의 형태는 장방형보다 정방형이 좋다.
② 천장의 색은 벽에 비해 어두운 색으로 한다.
③ 벽의 마감재로는 자기타일, 모자이크타일, 금속판, 내수합판 등이 좋다.
④ 창 면적은 벽 면적의 40~50%로 한다.

해 조리실의 형태는 장방형이 좋으며, 창 면적은 바닥 면적의 1/2~1/5, 벽 면적의 70% 정도가 적당하다.

26 냉장고의 위생 관리 방법으로 적합한 것은?

① 식품에 최대한 많은 양의 수납을 적재한다.
② 성에가 끼면 칼이나 스크래퍼로 긁어 낸다.
③ 완제품을 저장 관리 시 적당한 냉장 온도는 0~5℃이다.
④ 냉동고는 -18℃ 이하, 냉장고는 10℃ 이상이 적정 온도이다.

해 ① 냉장고에는 70% 이상을 수납하지 않는다.
② 성에가 끼면 더운물로 녹이는 것이 좋다.
④ 냉동고는 -18℃ 이하, 냉장고는 10℃ 이하가 적정 온도이다.

정답 24 ③   25 ③   26 ③

제과·제빵 공통

27. 손익분기점에 대한 설명으로 틀린 것은?

① 총 비용과 총 수익이 일치하는 지점
② 손해액과 이익액이 일치하는 지점
③ 이익도 손실도 발생하지 않는 지점
④ 판매 총액이 모든 원가와 비용만을 만족시킨 지점

해 손익분기점이랑 수익과 총 비용이 일치하는 지점을 말한다.

28. 매월 고정적으로 포함해야 하는 경비는?

① 지급운임
② 감가상각비
③ 복리후생비
④ 수당

해 생산량의 증가와 관계없이 고정적으로 발생하는 고정비에는 임대료, 노무비 중 정규직원 급여, 세금, 보험료, 감가상각비, 광고 등이 있다.

29. 설비 조건 중 창에 대한 설명으로 옳은 것은?

① 창문틀과 내벽은 90℃ 각도로 한다.
② 에어커튼은 날아다니는 곤충을 막는 데 유용하며 창문은 환기를 위해 자주 열어둔다.
③ 모든 문과 창문에는 방충망을 5mm 두께로 설치한다.
④ 창에 설치된 방충망은 중성세제로 세척한 후 마른 행주로 닦는다.

해 ① 창문틀과 내벽의 경사는 45℃로 한다.
② 작업장에 이물질이 들어오는 것을 방지하기 위해 가급적 창문을 열지 않는 것이 좋다.
③ 모든 문과 창문에는 방충망을 6mm 이상의 두께로 설치한다.

30. 제빵에서 원가 상승의 원인이 아닌 것은?

① 창고에 장기 누적
② 수요 창출에 역행하는 신제품 개발
③ 자재 선입선출 방식 실시
④ 다품종 소량 생산의 세분화 전략

해 재료의 사용 시 선입선출 기준에 따라 관리하면, 재료의 효율적 사용 및 재고 물량 발생을 줄일 수 있다.

정답 27 ② 28 ② 29 ④ 30 ③

PART 7
: 합격 적중 문제

CHAPTER 01 합격 적중 문제

01 초기 부패 시 식품 1g당 일반 세균수는?

① $10^2 \sim 10^3$
② $10^4 \sim 10^5$
③ $10^7 \sim 10^8$
④ $10^5 \sim 10^6$

02 빵 반죽의 흡수율에 영향을 미치는 요소에 대한 설명으로 옳은 것은?

① 설탕 5% 증가 시 흡수율은 1%씩 감소한다.
② 빵 반죽에 알맞은 물은 경수(센물)보다 연수(단물)이다.
③ 반죽 온도가 5℃ 증가함에 따라 흡수율이 3% 증가한다.
④ 유화제 사용량이 많으면 물과 기름의 결합이 좋게 되어 흡수율이 감소한다.

03 다음 중 HACCP 적용의 7가지 원칙에 해당하지 <u>않는</u> 것은?

① 위해요소 분석
② HACCP 팀 구성
③ 한계 기준설정
④ 기록유지 및 문서관리

04 장미 모양을 만들 때 사용하는 깍지는?

①

②

③

④

05 튀김용 반죽으로 알맞은 것은?

① 스펀지 반죽
② 슈 반죽
③ 비스킷 반죽
④ 파이 반죽

06 커스터드 크림의 농후화제로 알맞지 않은 것은?

① 버터
② 박력분
③ 전분
④ 계란

07 식품 시설에서 교차오염을 예방하기 위하여 바람직한 것은?

① 작업장은 최소한의 면적을 확보함
② 냉수 전용 수세 설비를 갖춤
③ 작업 흐름을 일정한 방향으로 배치함
④ 불결 작업과 청결 작업이 교차하도록 함

08 고동류(소라 등)에서 감염되는 자연 독은?

① 테트라민(tetramine)
② 삭시톡신(saxitoxin)
③ 베네루핀(venerupin)
④ 테트로도톡신(tetrodotoxin)

09 빵 반죽을 정형기(moulder)에 통과시켰을 때 아령 모양으로 되었다면 정형기의 압력 상태는?

① 압력이 강하다.
② 압력이 약하다.
③ 압력이 적당하다.
④ 압력과는 관계없다.

10 경구전염병이 아닌 것은?

① 장티푸스
② 이질
③ 콜레라
④ 말라리아

11 지질대사에 관계하는 비타민이 아닌 것은?

① pantothenic acid
② niacin
③ vitamin B_2
④ folic acid

12 산양, 양, 돼지, 소에게 감염되면 유산을 일으키고 주 증상은 발열로 고열이 2~3주 주기적으로 일어나는 인수공통전염병은?

① 광우병
② 공수병
③ 파상열(브루셀라증)
④ 신증후군출혈열

13 유해성 감미료는?

① 물엿
② 설탕
③ 사이클라메이트
④ 아스파탐

14 쥐를 매개체로 전염되는 질병이 아닌 것은?

① 페스트
② 렙토스피라증
③ 돈단독증
④ 쯔쯔가무시병

15 거품을 제거하고 방지하는 소포제 역할로 사용되는 종류로 알맞은 것은?

① 글리세린
② 규소수지(실리콘수지)
③ 브롬산칼륨
④ 유동 파라핀

16 조리사의 면허를 받으려는 자는 조리사 면허증 발급 신청서를 누구에게 제출하여야 하는가?

① 고용노동부 장관
② 보건복지부 장관
③ 식품의약품안전처장
④ 특별자치도지사, 시장, 군수

17 100ppm을 %로 올바르게 나타낸 것은?

① 0.1%
② 0.01%
③ 0.001%
④ 0.0001%

18 화이트 레이어 케이크 제조 시 주석산 크림을 사용하는 목적과 거리가 먼 것은?

① 흰자를 강하게 하기 위하여
② 껍질 색을 밝게 하기 위하여
③ 속색을 하얗게 하기 위하여
④ 제품의 색깔을 진하게 하기 위하여

19 얼음사용량을 구하는 공식은?

① $\dfrac{\text{물 사용량} \div (\text{수돗물 온도} - \text{사용수 온도})}{80 + \text{수돗물 온도}}$

② $\dfrac{\text{물 사용량} \times (\text{수돗물 온도} - \text{사용수 온도})}{80 + \text{수돗물 온도}}$

③ $\dfrac{\text{물 사용량} \times (\text{수돗물 온도} + \text{사용수 온도})}{80 + \text{수돗물 온도}}$

④ $\dfrac{\text{물 사용량} \times (\text{수돗물 온도} - \text{사용수 온도})}{80 - \text{수돗물 온도}}$

20 단백질 함량이 많고 밀가루의 반죽 양이 많을 때 이용하는 믹서는?

① 수평형 믹서
② 수직형 믹서
③ 스파이럴 믹서
④ 에어 믹서

21 호밀빵에 사용되는 향신료는?

① 오레가노
② 월계수 잎
③ 캐러웨이
④ 넛메그

22 다음 식품첨가물 중 표백제가 아닌 것은?

① 소르빈산
② 과산화수소
③ 아황산나트륨
④ 차아황산나트륨

23 케이크 아이싱 시 크림의 지방 함유량은?

① 10%
② 5%
③ 20%
④ 36%

24 제빵 제조공정의 4대 중요 관리항목에 속하지 않는 것은?

① 시간관리
② 온도관리
③ 공정관리
④ 영양관리

25 탈지분유와 전지분유의 차이점은?

① 수분
② 지방
③ 유당
④ 회분

26 유용한 장내세균의 발육을 도와 정장 작용을 하는 당은?

① 설탕
② 유당
③ 맥아당
④ 셀로비오스

27 식품 또는 식품첨가물을 채취, 제조, 가공, 조리, 저장, 운반 또는 판매하는 직접 종사자들이 정기 건강 진단받아야 하는 주기는?

① 1회/월
② 1회/3개월
③ 1회/6개월
④ 1회/년

28 도넛 튀김기에 붓는 기름의 평균 깊이로 가장 적당한 것은?

① 5~8cm
② 9~12cm
③ 12~15cm
④ 16~19cm

29 분할기와 관련이 없는 것은?

① 우산형
② 스파이럴형
③ 인테그라형
④ 절구형

30 식빵에 당질 50%, 지방 5%, 단백질 9%, 수분 24%, 회분 2%가 들어 있다면 식빵을 100g 섭취하였을 때 열량은?

① 281kcal
② 301kcal
③ 326kcal
④ 506kcal

31 보존료의 조건으로 가장 적당하지 못한 것은?

① 독성이 없거나 장기적으로 사용해도 인체에 해를 주지 않아야 한다.
② 무미, 무취로 식품에 변화를 주지 않아야 한다.
③ 사용 방법이 용이하고 값이 싸야 한다.
④ 단기간만 강력한 효력을 나타내야 한다.

32 어느 제과점의 지난달 생산실적이 다음과 같은 경우 노동분배율은? (외부가치 600만원, 생산가치, 3000만원, 인건비 1500만원, 총인원 10명)

① 50%
② 45%
③ 55%
④ 60%

33 감자 조리 시 아크릴아마이드를 줄일 수 있는 방법이 아닌 것은?

① 냉장고에 보관하지 않는다.
② 튀기거나 굽기 직전에 감자의 껍질을 벗긴다.
③ 물에 침지 시켰을 때 경우는 건조 후 조리한다.
④ 튀길 때 180℃ 이상의 고온에서 조리한다.

34 전분을 효소나 산에 의해 가수분해시켜 얻은 포도당액을 효소나 알칼리 처리로 포도당과 과당으로 만들어 놓은 당의 명칭은?

① 전화당
② 맥아당
③ 이성화당
④ 전분당

35 제품의 포장 용기에 의한 화학적 식중독에 대한 주의를 특히 필요로 하는 것과 가장 거리가 먼 것은?

① 형광 염료를 사용한 종이 제품
② 착색된 셀로판 제품
③ 페놀수지 제품
④ 알루미늄박 제품

36 초콜릿의 맛을 크게 좌우하는 가장 중요한 요인은?

① 카카오버터
② 카카오 단백질
③ 코팅 기술
④ 코코아 껍질

37 변질하기 쉬운 식품을 생산지로부터 소비자에게 전달하기까지 저온으로 보존하는 시스템은?

① 냉장유통체계
② 냉동유통체계
③ 저온유통체계
④ 상온유통체계

38 신경조직의 주요 물질인 당지질은?

① 세레브로시드(cerebroside)
② 스핑고미엘린(sphingomyelin)
③ 레시틴(lecithin)
④ 이노시톨(inositol)

39 지방의 소화에 대한 설명 중 올바른 것은?

① 소화는 대부분 위에서 일어난다.
② 소화를 위해 담즙산이 필요하다.
③ 지방은 수용성 물질의 소화를 돕는다.
④ 유지가 소화, 분해되면 단당류가 된다.

40 초콜릿의 브룸(bloom) 현상에 대한 설명 중 틀린 것은?

① 초콜릿 표면에 나타난 흰 반점이나 무늬 같은 것을 브룸(bloom) 현상이라고 한다.
② 설탕이 재결정화된 것을 슈가브룸(sugar bloom)이라고 한다.
③ 지방이 유출된 것을 팻브룸(fat bloom)이라고 한다.
④ 템퍼링이 부족하면 설탕이 재결정화가 일어난다.

41 퐁당 아이싱이 끈적거리거나 포장지에 붙는 경향을 감소시키는 방법으로 옳지 않은 것은?

① 아이싱을 다소 덥게(40℃)하여 사용한다.
② 아이싱에 최대의 액체를 사용한다.
③ 굳은 것은 설탕 시럽을 첨가하거나 데워서 사용한다.
④ 젤라틴, 한천 등과 같은 안정제를 적절하게 사용한다.

42 익스텐소 그래프란?

① 밀가루의 흡수율, 믹싱 시간, 믹싱 내구성을 측정함
② 반죽의 신장성과 신장에 대한 저항성을 측정함
③ 전분의 점도를 측정함
④ 박력분의 제과적성을 판단함

43 어느 제과점의 이번 달 생산 예상 총액이 1000만원인 경우, 목표 노동 생산성은 5000원/시/인, 생산 가동 일수가 20일, 1일 작업시간 10시간인 경우 소요 인원은?

① 4명
② 6명
③ 8명
④ 10명

44 오븐 내에서 뜨거워진 공기를 강제 순환시키는 열전달 방식은?

① 대류
② 전도
③ 복사
④ 전자파

45 다음 중 고온에서 빨리 구워야 하는 제품은?

① 파운드케이크
② 고율배합 제품
③ 저율배합 제품
④ 패닝량이 많은 제품

46 초콜릿 제품을 생산하는데 필요한 도구는?

① 디핑 포크(Dipping forks)
② 오븐(oven)
③ 파이 롤러(pie roller)
④ 워터 스프레이(water spray)

47 다음의 재료 중 많이 사용할 때 반죽의 흡수량이 감소하는 것은?

① 활성 글루텐
② 손상전분
③ 유화제
④ 설탕

48 다음 중 정상적인 스펀지 반죽을 발효시키는 동안 스펀지 내부의 온도 상승은 어느 정도가 가장 바람직한가?

① 1~2℃
② 4~6℃
③ 8~10℃
④ 12~14℃

49 단백질 함량이 2% 증가한 강력밀가루 사용 시 흡수율 변화의 가장 적당한 것은?

① 2% 감소
② 1.5% 증가
③ 3% 증가
④ 4.5% 증가

50 직접반죽법에 의한 발효 시 가장 먼저 발효되는 당은?

① 맥아당(maltose)
② 포도당(glucose)
③ 과당(fructose)
④ 갈락토오스(galactose)

51 카카오 박을 200mesh 정도의 고운 분말로 만든 제품은?

① 비터 초콜릿
② 밀크 초콜릿
③ 코코아
④ 커버추어

52 공장 설비 구성에 대한 설명으로 옳지 않은 것은?

① 공장 시설 설비는 인간을 대상으로 하는 공학이다.
② 공장 시설은 식품 조리 과정의 다양한 작업을 여러 조건에 따라 합리적으로 수행하기 위한 시설이다.
③ 설계 디자인은 공간의 할당, 물리적 시설, 구조의 생김새, 설비가 갖춰진 작업장을 나타내 준다.
④ 각 시설은 그 시설이 제공하는 서비스의 형태에 기본적인 어떤 기능을 지니고 있지 않다.

53 식품 조리 및 취급 시 교차오염이 발생하는 경우와 거리가 먼 것은?

① 생고기를 자른 가위로 반죽을 자른다.
② 씻지 않은 손으로 샌드위치를 만든다.
③ 생선을 다듬던 도마에 샐러드용 채소를 썬다.
④ 반죽에 생고구마 조각을 얹어 쿠키를 굽는다.

54 가장 광범위하게 사용되는 베이킹파우더의 주성분은?

① $CaHPO_4$
② $NaHCO_3$
③ NA_2CO_3
④ NH_4CL

55 유장에 탈지 분유, 밀가루, 대두분 등을 혼합하여 탈지 분유의 기능과 유사하게 한 제품은?

① 시유
② 농축 우유
③ 대용 분유
④ 전지 분유

56 우리나라의 「식품위생법」에서 정하고 있는 내용이 아닌 것은?

① 건강 기능 식품의 검사
② 건강 진단 및 위생 교육
③ 조리사 및 영양사의 면허
④ 식중독에 관한 조사 보고

57 인체 유해 병원체에 의한 감염병의 발생과 전파를 예방하기 위한 개인위생 관리 방법으로 적합하지 않은 것은?

① 목걸이, 귀걸이 등의 장신구는 착용하지 않는다.
② 식품업에 종사하기 시작할 때만 건강 검진을 받는다.
③ 귀와 머리카락이 보이지 않도록 모자를 착용한다.
④ 위생복은 외출복과 구분하여 보관 및 관리한다.

58 감염병 중에서 비말 감염과 관계가 먼 것은?

① 백일해
② 디프테리아
③ 발진열
④ 결핵

59 제과회사에서 작업 전후에 손을 씻거나 작업대, 기구 등을 소독하는데 사용하는 소독용 알콜의 농도로 가장 적합한 것은?

① 30%
② 50%
③ 70%
④ 100%

60 식품의 위생적인 준비를 위한 조리장의 관리로 부적합한 것은?

① 조리장의 위생 해충은 약제 사용을 1회만 실시하면 영구적으로 박멸된다.
② 조리장에 음식물과 음식물 찌꺼기를 함부로 방치하지 않는다.
③ 조리장의 출입구에 신발을 소독할 수 있는 시설을 갖춘다.
④ 조리사의 손을 소독할 수 있도록 손 소독기를 갖춘다.

61 자외선 살균의 이점이 아닌 것은?

① 살균효과가 크다.
② 균에 내성을 주지 않는다.
③ 표면 투과성이 좋다.
④ 사용이 간편하다.

62 다음 중 초고온 순간 살균법(UHT)으로 가장 일반적인 조건은?

① 70~75℃에서 15초간 가열
② 60~65℃ 30분간 가열
③ 95~120℃에서 30분~1시간 가열
④ 130~140℃에서 2초간 가열

63 기초대사율은 신체 조직 중 무엇과 가장 관계가 깊은가?

① 혈액의 양
② 피하지방의 양
③ 근육의 양
④ 골격의 양

64 반죽형 케이크의 중심부가 올라온 경우의 원인으로 알맞은 것은?

① 설탕 사용량이 많았다.
② 쇼트닝 사용량이 많았다.
③ 달걀의 사용량이 많다.
④ 오븐 온도가 강하다.

65 오염된 우유를 먹었을 때 발생할 수 있는 인수공통 감염병이 아닌 것은?

① 야토병
② Q열
③ 결핵
④ 파상열

66 미생물의 감염을 감소시키기 위한 작업장 위생의 내용과 관계 없는 것은?

① 소독액으로 벽, 바닥, 천정을 세척한다.
② 빵 상자, 수송 차량, 매장 진열대는 항상 온도를 높게 관리한다.
③ 깨끗하고 뚜껑이 있는 재료통을 사용한다.
④ 적절한 환기와 조명시설이 된 저장실에 재료를 보관한다.

67 밀가루의 표백과 숙성을 위해 사용되는 첨가물의 기능과 가장 거리가 먼 것은?

① 표백기간 단축
② 숙성기간 단축
③ 제빵 적성 개선
④ 밀가루의 산화 방지

68 스펀지 케이크 제조 시 제품의 건조 방지를 위해서 전화당 같은 보습제의 사용범위로 가장 알맞은 것은?

① 5~10%
② 15~25%
③ 30~50%
④ 55~100%

69 다음 중 반죽 온도가 낮을 경우 발생하는 현상이 아닌 것은?

① 기공이 조밀해서 부피가 작아져 식감이 나빠진다.
② 굽기 중 오븐 온도에 의한 증기압을 형성하는데 많은 시간이 필요하다.
③ 껍질이 형성된 후 증기압에 의한 팽창작용으로 표면이 터지고 거칠어질 수 있다.
④ 기공이 열리고 큰 구멍이 생겨 조직이 거칠게 되어 노화가 빨라진다.

70 젤리 롤 케이크 말기 방법에 대한 설명 중 잘못된 것은?

① 막대를 이용하여 면 보자기를 살짝 들고 제품과 함께 만다.
② 제품을 너무 단단하게 말면 제품의 부피가 작아진다.
③ 제품을 너무 느슨하게 말면 가운데 구멍이 생긴다.
④ 케이크 시트가 너무 식었을 때 말면 제품의 부피가 작아진다.

71 다음 중 알코올이 흡수되는 곳은?

① 구강
② 위
③ 식도
④ 대장

72 캐러멜화가 가장 높은 온도에서 일어나는 당은?
① 설탕
② 과당
③ 아카시아꿀
④ 전화당

73 튀김 횟수 증가 시 튀김 기름의 변화로 부적당한 것은?
① 중합도 증가
② 점도의 감소
③ 산가 증가
④ 과산화물가 증가

74 다음 중 산성 식품은?
① 오이
② 사과
③ 양상추
④ 빵

75 빵제품의 제조공정에 대한 설명으로 옳지 않은 것은?
① 반죽은 무게 또는 부피에 의해 분할 한다.
② 둥글리기에서 과다한 덧가루를 사용하면 제품에 줄무늬가 생긴다.
③ 중간 발효 시간은 대체로 10~20분이며, 27~29℃에서 실시한다.
④ 성형은 반죽을 일정한 형태로 만드는 1단계 공정으로 이루어져 있다.

76 설비 조건 중 조도에 대한 설명으로 틀린 것은?
① 작업장, 식기저장고의 조명은 220Lux 이상으로 한다.
② 테이블 조명은 500~700Lux가 적당하다.
③ 선별이나 검사구역 작업장의 조도는 500Lux가 적당하다.
④ 진열대에 빵을 비추는 조도는 500Lux가 적당하다.

77 은행이나 풋매실, 살구에 함유된 글리코사이드 물질로, 상당량 섭취 시 호흡곤란, 청색증, 쇠약, 현기증을 일으키는 독소는?
① 아미그달린
② 고시폴
③ 삭시톡신
④ 시큐톡신

78 HACCP 신규 교육 시 받아야 하는 영업자의 교육시간은?
① 2시간
② 4시간
③ 6시간
④ 8시간

79 제과·제빵 작업실 내 복장에 대한 설명으로 틀린 것은?

① 상의와 하의는 매일 세척 후 건조시켜 착용한다.
② 신발은 신고 벗기가 편리하고 미끄럽지 않아야 한다.
③ 일회용 위생 장갑은 자주 세척하여 청결을 유지한다.
④ 목걸이, 귀걸이 등을 착용하지 않는다.

80 양질의 도넛을 만들기 위한 튀김 기름 중의 적절한 유리 지방산 함량은?

① 0.5%
② 1.5%
③ 2.5%
④ 3.5%

81 일반적인 바게트(baguette)의 분할 무게로 가장 적합한 것은?

① 50g
② 200g
③ 350g
④ 600g

82 데니시페이스트리에서 롤인 유지함량 및 접기 횟수에 대한 내용 중 틀린 것은?

① 롤인 유지함량이 증가할수록 제품 부피는 증가한다.
② 롤인 유지함량이 적어지면 같은 접기 횟수에서 제품의 부피가 감소한다.
③ 같은 롤인 유지함량에서는 접기 횟수가 증가할수록 부피는 증가하다 최고점을 지나면 감소한다.
④ 롤인 유지함량이 많은 것이 롤인 유지함량이 적은 것보다 접기 횟수가 증가함에 따라 부피가 증가하다가 최고점을 지나면 감소하는 현상이 현저하다.

83 퍼프 페이스트리(Puff pastry)의 접기 공정에 관한 설명으로 옳은 것은?

① 접는 모서리는 직각이 되어야 한다.
② 접기 수와 밀어 펴놓은 결의 수는 동일하다.
③ 접히는 부위가 동일하게 포개어지지 않아도 된다.
④ 구워낸 제품이 한쪽으로 터지는 경우 접기와는 무관하다.

84 소량의 물을 정확하게 측정할 때 사용하는 기구는?

① 비커
② 메스실린더
③ 피펫
④ 전자저울

85 다음 중 식품의 영양 강화 목적으로 사용하는 '강화제'가 아닌 것은?

① 철분
② 비타민 A
③ 엽산
④ 조미료

86 다음 중 인수 공통 감염병에 해당하는 것은?

① 수두
② 탄저병
③ 무좀
④ 말라리아

87 과일류 및 채소류를 세척할 때 주로 사용되는 약품으로 가장 적절한 것은?

① 질산
② 차아염소산나트륨
③ 수산화나트륨
④ 황산

88 제조물 책임법의 주된 목적은 무엇인가?

① 제조업체의 생산 비용을 줄이기 위해
② 소비자를 보호하고, 결함 있는 제품에 대해 제조업체의 책임을 명확히 하기 위해
③ 제품의 가격을 안정시키기 위해
④ 판매자의 이익을 보호하기 위해

89 다음 중 고시폴(Hosfeld reagent)과 결합하면 체내 이용도가 낮아지는 아미노산은?

① 메티오닌(Methionine)
② 트레오닌(Threonine)
③ 리신(Lysine)
④ 글루탐산(Glutamic acid)

90 카카오버터를 만들고 남은 presscake를 분쇄한 것은 무엇인가?

① 코코아
② 설탕
③ 소금
④ 버터

91 아이싱에 흡수제로 적당하지 않은 것은 무엇인가?

① 물엿
② 설탕
③ 글리세린
④ 전분

92 완성 단계의 식품 세척에서 산성 용액을 사용하여 색과 맛을 유지하고 미생물을 억제할 때 주로 사용하는 물질은?

① 구연산(Citric acid)
② 탄산나트륨(Na_2CO_3)
③ 과탄산소다(Sodium percarbonate)
④ 수산화칼슘($Ca(OH)_2$)

93 식품 완성 단계에서 세척 후 반드시 수행해야 하는 과정은 무엇인가?

① 상온 건조
② 충분한 물로 헹구기
③ 전자레인지 살균
④ 알코올 분무

94 화이트 레이어 케이크를 만들 때 쇼트닝을 기준으로 계란 흰자의 양을 계산하려 한다. 올바른 계산식은 무엇인가?

① 흰자 = 쇼트닝 × 1.0
② 흰자 = 쇼트닝 × 1.3
③ 흰자 = 쇼트닝 × 1.43
④ 흰자 = 쇼트닝 × 0.9

95 제빵에서 냉각 공정의 주목적은?

① 제품의 저장성 증가
② 색상 조절
③ 단맛 증가
④ 기공 확대

96 베이킹파우더의 주성분은?

① 글루텐
② 탄산수소나트륨
③ 효소
④ 전분

97 세균의 증식에 가장 큰 영향을 미치는 요인은?

① 기압
② 빛
③ 산소
④ 온도

98 지방의 산패 정도를 측정하는 지표로 가장 많이 쓰이는 것은?

① pH
② TBA 값
③ 비중
④ 점도

99 점성을 증가시키고 분산 안정제 역할을 하는 첨가물은?

① 글리세린
② 구아검
③ 프로피온산칼슘
④ 벤조산나트륨

100 식품의 부패도를 이화학적으로 평가하는 방법에 해당하지 않는 것은?

① pH 측정
② TBA 값
③ 수분 활성 분석
④ 냄새 테스트

CHAPTER 02 정답&해설

01
답 ③

해 일반적으로 식품 1g 중 생균 수가 약 $10^7 \sim 10^8$일 때, 초기 부패로 판정한다.

02
답 ①

해 빵 반죽에 알맞은 물은 아경수이며, 반죽 온도가 5℃ 증가함에 따라 흡수율은 3% 감소한다. 유화제 사용량이 많으면 흡수율은 증가한다.

03
답 ②

해 **HACCP 7원칙 설정 및 구성 요소**
   (1) **원칙** 1 : 위해 요소 분석과 위해 평가
   (2) **원칙** 2 : CCP(중요 관리점) 결정
   (3) **원칙** 3 : CCP에 대한 한계 기준 설정
   (4) **원칙** 4 : CCP 모니터링 방법 설정
   (5) **원칙** 5 : 개선 조치 설정
   (6) **원칙** 6 : 검증 방법 수립
   (7) **원칙** 7 : 기록 유지 및 문서 유지

04
답 ④

해 ① 원형 깍지
   ② 꽃잎 깍지
   ③ 별 깍지

05
답 ②

해 슈반죽을 튀기면 츄러스를 만들 수 있다.

06
답 ①

해 단백질이 열에 의해 응고되는 것을 농후화제라고 하며 버터는 지방 성분이다.

07
답 ③

해 교차 오염이란 오염된 물질과의 접촉으로 인해 비오염 물질이 오염되는 것이다. 칼과 도마 등의 조리 기구나 용기, 앞치마, 고무장갑 등은 원료나 조리 과정에서의 교차 오염을 방지하기 위하여 식재료 특성 또는 구역별로 구분하여(식자재 및 비식자재 구분) 사용하며 수시로 세척 및 소독하여야 한다. 식품 취급 등의 작업은 바닥으로부터 60cm 이상의 높이에서 실시하여 바닥으로부터의 오염을 방지하고, 작업 흐름을 일정한 방향으로 배치한다. 조리가 완료된 식품과 세척 및 소독된 배식 기구 및 용기 등의 위생관리를 실시한다. 용도에 따라 도마를 다르게 사용한다.

08
답 ①

해 ② 삭시톡신 : 섭조개
③ 베네루핀 : 모시조개
④ 테트로도톡신 : 복어

09
답 ①

해 압력이 강했기 때문에 아령 모양이 되었다.

10
답 ④

해 말라리아는 모기로 매개하는 질병이다.

11
답 ④

해 folic acid는 지질대사에 관여하지 않는다.

12
답 ③

해 브루셀라증이라고도 하며, 소에게는 유산, 사람에게는 열성질환을 일으킨다.

13
답 ③

해 사용 금지된 유해 감미료에는 사이클라메이트, 둘신이 있으며 허용 감미료에는 사카린나트륨, 아스파탐, 스테비오시드가 있다.

14
답 ③

해 돈단독증은 돼지를 매개체로 전염되는 질병이며 급성 패혈증이 특징이다.

15
답 ②

해 ① 글리세린 : 유화제(계면활성제)
③ 브롬산칼륨 : 밀가루 개량제
④ 유동 파라핀 : 이형제

16
답 ④

해 조리사가 되려는 자는 국가기술자격법에 따라 해당 분야의 자격증을 얻은 후 특별자치도지사, 시장, 군수, 구청장의 면허를 받고 발급 신청서 또한 제출한다.

17
답 ②

해 ppm의 단위는 1/1,000,000이므로 100/1,000,000×100=0.01%이다.

18
답 ④

해 주석산을 사용하는 이유는 흰자를 강화하고, 색상을 밝게 한다.

19

답 ②

해 얼음사용량 공식은
$$\frac{물\ 사용량 \times (수돗물\ 온도 - 사용수\ 온도)}{80 + 수돗물\ 온도}$$

20

답 ①

해 ② **수직형 믹서**: 소규모 제과점에서 주로 사용하며, 믹서 용량의 70%만 반죽해야 한다.
③ **스파이럴 믹서**: S형 훅이 고정된 제빵 전용 믹서
④ **에어 믹서**: 제과 전용 믹서로 공기를 넣어 믹싱하여 일정한 기포를 형성한다.

21

답 ③

해 독일에서 호밀빵에 캐러웨이를 넣어 즐겨 먹었다고 한다.

22

답 ①

해 소르빈산은 어육 연제품, 고추장, 팥앙금류 등의 보존료이다.

23

답 ④

해 생크림은 유지방 함량이 18% 이상인 크림이며 커피용 및 조리용 크림은 유지방 함량이 10~18%가 적당하며 케이크 아이싱에 사용되는 휘핑용 크림은 유지방 함량이 36% 이상이 적당하다.

24

답 ④

해 4대 중요 관리 항목으로는 시간 관리, 온도 관리, 습도 관리, 공정 관리가 있다.

25

답 ②

해 전지분유는 우유를 그대로 건조한 것이며, 탈지분유는 우유 속의 지방을 제거하여 원유 그대로 건조한 것이다. 탈지분유 구성 중 50%는 유당이 차지한다.

26

답 ②

해 - 유당은 포유동물의 젖 중에 자연 상태로 존재하며, 락타아제(Lactase)라는 효소에 의해 포도당과 갈락토오스로 분해된다.
- 우유(시유)에 보통 4.8% 정도 들어 있고, 정장 작용을 하며 칼슘의 흡수와 이용을 돕는다.

27

답 ④

해 식품 또는 식품첨가물을 채취, 제조, 가공, 조리, 저장, 운반 또는 판매하는 직접 종사자들이 정기 건강 진단받아야 하는 주기는 1년에 1회이다.

28

답 ③

해 도넛 튀김기에 붓는 기름의 평균 깊이는 12~15cm 정도가 적합하다.

29
답 ②

해 스파이럴은 반죽하는 믹서이다.

30
답 ①

해 열량 영양소 탄수화물, 단백질, 지방의 칼로리만 구한다.
당질 50%×4kcal=200%,
단백질 9%×4kcal=36%,
지방 5%×9kcal=45%
200+36+45=281%이므로,
100g 섭취하였을 때의 열량은 281kcal이다.

31
답 ④

해 **보존료의 구비조건**
1) 무미, 무취, 무색으로 식품과 화학반응을 하지 않아야 함
2) 독성이 없거나 적어야 함
3) 산·알칼리에 안전해야 함
4) 식품의 변질 미생물에 대한 저지 효과가 커야 함
5) 사용하기 쉬워야 함

32
답 ①

해 노동분배율 = $\dfrac{\text{인건비}}{\text{생산가치 (부가가치)}} \times 100$

이므로 $\dfrac{1500}{3000} \times 100 = 50\%$이다.

33
답 ④

해 탄수화물이 많이 든 감자를 고온에서 가열하거나 튀길 때 아크릴아마이드라는 발암성 물질이 생성된다.

34
답 ③

해 ① **전화당**: 설탕을 가수분해하면 포도당과 과당으로 각각 1분자씩 분해되는데 이 현상을 전화라 하며, 이때 생기는 포도당과 과당의 혼합물을 전화당이라고 한다.
② **맥아당**: 발아한 보리, 엿기름 속에 존재한다.
③ **이성화당**: 전분을 효소나 산에 의해 가수분해시켜 얻은 포도당액을 효소나 알칼리 처리로 포도당과 과당으로 만들어 놓은 당이다.
④ **전분당**: 전분을 가수분해하여 얻는 당을 가리키며, 포도당, 물엿, 이성화당 등이 있다.

35
답 ④

해 알루미늄박은 알루미늄을 아주 얇게 늘려 만든 판으로 내식성이 뛰어나고 인체에 해가 없어서 포장재, 단열재로 쓰인다.

36
답 ①

해 카카오버터는 카카오 매스에서 분리된 지방으로서, 초콜릿의 풍미를 결정하는 가장 중요한 원료이며, 비터 초콜릿 속 카카오버터의 함량은 3/8이다.

37
답 ③

해 변질하기 쉬운 식품을 생산지로부터 소비자에게 전달하기까지 저온으로 보존하는 시스템을 저온유통체계라고 한다.

38
답 ①

해 세레브로시드는 탄수화물과 중성 지방이 결합한 것으로, 신경과 뇌 조직에서 볼 수 있다.

39
답 ②

해 지방의 연소와 합성이 이루어지는 장기는 간이지만, 위에서 소량의 리파아제와 혼합되고, 지질 소화의 대부분은 소장에서 이루어진다. 지방 분해 효소인 리파아제는 췌장에서 효소 스테압신이 작용하여 글리세린과 지방산으로 분해가 되고, 위에서는 담즙에 의해 충분히 유화된 후 소장으로 보내져 대부분 흡수된다.

40
답 ④

해 설탕의 재결정화는 초콜릿의 템퍼링이 부족해서가 아닌 습도가 높은 장소에서 오랫동안 방치되었을 때, 공기 중의 수분이 표면에 부착한 뒤 그 수분이 증발해 버려 어떤 물질이 결정형태로 남아 흰색이 나타나는 설탕블룸(Sugar bloom)과 관련이 있다.

41
답 ②

해 아이싱에 최소의 액체를 사용한다.

42
답 ②

해 ① 패리노 그래프
③ 아밀로 그래프
④ 맥미카엘 점도계

43
답 ④

해 한 달 생산 예상 총액 : 1000만 원
인당 시급 : 5000원
인당 생산 시간 : 10시간
가동 일수 : 20일
시간당 5000원을 받고 10시간 일하고 20일 일했으므로
5000(원) × 10(시간) × 20(일) = 1,000,000
한 달 예상 총액이 천만 원이고, 1인당 백만 원이므로, 최대 소요 인원은 10명이다.

44
답 ①

해 오븐 내에서 뜨거워진 공기를 강제 순환시키는 열전달 방식은 대류법이다.

45
답 ③

해 고온에서 빨리 굽는 방법을 언더베이킹이라고 하며, 저율배합에 해당한다.

46
답 ①

해 초콜릿 제품을 생산하는데 필요한 도구는 디핑 포크(Dipping forks)이다.

47
답 ④

해 설탕 5% 증가 시, 흡수율이 1% 감소한다.

48
답 ②

해 스펀지 도우법의 스펀지 반죽을 발효시키는 동안 스펀지 내부의 온도 상승은 4~6℃가 바람직하다.

49
답 ③

해 반죽의 흡수율에 영향을 주는 요인으로 밀가루 단백질 1% 증가 시, 수분 흡수율은 1.5~2% 증가한다. 따라서, 2% 증가한 밀가루 사용 시 3%가 증가한다.

50
답 ②

해 발효 시 가장 먼저 발효되는 당은 포도당이다.

51
답 ③

해 코코아 분말은 코코아버터를 만들고 남은 박을 200mesh 정도의 고운 분말로 분쇄한 것이다.

52
답 ④

해 공장 설비는 기본적인 기능을 지니고 있어 사용하기 편리해야 하며 작업능률을 향상시킬 수 있는 구조여야 한다.

53
답 ④

해 교차오염은 오염된 식품이나 조리 기구의 균이 오염되지 않은 식재료 및 기구에 혼입되거나 종사자의 접촉으로 인해 오염된 미생물이 비오염 구역으로 유입되는 것을 말한다. 생고구마를 반죽에 얹어 굽는 경우, 오염된 것이 없으며 굽기 과정을 거치기 때문에 교차오염이 발생하지 않는다.

54
답 ②

해 베이킹파우더의 주성분은 $NaHCO_3$ (탄산수소나트륨, 중조, 소다)이다.

55
답 ③

해 대용 분유는 유장에 탈지 분유, 밀가루, 대두분 등을 혼합하여 탈지 분유의 흡수력, 기능 등과 유사하게 만든 것이다.

56
답 ①

해 우리나라는 건강 기능 식품에 대해 「식품위생법」에 따른 처벌을 배제한다.

57
답 ②

해 식품취급자는 1년에 1회, 정기적으로 건강검진을 받아야 한다.

58
답 ③

해 발진열은 쥐나 벼룩을 통해 감염되는 질환이다.

59
답 ③

해 70% 알코올 수용액이 작업 전후 금속, 유리, 기구 및 도구, 손 소독 등에 적합하다.

60
답 ①

해 조리장의 위생 해충은 1회만 실시한다고 영구적으로 박멸되지는 않으며, 정기적인 약제 사용이 필요하다.

61
답 ③

해 자외선은 강한 파장으로 살균효과가 크며, 균에 내성을 주지 않고, 사용이 간편한 소독법이다. 표면 투과성은 없다.

62
답 ④

해 ① 고온 단시간 살균법(HTST) : 70~75℃에서 15초간 가열
② 저온 장시간 살균법(LTLT) : 60~65℃ 30분간 가열
③ 고온 살균법 : 95~120℃에서 30분~1시간 가열

63
답 ③

해 기초대사량이란 몸이 기본적으로 신진대사에 사용하는 에너지의 양을 말하는 것으로 근육의 양이 많으면 몸이 생명을 유지하는데 필요한 에너지인 기초대사량이 높아진다.

64
답 ④

해 오븐 온도가 강할 경우 반죽형 케이크의 중심부가 설익고 부풀어 오르면서 갈라지고 조직이 거칠며 주저앉기 쉽다.

65
답 ①

해 야토병은 토끼가 매개가 되는 인수공통 감염병이다.

66
답 ②

해 대부분의 미생물들은 중온균(25~35℃)이므로 빵 상자, 수송 차량, 매장 진열대의 온도를 높게 유지하면 미생물의 감염 위험성이 커진다.

67
답 ④

해 밀가루의 표백과 숙성은 밀가루의 산화를 통해 이루어진다.

68

답 ②

해 10~15%의 전화당 사용 시 제과의 설탕 결정 석출이 방지되며, 15~25% 전화당 사용 시 스펀지 케이크 완제품의 건조 방지를 하는 보습의 역할을 한다.

69

답 ④

해 반죽온도가 높을 경우에 기공이 열리고 큰 구멍이 생겨 거칠게 되어 노화가 빨라진다.

70

답 ④

해 케이크 시트가 너무 식었을 때 말면 윗면이 터지게 된다.

71

답 ②

해 알코올은 소장과 위에서 흡수가 되고, 위에서 약 20% 흡수되고, 나머지는 소장과 혈류로 흡수되어 대사활동에 쓰이게 된다. 보기에서는 소장이 없으므로 위가 정답이 된다.

72

답 ①

해 설탕은 180℃ 이상에서 캐러멜화가 일어난다.

73

답 ②

해 튀김 횟수 증가 시 점도도 같이 증가한다.

74

답 ④

해 식품의 산성/알칼리성 분류는 그 음식이 몸속에서 대사되고 난 후의 효과를 기준으로 나눈다. 즉, 섭취 후 체내 대사 결과에 따라 분류가 되므로 빵 속의 밀가루, 설탕, 소금, 이스트 등 이러한 재료들은 대사 후 산성 부산물을 남기기 때문에 빵은 일반적으로 산성식품으로 분류된다.

75

답 ④

해 성형 공정은 밀어 펴기, 말기, 봉하기의 3단계 공정으로 이루어져 있다.

76

답 ③

해 선별이나 검사구역 작업장은 육안으로 확인해야 하므로 540Lux 이상을 유지해야 한다.

77

답 ①

해 ② 정제가 덜 된 목화씨 기름(면실유)
   ③ 섭조개, 대합조개
   ④ 독미나리

78

답 ①

해 영업자 교육 시간은 2시간이고, 팀장 교육 시간은 16시간이며, 팀원 및 기타 종업원 교육 시간은 4시간이다.

79
답 ③

해 일회용 위생장갑은 교차오염을 방지하기 위해 교체하여 사용한다.

80
답 ①

해 유리 지방산이란 유지를 가수 분해하여 얻어지는 지방산을 말하며, 적을수록 신선한 기름이다.

81
답 ③

해 바게트의 길이는 60cm이며, 분할 무게는 350g이다.

82
답 ④

해 롤인 유지함량이 많은 것이 롤인 유지함량이 적은 것보다 접기 횟수가 증가함에 따라 부피가 증가하다가 최고점을 지나면 감소하는 현상이 서서히 나타난다.

83
답 ①

해 접는 모서리는 직각이 되도록 하여 팽창을 균일하게 한다.

84
답 ③

해 피펫은 액체를 적은 양(ml 단위 이하)까지 정밀하게 측정하고 옮기는 데 사용한다.

85
답 ④

해 강화제는 철분, 비타민 A, 엽산처럼 특정 영양소를 보충하는 첨가물이다. 조미료는 영양 강화를 목적으로 하지 않는다.

86
답 ②

해 탄저는 가축과 사람 모두 감염될 수 있는 대표적인 인수공통감염병이다.

87
답 ②

해 차아염소산나트륨은 완성된 식품 표면의 미생물 살균과 잔류 농약 제거를 위해 사용되는 대표적 세척제이다.

88
답 ②

해 제조물 책임법은 결함 있는 제품으로부터 소비자를 보호하고, 제조업체가 손해배상 책임을 지도록 명확히 하는 것이 목적이다. 과실 여부와 상관없이 제조물 결함으로 인한 피해에 대해 책임을 지도록 하여 안전한 제품 생산을 유도한다.

89
답 ③

해 리신은 고시폴과 반응하여 이용도가 낮아지는 대표적인 아미노산으로, 단백질의 제한 아미노산으로 분류된다. 열처리나 곡물 단백질 섭취 시 부족하면 영양가가 떨어질 수 있다. 다른 아미노산은 고시폴과 결합하여 이용도가 크게 저하되지 않는다.

90
답 ①

해 카카오버터를 추출한 후 남은 고형분을 presscake라고 하며, 이를 분쇄하면 코코아가 된다.

91
답 ②

해 설탕은 흡수력이 낮아 아이싱의 수분 조절에는 적합하지 않다.

92
답 ①

해 구연산은 산성 세척제로 색·맛 유지와 미생물 억제에 효과적이며, 완성 식품 세척에 안전하게 사용된다.

93
답 ②

해 세척용 화학약품(차아염소산나트륨, 과산화수소 등) 사용 후에는 깨끗한 물로 충분히 헹궈 약품 잔류를 제거해야 한다.

94
답 ③

해 화이트 레이어 케이크는 전란 대신 계란 흰자를 사용하며, 계란 흰자의 양은 쇼트닝 × 1.43로 계산하여 반죽의 부피와 조직을 최적화한다.

95
답 ①

해 제빵에서의 냉각은 수분 이동을 최소화하고 저장성을 높일 수 있다.

96
답 ②

해 베이킹파우더는 반죽을 팽창시키는 팽창제이며, 탄산수소나트륨이 주성분이다.

97
답 ④

해 세균 증식에 가장 큰 영향은 온도이며, 특히 35~37℃가 적합하다.

98
답 ②

해 TBA값은 지질의 산화 정도를 나타낸다.

99
답 ②

해 구아검은 안정제·점증제로 활용된다.

100
답 ④

해 냄새 테스트는 관능검사(감각적 검사)에 해당하며, 이화학적 평가는 pH, TBA 값, 수분 활성도처럼 기기·수치로 측정하는 방법이다.

PART 8
: 핵심요약노트

핵심요약노트

📢 활용법
1. 정답지를 먼저 암기한다.
2. 암기를 잘하였는지 빈 공간에 쓰면서 나를 테스트해 본다.
3. 틀린 내용이 있으면 다시 암기해서 외운다.
4. 시험장에서 시험 직전에 한 번 정리하는 느낌으로 훑어본다.

📢 주의사항
이것만 암기한다고 해서 합격하기는 매우 어렵습니다.
이 내용들은 제과·제빵 기능사 필기시험을 준비하면서 반드시 알아야 하는 부분으로 기본적으로 꼭 알아야 하는 내용이오니, 반드시 숙지하여 주십시오.

I. 빵류 재료

01 소규모 제과점에서 많이 사용하는 믹서?

답 수직믹서

02 자동분할기는 반죽을 중량 감안한 ( )에 의해 자동분할

답 부피

03 둥글리기를 해주는 기계?

답 라운더

04 중간발효를 다른 말로 2가지?

답 벤치타임, 오버헤드프루프

05 소규모 제과점에서 주로 사용하는 오븐?

답 데크오븐

06 입구와 출구가 다르고 대량공장에서 주로 사용하는 오븐?

답 터널오븐

07 스펀지도우법의 스펀지 온도?

답 24℃

08 스펀지도우법의 도우 온도?

답 27℃

09 스펀지 발효 완료 시점?
- 처음부피의 (   )배
- 핀홀 현상
- 발효 시간 (   )

답 4~5, 3~4시간 반

10 액체 제빵법(액종법)은 (   )로 발효 확인을 할 수 있음

답 pH

11 냉동반죽법의 1차 발효 시간?

답 0~20분

12 냉동반죽법의 급속 냉각 온도?

답 -40℃

13 냉동반죽법의 조치사항 3가지?

답 강력분 사용, 이스트 2배, 산화제 사용

14 믹싱의 6단계 중 반죽이 혼합되며 재료가 수화되는 단계?

답 픽업 단계

15 믹싱의 6단계 중 탄력성이 최대인 단계?

답 발전 단계

16 믹싱의 6단계 중 글루텐이 형성되기 시작하는 단계?

답 클린업 단계

17 렛다운단계까지 믹싱해야 하는 빵?

답 잉글리시머핀, 햄버거빵(틀 사용)

18 1차발효의 온도와 습도?

답 27℃, 75~80%

19 소금 ( )% 이상 사용 시 발효 저해

답 1

20 설탕 ( )% 이상 사용 시 발효 저해

답 5

21 일반적인 발효 손실?

답 1~2%

22 펀치의 목적 3가지?

답 이스트 활성화 촉진, 반죽온도 균일화, 발효시간 단축

23 성형의 5단계?

답 분할, 둥글리기, 중간발효, 정형, 팬닝

24 비용적이란?

답 반죽 1g당 부푸는 부피

25 산형식빵의 비용적?

답 3.2~3.4cm³/g

26 팬닝 시 팬의 온도?

답 32℃

27 팬오일의 조건 3가지?

답 발연점이 높을 것, 산패가 쉬운 지방산이 없을 것, 반죽 무게 0.1~0.2% 사용

28 오븐스프링이란?

답 반죽온도가 49℃에 도달하면 처음 크기의 약 1/3 정도 팽창하고, 60℃가 되면, 오븐스프링은 멈추고 전분이 호화되고, 이스트가 사멸함

29 오븐라이즈란?

답 빵의 내부온도가 60℃에 도달하지 않는 상태

30 오버베이킹이란?

답 저온 장시간 굽기, 고율배합

31 캐러맬화 반응의 온도?

답 160~180℃

32 빵의 냉각 온도와 수분함량?

답 35~40℃, 수분 38%

33 자연 냉각 시 실온 시간?

답 3~4시간

34 제과제빵의 보존료?

답 프로피온산

35 제빵에서의 사용하는 퍼센트는 밀가루를 100으로 기준하는 (   )퍼센트를 사용한다.

답 베이커스

II. 과자류 재료

01 비터란?

답 블렌딩법에 주로 이용, 믹서에 연결하여 재료를 혼합하는 도구

02 반죽을 얇게 밀어 펴는 기계?

답 파이롤러

03 무팽창(유지에 의한 팽창)에 해당하는 제품?

답 페이스트리, 일부 파이 껍질

04 반죽형 케이크의 필수재료?

답 밀가루, 설탕, 소금, 계란, 고체 유지

05 거품형 케이크의 필수재료?

답 밀가루, 설탕, 소금, 계란

06 반죽형 케이크의 종류와 특징?

답 **크림법** : 유지+설탕 믹싱 / 부피감
블렌딩법 : 유지+가루 믹싱 / 유연감
설탕물법 : 2 : 1비율, 균일한색상
1단계법 : 단단계법, 모든 재료 혼합

07 거품형 케이크의 종류와 특징?

답 **공립법** : 전란 믹싱
별립법 : 흰자 노른자 각각 믹싱 후 혼합

08 물리적+화학적으로 팽창하는 반죽법?

답 시퐁법

09 비중을 구하는 공식?

답 반죽 무게÷물 무게

10 파운드케이크의 비용적?

답 2.4cm³

11 스펀지케이크의 비용적?

답 5.08cm³

12 산성 반죽의 특징?

답 밝다, 작은부피, 단단하다, 옅은향

13 레이어케이크의 전란을 구하는 공식은 쇼트닝×( )이지만, 화이트 레이어 케이크는 쇼트닝×( )이다.

답 1.1, 1.43

14 스펀지 케이크의 팬닝비?

답 60%

15 스펀지 케이크의 4가지 필수재료와 퍼센트?

답 밀가루 100%, 설탕 166%, 계란 166%, 소금 2%

16 제과에서의 고율배합이란?

답 가루<설탕

17 시폰케이크나 엔젤푸드 케이크의 이형제?

답 물

18 퍼프페이스트리의 반죽온도?

답 18~20℃

19 파이의 결의 길이는 유지의 ( )에 따라 달라진다.

답 입자크기

20 쿠키의 퍼짐은 설탕의 ( )에 따라 달라진다.

답 입자크기

21 도넛의 글레이즈 품온?

답 49℃

22 반죽형 쿠키의 종류 3가지?

답 드롭 쿠키(소프트쿠키), 스냅 쿠키(슈가쿠키), 쇼트브레드 쿠키(냉동쿠키)

23 거품형 쿠키의 종류 2가지?

답 스펀지 쿠키, 머랭 쿠키

24 튀김기름의 4대 적?

답 열, 물, 공기, 이물질

25 푸딩의 팬닝비?

답 95%

26 파운드 케이크의 팬닝비?

답 70%

27 무스에 사용하는 머랭?

답 이탈리안 머랭

28 퐁당의 온도?

답 114~118℃

29 생산관리의 3대 요소?

답 사람, 재료, 자금

30 원가의 3요소?

답 재료비, 제조경비, 노무비

31 계란의 양이 밀가루에 대하여 (   )% 이상이 되어야 스펀지라 할 수 있다.

답 50

32 공립법에는 가온법과 일반법이 있는데 가온법(더운믹싱) 온도는 (　　)℃ 일반법(찬믹싱) 온도는 (　　)℃

답 43, 22~24

33 파이 제조 시 과일 충전물이 끓어넘치는 이유?

답 껍질에 구멍이 없다, 충전물의 온도가 높다 설탕 함량이 높다, 오븐 온도가 낮다.

III. 기초과학 및 재료과학

01 단당류의 종류?

답 포도당, 과당, 갈락토오스

02 이당류의 종류 및 분해효소?

답 설탕→인버타아제, 맥아당→말타아제, 유당→락타아제

03 상대적 감미도의 뜻?

답 설탕을 기준으로 100이라고 했을 때 단맛을 나타내는 수치

04 상대적 감미도의 수치를 나열하라.

답 과당(175) > 전화당(130) > 자당(100) > 포도당(75) > 맥아당(32) > 갈락토오스(32~20) > 유당(16)

05 노화 지연 방법 3가지 이상을 쓰시오.

답 냉동저장, 유화제 사용, 당류첨가, 양질 재료 사용, 밀봉, 적정공정관리

473

06 아밀로펙틴이 100% 구성된 것?

답 찹쌀, 찰옥수수

07 가소성이란?

답 낮은 온도에서 쉽게 단단하지 않고, 높은 온도에서 쉽게 무르지 않는 성질

08 탄수화물의 기본단위?

답 포도당

09 단백질의 기본단위?

답 아미노산

10 지방의 기본단위?

답 글리세린과 지방산

11 탄수화물 분해효소?

답 아밀라아제

12 단백질 분해효소?

답 프로테아제

13 지방 분해효소?

답 리파아제

14 효소의 주성분?

답 단백질

15 우유의 주단백질?

답 카세인

16 밀가루 단백질 함량?

- 강력분 :
- 중력분 :
- 박력분 :

답 **강력분** : 11.5~13%, **중력분** : 9~11%, **박력분** : 7~9%

17 글루텐의 주요 성분 및 퍼센트?

답 글리아딘(36%) - 신장성, 글루테닌(20%) - 탄력

18 단당류 분해효소?

답 치마아제

19 반추 동물의 네 번째 위에 존재하는 응유효소(치즈 제조에 이용)?

답 레닌

20 효모(이스트)의 증식법?

답 출아법

21 이스트 사멸온도?

답 60℃

22 전분 호화 온도?

답 60℃

23 단백질 변성 온도?

답 74℃

24 생이스트의 수분함량?

답 70%

25 생이스트와 건조이스트의 사용비율?

답 2:1

26 당밀을 발효시킨 술?

답 럼주

27 분당은 덩어리 방지를 위해 전분 (　　)%를 첨가한다.

답 3

28 신선한 우유의 pH?

답 6.6

29 우유의 수분과 고형질 함량?

답 88%, 12%

30 이스트에 없는 효소?

답 락타아제

31 제과제빵의 적합한 물과 ppm?

답 아경수 120~180ppm

32 소금의 기능?

답 반죽을 단단하게(경화)

33 설탕의 기능?

답 반죽을 부드럽게(연화)

34 베이킹파우더의 구성성분 3가지?

답 중조, 산작용제, 분산제

35 초콜릿 속 들어 있는 코코아 함량(   ), 코코아버터 함량(   )

답 5/8, 3/8

36 우뭇가사리로부터 추출한 안정제?

답 한천

37 동물의 껍질이나 연골로 추출한 안정제?

답 젤라틴

38 과일의 세포벽에 들어 있는 안정제?

답 펙틴

39 기름냄새를 제거시켜주는 향신료?

답 넛메그

40 설탕의 원료?

답 사탕수수

41 포도당과 과당이 동량 혼합되어 있는 당류?

답 전화당

42 밀가루의 손상전분 함량?

답 4.5~8%

43 단백질의 주성분 4가지?

답 탄소, 산소, 질소, 수소

44 밀식품의 단백질 함량 공식?

답 질소×5.7

IV. 영양학

01 열량 영양소 3가지?

답 탄수화물, 지방, 단백질

02 탄수화물은 1g당 (　)kcal
단백질은 1g당 (　)kcal
지방은 1g당 (　)kcal

답 4, 4, 9

03 탄수화물의 1일 섭취 권장량:(　)%
단백질의 1일 섭취 권장량:(　)%
지방의 1일 섭취 권장량:(　)%

답 55~70, 7~20, 15~20

04 탄수화물의 기능?

답 에너지 공급, 혈당 유지, 케톤증 예방, 단백질 절약작용, 정장 작용

05 필수지방산 세 가지?

답 리놀레산, 리놀렌산, 아라키돈산

06 지용성 비타민 4가지?

답 A, D, E, K

07 필수 아미노산 8가지?

답 리신, 트립토판, 페닐알라닌, 류신, 이소류신, 트레오닌, 메티오닌, 발린

08 유아에게 필요한 필수 아미노산은?

답 히스티딘

09 완전 단백질의 종류 3가지?

답 우유 카세인, 달걀 오브알부민, 흰자 알부민

10 무기질 중 가장 많이 차지하고 있는 것은 ( )과 ( )이다.

답 칼슘, 인

11 혈당을 저하하는 호르몬?

답 인슐린

12 지용성 비타민 중 토코페롤이라고도 하며 천연 항산화제 역할을 해주는 비타민은?

답 비타민 E

13 비타민 A의 결핍증?

답 야맹증

14 비타민 D의 결핍증?

답 구루병

15 비타민 K의 결핍증?

답 출혈

16 수용성 비타민 종류?

답 비타민 B₁, 비타민 B₂, 비타민 B₆, 비타민 B₁₂, 비타민 C, 비타민 P, 나이아신, 엽산, 비오틴

17 티아민은 비타민 (   )이라고도 한다.

답 B₁

18 리보플라빈은 비타민 (   )이라고도 한다.

답 B₂

19 비타민 C의 결핍증?

답 괴혈병

20 엽산의 결핍증?

답 빈혈

21 물의 기능?

답 체중의 55~65%를 차지하며 체내 수분의 20% 상실 시 생명 위험 초래, 영양소와 노폐물의 운반, 대사과정에서의 촉매 작용, 체온의 조절 및 신체 보호 작용, 모든 분비액의 성분

22 침 속(구강/타액)에 있는 효소?

답 프티알린

23 골격과 치아를 형성하는 무기질?

답 칼슘

24 마그네슘의 결핍증?

답 신경 및 근육경련

25 체액의 삼투압을 조절해주는 무기질?

답 염소

26 헤모글로빈을 구성하는 무기질?

답 철

27 불완전 단백질의 대표적인 예?

답 옥수수 제인

28 단백질의 기능?

답 에너지 공급, 체액 중성 유지, 체조직 구성과 보수, 효소·호르몬·항체 형성과 면역 작용 관여, 정장 작용

29 지방의 기능?

답 에너지 공급, 지용성 비타민의 흡수 및 촉진, 내장 기관 보호, 필수 지방산 공급, 체온 유지

V. 식품위생학

01 식품위생의 대상?

답 식품, 식품첨가물, 기구, 용기, 포장

02 식품위생의 목적?

답 위생상의 위해 방지, 식품영양의 질적 향상 도모, 국민보건의 증진과 향상에 기여

03 HACCP이란?

답 위해요소분석과 중요관리점

04 단백질이 변질하는 현상은 (   ), 탄수화물이나 지방이 변질하는 현상은 (   ), 지방이 산소와 결합하여 변질하는 현상을 (   )라 한다.

답 부패, 변패, 산패

05 부패의 영향 요인?

답 온도, 수분, 습도, 산소, 열

06 소독이란?

답 병원균을 대상으로 죽이거나 약화해 감염을 없애는 것

07 살균이란?

답 미생물에 물리·화학적 자극을 주어 이를 단시간 내에 사멸시키는 방법

08 카드뮴(Cd)의 중독증?

답 이따이이따이병

09 수은(Hg)의 중독증?

답 미나마타병

10 소독제의 조건으로 (다량/미량)으로 살균효과가 있어야 하며, (비싼/저렴한) 가격으로 사용법이 간단해야 한다.

답 미량, 저렴한

11 소독제 중에서 석탄산은 (　)% 수용액이며, 표준시약이 된다.

답 3

12 종업원의 손 소독 및 식기를 세척할 때 사용하는 소독제는 (　)이다.

답 역성비누

13 (　)은 석탄산의 2배 효과를 가지고 있어 쓰레기장에서 사용된다.

답 크레졸

14 세균류는 (　)법으로 증식한다.

답 이분

15 분변오염의 지표가 되는 균은?

답 대장균

16 ( )은 빵곰팡이라고도 부른다.

답 리조푸스속

17 간디스토마의 1숙주는 ( )
간디스토마의 2숙주는 ( )

답 왜우렁이, 담수어

18 폐디스토마의 1숙주는 ( )
폐디스토마의 2숙주는 ( )

답 다슬기, 민물 게

19 전염원은?

답 보균자, 환자, 병원체 보유동물

20 식품공장의 작업환경의 마무리 작업의 표준 조도는 ( )Lux 이상이며, 방충망은 ( )메시이다.

답 500, 30

21 사람과 동물이 같은 병원체에 의해 감염되는 병을 ( )이라 한다.

답 인수공통감염병

22 결핵의 감염동물은 ( )이다.

답 소

23 식중독은 잠복기가 (짧다/ 길다)
식중독은 면역이 (된다/ 안된다)
식중독은 2차 감염이 (있다/ 없다)
식중독은 (다량/ 미량)의 균으로 발생한다.
식중독은 사전예방이 (가능/ 불가능)하다.

답 짧다, 안된다, 없다, 다량, 가능

24 경구전염병은 잠복기가 (짧다/ 길다)
경구전염병은 면역이 (된다/ 안된다)
경구전염병은 2차 감염이 (있다/ 없다)
경구전염병은 (다량/ 미량)의 균으로 발생한다.

답 길다, 된다, 있다, 미량

25 독소형 식중독의 종류 2가지와 독소명?

🔲 보툴리누스균→뉴로톡신, 포도상구균→엔테로톡신

26 복어의 독소?

🔲 테트로도톡신

27 감자(싹)의 독소?

🔲 솔라닌

28 청매의 독소?

🔲 아미그달린

29 섭조개의 독소?

🔲 삭시톡신

30 독버섯의 독소?

🔲 무스카린

31 분홍색 색소?

🔲 로다민B

32 어패류생식이 원인이 되는 감염형식중독은 ( )이다.

🔲 장염비브리오균

33 포도상구균은 잠복기가 (짧고/길고), 독소는 열에 (강하다/약하다)

🔲 짧고, 강하다

34 보툴리누스균은 치사율이 (높다/낮다)

🔲 높다

김연진

약력 및 경력

- 한성대학교 경영대학원 호텔관광외식경영학 석사
- 제과 / 제빵 / 한식 / 양식 / 일식 기능사
- 케이크 데코레이션 2급
- 커피 바리스타 2급
- 베이커리 위생 관리사
- NCS 기반의 훈련과정 편성 이수
- NCS 기반의 훈련과정 평가실무 이수
- 월드푸드콘테스트 유럽빵부문 금상 기술코치
- 반려동물 베이커리 전문가
- 반려동물 수제간식 전문가
- 펫푸드 지도사(2급)
- 반려동물 베이커리 전문가 테크니션 심화과정
- 前 리츠칼튼 서울 호텔 베이커리 근무
- 前 구미제과제빵학원 강사
- 前 둔산음식나라조리제과커피학원 제과제빵 강사
- 前 한국생명과학고등학교 방과 후 학교 제과기능사 강의
- 前 FBI제과제빵커피학원 제과제빵 강사
- 前 CIK 한국외식조리직업전문학교 고교위탁 제과제빵 강사
- 現 유튜버 빵선생의 과외교실

2026 제과제빵 기능사&산업기사 필기

발행일 2025년 9월 10일(14쇄)
발행처 인성재단(종이향기)
발행인 조순자
편저자 김연진
편집·표지디자인 홍현애

※ 낙장이나 파본은 교환해 드립니다.
※ 이 책의 무단 전제 또는 복제행위는 저작권법 제136조에 의거하여 처벌을 받게 됩니다.

정 가 25,000원   **ISBN** 979-11-7491-009-7